2024

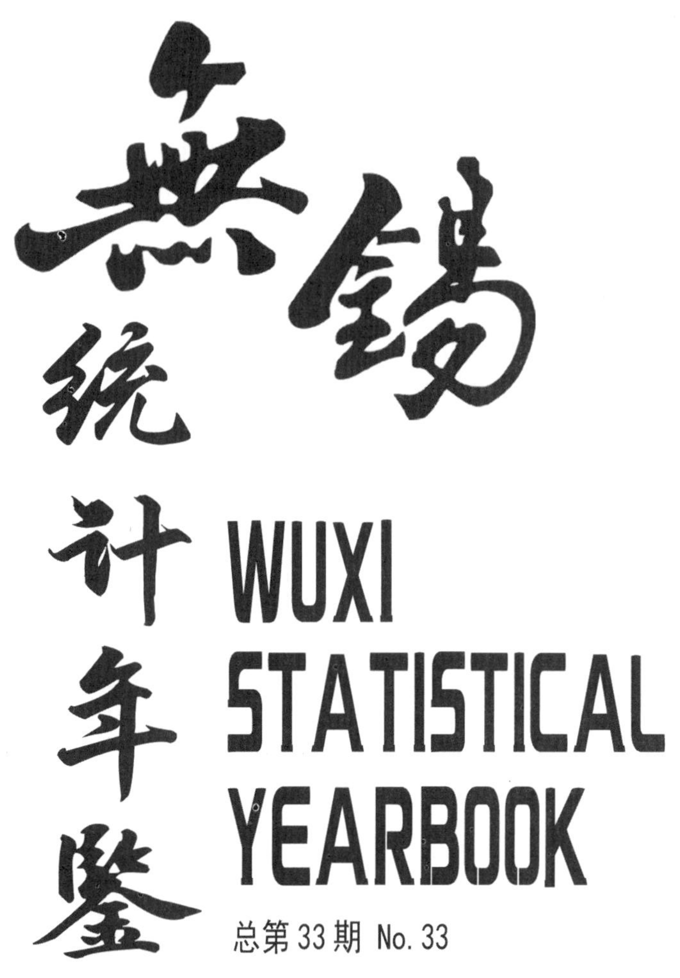

总第 33 期 No. 33

无 锡 市 统 计 局
国家统计局无锡调查队 编

Compiled by
Wuxi Municipal Bureau of Statistics
Survey Office of the National Bureau of Statistics in Wuxi

图书在版编目(CIP)数据
无锡统计年鉴．2024= Wuxi Statistical Yearbook 2024 : 汉英对照 / 无锡市统计局，国家统计局无锡调查队编．-- 北京：中国统计出版社，2024.11. --ISBN 978-7-5230-0573-6
Ⅰ.C832.533-54
中国国家版本馆 CIP 数据核字第 2024KZ1644 号

无锡统计年鉴 2024
Wuxi Statistical Yearbook 2024

作　　者 / 无锡市统计局　国家统计局无锡调查队
责任编辑 / 周小睿
执行编辑 / 刘　琛
装帧设计 / 李　蓉
出版发行 / 中国统计出版社有限公司
地　　址 / 北京市丰台区西三环南路甲 6 号
邮政编码 / 100073
电　　话 / 邮购(010) 63376909　书店(010) 68783171
网　　址 / http://www.zgtjcbs.com
印　　刷 / 无锡轻工大学印刷厂
经　　销 / 新华书店
开　　本 / 890mm × 1240mm　1/16
字　　数 / 528 千字
印　　张 / 25.25　彩页 0.5
版　　别 / 2024 年 11 月第 1 版
版　　次 / 2024 年 11 月第 1 次印刷
定　　价 / 350.00 元　　Price:350.00yuan(RMB)

如有印装差错，由本社发行部调换。

编 者 说 明

一、《无锡统计年鉴 2024》是一本信息高度集中的资料工具书。本书收录了2023年无锡经济和社会等各方面的数据，以及历史重要年份和改革开放以来的主要统计数据。

二、全书内容分为22个篇目，即：1.综合；2.人口、劳动力；3.人民生活；4.物价指数；5.固定资产投资；6.城市建设、环境保护；7.农业；8.工业；9.建筑业；10.服务业；11.交通运输、邮电通信；12.国内贸易；13.对外经济贸易和旅游；14.财政、金融、保险；15.能源、电力；16.科学、技术；17.教育、文化；18.卫生、体育；19.民政、司法、社会组织；20.城市资料；21.统计公报；22.主要统计指标解释。

三、资料中所使用的度量衡单位均使用国际统一标准计量单位。

四、本年鉴部分数据合计数或相对数由于单位取舍不同产生的计算误差均未作机械调整。

五、本年鉴中的符号使用说明：

“…”表示数据不足本表最少单位数；

“#”表示其中的主要项。

六、读者使用历史资料时，凡与本年鉴有出入的，均以本年鉴为准。

七、2016年无锡市行政区划发生较大变化，撤销崇安区、南长区、北塘区，三区合并设立梁溪区；成立新吴区，锡山区的鸿山街道和滨湖区的江溪、旺庄、硕放、梅村、新安街道划归新吴区管辖。2019年，成立无锡经开区，滨湖区的太湖街道和华庄街道划归经开区管辖。敬请读者注意资料可比性。

八、《无锡统计年鉴》公开出版以来，受到了国内外广大读者的关心和支持，对本年鉴的内容和编辑工作提出了许多宝贵的意见，对此我们深表谢意。鉴于我们的水平有限，欢迎读者继续对年鉴的不足给予批评和指正，帮助我们进一步改进年鉴的编辑工作，以期更好地为广大读者服务。

EDITOR'S NOTE

Ⅰ. *Wuxi Statistical Yearbook* 2024 contains comprehensive statistics of Wuxi's social economic development in 2023 and selected data of some important years and of the periods since China adopted the policy of reform and opening-door to the outside world.

Ⅱ. The book is composed of 22 parts, which include1. General Survey; 2. Population and Labour Force; 3. People's Livelihood; 4. Prices Indices; 5. Fixed Assets Investment; 6. Urban Construction and Environmental Protection; 7. Agriculture; 8. Industry; 9. Construction; 10. Services; 11. Transportation, Post and Telecommunication; 12. Domestic Trade; 13. Foreign Trade and Tourism; 14. Finance, Banking and Insurance; 15. Energy and Electricity; 16. Science and Technology; 17. Education and Culture; 18. Health and Sports; 19. Civil administration, Judicature and Social Organization; 20. Statistics of Major Cities; 21. Statistical Communique; 22. Explanatory Notes to Major Statistical Indicators.

Ⅲ. The international standard units of measurement are applied in this book.

Ⅳ. Statistical discrepancies in this book due to rounding are not adjusted.

Ⅴ. Marks in this book, "…" means not large enough to be rounded into the least unit; "#" indicates major items in a category.

Ⅵ. In any case, the data of this book shall be deemed as the authoritative ones.

Ⅶ. Wuxi municipality had a big change in 2016.Liangxi District replaced with Chong'an District, Nanchang District and Beitang District. Xinwu District was established, Hongshan Sub-district of Xishan District, Jiangxi, Wangzhuang, Shuofang, Meicun, Xin'an Sub-districts of Binhu District Owned by Xinwu District jurisdiction. In 2019, Wuxi Economic Developent Zone was established, Taihu and Huazhang Sub-districts of Binhu District were under the jurisdiction of the Economic Development Zone. Readers pay attention to in using the materials.

Ⅷ. Previous versions of *Wuxi Statistical Yearbook* have won acclaim among the readers. In order to excel, we welcome all candid comments and criticism from our readers to improve.

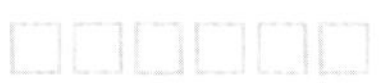

地区生产总值（亿元）

Gross Domestic Products (10^8 yuan)

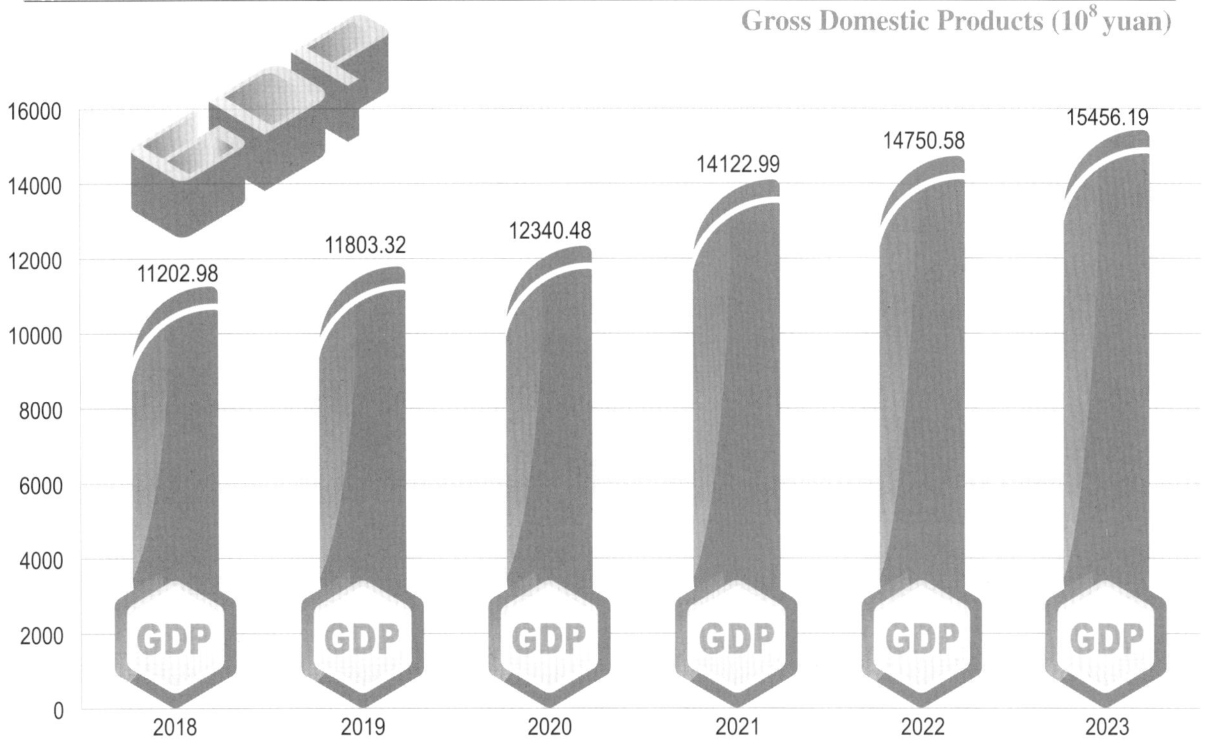

16000
14000
12000
10000
8000
6000
4000
2000
0
11202.98
11803.32
12340.48
14122.99
14750.58
15456.19
GDP
2018
2019
2020
2021
2022
2023

三次产业构成（%）

Composition of Industries (percent)

第一产业 Primary Industry
第二产业 Secondary Industry
第三产业 Tertiary Industry
1.1
47.4
51.5
2018
1.0
47.3
51.7
2019
1.0
46.4
52.6
2020
0.9
47.7
51.4
2021
0.9
48.3
50.8
2022
0.9
47.7
51.4
2023

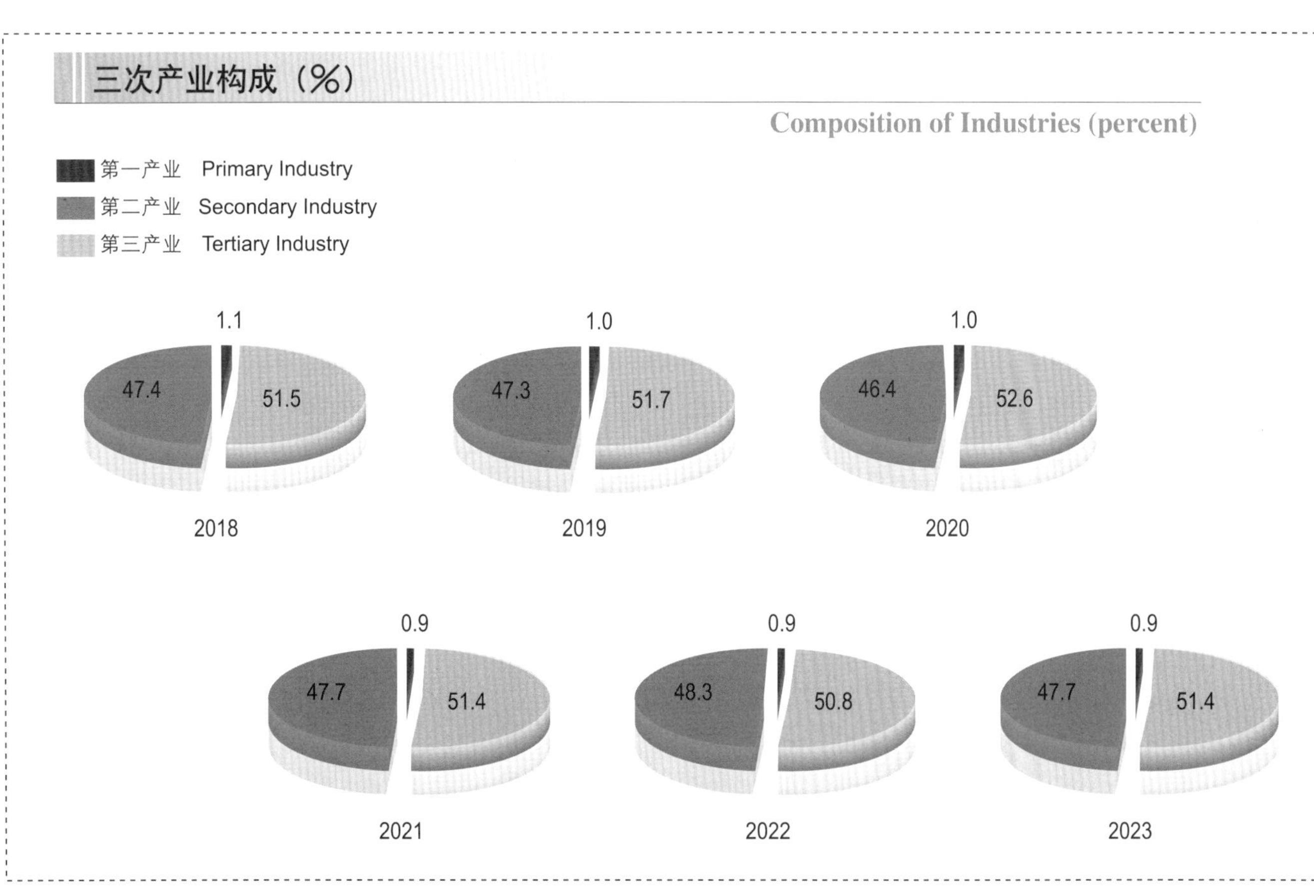

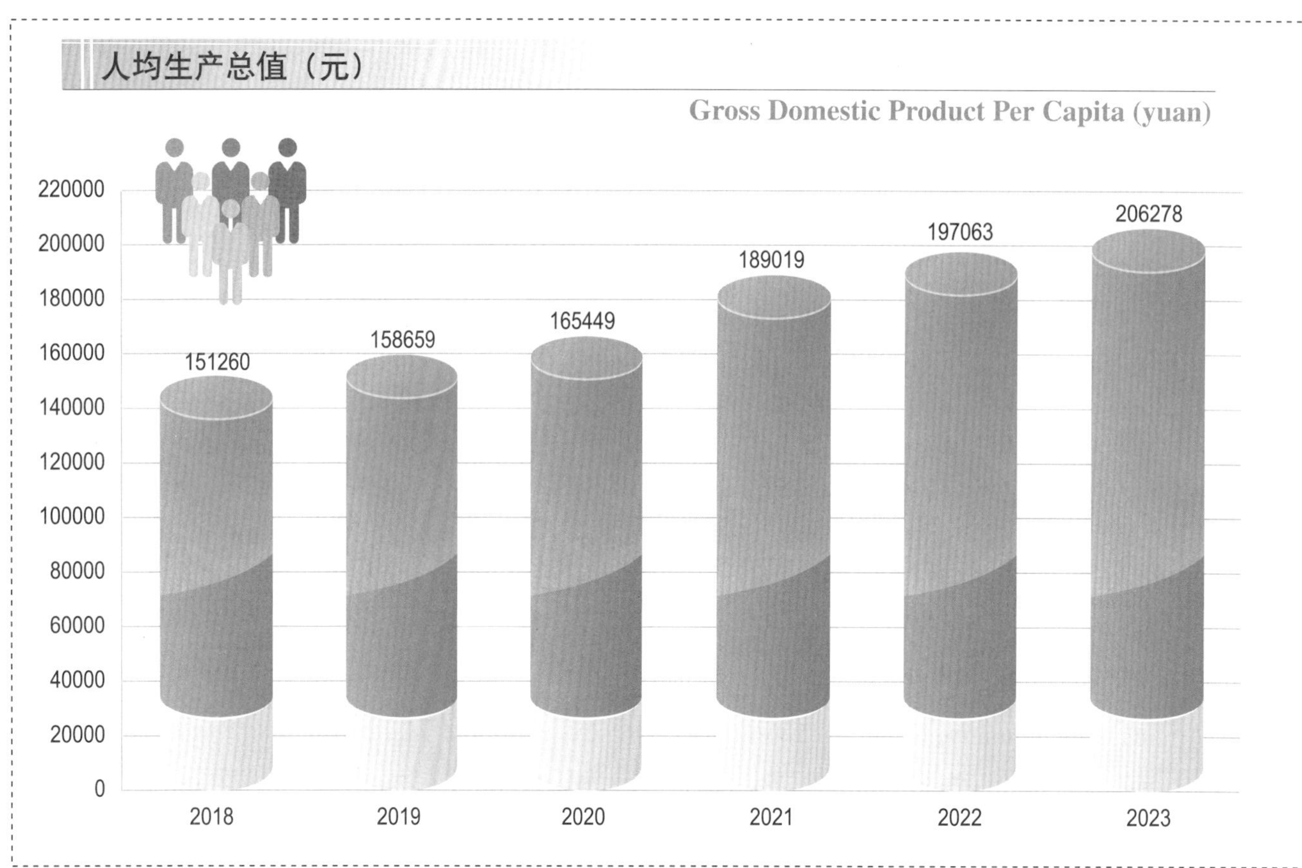
人均生产总值（元）
Gross Domestic Product Per Capita (yuan)
220000
200000
180000
160000
140000
120000
100000
80000
60000
40000
20000
0
151260
158659
165449
189019
197063
206278
2018
2019
2020
2021
2022
2023

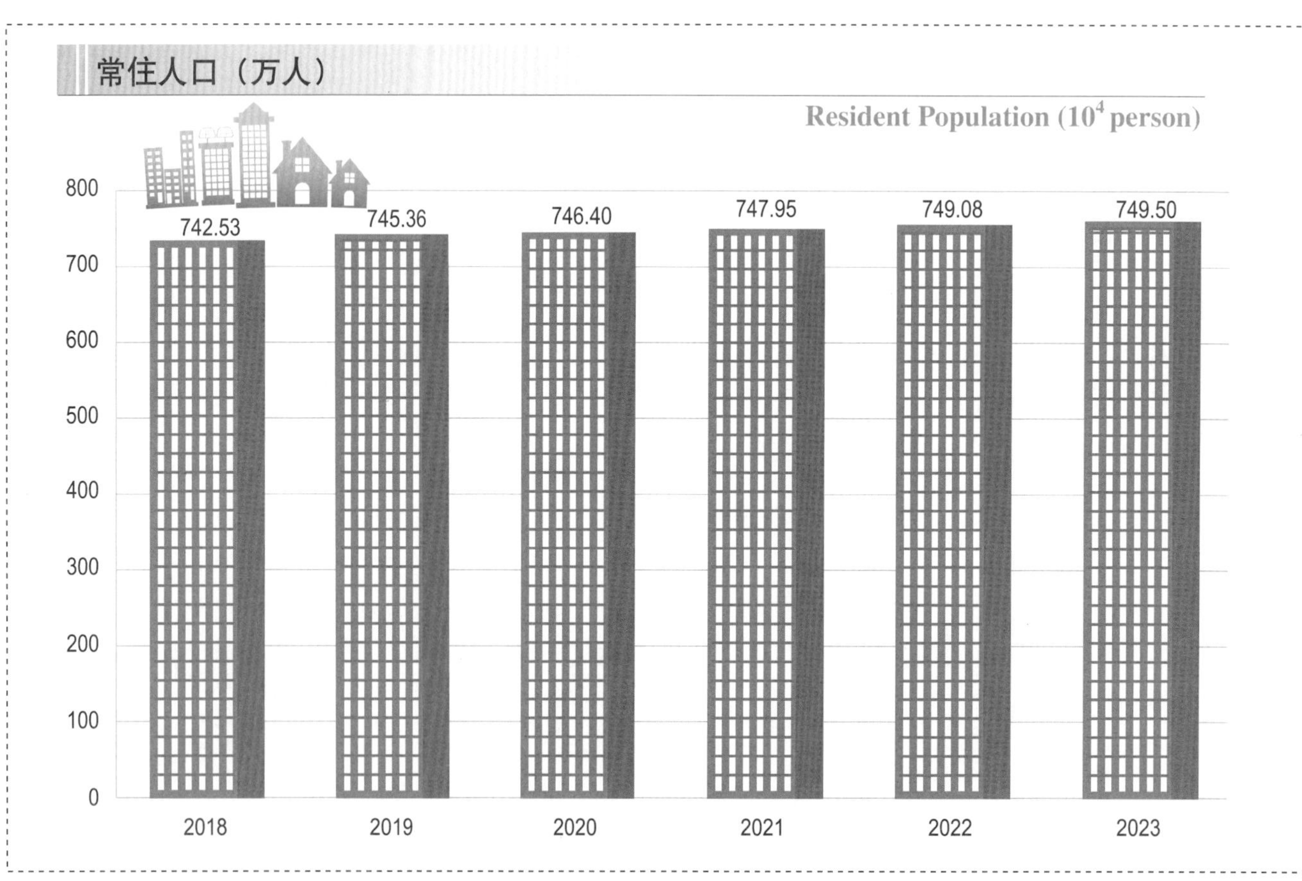
常住人口（万人）
Resident Population (10⁴ person)
800
700
600
500
400
300
200
100
0
742.53
745.36
746.40
747.95
749.08
749.50
2018
2019
2020
2021
2022
2023

一般公共预算收入（亿元）

Public Finance Budget Receipts (10^8 yuan)

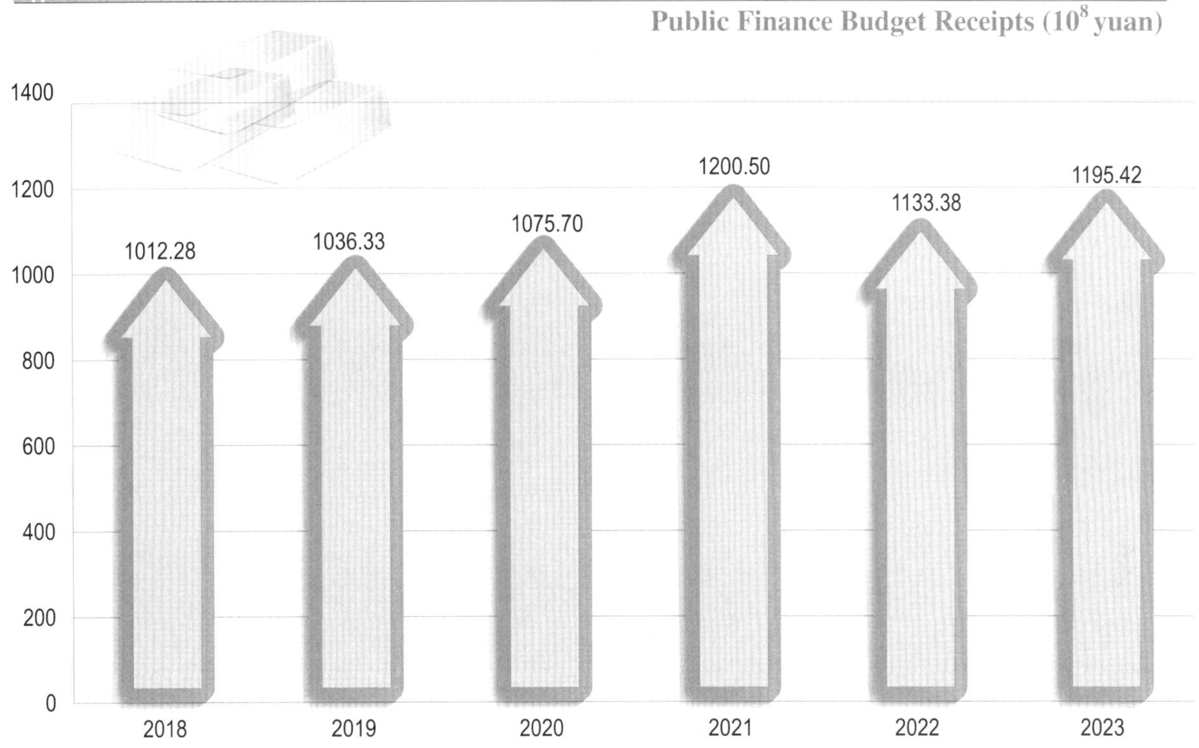

Year	Value
2018	1012.28
2019	1036.33
2020	1075.70
2021	1200.50
2022	1133.38
2023	1195.42

规模以上工业总产值（亿元）

Gross Output Value of Industry (10^8 yuan)

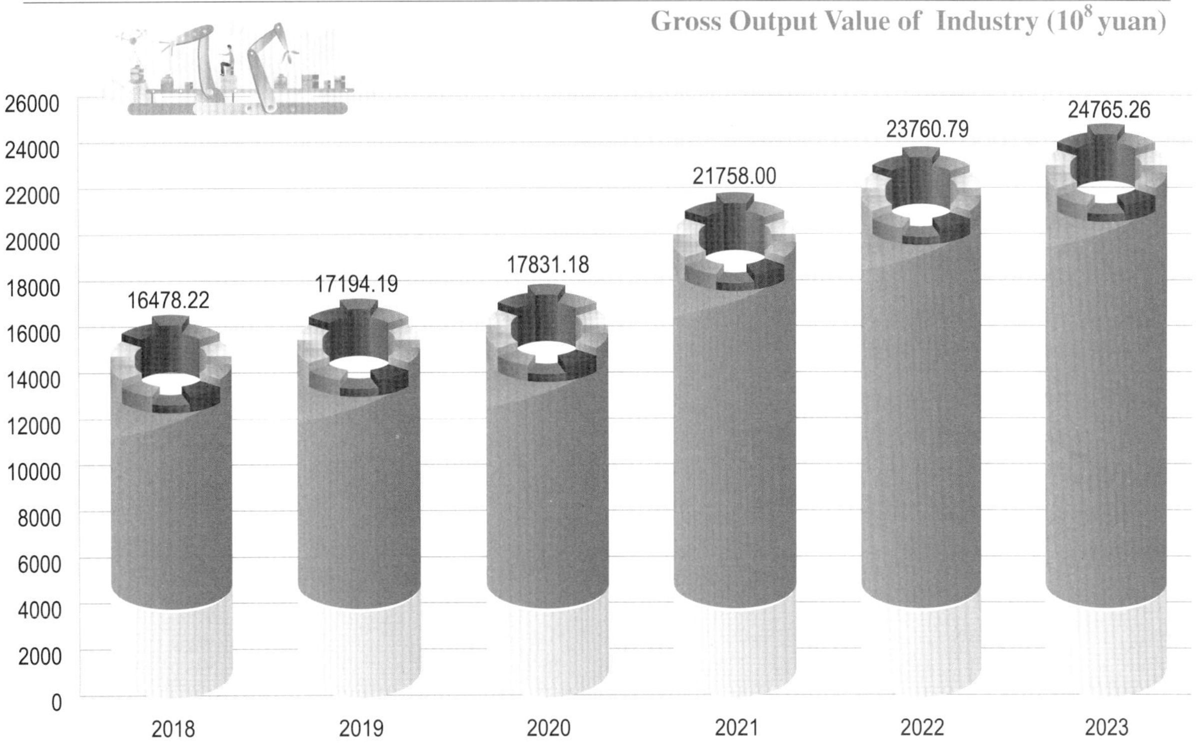

Year	Value
2018	16478.22
2019	17194.19
2020	17831.18
2021	21758.00
2022	23760.79
2023	24765.26

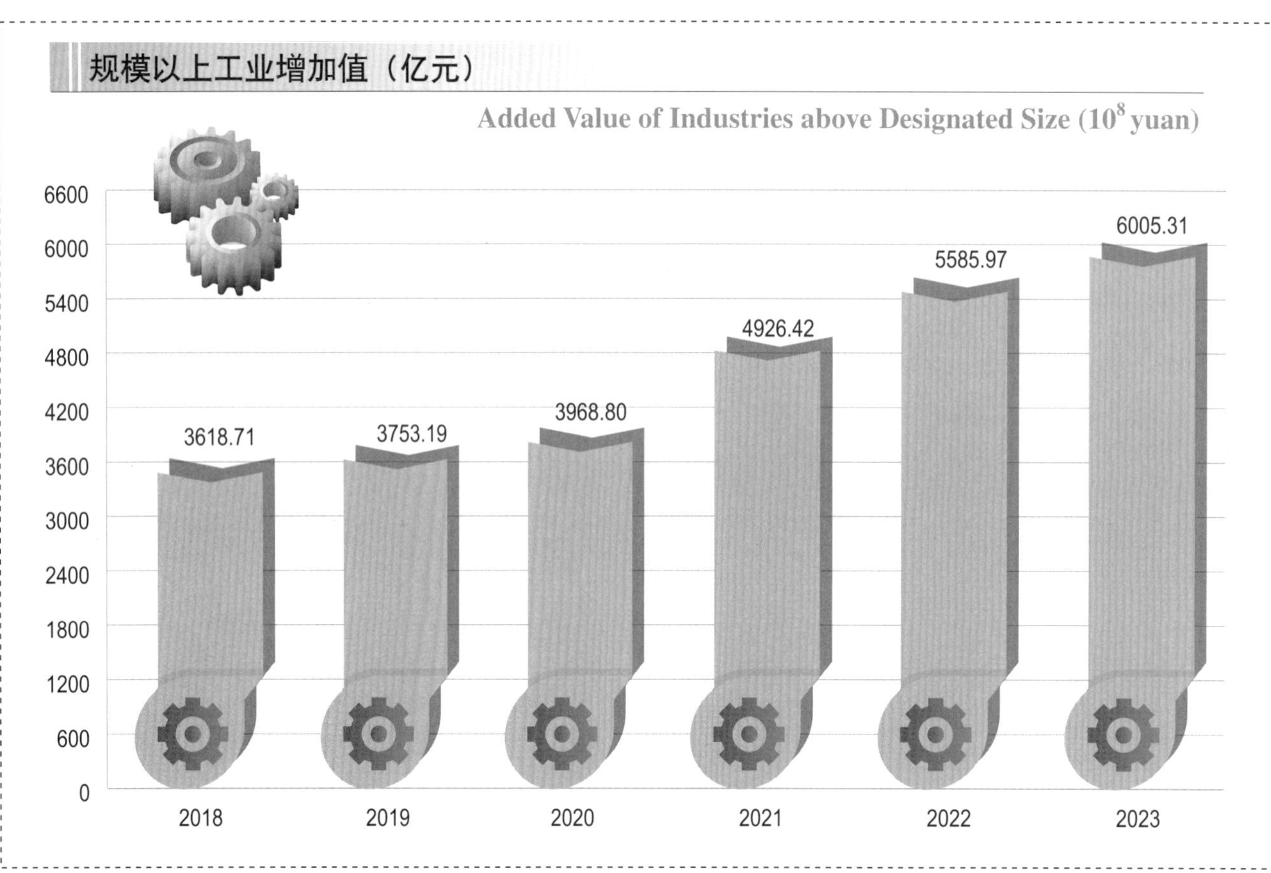
规模以上工业增加值（亿元）
Added Value of Industries above Designated Size (10⁸ yuan)
6600
6000
5400
4800
4200
3600
3000
2400
1800
1200
600
0
3618.71
3753.19
3968.80
4926.42
5585.97
6005.31
2018
2019
2020
2021
2022
2023

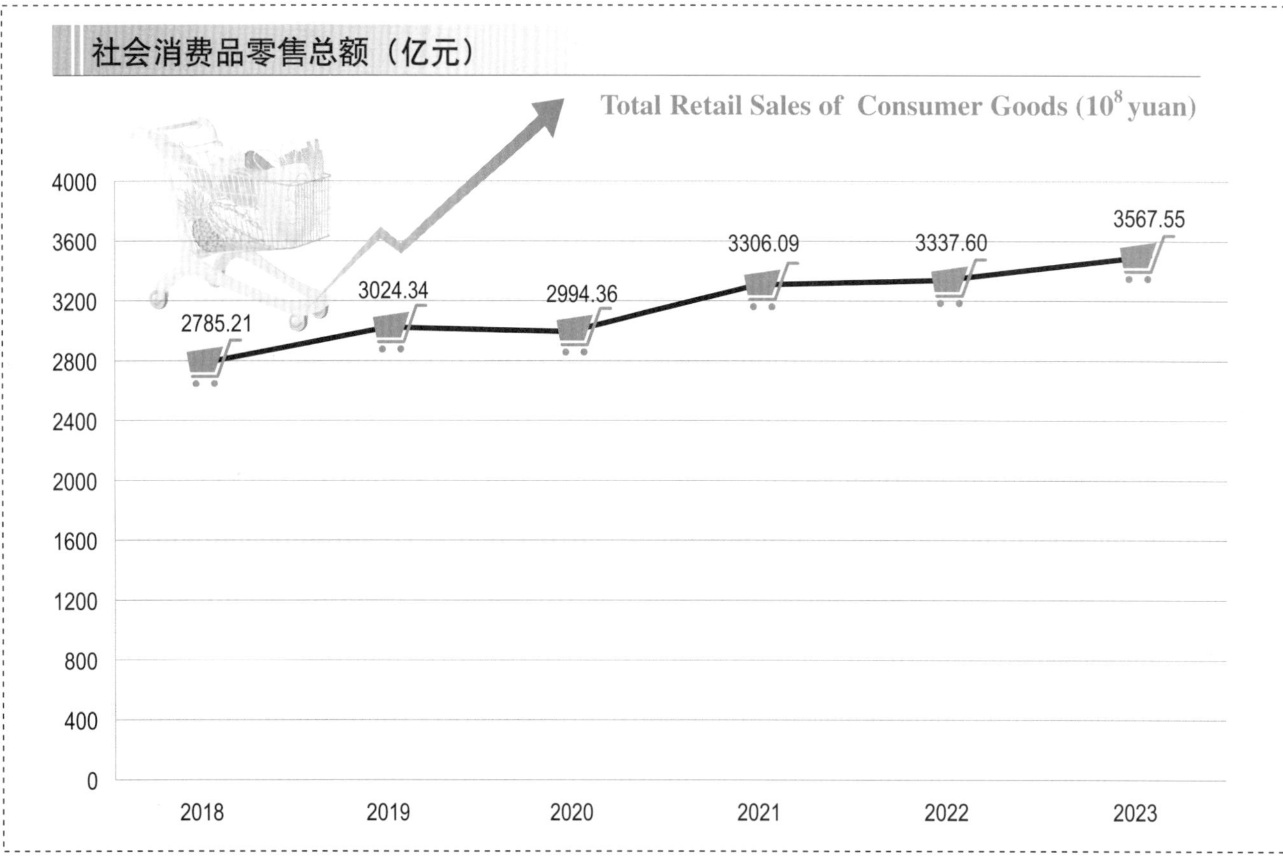
社会消费品零售总额（亿元）
Total Retail Sales of Consumer Goods (10⁸ yuan)
4000
3600
3200
2800
2400
2000
1600
1200
800
400
0
2785.21
3024.34
2994.36
3306.09
3337.60
3567.55
2018
2019
2020
2021
2022
2023

进出口总值（亿美元）

Total Value of Imports and Exports (10^8 USD)

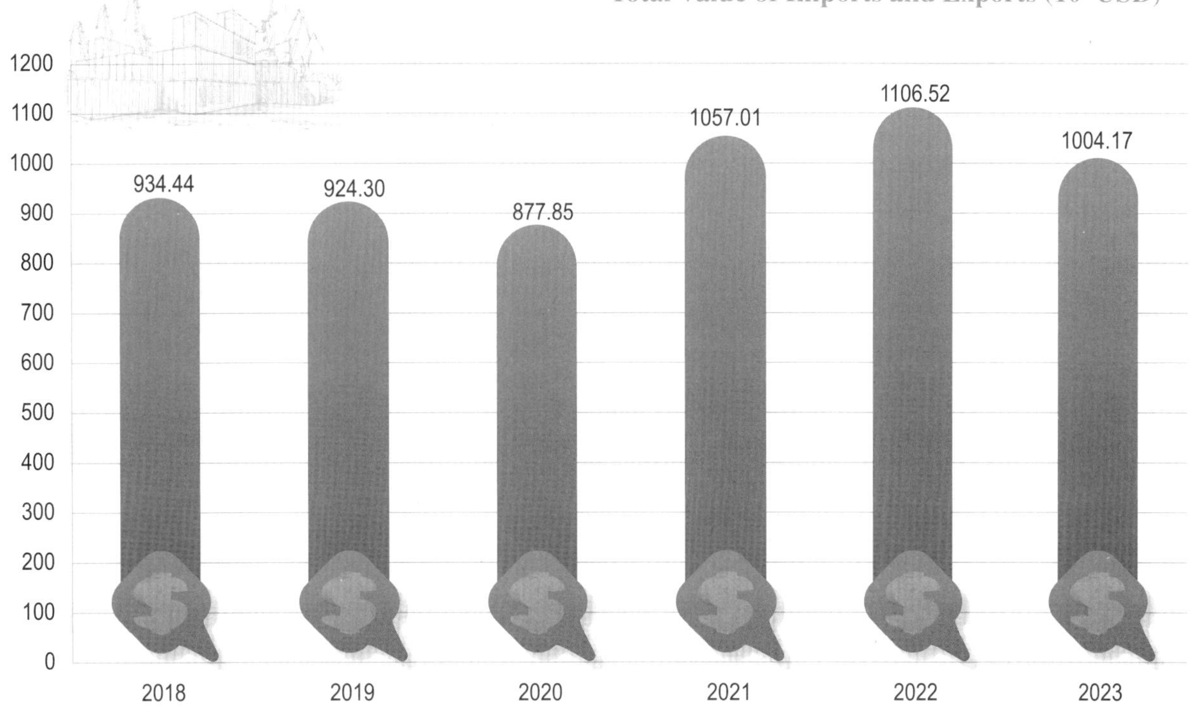

出口总值（亿美元）

Total Exports (10^8 USD)

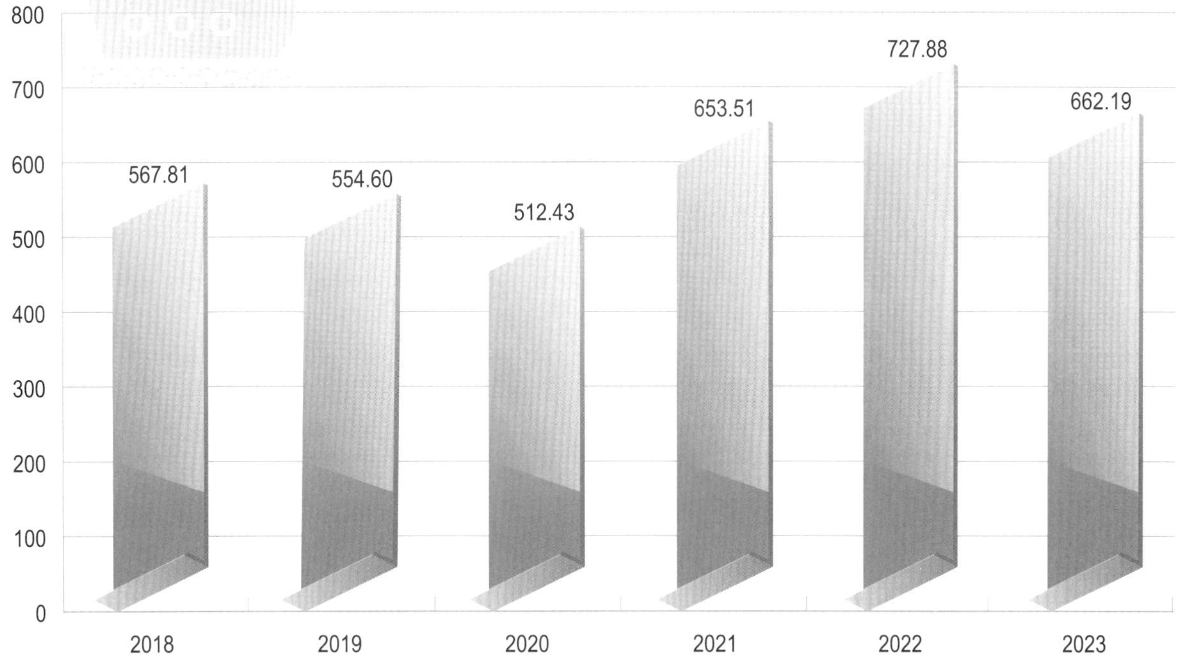

实际使用外资（亿美元）

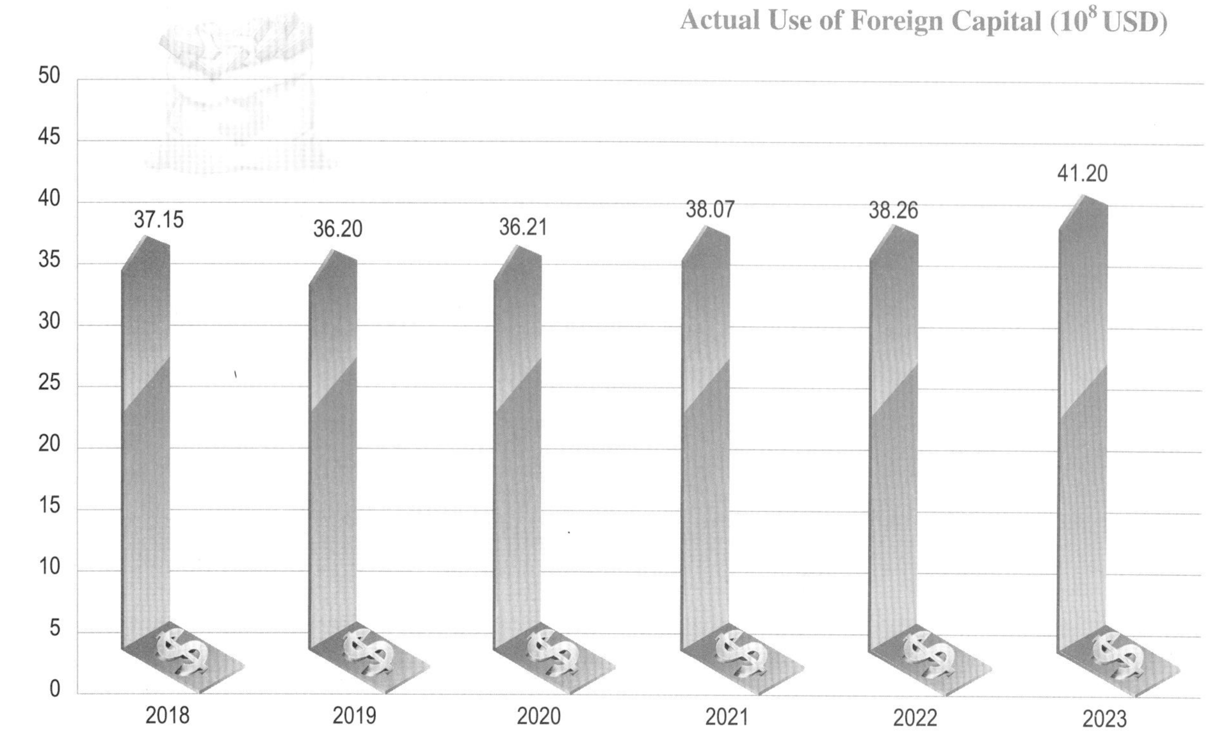

Actual Use of Foreign Capital (10^8 USD)
50
45
40
35
30
25
20
15
10
5
0
37.15
36.20
36.21
38.07
38.26
41.20
2018
2019
2020
2021
2022
2023

专利申请批准数（件）

Patent Application Approvals (piece)
80000
70000
60000
50000
40000
30000
20000
10000
0
35256
38335
60702
79738
68950
55953
2018
2019
2020
2021
2022
2023

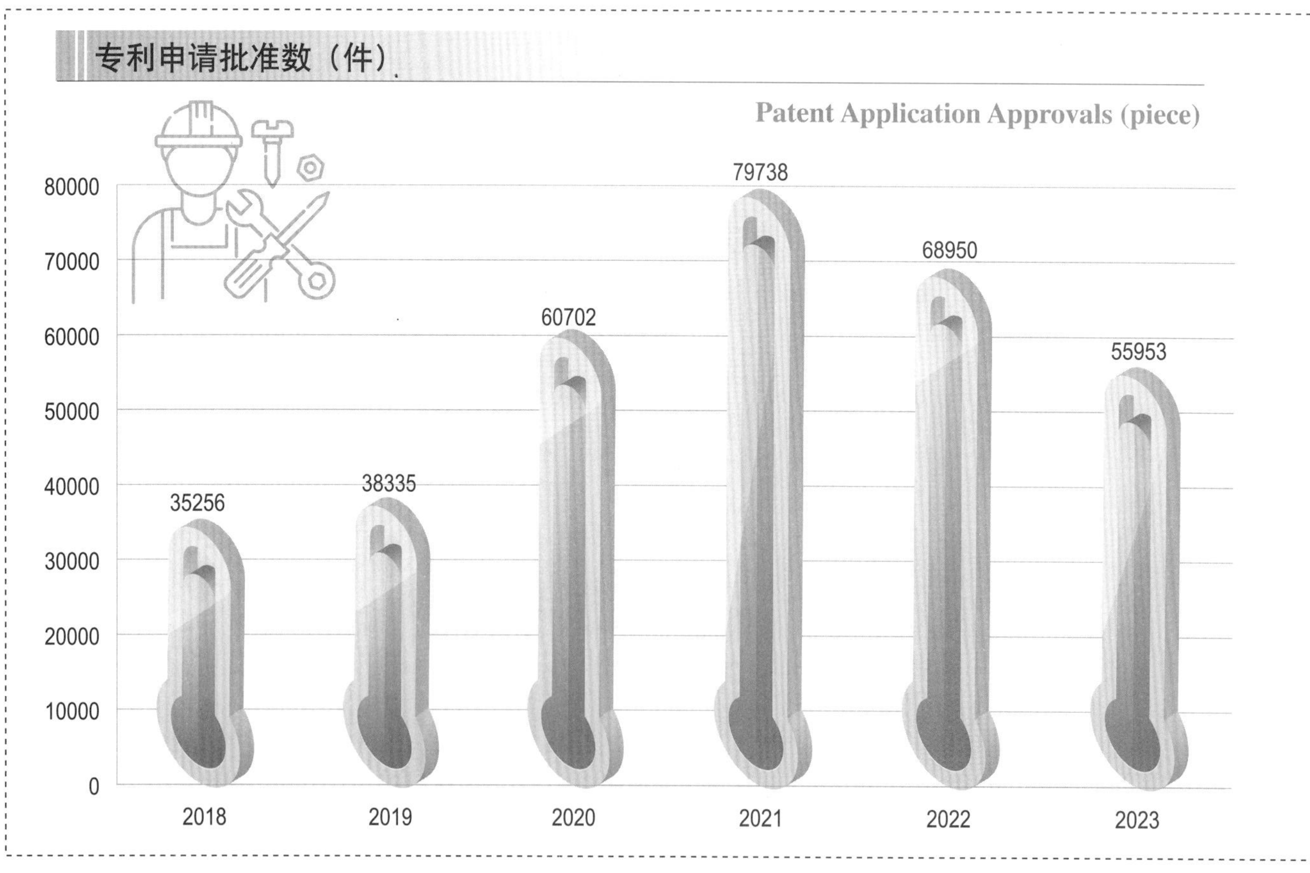

普通高校在校人数（人）

Student Enrollment of General Higher Education (person)

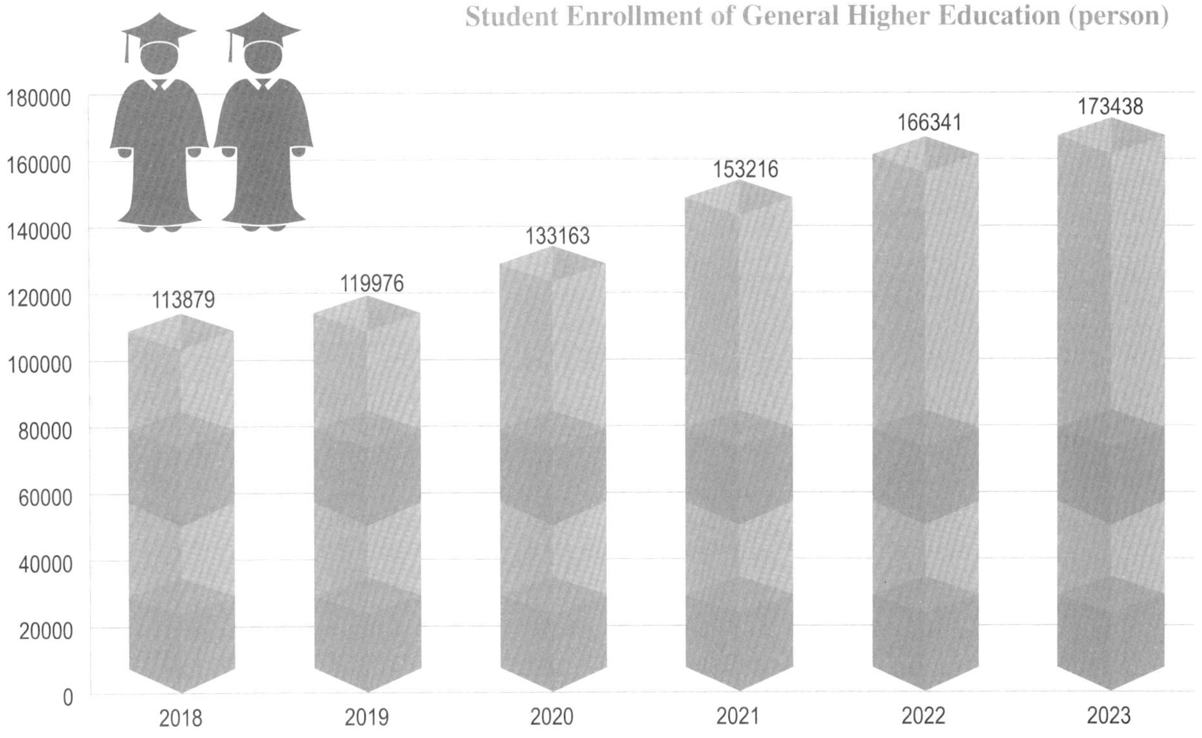

Year	2018	2019	2020	2021	2022	2023
Persons	113879	119976	133163	153216	166341	173438

卫生技术人员数（人）

Medical Personnel (person)

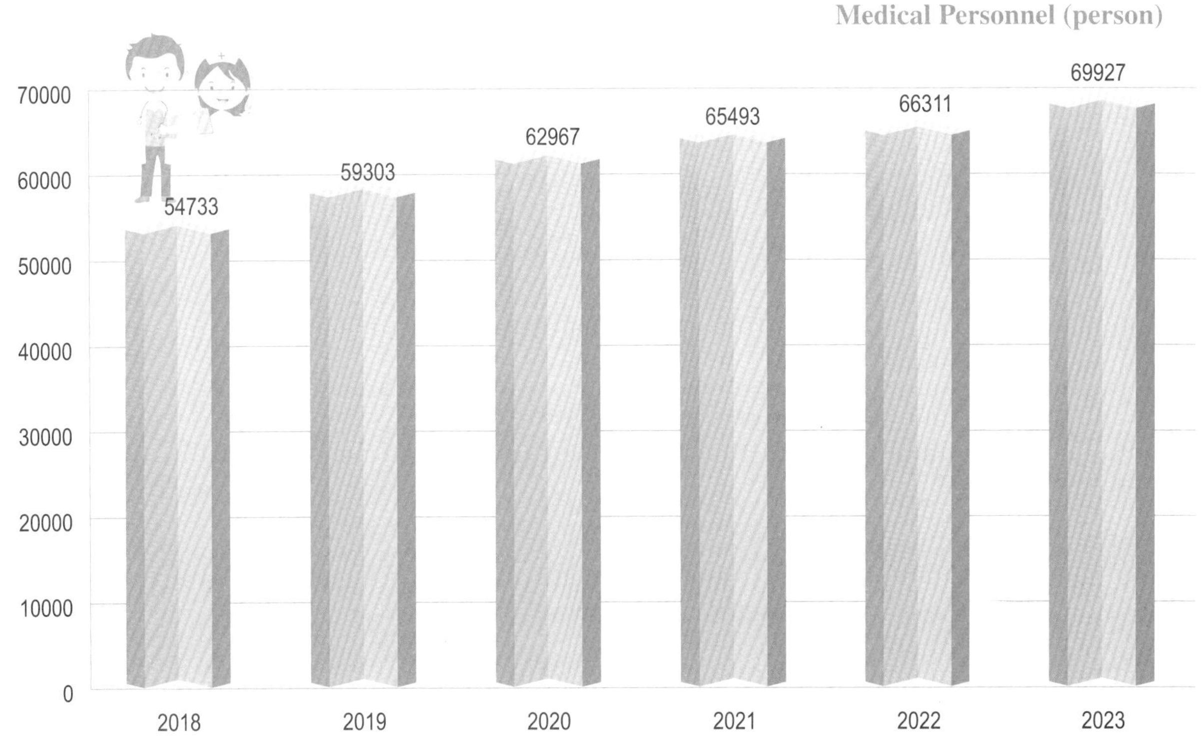

Year	2018	2019	2020	2021	2022	2023
Persons	54733	59303	62967	65493	66311	69927

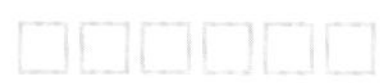

城镇常住居民人均可支配收入（元）

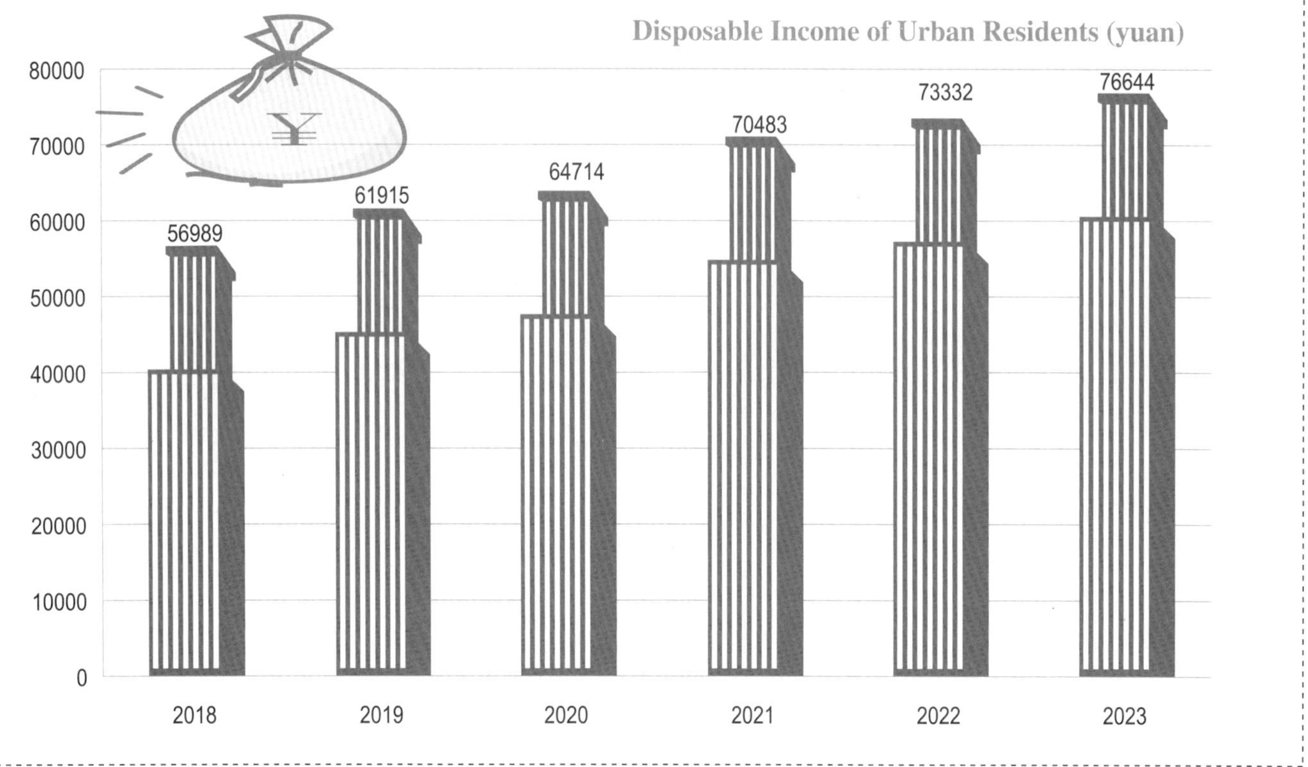

Disposable Income of Urban Residents (yuan)
80000
70000
60000
50000
40000
30000
20000
10000
0
56989
61915
64714
70483
73332
76644
2018
2019
2020
2021
2022
2023

农村常住居民人均可支配收入（元）

Disposable Income of Rural Residents (yuan)
45000
40000
35000
30000
25000
20000
15000
10000
5000
0
30787
33574
35750
39623
41934
44617
2018
2019
2020
2021
2022
2023

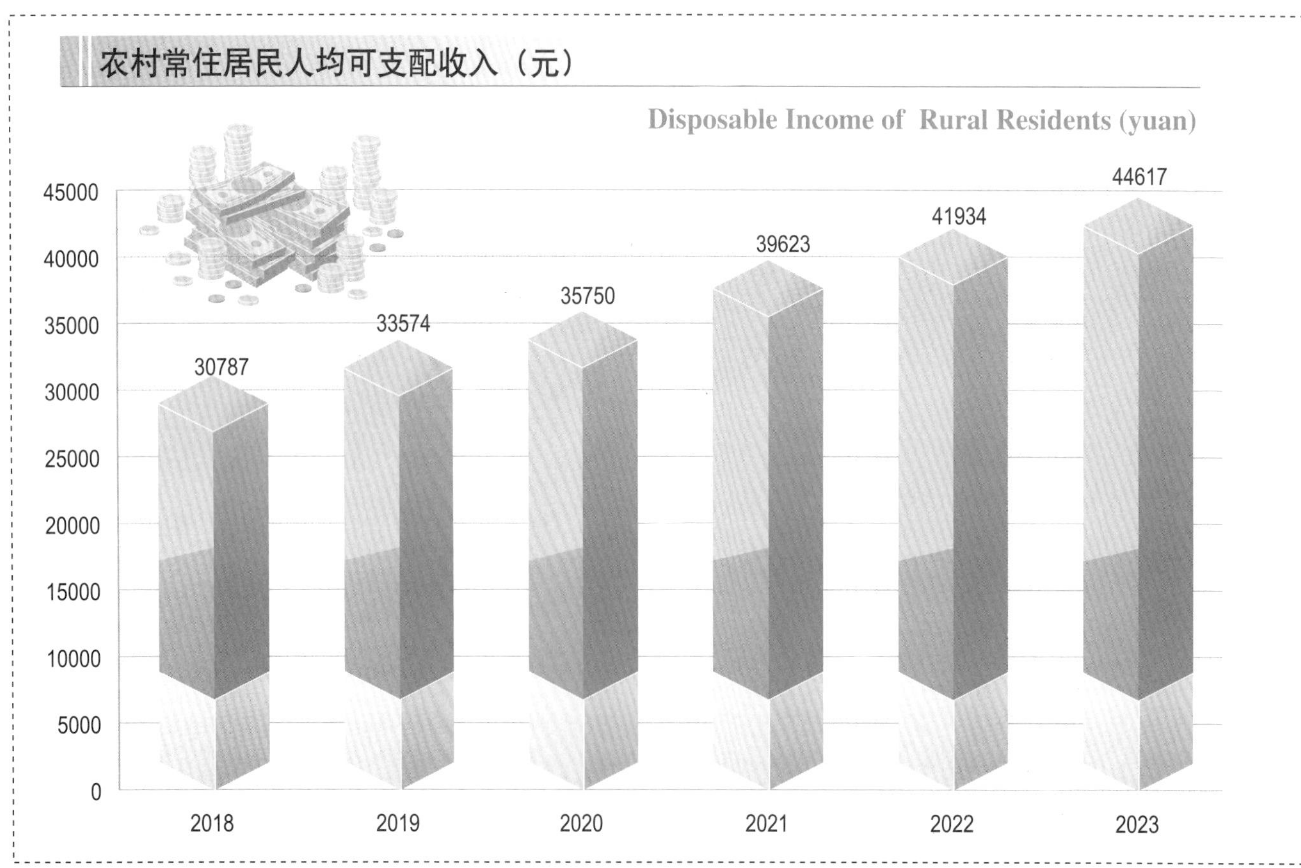

目 录
CONTENTS

第一篇 综 合
CHAPTER Ⅰ GENERAL SURVEY

第二篇 人口 劳动力
CHAPTER II POPULATION AND LABOUR FORCE

第三篇 人民生活
CHAPTER III PEOPLE'S LIVELIHOOD

第四篇　物价指数
CHAPTER IV PRICE INDICES

第五篇　固定资产投资
CHAPTER V FIXED ASSETS INVESTMENT

第六篇　城市建设　环境保护
CHAPTER VI URBAN CONSTRUCTION AND ENVIRONMENTAL PROTECTION

第七篇　农　业
CHAPTER VII AGRICULTURE

第八篇 工 业
CHAPTER VIII INDUSTRY

第九篇 建筑业
CHAPTER IX CONSTRUCTION

第十篇 服务业
CHAPTER X SERVICES

第十一篇 交通运输 邮电通信
CHAPTER XI TRANSPORTATION, POST AND TELECOMMUNICATIONS

第十二篇 国内贸易
CHAPTER XII DOMESTIC TRADE

第十三篇 对外经济贸易和旅游
CHAPTER XIII FOREIGN TRADE AND TOURISM

第十四篇 财政 金融 保险
CHAPTER XIV FINANCE, BANKING AND INSURANCE

第十五篇 能源 电力
CHAPTER XV ENERGY AND ELECTRICITY

第十六篇 科学 技术
CHAPTER XVI SCIENCE AND TECHNOLOGY

第十七篇 教育　文化
CHAPTER XVII EDUCATION AND CULTURE

第十八篇　卫生　体育
CHAPTER XVIII HEALTH AND SPORTS

第十九篇 民政 司法 社会组织

CHAPTER XIX CIVIL ADMINISTRATION, JUDICATURE AND SOCIAL ORGANIZATION

第二十篇 城市资料

CHAPTER XX STATISTICS ON MAJOR CITIES

第二十一篇　统计公报
CHAPTER XXI STATISTICAL COMMUNIQUE

第二十二篇　主要统计指标解释
CHAPTER XXII EXPALNATORY NOTES TO MAJOR STATISTICAL INDICATORS

无锡统计年鉴 2024

第 1 篇

CHAPTER

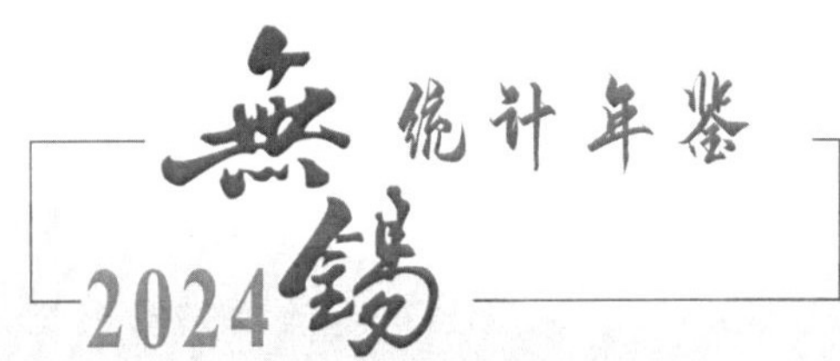

综 合

GENERAL SURVEY

2024 WUXI STATISTICAL YEARBOOK

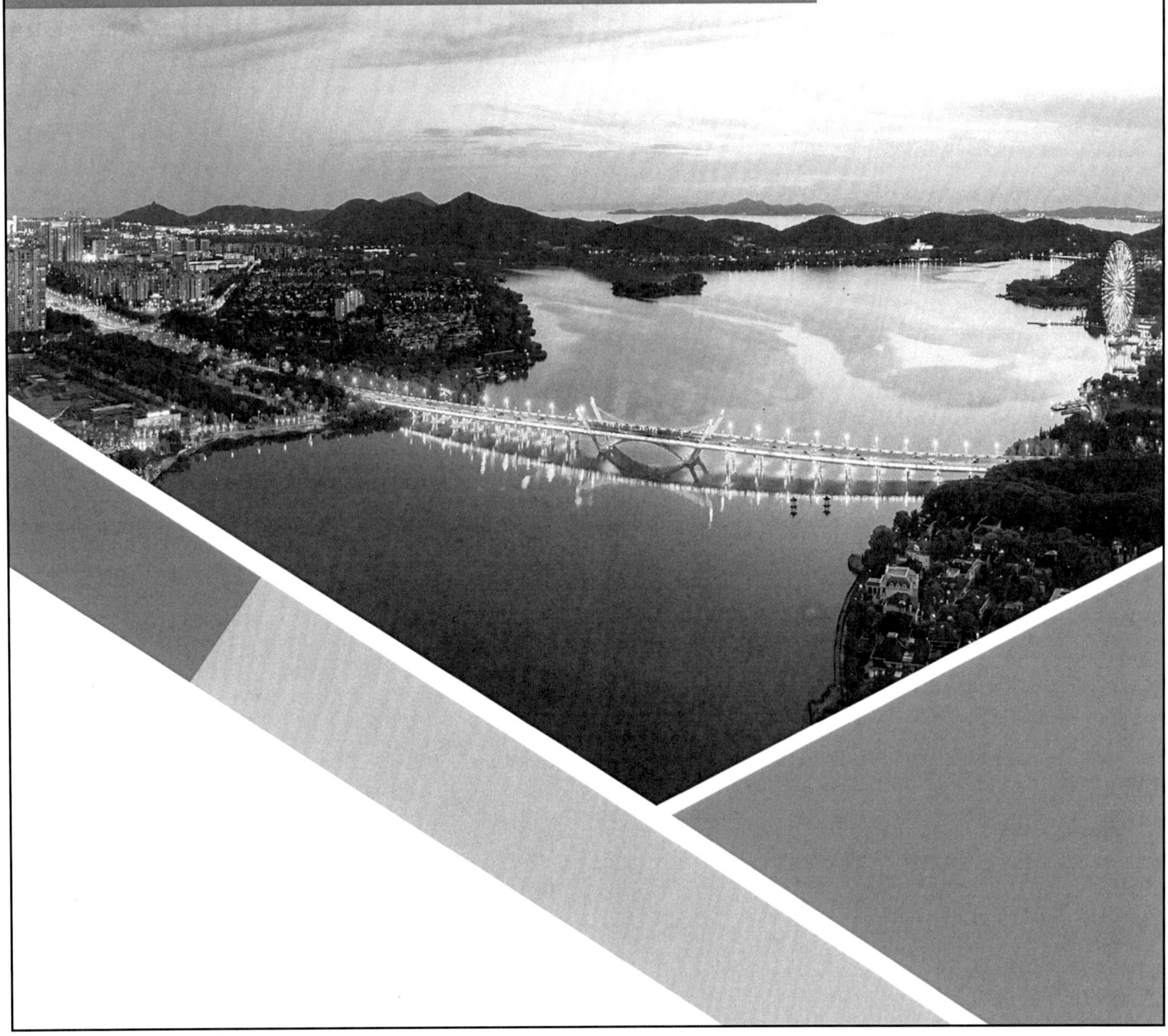

第一篇　综　合
CHAPTER Ⅰ　GENERAL SURVEY

● 全市地区生产总值 Total Gross Domestic Product	15456.19亿元	(10^8 yuan)
比上年增长 Over the Previous Year	6.0%	
● 全市第一产业增加值 Total Primary Industry	136.50亿元	(10^8 yuan)
比上年增长 Over the Previous Year	2.4%	
● 全市第二产业增加值 Total Secondary Industry	7376.85亿元	(10^8 yuan)
比上年增长 Over the Previous Year	6.9%	
● 全市第三产业增加值 Total Added Value of Tertiary Industry	7942.84亿元	(10^8 yuan)
比上年增长 Over the Previous Year	5.3%	
● 全市人均地区生产总值 Total Per Capita Gross Domestic Product	206278元	(yuan)
比上年增长 Over the Previous Year	5.9%	
● 市区地区生产总值 Urban Districts Gross Domestic Product	8158.15亿元	(10^8 yuan)
比上年增长 Over the Previous Year	6.1%	
● 市区人均地区生产总值 Urban Districts Gross Domestic Product Per Capita	184486元	(yuan)
比上年增长 Over the Previous Year	5.9%	

自 然 概 貌

位置：

无锡位于东经119度31分至120度36分，北纬31度7分至32度。 地处长江三角洲江湖间的走廊部分，江苏省的东南部，沪宁铁路中段。东临上海，西接常州，南濒太湖，北临长江，与泰州市所辖的靖江市隔江相望。

地貌：

无锡地形以平原为主，星散分布着低山、残丘。东部平原，沃野无边，水源充足，地面高程1—5米，地形由中西向东缓缓倾斜。无锡市区的西南部太湖沿岸丘陵起伏，群山连绵，其中惠山三茅峰为最高，海拔329米，锡山为75米。

面积：

全市总面积4627.47平方公里，其中水域面积为1230.52平方公里，占26.6%。市区城市建成区面积为360.71平方公里。

河流：

无锡南濒太湖，北枕长江，京杭运河穿越而过，地表水丰富，外来水源补给充足，属长江下游太湖水网区。太湖总面积2250平方公里，东西宽56公里，南北长68公里，平均水深2米；京杭运河全长1794公里，其中无锡境内古运河12.4公里，河床宽30—90米。

气候：

无锡属亚热带季风海洋性气候，常年主导风为东南风，四季变化分明，气候温和湿润，雨量充沛，无霜期长，热量丰富。

Location and Climate

LOCATION:

Wuxi is situated between 119 °31' - 120°36' E and 31°7' - 32° N and on the passageway of the Yangtze River Delta between the Yangtze River and Taihu Lake. It lies in the east of Jiangsu Province and the middle of Shanghai-Nanjing Railway. It's east to Shanghai, south to the Taihu Lake, west to Changzhou, north to the Yangtze River with Jingjiang City under the jurisdiction of Taizhou City situated on the other side of the River.

LANDFORM:

Wuxi is mainly featured with plains,with some low hills scattering around.In the east of Wuxi, there are boundless fertile soil, crisscrossed by rivers and canals.Its altitude difference is between 1m to 5m and the topography slightly descends from the middle to the east.In the southeast of Wuxi, along the Taihu Lake, there is a chain of undulating hills, with Sanmaofeng Peak, 329m above the sea level, being the highest peak of Huishan Hill, while that of the Xishan Hill being 75m.

AREA:

The city covers an area of 4627.47 km^2,among which 1230.52 km^2 is waters, covering 26.6% and area while the urban district occupies an area of 360.71 km^2.

RIVERS AND LAKES:

Wuxi lies between the Taihu Lake to its south and the Yangtze River to the north, with the Grand Canal running through the city. The city is rich in surface water resources and has abundant external water supply source, belonging to the Taihu Water Network of the lower reaches of the Yangtze River. The Taihu Lake covers an area of 2,250km^2, extending about 56 km from the east to the west and nearly 68 km from the north to the south. The average depth of the lake is 2 m. The Great Canal is 1,794 km in its full length, among which, the Ancient Canal in Wuxi territory is12.4 km in length and the width of the riverbed ranges from 30 m to 90 m.

CLIMATE:

Wuxi belongs to the subtropical zone with a monsoon and maritime climate. The southeast wind dominates the whole year round. The city boasts its four distinct seasons, with a mild climate and plenty of rainfall, as well as a long non-frost period and rich quantity of heat.

1－1 行政区划和土地面积

Administrative Division and Total Areas

（2023年末）

地 区	District	镇（个）Town (unit)	街道（个）Subdistrict (unit)	居民委员会（个）Neighbourhood Committee (unit)	村民委员会（个）Villagers' Committee (unit)	土地面积（平方公里）Land Area (sq·km)	其中 of Which #水域面积 Water Area
全 市	**Total**	**30**	**45**	**697**	**527**	**4627.47**	**1230.52**
市 区	**Urban Districts**	**7**	**33**	**511**	**129**	**1643.89**	**458.23**
梁溪区	Liangxi District		9	148		72.12	2.00
锡山区	Xishan District	4	5	66	66	399.11	46.88
惠山区	Huishan District	2	5	70	51	324.88	31.52
滨湖区	Binhu District	1	6	71	7	571.64	362.79
新吴区	Xinwu District		6	114	5	219.79	10.47
经开区	Economic Development Zone		2	42		56.35	4.56
市（县）	**City(County)**	**23**	**12**	**186**	**398**	**2983.58**	**772.29**
江阴市	Jiangyin City	10	7	82	192	986.97	157.44
宜兴市	Yixing City	13	5	104	206	1996.61	614.85

注：2023年行政面积采用2021年第三次全国国土调查最新数据。水域面积为河流水面、湖泊水面、水库水面面积之和。

Note: The administrative area in 2022 adopts the latest data of the third national land resource survey in 2021. Water area refers to the sum of river surface,lake surface and reservoir surface area.

1－2 镇、街道名单

List of Towns and Subdistrict Offices

（2023年末）

地 区 District	镇 （个） Town (unit)	街道 （个） Subdistrict (unit)	镇、街道名称 Names
市 区	**7**	**33**	
Urban Districts			
梁溪区		9	崇安寺街道、清名桥街道、惠山街道、北大街街道、广益街道、扬名街道、山北街道、黄巷街道、瞻江街道
Liangxi District			
锡山区	4	5	羊尖镇、鹅湖镇、锡北镇、东港镇，东亭街道、安镇街道、云林街道、厚桥街道、东北塘街道
Xishan District			
惠山区	2	5	洛社镇、阳山镇，堰桥街道、长安街道、钱桥街道、前洲街道、玉祁街道
Huishan District			
滨湖区	1	6	胡埭镇，河埒街道、荣巷街道、蠡湖街道、蠡园街道、马山街道、雪浪街道
Binhu District			
新吴区		6	新安街道、旺庄街道、硕放街道、江溪街道、梅村街道、鸿山街道
Xinwu District			
经开区		2	华庄街道、太湖街道
Economic Development Zone			
市（县）	**23**	**12**	
City(County)			
江阴市	10	7	璜土镇、月城镇、青阳镇、徐霞客镇、华士镇、周庄镇、新桥镇、长泾镇、顾山镇、祝塘镇，澄江街道、夏港街道、申港街道、利港街道、南闸街道、云亭街道、城东街道
Jiangyin City			
宜兴市	13	5	张渚镇、西渚镇、太华镇、徐舍镇、官林镇、杨巷镇、新建镇、和桥镇、高塍镇、万石镇、周铁镇、丁蜀镇、湖汊镇，新庄街道、宜城街道、屺亭街道、新街街道，芳桥街道
Yixing City			

1—3 分月气象情况

Monthly Meteorological Data

（2023年）

月 份 Month		平均气温（摄氏度）Average Temperature (°C)	降水量（毫米）Precipitation (mm)	日照时数（小时）Sunshine Time (hour)
全 年	**Total Year**	**17.8**	**1266.0**	**1806.7**
1	Jan.	5.4	42.6	197.4
2	Feb.	6.9	67.7	103.8
3	Mar.	13.1	76.9	164.1
4	Apr.	17.8	33.5	157.5
5	May.	22.2	68.6	147.9
6	June.	25.9	307.3	126.8
7	July.	29.8	289.1	117.8
8	Aug.	29.0	141.6	162.8
9	Sept.	25.7	166.5	111.7
10	Oct.	19.5	12.1	173.1
11	Nov.	13.3	15.5	198.7
12	Dec.	5.5	44.6	145.1

（2022年）

月 份 Month		平均气温（摄氏度）Average Temperature (°C)	降水量（毫米）Precipitation (mm)	日照时数（小时）Sunshine Time (hour)
全 年	**Total Year**	**17.9**	**1095.7**	**1861.8**
1	Jan.	5.3	82.4	86.3
2	Feb.	5.1	41.7	94.3
3	Mar.	13.4	174.7	164.8
4	Apr.	17.6	101.9	179.3
5	May.	21.2	8.7	181.6
6	June.	27.5	233.3	184.9
7	July.	31.1	54.1	222.5
8	Aug.	31.8	82.6	205.2
9	Sept.	23.7	142.2	108.9
10	Oct.	17.9	44.1	176.6
11	Nov.	15.1	103.5	104.6
12	Dec.	4.7	26.5	152.8

1－4 气象、水文概况（2022－2023年）

Hydro-Meteorological Data (2022-2023)

指标		Items		2022	2023
温度：年平均气温（摄氏）	（度）	Temperature: Average Annual Temperature	(°C)	17.9	17.8
年极端最高气温	（度）	Annual Utmost Highest Air Temperature	(°C)	41.2	38.3
出现日期	（月、日）	Date It Appeared	(Month/Day)	8月13日	7月12日
年极端最低气温	（度）	Annual Utmost Lowest Air Temperature	(°C)	-5.2	-9.2
出现日期	（月、日）	Date It Appeared	(Month/Day)	12月19日	1月25日
降水：年降水量	（毫米）	Precipitation:Total Annual Precipitation	(mm)	1095.7	1266.0
年降水日数	（日）	Annual Number of Days with Precipitation	(day)	105	124
一日最大降水量	（毫米）	In One Day the Heaviest Precipitation	(mm)	86.7	102.6
出现日期	(月、日）	Date It Appeared	(Month/Day)	6月5日	7月20日
日照：年日照时数	（时）	Sunshine:Annual Sunshine Time	(hour)	1861.8	1806.7
年日照百分率	（%）	Annual Sunshine Percentage	(%)	42.0	40.8
年平均相对湿度	（%）	Average Annual Relative Humidity	(%)	70.0	71.0
年平均风力	（米/秒）	Average Annual Wind-force	(m/second)	2.0	2.0
年平均气压	（毫巴）	Average Annual Atmospheric Pressure	(millibar)	1016.1	1015.9
水位：最高水位	（米）	Water Level: Peak level	(m)	4.06	4.58
发生日期	（月、日）	Date It Happened	(Month/Day)	6月24日	6月19日
最低水位	（米）	Lowest Water Level	(m)	3.16	3.13
发生日期	（月、日）	Date It Happened	(Month/Day)	1月1日	1月4日
年平均水位	（米）	Annual Average Water Level	(m)	3.52	3.52

注： 1.无霜期: 254天。

2.霜期: 终霜日2023年3月4日，初霜日2023年11月14日。

3.雪期: 终雪日2023年1月24日，初雪日2023年12月16日。

4.水位为大运河无锡水位(吴淞基面)。

Notes: 1. Non-frost Season:254days.

2. Frost season: The final day:3/4/2023,the first day:11/14/2023.

3. Snow season: The final day:1/24/2023,the first day:12/16/2023.

4.Water level is measured at the water level of the Wuxi section of the Grand Canal. (wusong basic level).

1—5 各时期国民经济主要指标年平均增长速度

单位：%

指 标	Items	"一五"时期 "First Five-year Plan" Period	"二五"时期 "Second Five-Year Plan" Period	调整时期 Readjusting Period	"三五"时期 "Third Five-Year Plan" Period	"四五"时期 "Forth Five-Year Plan" Period
年末户籍人口	**Year-end Household Registered Population**	**1.9**	**0.9**	**2.2**	**1.5**	**1.2**
城镇单位职工人数	**Number of Staff and Workers in Urban Units**	**17.4**	**2.8**	**5.1**	**1.0**	**5.4**
地区生产总值	**Gross Domestic Product**	**4.6**	**0.5**	**16.1**	**5.0**	**9.7**
工农业总产值	**Gross Output Value of Industry and Agriculture**	**3.5**	**0.1**	**17.9**	**6.7**	**9.9**
农业总产值	Gross Output Value of Agriculture	0.4	-1.7	16.8	-1.5	5.0
工业总产值	Gross Output Value of Industry	8.1	2.1	19.0	12.7	12.0
轻工业	Light Industry	6.8	-0.4	15.0	7.8	10.6
重工业	Heavy Industry	32.2	18.9	30.1	23.1	13.2
工业产品产量	**Output of Industry Products**					
钢	Steel		-10.2		57.8	45.6
钢材	Rolled-steel		57.4	51.7	6.9	19.6
化肥	Chemical Fertilizer			11.3	58.1	17.1
水泥	Cement		-32.1	213.3	21.7	26.5
金属切削机床	Metal-cutting Machines	27.0			23.1	22.5
自行车	Bicycles		186.2			45.1
电视机	Television Sets					
家用洗衣机	Washers					
纱	Yarn	3.1	-6.9	21.1	8.1	0.7
布	Cloth	4.7	-10.7	24.6	6.0	-1.6
呢绒	Wool Fabric	50.9	13.4	19.5	4.7	1.8
丝	Silk	4.3	-25.6	24.3	76.9	3.3
丝织品	Silk Products		36.5	31.1	-1.1	4.9
农产品产量	**Output of Farm Products**					
粮食	Grain	0.8	8.2	17.4	-1.2	6.6
油料	Oil-Bearing Crops	-12.4	11.6	24.8	10.1	10.1
水产品	Aquatic Products	11.1	-2.9	13.7	0.2	6.5

Yearly Average Growth Rates of Main Economic Indicators During Each Period

(percent)

"五五"时期 "Fifth Five-Year Plan" Period	"六五"时期 "Sixth Five-Year Plan" Period	"七五"时期 "Seventh Five-Year Plan" Period	"八五"时期 "Eighth Five-Year Plan" Period	"九五"时期 "Ninth Five-Year Plan" Period	"十五"时期 "Tenth Five-Year Plan" Period	"十一五"时期 "Eleventh Five-Year Plan" Period	"十二五"时期 "Twelfth Five-Year Plan" Period	"十三五"时期 "Thirteenth Five-Year Plan" Period
1.4	**0.7**	**1.3**	**0.5**	**0.3**	**0.8**	**0.6**	**0.6**	**1.1**
7.3	**4.6**	**1.5**	**-0.9**	**-3.3**	**-2.8**	**5.0**	**10.9**	**1.3**
14.2	**16.1**	**8.0**	**24.6**	**11.7**	**14.4**	**13.6**	**9.2**	**6.5**
12.3	**17.9**	**14.6**	**35.1**	**9.2**	**19.1**	**15.8**	**0.8**	**9.4**
0.2	6.2	5.9	9.7	2.9	1.1	12.4	8.4	-2.1
15.5	19.5	15.3	36.2	9.4	19.6	15.8	4.7	9.6
14.3	14.1	12.1	28.3	22.9	17.0	4.2	6.7	6.4
13.2	18.6	14.3	28.2	21.1	31.4	17.1	2.6	11.0
15.5	10.3	12.1	16.3	4.0	36.6	14.7	3.1	8.6
14.4	5.2	1.5	43.6	7.8	25.8	10.1	-1.4	6.9
17.1	-4.7	3.9	4.2	15.6	7.7	13.5	1.1	15.3
27.6	13.8	4.1	19.6	2.2	21.5	8.9	0.6	4.3
-16.0	-1.7	-1.5	21.0	-14.2	7.1	0.7	-16.0	-8.8
36.7	25.0	-1.9	0.1	-29.5	13.5	-23.2	-16.7	20.1
172.0	46.8	10.2	-6.4	-18.5	-6.0			
	135.5	-24.3	69.5	13.9	3.7	27.6	2.2	14.9
3.6	1.5	5.3	7.2	8.2	18.9	4.3	-1.0	-6.4
5.5	0.3	3.5	5.4	-2.2	8.9	-10.3	12.6	4.2
10.0	28.63	9.5	42.8	-9.6	1.9	15.6	-5.1	-8.2
1.6	6.8	-3.6	12.1	-8.3	-2.7	-27.7	2.6	
11.6	16.7	4.4	17.8	-6.2	-14.8	-36.5	3.3	0.3
3.4	3.4	1.7	-0.1	-3.7	-8.9	0.2	-2.1	-6.2
-3.7	21.2	-3.1	-1.6	8.9	-10.3	-19.6	-5.7	-4.1
5.5	16.4	11.3	3.3	5.6	3.4	平	0.7	-1.1

单位：%　　续表

指　　标	Items	“一五”时期 "First Five-year Plan" Period	“二五”时期 "Second Five-Year Plan" Period	调整时期 Readjusting Period	“三五”时期 "Third Five-Year Plan" Period	“四五”时期 "Forth Five-Year Plan" Period
运输、邮电	**Transportation,Postal and Telecommunication Services**					
客运量	Passenger Traffic	17.4	-5.7	3.7	3.1	6.3
货运量	Freight Traffic	13.5	7.0	11.4	-3.2	6.9
邮电业务总量	Business Revenue of PTS	9.0	1.5	4.0	2.6	6.5
固定资产投资完成额	**Fulfilled Value of Fixed Assets Investment**	**2.5**	**44.9**	**34.9**	**9.9**	**8.9**
内外贸易	**Domestic and Foreign Trade**					
社会消费品零售总额	Total Retail Sales of Consumer Goods	2.5	5.1	1.9	3.0	8.1
实际利用外资	Value of Foreign Capital Actually Used					
财政	**Finance**					
财政收入	Financial Revenue	9.0	-0.1	24.8	0.1	0.7
财政支出	Financial Expenditure	23.7	-3.7	12.3	8.4	8.6
教育	**Education**					
各类学校在校学生	Student Enrollment of Various Schools	3.5	2.3	6.2	-1.5	4.1
#高等学校在校学生	Student Enrollment of Institutions of Higher Education	5.9	32.8	1.7		
中等专业学校在校学生	Student Enrollment of Specialized Schools	8.0	-16.0	-2.4		
普通中学在校学生	Student Enrollment of Regular Secondary Schools	8.1	3.6	1.6	9.9	8.6
小学在校学生	Student Enrollment of Primary School	2.6	2.2	4.5	-2.1	2.5
卫生	**Health Care**					
卫生机构数	Number of Health-Care Institutions	17.7	4.7	3.0	10.5	-8.8
#医院	Hospital	-2.9	38.5	-0.2	10.2	0.3
床位数	Number of Beds	19.8	5.7	3.9	-0.4	8.1
#医院	Hospital	9.5	15.4	3.9	2.2	9.9
卫生技术人员数	Number of Medical Professionals	5.9	1.6	1.9	-2.9	8.4
#医生	Doctors	2.3	2.0	4.3	-2.3	2.7
人民生活	**People's Livelihood**					
城镇单位职工工资总额	Salaries of Staff and Workers in Urban Units	18.2	1.9	2.5	-0.8	6.2
城镇单位职工年平均工资	Annual Average Wages of Staff and Workers in Urban Units	0.6	1.6	-2.5	0.1	0.7
城乡居民储蓄存款余额	Savings Deposit Balance of Urban and Rural Residents	19.2	1.4	24.6	0.2	10.3

注：“十二五”期间财政收入为一般公共预算收入，财政支出为一般公共预算支出。

continued (percent)

“五五”时期 "Fifth Five-Year Plan" Period	“六五”时期 "Sixth Five-Year Plan" Period	“七五”时期 "Seventh Five-Year Plan" Period	“八五”时期 "Eighth Five-Year Plan" Period	“九五”时期 "Ninth Five-Year Plan" Period	“十五”时期 "Tenth Five-Year Plan" Period	“十一五”时期 "Eleventh Five-Year Plan" Period	“十二五”时期 "Twelfth Five-Year Plan" Period	“十三五”时期 "Thirteenth Five-Year Plan" Period
13.5	19.8	-7.0	-1.6	10.8	4.6	6.0		-7.8
7.4	4.4	-3.3	-4.7	-7.5	2.5	9.7		7.2
8.4	22.8	18.3	56.5	27.0	13.7	10.7	8.9	23.0
29.1	**26.9**	**14.5**	**48.5**	**7.0**	**30.7**	**17.4**	**15.0**	**4.9**
16.0	18.5	12.8	32.6	11.1	13.9	17.5	10.8	7.3
		19.5	96.8	-0.1		10.5	-0.5	2.4
6.0	9.7	17.1	17.6	18.4	30.4	30.2	10.1	5.3
13.0	17.2	14.0	26.4	23.2	34.1	33.0	11.0	8.2
1.9	-0.5	-0.3	1.6	2.1	2.3	-1.8	-0.2	3.9
9.0	21.7	6.3	5.7	25.5	24.8	7.0	1.0	2.9
12.0	27.6	8.5	21.5	0.5	16.2	-5.9	-6.4	1.0
0.9	-1.1	1.9	5.1	2.6	2.9	-4.5	-1.5	4.1
-3.3	-1.1	-2.0	0.2	1.4	-4.1	-0.7	2.6	4.7
6.2	3.4	0.7	-1.0	6.2	4.2	1.9	2.4	5.6
...	-0.3	0.5	-0.3	0.3	1.6	2.8	3.7	7.0
2.0	4.0	3.6	1.9	-0.2	2.1	5.1	7.6	6.7
4.0	3.2	3.3	1.9	1.1	4.9	5.6	7.8	5.4
6.9	6.3	3.1	1.9	1.5	1.7	4.7	8.9	7.1
4.6	8.1	5.9	0.9	1.5	0.6	3.0	7.1	8.6
14.0	15.0	19.3	23.3	5.9	12.6	19.3	21.7	9.7
6.0	9.7	17.1	24.0	8.8	18.5	14.1	9.1	9.4
20.4	32.2	26.6	29.8	29.3	20.5	16.9		9.2

Note: The revenue in the "twelfth five-year plan period" is public budget revenue, The expenditure in the "twelfth five-year plan period" is public budget expenditure.

1－6 分市（县）主要经济指标

（2023年）

指标		Items		全市 Total
年末户籍人口	（万人）	Year-end Census Register Population	(10000 persons)	520.95
年末常住人口		Year-end Permanent Population		749.50
土地面积	（平方公里）	Land Area	(sq·km)	4627.47
#建成区		Developed		583.87
地区生产总值	（亿元）	Gross Domestic Product	(10^8 yuan)	15456.19
第一产业		Primary Industry		136.50
第二产业		Secondary Industry		7376.85
第三产业		Tertiary Industry		7942.84
人均地区生产总值	（元）	Gross Domestic Product Per Capita	(yuan)	206278
地区生产总值指数	(上年=100)	Indices of GDP	(preceding year=100)	106.0
固定资产投资	（万元）	Total Investment in Fixed Assets	(10000 yuan)	44121040
#工业投资		Industry		17151753
房地产开发投资		Fulfilled Investment Of Real Estate		12753229
一般公共预算收入	（万元）	General Public Budget Revenue	(10000 yuan)	11954222
一般公共预算支出		General Public Budget Expenditure		13901893
金融机构人民币存款余额	（万元）	RMB Deposit Balance in Financial Institutions	(10000 yuan)	263916053
#住户存款		Household Deposits		117439371
金融机构人民币贷款余额		RMB Loan in Financial Institutions		222888962
规模以上工业总产值	（万元）	Above-scale Gross Output Value of Industrial Enterprises	(10000 yuan)	247652580
社会消费品零售总额	（万元）	Total Retail Sales of Consumer Goods	(10000 yuan)	35675524
进出口总值(海关数)	(万美元)	Total Value of Import and Export Trade by Customs	(10000 USD)	10041691
#出口总值		Total Value of Foreign-Trade Export		6621867
实际使用外资		Actual Use of Foreign Capital		412006
星级饭店数	(个)	Hotels with stars	(unit)	22

Major Economic Indicators by City

市 区 Urban Districts	其中 of Which 梁溪区 Liangxi District	锡山区 Xishan District	惠山区 Huishan District	滨湖区 Binhu District	新吴区 Xinwu District	经开区 Economic Development Zone	江阴市 Jiangyin City	宜兴市 Yixing City
288.32	80.45	51.88	55.46	37.87	41.34	21.32	126.70	105.93
442.53	98.59	88.79	89.95	59.60	72.85	32.75	178.51	128.46
1643.89	72.12	399.11	324.88	571.64	219.79	56.35	986.97	1996.61
360.71							125.00	98.16
8158.15	1624.13	1259.86	1276.03	1100.58	2515.69	381.86	4960.51	2337.53
38.70		17.37	16.73	3.93	0.67		40.96	56.84
3600.30	213.59	645.15	696.57	406.60	1560.55	77.84	2567.58	1208.97
4519.15	1410.54	597.34	562.73	690.05	954.47	304.02	2351.97	1071.72
184486	164586	142068	142034	184754	345799	116777	277962	181725
106.1	106.3	106.3	106.1	106.5	106.1	105.9	105.9	106.2
28632309	3463480	5503403	5321550	3458975	8046167	2168448	8862950	6625781
10040021	290124	2700533	2201246	764941	3911483	80578	3872119	3239613
8992573	2110187	1473759	1071746	1633024	1467094	1236763	2066584	1694072
8063346	584003	1220373	1212746	1039437	2622025	354560	2482867	1408009
9562004	958784	1222292	1087077	972739	2022179	484364	2556191	1783698
166352847							58246277	39316929
71465981							24711791	21261599
143987037							48236155	30665770
122360800	3459229	22246504	27126044	9230714	58226305	2072004	71229250	54062530
22649506	7808925	2964565	3563551	3204607	4268598	839260	7117002	5909015
7004300	342018	671831	480967	345090	5065005	99338	2237792	799599
4677189	315197	540477	444640	259751	3027174	89898	1496733	447945
263330	13560	48166	43870	36016	114387	7332	110017	38658
10	5			4	1		6	6

续表

指 标		Items		全 市 Total
公共汽(电)车运营车数	(辆)	Operating Public Transportation Vehicles	(vehicle)	4895
公共汽(电)车客运总量	(万人次)	Passengers Carried by Public Traffic Vehicles	(10000 person-times)	21047
出租汽车数	(辆)	Taxis	(vehicle)	5032
天然气供气总量	(万立方米)	Total Supply of Natural Gas	(10000 cu.m)	279887
用气人口	(万人)	Gas-Consuming Population	(10000 persons)	373
学校总数	(个)	Number of Schools	(unit)	501
在校学生人数	(人)	Student Enrollment	(person)	1031757
专任教师总数		Number of Full-time Teachers		69829
专利申请授权量	(件)	Number of Patent Application Certified	(piece)	55953
发明专利申请授权量		Number of Patent Application Certified for Invention		11750
体育场馆（场地）数（新口径）	(个)	Number of Sports Venues (New Statistical Caliber)	(unit)	33114
公共图书馆		Public Libraries		8
公共图书馆图书藏量	(千册、件)	Collections of Books in Public Libraries	(1000 pieces)	10640
卫生机构数	(个)	Number of Health Care Institutions	(unit)	3437
#医院数		Hospital		218
#三甲医院数		Three Grade iii-A General Hospital		12
卫生机构床位数	(张)	Number of Beds in Health-Care Institutions	(bed)	55125
#医院数		Hospital		44183
#三甲医院数		Three Grade iii-A General Hospital		15403
卫生技术人员	(人)	Medical Professionals	(person)	69927
#执业(助理)医师数		Licensed Physicians & Physician Assistants		27000
注册护士数		Registered Nurses		31496
城镇常住居民人均可支配收入	(元)	Disposable Income of Urban Residents	(yuan)	76644
农村常住居民人均可支配收入		Disposable Income of Rural Residents		44617
提供住宿的民政养老机构数	(个)	Endowment Institution Providing Accommodation	(unit)	172
提供住宿的民政养老机构床位数	(张)	Beds in Endowment Institution Providing Accommodation	(bed)	44339

continued

市 区 Urban Districts	其中 of Which						江阴市 Jiangyin City	宜兴市 Yixing City
	梁溪区 Liangxi District	锡山区 Xishan District	惠山区 Huishan District	滨湖区 Binhu District	新吴区 Xinwu District	经开区 Economic Development Zone		
2844							1074	977
14605							3460	2982
4040							495	497
130308							86618	62961
285							37	51
280	55	40	42	29	38	14	113	108
689523	78422	97514	101752	41675	70066	30617	200977	141257
45318	5403	6868	6801	3124	4687	2161	14463	10048
38923	2386	7669	7578	6146	11956	1628	9462	7568
9136	592	1408	1122	1667	2539	496	1494	1120
18572	3422	3209	4335	2835	3712	1059	8594	5948
6	1	1	1	1	1		1	1
6594	1268	355	249	189	613		3144	902
2074	535	309	416	374	278	162	710	653
151	67	13	9	36	16	10	39	28
8	4			4			2	2
37638	13581	3523	2757	12261	3523	1993	9520	7967
32460	12316	2559	1521	11005	3082	1977	6744	4979
10208	4632			5576			2846	2349
45170	17481	5001	4940	10978	4988	1782	13039	11718
17109	6469	1960	2076	4049	1946	609	5315	4576
20828	8311	2236	2019	5140	2177	945	5670	4998
74490	74220	73077	74760	76516	75300	75372	84952	72399
44752		45079	45132				47846	40633
112	41	14	25	16	9	7	23	37
26861	7371	3258	3442	4543	5418	2829	6956	10522

1－7 历年地区生产总值及构成

Yearly Gross Domestic Product and Its Composition

年 份 Year	地区生产总值 (亿元) Gross Domestic Product (10^8 yuan)	其中 of Which 第一产业 Primary Industry	 第二产业 Secondary Industry	 第三产业 Tertiary Industry	三次产业比重（%） the Proportion 第一产业 Primary Industry	 第二产业 Secondary Industry	 第三产业 Tertiary Industry	人均地区生产总值 (元) Gross Domestic Product Per Capita(yuan)
1978	24.93	3.56	17.04	4.33	14.3	68.3	17.4	687
1979	29.54	4.51	20.12	4.91	15.3	68.1	16.6	799
1980	35.55	4.36	25.09	6.10	12.3	70.5	17.2	947
1981	37.60	4.59	26.67	6.34	12.2	70.9	16.9	993
1982	40.75	6.48	27.52	6.75	15.9	67.5	17.4	1064
1983	46.16	7.62	30.67	7.87	16.5	66.4	17.1	1196
1984	59.29	10.04	38.95	10.30	16.9	65.7	17.4	1529
1985	79.85	10.55	55.97	13.33	13.2	70.1	16.7	2049
1986	89.01	12.62	60.29	16.10	14.2	67.7	18.1	2264
1987	103.61	13.20	71.03	19.38	12.7	68.6	18.7	2602
1988	133.72	17.18	90.39	26.14	12.8	67.6	19.6	3311
1989	145.04	16.72	98.86	29.47	11.5	68.2	20.3	3451
1990	160.44	17.53	107.67	35.24	10.9	67.1	22.0	3865
1991	184.82	16.35	127.23	41.24	8.8	68.8	22.3	4406
1992	304.06	22.45	198.80	82.81	7.4	65.4	27.2	7196
1993	440.36	25.51	284.80	130.05	5.8	64.7	29.5	10356
1994	604.60	34.42	375.55	194.63	5.7	62.1	32.2	14145
1995	755.65	39.75	456.29	259.61	5.3	60.4	34.4	17656
1996	861.78	43.95	517.75	300.08	5.1	60.1	34.8	20041
1997	947.84	44.47	568.10	335.28	4.7	59.9	35.4	21963
1998	1038.27	45.10	614.57	378.59	4.3	59.2	36.5	24042
1999	1120.55	45.60	662.34	412.61	4.1	59.1	36.8	25891
2000	1176.54	46.25	690.33	439.97	3.9	58.7	37.4	27109
2001	1328.65	52.06	758.09	518.50	3.9	57.1	39.0	30526
2002	1534.13	54.23	875.97	603.94	3.5	57.1	39.4	35087
2003	1833.45	51.21	1105.00	677.24	2.8	60.3	36.9	41616

续表 Continued

年 份 Year	地区生产总值（亿元） Gross Domestic Product (10^8 yuan)	其中 of Which			三次产业比重（%）the Proportion			人均地区生产总值（元） Gross Domestic Product Per Capita(yuan)
		第一产业 Primary Industry	第二产业 Secondary Industry	第三产业 Tertiary Industry	第一产业 Primary Industry	第二产业 Secondary Industry	第三产业 Tertiary Industry	
2004	2274.30	44.27	1399.06	830.97	1.9	61.6	36.5	51123
2005	2839.54	52.13	1729.12	1058.29	1.8	60.9	37.3	51592
2006	3350.18	60.03	2016.51	1273.64	1.8	60.2	38.0	58586
2007	3931.99	69.56	2324.53	1537.90	1.8	59.1	39.1	66454
2008	4529.81	86.82	2639.95	1803.04	1.9	58.3	39.8	74877
2009	5027.49	92.81	2884.53	2050.15	1.8	57.4	40.8	81728
2010	5779.21	102.95	3236.03	2440.23	1.8	56.0	42.2	91943
2011	6799.88	119.42	3729.87	2950.59	1.8	54.8	43.4	104015
2012	7446.37	132.56	4003.15	3310.66	1.8	53.7	44.5	109463
2013	7919.85	130.43	4187.70	3601.72	1.6	52.9	45.5	113791
2014	8358.98	138.15	4242.56	3978.27	1.7	50.7	47.6	117808
2015	8681.37	125.71	4122.65	4433.01	1.4	47.5	51.1	120434
2016	9340.16	133.46	4425.88	4780.82	1.4	47.4	51.2	128361
2017	10313.07	133.96	4853.03	5326.08	1.3	47.1	51.6	140306
2018	11202.98	125.52	5309.86	5767.60	1.1	47.4	51.5	151260
2019	11803.32	122.51	5578.88	6101.93	1.0	47.3	51.7	158659
2020	12340.48	128.10	5721.19	6491.19	1.0	46.4	52.6	165449
2021	14122.99	130.33	6741.33	7251.33	0.9	47.7	51.4	189019
2022	14750.58	133.59	7124.89	7492.10	0.9	48.3	50.8	197063
2023	15456.19	136.50	7376.85	7942.84	0.9	47.7	51.4	206278

注： 1.2005年起人均地区生产总值以平均常住人口计算。

2.2017年起研发支出纳入地区生产总值核算；2004—2016年地区生产总值按研发支出口径调整。

3.根据第四次全国经济普查结果，对2015—2018年历史数据进行了修订。

4.2011年后人均地区生产总值根据第七次全国人口普查常住人口修正数据调整。

5.2019—2022年根据年度地区生产总值统一核算结果进行修订。

Notes: 1.The per-capita GDP is calculated on average permanent resident population from 2005.

2.Since 2017, R&D expenditure has been included in GDP accounting; 2004 to 2016 years GDP has been adjusted according to R&D expenditure.

3.According to the results of the fourth national economic census, historical data from 2015 to 2018 was revised.

4.The per capita GDP after 2011 are adjusted according to the revised data of permanent resident population from The Seventh National Population Census.

5.The data of 2019 to 2022 was adjusted according to the unified accounting results of the annual GDP.

1—8 主要年份地区生产总值指数

Indices of Gross Domestic Product in Major Years

按可比价计算，上年=100 (at constant price, preceding year=100)

年 份 Year	地区生产总值指数 Gross Domestic Product	其中 of Which 第一产业 Primary Industry	第二产业 Secondary Industry	第三产业 Tertiary Industry	人均地区生产总值指数 Gross Domestic Product Per Capita
1979	113.8	102.3	116.7	111.9	111.8
1980	119.9	95.9	124.9	117.2	118.0
1981	105.6	102.4	106.8	102.7	104.6
1982	107.5	132.4	104.5	105.5	106.3
1983	113.7	113.2	113.2	116.4	112.8
1984	126.2	125.0	126.1	127.8	125.7
1985	129.6	95.3	138.0	118.2	128.9
1986	107.1	110.3	105.6	112.8	106.1
1987	111.2	94.3	113.5	110.2	109.8
1988	115.9	106.0	118.1	110.2	114.3
1989	97.7	93.1	98.4	96.5	96.3
1990	109.1	96.7	108.6	114.8	107.6
1991	112.4	88.2	114.4	112.1	111.2
1992	143.9	124.8	142.2	154.6	142.8
1993	132.1	103.3	132.8	137.5	131.3
1994	121.6	102.9	122.3	124.0	121.0
1995	115.4	109.6	113.3	121.1	115.0
1996	112.2	108.8	114.6	108.9	111.9
1997	112.0	96.1	112.3	113.7	111.6
1998	111.8	100.7	111.4	114.3	111.6
1999	111.6	103.9	111.6	112.5	111.5
2000	111.1	101.9	112.1	110.4	110.9
2001	111.5	106.7	111.2	112.5	111.2
2002	112.7	103.0	113.4	112.7	112.3
2003	115.3	96.9	117.9	113.0	114.5
2004	117.4	97.9	119.4	115.5	112.5
2005	115.1	104.2	115.7	114.8	112.6
2006	115.3	106.3	115.5	115.5	111.0
2007	115.3	105.6	114.9	116.4	111.5
2008	112.4	103.8	111.8	113.8	110.0
2009	111.6	106.6	108.3	117.1	109.8
2010	113.2	104.3	113.1	113.7	110.8
2011	111.6	104.4	111.7	111.8	107.3
2012	110.1	104.6	109.4	111.2	105.8
2013	109.3	102.8	108.9	110.1	106.9
2014	108.2	103.5	106.4	110.4	106.1
2015	107.1	99.9	105.2	109.5	105.5
2016	107.5	97.7	106.6	108.5	106.5
2017	107.4	101.3	107.3	107.7	106.3
2018	107.4	99.7	108.0	107.1	106.6
2019	106.6	97.6	107.5	106.0	106.2
2020	103.7	101.6	104.3	103.2	103.4
2021	109.1	101.3	110.4	108.2	109.0
2022	102.7	99.3	103.2	102.3	102.5
2023	106.0	102.4	106.9	105.3	105.9

注： 1.2011—2020年人均地区生产总值定基指数根据第七次全国人口普查常住人口修正数据调整。

2.2021—2022年地区生产总值定基指数、人均地区生产总值定基指数根据年度地区生产总值统一核算结果进行修订。

Note: 1.The fixed-base indices of per capita GDP from 2011 to 2020 are adjusted according to the revised data of permanent resident population from The Seventh National Population Census.

2.The fixed-base data from 2021 to 2022 was adjusted according to the unified accounting results of the annual GDP.

1－9 主要年份地区生产总值定基指数

Fixed-base Indices of Gross Domestic Product in Major Years

按可比价计算，1978年=100 (at constant price,1978=100)

年 份 Year	地区生产总值指数 Gross Domestic Product	其中 of Which 第一产业 Primary Industry	第二产业 Secondary Industry	第三产业 Tertiary Industry	人均地区生产总值指数 Gross Domestic Product Per Capita
1978	100.0	100.0	100.0	100.0	100.0
1979	113.8	102.3	116.7	111.9	111.8
1980	136.4	98.1	145.8	131.1	131.9
1981	144.1	100.5	155.7	134.7	138.0
1982	154.9	133.0	162.7	142.1	146.7
1983	176.1	150.6	184.1	165.4	165.5
1984	222.3	188.2	232.2	211.4	208.0
1985	288.0	179.4	320.5	249.9	268.1
1986	308.5	197.8	338.4	281.8	284.4
1987	343.0	186.6	384.1	310.6	312.3
1988	397.6	197.8	453.6	342.3	357.0
1989	388.4	184.1	446.3	330.3	343.8
1990	423.8	178.0	484.7	379.2	369.9
1991	476.3	157.0	554.5	425.0	411.3
1992	685.5	196.0	788.5	657.1	587.4
1993	905.5	202.4	1047.2	903.5	771.2
1994	1101.1	208.3	1280.7	1120.4	933.2
1995	1270.6	228.3	1451.0	1356.8	1073.2
1996	1425.7	248.4	1662.9	1477.5	1200.9
1997	1596.7	238.7	1867.4	1679.9	1340.2
1998	1785.2	240.4	2080.3	1920.2	1495.6
1999	1992.2	249.8	2321.6	2160.2	1667.6
2000	2213.4	254.5	2602.5	2384.9	1849.4
2001	2467.9	271.5	2894.0	2683.0	2056.5
2002	2781.3	279.7	3281.8	3023.7	2309.5
2003	3206.9	271.0	3869.3	3416.8	2644.4
2004	3764.9	265.3	4619.9	3946.4	2974.9
2005	4333.4	276.5	5345.2	4530.5	3349.8
2006	4996.4	293.9	6173.7	5232.7	3718.2
2007	5760.8	310.4	7093.6	6090.8	4145.8
2008	6475.2	322.1	7930.6	6931.4	4560.4
2009	7226.3	343.4	8588.9	8116.6	5007.4
2010	8180.2	358.2	9714.0	9228.6	5548.1
2011	9129.1	373.9	10850.6	10317.6	5954.2
2012	10051.1	391.1	11870.5	11473.2	6299.8
2013	10985.9	402.1	12927.0	12632.0	6731.8
2014	11886.7	416.2	13754.3	13945.7	7142.9
2015	12730.7	415.7	14469.6	15270.5	7533.5
2016	13685.5	406.2	15424.6	16568.5	8019.8
2017	14698.2	411.5	16550.5	17844.3	8526.6
2018	15785.9	410.2	17874.6	19111.2	9089.4
2019	16827.7	400.4	19215.2	20257.9	9649.5
2020	17450.4	407.0	20038.5	20905.7	9980.6
2021	19038.3	412.1	22125.7	22620.5	10886.6
2022	19552.4	409.2	22833.8	23140.7	11158.7
2023	20725.5	419.0	24409.3	24367.2	11817.1

注：1.2011—2020年人均地区生产总值定基指数根据第七次全国人口普查常住人口修正数据调整。

2.2021—2022年地区生产总值定基指数、人均地区生产总值定基指数根据年度地区生产总值统一核算结果进行修订。

Note: 1.The fixed-base indices of per capita GDP from 2011 to 2020 are adjusted according to the revised data of permanent resident population from The Seventh National Population Census.

2.The fixed-base data from 2021 to 2022 was adjusted according to the unified accounting results of the annual GDP.

1－10 全市生产总值构成

Structure of Gross Domestic Product

单位：亿元　　（2023年）　　(10^8 yuan)

指标	Items	全市 Total	其中 of Which 市区 Urban Districts	江阴市 Jiangyin City	宜兴市 Yixing City
合　计	**Total**	**15456.19**	**8158.15**	**4960.51**	**2337.53**
按行业分	**Grouped by Trade**				
农、林、牧、渔业	Agriculture, Forestry, Animal Husbandry and Fishery	157.97	46.59	47.61	63.77
工　业	Industry	6616.42	3259.29	2349.93	1007.20
建筑业	Construction	760.87	341.28	217.75	201.84
批发和零售业	Wholesale and Retail	2259.48	994.80	977.93	286.75
交通运输、仓储和邮政业	Transportation, Storage and Post	332.99	174.43	123.96	34.60
住宿和餐饮业	Accommodation and Catering	199.13	115.77	52.94	30.42
信息传输、软件和信息技术服务业	Information Transmission, Software and IT Services	521.36	406.59	81.52	33.25
金融业	Finance	1391.01	889.56	347.79	153.66
房地产业	Real Estate	872.54	584.88	158.44	129.22
租赁和商务服务业	Leasing and Commercial Services	610.84	312.53	188.84	109.47
科学研究和技术服务业	Scientific Research and Technical Service	188.05	117.92	50.96	19.17
水利、环境和公共设施管理业	Water Conservancy, Environment and Public Facilities Administration	97.96	52.02	26.21	19.73
居民服务、修理和其他服务业	Community Services, Repair and Others	167.04	71.27	38.71	57.06
教育	Education	321.67	206.26	71.30	44.11
卫生和社会工作	Healthcare and Social Welfare	244.16	163.30	42.78	38.08
文化、体育和娱乐业	Culture, Sports and Entertainment	59.28	46.02	8.97	4.29
公共管理、社会保障和社会组织	Public Administration,Social Security and Social Organization	655.42	375.64	174.87	104.91
按产业分	**Grouped by Industry**				
第一产业	Primary Industry	136.50	38.70	40.96	56.84
第二产业	Secondary Industry	7376.85	3600.30	2567.58	1208.97
第三产业	Tertiary Industry	7942.84	4519.15	2351.97	1071.72
人均地区生产总值（元）	**Gross Domestic Product Per Capita (yuan)**	**206278**	**184486**	**277962**	**181725**

无锡统计年鉴 2024

第 2 篇
CHAPTER

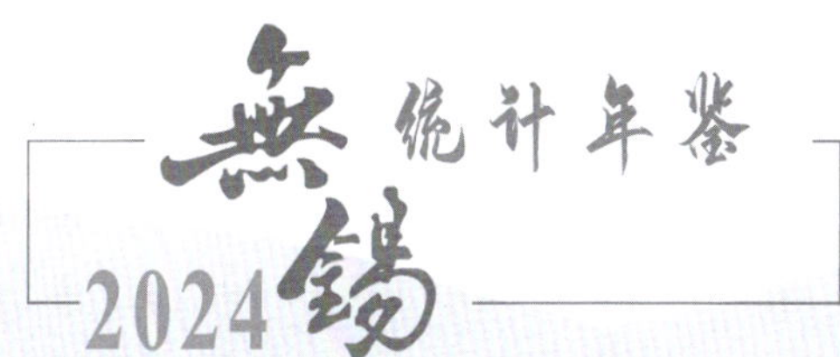

人口 劳动力

POPULATION AND LABOUR FORCE

2024 WUXI STATISTICAL YEARBOOK

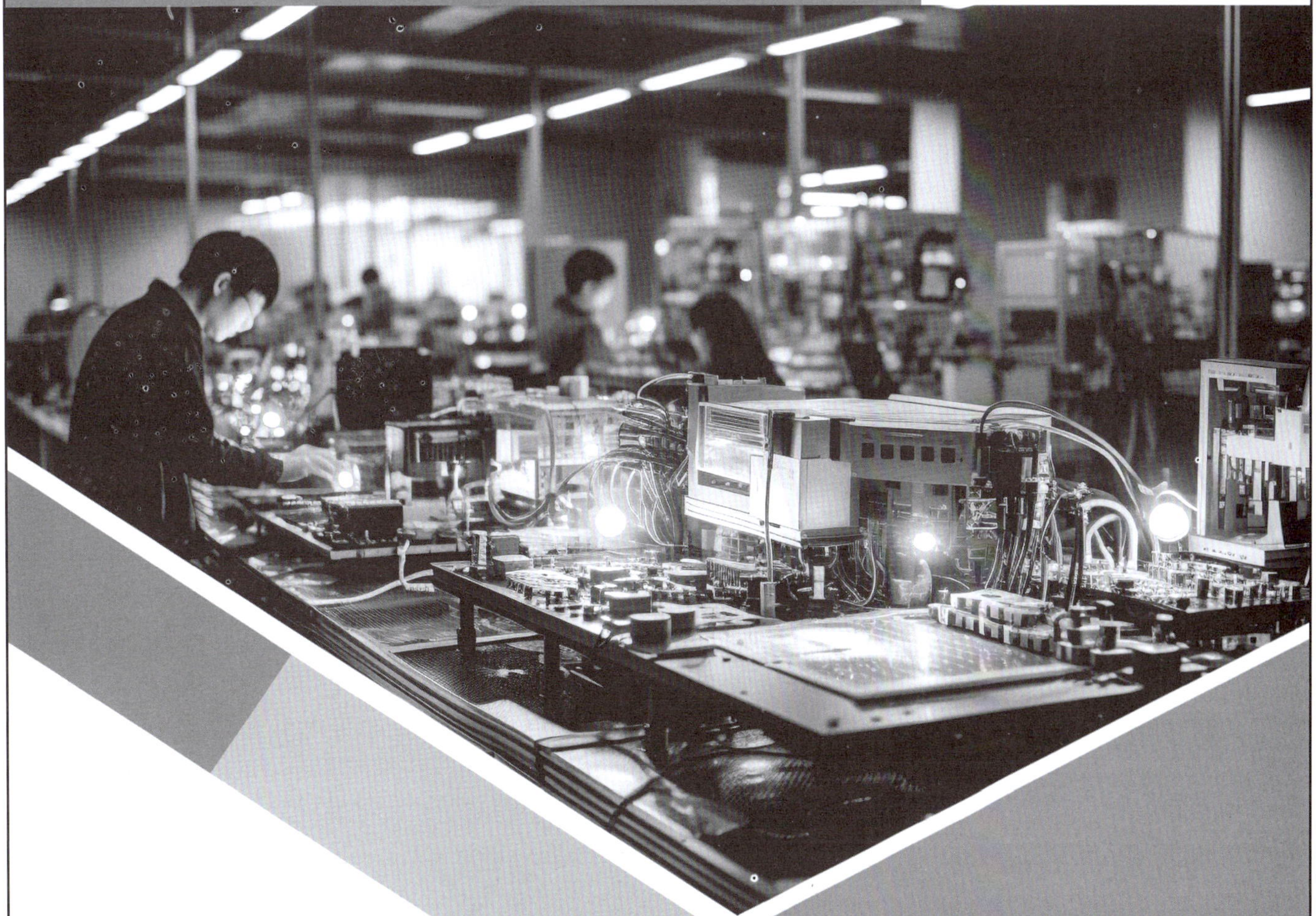

第二篇　　人口　劳动力
CHAPTER II　POPULATION AND LABOUR FORCE

● 户籍总户数 Total Households	184.91万户	(10^4 households)
比上年增长 Over the Previous Year	1.4%	
● 全市户籍总人口 Total Household Registered Population	520.95万人	(10^4 persons)
比上年增长 Over the Previous Year	0.4%	
● 市区户籍人口 Urban Districts Household Registered Population	288.32万人	(10^4 persons)
比上年增长 Over the Previous Year	1.0%	
● 城镇非私营单位从业人员人数 Employees in Non-private Urban Units	115.27万人	(10^4 persons)

2—1 历年户籍人口及平均人口

Yearly Total Household Registered Population and Average Population

单位:万人 (10000 persons)

年 份 Year	全 市 Total	其中 of Which 市 区 Urban Districts	江阴市 Jiangyin City	宜兴市 Yixing City	锡山市 Xishan City	年平均人口 Average Annual Population
1978	365.21	66.51	98.48	99.47	100.75	362.59
1979	373.92	75.09	99.26	99.21	100.36	369.57
1980	376.90	76.49	99.96	99.59	100.86	375.41
1981	380.84	78.10	100.92	100.12	101.70	378.87
1982	385.16	79.88	101.92	100.90	102.46	383.00
1983	387.00	81.23	102.14	101.15	102.48	386.08
1984	388.48	82.51	102.26	101.26	102.45	387.74
1985	390.95	84.27	102.65	101.35	102.68	389.72
1986	395.46	86.08	103.70	102.14	103.54	393.21
1987	400.86	87.80	105.16	103.22	104.68	398.16
1988	406.80	89.86	106.72	104.50	105.72	403.83
1989	412.42	91.32	108.40	105.80	106.90	409.61
1990	417.71	92.80	110.30	106.74	107.87	415.07
1991	421.22	93.73	111.51	107.48	108.50	419.47
1992	423.90	94.44	112.26	108.20	108.99	422.56
1993	426.53	95.53	112.88	108.69	109.43	425.22
1994	428.32	96.07	113.36	109.07	109.82	427.42
1995	429.19	107.48	113.72	109.12	98.88	427.98
1996	430.82	108.43	114.16	109.25	98.98	430.01
1997	432.29	109.56	114.26	109.40	99.07	431.56
1998	432.21	110.21	114.44	108.40	99.16	431.86
1999	433.40	111.69	114.59	108.24	98.88	432.80
2000	434.61	112.99	115.18	107.79	98.65	434.00
2001	435.90	213.06	115.39	107.44		435.25
2002	438.58	215.92	115.78	106.88		437.24
2003	442.54	219.60	116.70	106.24		440.56
2004	447.19	223.57	117.77	105.85		444.86
2005	452.84	228.49	118.62	105.73		450.02
2006	457.80	232.30	119.45	106.05		455.32
2007	461.74	235.92	119.77	106.05		459.77
2008	464.20	237.42	120.00	106.78		462.97
2009	465.65	238.12	120.35	107.18		464.92
2010	466.56	238.60	120.71	107.24		466.10
2011	467.96	239.47	120.88	107.61		467.26
2012	470.07	241.08	121.26	107.73		469.02
2013	472.23	242.61	121.73	107.88		471.15
2014	477.14	245.74	123.21	108.19		474.68
2015	480.90	248.51	124.10	108.29		479.02
2016	486.20	253.05	124.80	108.34		483.55
2017	493.05	259.23	125.49	108.33		489.62
2018	497.21	263.13	125.95	108.13		495.13
2019	502.83	268.45	126.41	107.97		500.02
2020	508.97	274.72	126.66	107.58		505.90
2021	515.25	281.21	126.96	107.08		512.11
2022	519.01	285.45	126.97	106.59		517.13
2023	520.95	288.32	126.70	105.93		519.98

2－2 历年户籍人口基本情况

Yearly Basic Information of Household Registered Population

年 份 Year	总人口按性别分（万人） Total Population Grouped by Sex (10000 persons)		男、女人口占总人口比重（%） Male/Female Percentage of total Population(%)		性别比（女性=100） Male/Female (female=100)	户数（万户） Total Households (10000 Households)	平均每户人数（人/户） Average Persons Per Household (person/household)	户籍人口密度（人/平方公里） Density of Household Population (person/sq·km)
	男 Male	女 Female	男 Male	女 Female				
1978	185.71	179.50	50.85	49.15	103.46	95.23	3.84	763
1979	190.23	183.69	50.87	49.13	103.56	98.47	3.80	781
1980	191.85	185.05	50.90	49.10	103.67	100.87	3.74	787
1981	193.89	186.95	50.91	49.09	103.71	104.93	3.63	795
1982	196.34	188.82	50.98	49.02	103.98	106.58	3.61	804
1983	197.46	189.54	51.02	48.98	104.18	107.96	3.58	808
1984	198.09	190.39	50.99	49.01	104.04	110.66	3.51	811
1985	199.25	191.70	50.97	49.03	103.94	113.65	3.44	817
1986	201.60	193.86	50.98	49.02	103.99	115.67	3.42	826
1987	204.39	196.47	50.99	49.01	104.03	119.35	3.36	837
1988	207.27	199.53	50.95	49.05	103.88	126.42	3.22	850
1989	210.03	202.39	50.93	49.07	103.77	131.01	3.15	861
1990	212.50	205.21	50.87	49.13	103.55	134.26	3.11	872
1991	214.24	206.98	50.86	49.14	103.51	136.15	3.09	880
1992	215.53	208.37	50.84	49.16	103.44	139.04	3.05	885
1993	216.91	209.62	50.85	49.15	103.48	139.68	3.05	891
1994	217.71	210.61	50.83	49.17	103.37	140.51	3.05	895
1995	218.14	211.05	50.83	49.17	103.36	142.91	3.00	896
1996	218.79	212.03	50.78	49.22	103.19	145.10	2.97	900
1997	219.38	212.91	50.75	49.25	103.04	147.70	2.93	903
1998	219.16	213.05	50.71	49.29	102.87	147.71	2.93	903
1999	219.42	213.98	50.63	49.37	102.54	148.55	2.92	905
2000	219.66	214.95	50.54	49.46	102.19	150.06	2.90	908
2001	220.09	215.81	50.49	49.51	101.98	150.95	2.89	910
2002	221.12	217.46	50.42	49.58	101.68	152.94	2.87	916
2003	222.73	219.81	50.33	49.67	101.33	151.00	2.93	924
2004	224.68	222.51	50.24	49.76	100.98	150.67	2.97	934
2005	227.24	225.60	50.18	49.82	100.73	151.21	2.99	946
2006	229.11	228.69	50.05	49.95	100.18	151.93	3.01	956
2007	230.80	230.94	49.98	50.02	99.94	153.10	3.02	964
2008	232.10	232.10	50.00	50.00	100.00	153.82	3.02	970
2009	232.51	233.14	49.90	50.10	99.73	154.53	3.01	973
2010	232.32	234.23	49.80	50.20	99.18	155.56	3.00	1008
2011	232.67	235.30	49.72	50.28	98.88	156.31	2.99	1011
2012	233.41	236.66	49.65	50.35	98.62	157.12	2.99	1016
2013	234.08	238.14	49.57	50.43	98.30	158.09	2.99	1020
2014	236.16	240.98	49.49	50.51	98.00	159.78	2.99	1031
2015	237.69	243.21	49.43	50.57	97.73	161.67	2.97	1039
2016	240.02	246.18	49.37	50.63	97.50	163.87	2.97	1051
2017	243.04	250.01	49.29	50.71	97.21	166.85	2.96	1065
2018	244.72	252.49	49.22	50.78	96.92	169.20	2.95	1074
2019	247.17	255.66	49.16	50.84	96.67	172.01	2.92	1087
2020	249.73	259.24	49.10	50.90	96.33	175.25	2.90	1100
2021	252.21	263.04	48.95	51.05	95.88	179.15	2.88	1113
2022	253.49	265.52	48.84	51.16	95.47	182.28	2.85	1122
2023	253.72	267.22	48.70	51.30	94.95	184.91	2.82	1126

2－3 人口普查主要数据（1990－2020）

Major Data of Previous Population Census (1990－2020)

指标		Items		1990 四普 The Fourth National Census	2000 五普 The Fifth National Census	2010 六普 The Sixth National Census	2020 七普 The Seventh National Census
总人口	**(万人)**	**Total Population**	**(10000 persons)**	**429.16**	**518.00**	**637.44**	**746.21**
男		Male		218.90	263.71	330.63	384.89
女		Female		210.26	254.29	306.81	361.33
性别比	(女性=100)	Sex Ratio	(Female=100)	104.11	103.70	107.76	106.52
家庭户规模	(人/户)	Family Size	(person/ household)	3.43	3.07	2.79	2.56
各年龄组人口	(万人)	Population by Age Group	(10000 persons)				
0-14岁		Aged 0-14		87.52	83.92	65.64	96.71
15-64岁		Aged 15-64		309.43	388.66	511.35	540.15
65岁及以上		Aged 65 and Over		32.21	45.43	60.45	109.36
民族人口	(万人)	Population by Ethnicity	(10000 persons)				
汉族		Han Nationality		428.56	516.23	632.36	737.06
占总人口比重	(%)	Proportion	(%)	99.86	99.66	99.20	98.77
少数民族		Minority Nationalities		0.60	1.77	5.08	9.15
占总人口比重	(%)	Proportion	(%)	0.14	0.34	0.80	1.23
每十万人拥有的各种受教育程度人口	(人)	Population with Various Education Attainments per 100000 Persons	(person)				
大专及以上		Junior College and Above		2107	4831	12879	21867
高中和中专		Senior Secondary School and Technical Secondary School		11773	16153	17808	16888
初中		Junior Secondary School		34012	39661	41663	35680
小学		Primary School		32082	28699	21111	18703
城乡人口	(万人)	Population by Residence	(10000 persons)				
城镇人口		Urban Population		133.94	301.73	448.19	617.82
乡村人口		Rural Population		295.22	216.27	189.25	128.39
平均预期寿命	（岁）	Average Life Expectancy	(age)		75.60	77.62	79.96
男		Male			72.89	75.39	77.56
女		Female			78.51	80.16	82.74

2－4 历年常住人口和城镇化率（2005-2023年）

Yearly Resident Population and Urbanization Rate (2005-2023)

单位：万人、% (10000 person, percent)

年份 Year	常住人口 Resident Population	城镇常住人口 Urban Population	乡村常住人口 Rural Population	常住人口城镇化率 Urbanization Rate
2005	559.51	374.70	184.81	66.97
2006	584.17	392.21	191.96	67.14
2007	599.21	404.05	195.16	67.43
2008	610.73	412.30	198.43	67.51
2009	619.57	419.82	199.75	67.76
2010	637.56	452.35	185.21	70.95
2011	669.92	483.41	186.51	72.16
2012	690.61	500.90	189.71	72.53
2013	701.39	514.75	186.64	73.39
2014	717.70	535.05	182.65	74.55
2015	723.98	556.81	167.17	76.91
2016	731.32	570.87	160.45	78.06
2017	738.76	589.60	149.16	79.81
2018	742.53	597.22	145.31	80.43
2019	745.36	611.12	134.24	81.99
2020	746.40	617.94	128.46	82.79
2021	747.95	619.98	127.97	82.89
2022	749.08	622.39	126.69	83.09
2023	749.50	624.39	125.11	83.31

注：2011年—2019年数据根据第七次全国人口普查数据调整。城镇、乡村是按国家统计局《统计上划分城乡的规定》划分的。

Note:The data of this table from 2011 to 2019 have been adjusted according to the feedback data of The Seventh National Population Census。Urban and rural areas are implemented in accordance with the "Regulations on the Classification of Urban and Rural Areas in Statistics" issued by the National Bureau of Statistics.

2－5 按市县分常住人口数

Resident Population by City (Prefecture)

单位：万人、% （2023年） (10000 person, percent)

地 区	District	常住人口 Resident Population	城镇常住人口 Urban Population	乡村常住人口 Rural Population	常住人口城镇化率 Urbanization Rate
全 市	**Total**	**749.50**	**624.39**	**125.11**	**83.31**
市 区	**Urban Districts**	**442.53**	**400.08**	**42.45**	**90.41**
梁溪区	Liangxi District	98.59	98.59		100.0
锡山区	Xishan District	88.79	77.90	10.89	87.74
惠山区	Huishan District	89.95	69.95	20.00	77.77
滨湖区	Binhu District	59.60	55.52	4.08	93.15
新吴区	Xinwu District	72.85	65.37	7.48	89.73
经开区	Economic Development Zone	32.75	32.75		100.0
市（县）	**City(County)**	**306.97**	**224.31**	**82.66**	**73.07**
江阴市	Jiangyin city	178.51	134.50	44.01	75.35
宜兴市	Yixing city	128.46	89.81	38.65	69.91

2－6 户籍人口数

Household Population

单位：人、%　　　　（2023年）　　　　(person, percent)

地 区	District	总人口 Total Population	按性别分 Grouped by Sex 男 Male	女 Female	男、女人口占总人口比重（%）Male/Female Percentage of total Population(%) 男 Male	女 Female	性别比 Male/Female 女性=100 Female=100
全 市	**Total**	**5209459**	**2537236**	**2672223**	**48.70**	**51.30**	**94.95**
市 区	**Urban Districts**	**2883185**	**1396316**	**1486869**	**48.43**	**51.57**	**93.91**
梁溪区	Liangxi District	804495	390007	414488	48.48	51.52	94.09
锡山区	Xishan District	518755	249963	268792	48.19	51.81	92.99
惠山区	Huishan District	554612	270501	284111	48.77	51.23	95.21
滨湖区	Binhu District	378714	181975	196739	48.05	51.95	92.50
新吴区	Xinwu District	413414	199507	213907	48.26	51.74	93.27
经开区	Economic Development Zone	213195	104363	108832	48.95	51.05	95.89
市（县）	**City(County)**	**2326274**	**1140920**	**1185354**	**49.04**	**50.96**	**96.25**
江阴市	Jiangyin city	1267016	621495	645521	49.05	50.95	96.28
宜兴市	Yixing city	1059258	519425	539833	49.04	50.96	96.22

2－7 户籍户数、平均人口、人口密度

Households,Average Population and Density of Population

单位：户、人　　　　（2023年）　　　　(household, person)

地 区	District	总户数 Total Households	平均每户人数（人/户）Average Persons Per Household (person/household)	平均人口 Average Population	户籍人口密度（人/平方公里）Density of Household Registered Population (person/sq·km)
全 市	**Total**	**1849145**	**2.82**	**5199773**	**1126**
市 区	**Urban Districts**	**1065491**	**2.71**	**2868849**	**1754**
梁溪区	Liangxi District	321077	2.51	806145	11155
锡山区	Xishan District	170785	3.04	514381	1300
惠山区	Huishan District	185374	2.99	549839	1707
滨湖区	Binhu District	152202	2.49	379030	663
新吴区	Xinwu District	155579	2.66	409714	1881
经开区	Economic Development Zone	80474	2.65	209742	3783
市（县）	**City(County)**	**783654**	**2.97**	**2330924**	**780**
江阴市	Jiangyin city	405731	3.12	1268356	1284
宜兴市	Yixing city	377923	2.80	1062568	531

2－8 历年按三次产业划分的社会从业人员及构成

Yearly Number of Social Labourers and Its Composition by Three Strata of Industry

单位：万人、%　　(10000 persons,percent)

年 份 Year	从业人员 Employment	其中 of Which			构成（以合计为100）		
		第一产业 Primary Industry	第二产业 Secondary Industry	第三产业 Tertiary Industry	第一产业 Primary Industry	第二产业 Secondary Industry	第三产业 Tertiary Industry
1978	198.49	111.38	65.73	21.38	56.1	33.1	10.8
1980	205.67	102.06	78.87	24.74	49.6	38.3	12.1
1981	211.26	99.91	87.31	24.04	47.3	41.3	11.4
1982	217.61	98.63	93.05	25.93	45.3	42.8	11.9
1983	222.84	92.20	102.36	28.28	41.4	45.9	12.7
1984	228.25	79.74	115.74	32.77	34.9	50.7	14.4
1985	236.78	61.18	133.38	42.27	25.8	56.3	17.9
1986	241.46	56.99	135.11	49.36	23.6	56.0	20.4
1987	244.95	50.83	144.56	49.56	20.8	59.0	20.2
1988	247.57	49.67	146.99	50.91	20.1	59.4	20.5
1989	246.51	54.37	143.60	48.54	22.1	58.2	19.7
1990	244.99	54.49	143.50	47.00	22.2	58.6	19.2
1991	245.69	51.80	145.52	48.37	21.1	59.2	19.7
1992	245.57	47.59	147.29	50.69	19.4	60.0	20.6
1993	245.92	47.83	147.86	50.23	19.4	60.1	20.5
1994	241.17	46.31	138.93	55.93	19.2	57.6	23.2
1995	237.98	39.29	136.21	62.48	16.5	57.2	26.3
1996	235.50	40.86	128.71	65.93	17.3	54.7	28.0
1997	232.59	48.66	123.10	60.83	20.9	52.9	26.2
1998	228.51	51.64	115.51	61.36	22.6	50.6	26.8
1999	224.97	52.09	109.39	63.49	23.2	48.6	28.2
2000	221.07	50.09	106.44	64.54	22.7	48.1	29.2
2001	241.08	48.65	123.55	68.88	20.2	51.2	28.6
2002	250.25	45.01	130.11	75.13	18.0	52.0	30.0
2003	260.08	39.28	139.50	81.30	15.1	53.6	31.3
2004	274.67	35.11	150.48	89.08	12.8	54.8	32.4
2005	289.20	34.18	159.43	95.59	11.8	55.1	33.1
2006	307.90	30.20	171.80	105.90	9.8	55.8	34.4
2007	325.23	28.27	183.27	113.69	8.7	56.3	35.0
2008	350.02	25.66	199.48	124.88	7.3	57.0	35.7
2009	364.31	18.76	213.67	131.88	5.1	58.7	36.2
2010	381.53	18.41	222.12	141.00	4.8	58.2	37.0
2011	390.37	18.12	222.41	149.84	4.6	57.0	38.4
2012	397.42	17.91	223.12	156.39	4.5	56.1	39.4
2013	402.22	17.79	221.73	162.70	4.4	55.1	40.5
2014	406.70	17.44	221.60	167.66	4.3	54.5	41.2
2015	408.82	17.09	220.69	171.04	4.2	54.0	41.8
2016	410.12	16.50	218.79	174.83	4.0	53.3	42.6
2017	415.93	15.17	216.36	184.40	3.6	52.0	44.3
2018	417.37	15.15	212.61	189.61	3.6	50.9	45.4
2019	419.51	14.16	208.15	197.20	3.4	49.6	47.0
2020	418.81	13.68	206.13	199.00	3.3	49.2	47.5
2021	418.74	13.04	206.61	199.09	3.1	49.3	47.5
2022	414.92	12.94	206.05	195.93	3.1	49.7	47.2
2023	418.20	12.78	207.00	198.42	3.1	49.5	47.5

注：本表中2010—2019年数据根据第七次全国人口普查结果修订。

Note：The data from 2010 to 2019 have been adjusted according to the feedback data of The Seventh National Population Census.

2−9 历年城镇非私营单位从业人员期末人数

Yearly Total Number of Staff and Workers in Non-Private Urban Units

单位：人 (person)

年份 Year	全市 Total	其中 of Which 市区 Urban Districts	江阴市 Jiangyin City	宜兴市 Yixing City	锡山市 Xishan City
1978	517938	322962	67020	75741	52215
1980	592049	372522	79523	79801	60203
1981	621954	392477	82227	83671	63579
1982	643445	408695	83573	85886	65291
1983	670002	430326	85570	86757	67349
1984	692730	444008	89037	88825	70860
1985	740093	473148	96852	93358	76735
1986	770224	501584	97046	96344	75250
1987	788131	507608	102639	100074	77810
1988	815180	525939	106703	102065	80473
1989	797766	511042	105346	101971	79407
1990	798628	505341	107156	104212	81919
1991	805287	508220	109215	104437	83415
1992	804224	504552	110890	103114	85668
1993	794939	492766	111475	105007	85691
1994	774523	472930	109220	104992	87381
1995	762608	460141	107526	102479	92462
1996	742795	444439	105869	100715	91772
1997	722358	430613	103248	99725	88772
1998	705550	424074	97189	97377	86910
1999	684983	415131	94655	92953	82244
2000	643231	396330	91677	78957	76267
2001	585894	426169	91664	68061	
2002	557269	401600	91866	63803	
2003	535316	382342	90418	62556	
2004	527262	367517	94257	65488	
2005	549395	381441	98587	69367	
2006	536291	362255	106510	67526	
2007	561698	375127	119620	66951	
2008	590263	400739	123938	65586	
2009	594474	381503	136098	76873	
2010	701673	416978	186310	98385	
2011	805519	538886	164616	102017	
2012	813730	536378	165880	111472	
2013	1178911	747663	273716	157532	
2014	1219986	797049	268402	154535	
2015	1179087	763337	266296	149454	
2016	1124818	740158	240340	144320	
2017	1121993	741684	245188	135121	
2018	1123218	741173	238427	143618	
2019	1223480	841322	247384	134774	
2020	1256612	840845	238428	177344	
2021	1234825	852969	244336	137521	
2022	1170619	814012	230497	126110	
2023	1152670	809448	231716	111507	

注： 1. 2008年前为原城镇集体以上单位口径，2009年起为城镇非私营单位口径，2011年起为城镇非私营单位在岗职工口径，在岗职工含劳务派遣人员，2014年起为城镇非私营单位从业人员口径（下同）。

2.本表部分数据未包含个别特殊情况企业的数据（下同）。

Notes:1. Data for 2008 and the earlier years is based on the data of urban collective-owned units, data since 2009 is based on the data of non-private urban units.From the beginning of 2011,data is about the staff and workers,staff includes labor dispatch personnel. data since 2014 is based on the data of employees in non-private urban units.(the same as in the following tables).

2.Some data in this table does not contain data for individual special circumstances.(the same as in the following tables).

2－10 历年城镇非私营单位从业人员工资总额

Yearly Salaries of Staff and Workers in Non-Private Urban Units

单位：万元 (10000 yuan)

年 份 Year	全 市 Total	其中 of Which 市 区 Urban Districts	江阴市 Jiangyin City	宜兴市 Yixing City	锡山市 Xishan City
1978	27714	18161	3281	3621	2651
1980	39872	25908	4987	4979	3998
1981	42595	27945	5211	5301	4138
1982	47197	30991	5662	5925	4619
1983	49556	32649	6054	5934	4919
1984	69712	46098	8624	8159	6831
1985	80034	52315	10198	9016	8505
1986	101583	68395	12030	11424	9734
1987	118148	78743	14343	13494	11568
1988	158002	105897	19966	17396	14743
1989	180874	119826	23288	19991	17769
1990	193065	127514	24690	21577	19284
1991	214070	142144	27374	23527	21025
1992	272092	181532	35305	29316	25939
1993	364806	242190	49158	38306	35152
1994	483523	311456	66318	52019	53730
1995	550545	347789	75523	62759	64474
1996	599230	374849	83118	69342	71921
1997	624002	391196	86258	73395	73154
1998	643958	406061	88078	75823	73996
1999	693568	449514	92603	76722	74729
2000	730420	485716	94841	74711	75152
2001	759845	587054	99430	73361	
2002	811401	623769	111359	76273	
2003	941427	693150	162114	86163	
2004	1084383	787857	190729	105797	
2005	1321770	955565	237197	129008	
2006	1540560	1098113	292339	150108	
2007	1843546	1274967	392063	176516	
2008	2262516	1580216	479916	202384	
2009	2545327	1682893	591761	270673	
2010	3199399	2018804	811430	369165	
2011	4108959	2765934	870717	472308	
2012	4518871	2965707	982829	570335	
2013	7141961	4531713	1764380	845868	
2014	8179762	5434017	1829965	915780	
2015	8535347	5653380	1904035	977932	
2016	8738312	5880761	1830003	1027548	
2017	9406224	6411111	1991450	1003663	
2018	10637676	7210132	2288210	1139334	
2019	12476798	8766651	2506076	1204071	
2020	13549208	9594515	2498782	1455911	
2021	15163018	10742026	2830850	1590142	
2022	15458893	11209564	2744126	1505203	
2023	15844980	11689142	2868553	1287285	

2－11 历年城镇非私营单位从业人员年平均工资

Annual Average Wages of Staff and Workers in Non-Private Urban Units

单位：元 (yuan)

年 份 Year	全 市 Total	其中 of Which 市 区 Urban Districts	江阴市 Jiangyin City	宜兴市 Yixing City	锡山市 Xishan City
1978	550	574	512	493	532
1980	699	724	656	639	685
1981	703	733	652	641	663
1982	745	773	688	692	719
1983	753	773	720	686	757
1984	1037	1073	1000	931	998
1985	1113	1137	1086	987	1151
1986	1353	1401	1281	1202	1324
1987	1541	1595	1444	1372	1537
1988	1981	2056	1919	1731	1886
1989	2252	2319	2209	1962	2249
1990	2449	2550	2335	2119	2394
1991	2679	2816	2516	2265	2573
1992	3422	3659	3168	2811	3113
1993	4560	4845	4455	3636	4166
1994	6085	6308	6061	4985	6170
1995	7192	7488	6998	6153	7079
1996	8058	8403	7834	6927	7875
1997	8611	9026	8325	7401	8272
1998	9068	9610	8678	7743	8391
1999	9867	10606	9112	8169	8942
2000	10966	11988	9685	8835	9584
2001	12534	13367	10504	10132	
2002	14358	15354	11998	11549	
2003	17365	17873	17707	13722	
2004	20442	21295	20252	15956	
2005	24047	25038	23955	18695	
2006	28381	29702	27757	22145	
2007	33233	34758	32805	25808	
2008	37987	39129	38171	30656	
2009	42623	44027	42852	35226	
2010	46430	49243	44076	38851	
2011	51518	51798	53357	47041	
2012	56883	57417	58974	51361	
2013	60581	60612	64460	53695	
2014	67048	68177	68180	59260	
2015	71882	73254	71471	65521	
2016	78145	80287	75620	71479	
2017	85017	87931	82494	73866	
2018	95093	97919	96348	78662	
2019	102649	105088	101180	90040	
2020	112490	116195	104980	98242	
2021	122798	127163	116314	108716	
2022	130497	135832	121442	116286	
2023	136947	143105	122505	120639	

2—12 城镇非私营单位从业人员平均工资

Average Wage of Employees in Non-Private Urban Units

（2023年）

指 标	Items	从业人员平均工资（元）Average Wages (yuan)
总 计	**Total**	**136947**
按执行会计制度分	**Grouped by Accounting System Executed**	
企 业	Enterprises	123793
政 府	Government	197626
民间非营利组织	Non-profit Organization	101516
按国民经济行业分	**Grouped by Economic Sectors**	
农林牧渔业	Farming, Forestry, Animal Husbandry and Fishery	77552
采矿业	Excavation	
制造业	Manufacturing	122826
电力、热力、燃气及水生产和供应业	Power,Gas and Water Production and Supply	153076
建筑业	Construction	97017
批发和零售业	Wholesale and Retail	128132
交通运输、仓储和邮政业	Transportation,Storage,Post and Telecommunications	118875
住宿和餐饮业	Catering Trade	50240
信息传输、软件和信息技术服务业	Information Transmission,Computer and Software Services	177205
金融业	Banking	227146
房地产业	Real Estate	100471
租赁和商务服务业	Hiring and Commercial Services	93729
科学研究和技术服务业	Scientific Research,Technical Services and Geological Prospecting	184947
水利、环境和公共设施管理业	Water Conservancy,Environment and Public Facilities Administration	99057
居民服务、修理和其他服务业	Community Services, Repair and Others	84991
教育	Education	173265
卫生和社会工作	Health Care and Social Welfare	167639
文化、体育和娱乐业	Culture, Sports and Entertainment	118522
公共管理、社会保障和社会组织	Public Administration and Social Organization	221454

2—13 按市(县)分城镇非私营单位从业人员人数

Number of Employees in Non-Private Urban Units by City (Prefecture)

单位:人 （2023年） (person)

指标	Items	全市 Total	其中 of Which 市区 Urban Districts	江阴市 Jiangyin City	宜兴市 Yixing City
总计	**Total**	**1152670**	**809448**	**231716**	**111507**
按执行会计制度分	**Grouped by Accounting System Executed**				
企业	Enterprises	940970	669729	192035	79206
政府	Government	201065	131161	39384	30520
民间非营利组织	Non-profit Organization	10328	8282	297	1750
按国民经济行业分	**Grouped by Economic Sectors**				
农林牧渔业	Farming, Forestry, Animal Husbandry and Fishery	111	102		9
采矿业	Excavation				
制造业	Manufacturing	555867	374757	141980	39130
电力、热力、燃气及水生产和供应业	Power,Gas and Water Production and Supply	11483	5512	3447	2525
建筑业	Construction	47374	26109	5150	16115
批发和零售业	Wholesale and Retail	65942	41092	19994	4856
交通运输、仓储和邮政业	Transportation, Storage, Post and Telecommunications	32253	22372	8109	1771
住宿和餐饮业	Catering Trade	30666	28615	1329	722
信息传输、软件和信息技术服务业	Information Transmission, Computer and Software Services	30409	30143	239	27
金融业	Banking	35772	32771	1822	1179
房地产业	Real Estate	25483	20624	2372	2487
租赁和商务服务业	Hiring and Commercial Services	44210	37379	3113	3718
科学研究和技术服务业	Scientific Research,Technical Services and Geological Prospecting	26013	22123	2336	1555
水利、环境和公共设施管理业	Water Conservancy, Environment and Public facilities Administration	15885	11854	1045	2987
居民服务、修理和其他服务业	Community Services,Repair and Others	3790	2760	450	581
教育	Education	98701	63011	20801	14888
卫生和社会工作	Health Care and Social Welfare	52689	31860	9340	11489
文化、体育和娱乐业	Culture, Sports and Entertainment	8445	6941	885	618
公共管理、社会保障和社会组织	Public Administration and Social Organization	67576	51420	9306	6850

2－14 城镇社会保险基本情况表

Conditions of Urban Social Insurance

单位：万人 （2023年） (10000 persons)

指标	Items	全市 Total	其中 of Which 市区 Urban Districts	江阴市 Jiangyin City	宜兴市 Yixing City
企业离退休人数	Retirees from Enterprises	109.33	64.66	26.85	17.82
机关事业离退休人数	Retirees from State Organs and Institutions	8.32	5.23	1.66	1.44
企业在职职工参加基本养老保险参保人数	Persons covered by Endowment Insurance	300.86	197.00	66.50	37.36
机关事业在职人员基本养老参保人数	Persons covered by Endowment Insurance from State Organs and Institutions	13.89	8.58	3.01	2.30
城镇职工基本医疗保险参保人数	Persons covered by Medical Insurance	437.46	279.02	98.43	60.00
#职工	Employees	318.15	207.59	70.16	40.40
退休	Retirees	119.31	71.43	28.28	19.60
参加失业保险人数	Persons covered by Unemployment Insurance	263.00	176.21	57.06	29.73
参加工伤保险人数	Persons covered by Employment Injury Insurance	280.87	189.74	59.82	31.31
参加生育保险人数	Persons covered by Maternity Insurance	269.78	180.27	58.73	30.79

2－15 城镇就业和失业变化情况

Number of Being Employed and Being Unemployed in Urban Areas

单位：人 （2023年） (person)

指标	Items	全市 Total	其中 of Which 市区 Urban Districts	江阴市 Jiangyin City	宜兴市 Yixing City
全年城镇登记失业人员总数	**Registered Urban Unemployed**	**154181**	**116729**	**23749**	**13703**
#女性	Female	69777	49186	13294	7297
上年末结转人数	From the Previous Year	71126	56764	9785	4577
本年增加失业人数	Added this Year	83055	59965	13964	9126
#再就业转失业	Reemployed to Unemployed	81919	59154	13881	8884
年末失业人员就业数	Year-end Unemployed-Reemployees	65365	43723	13032	8610
#女性	Female	33213	22413	6570	4230
其他原因减少的失业人员数	Unemployed Reduced for Other Reasons	21230	21230		
年末尚有失业人员数	Year-end Unemployed	67586	51776	10717	5093
#女性	Female	28562	22167	4374	2021

2—16 社会保险基金收支及累计结余（2022-2023年）

Revenue, Expenses and Balance of Social Insurance Fund (2022-2023)

单位：亿元 (10^8 yuan)

指标	Items	2022	2023
基金收入	**Revenue**	**507.48**	**509.50**
企业职工基本养老保险	Basic Pension Insurance for Enterprise Employees	320.14	337.00
失业保险	Unemployment Insurance	15.58	14.66
城镇职工基本医疗保险	Basic Medical Care Insurance for Urban Employees	161.85	146.89
工伤保险	Work Injury Insurance	9.91	10.95
基金支出	**Expenses**	**380.02**	**455.25**
企业职工基本养老保险	Basic Pension Insurance for Enterprise Employees	245.67	265.02
失业保险	Unemployment Insurance	15.28	13.55
城镇职工基本医疗保险	Basic Medical Care Insurance for Urban Employees	109.10	166.01
工伤保险	Work Injury Insurance	9.97	10.67
累计结余	**Balance**	**443.34**	**358.12**
企业职工基本养老保险	Basic Pension Insurance for Enterprise Employees	184.43	116.93
失业保险	Unemployment Insurance	22.38	23.49
城镇职工基本医疗保险	Basic Medical Care Insurance for Urban Employees	230.06	210.94
工伤保险	Work Injury Insurance	6.47	6.76

注： 1.自2020年生育保险基金并入城镇职工基本医疗保险基金。

2.自2021年起企业职工基本养老保险基金实施省级统收统支，累计结余原则上五年内上解省财政专户集中管理。

Notes: 1.Since 2020, the maternity insurance fund has been incorporated into the basic medical insurance fund for urban workers.

2.Since 2021, the basic pension insurance fund for enterprise employees has implemented provincial unified collection and expenditure. In principle, the accumulated balance will be transferred to the provincial financial special account for centralized management within 5 years.

无锡统计年鉴 2024

第 3 篇

CHAPTER

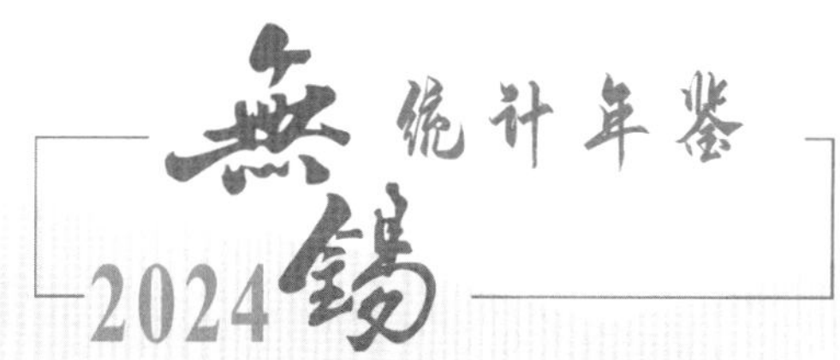

人民生活

PEOPLE'S LIVELIHOOD

2024 WUXI STATISTICAL YEARBOOK

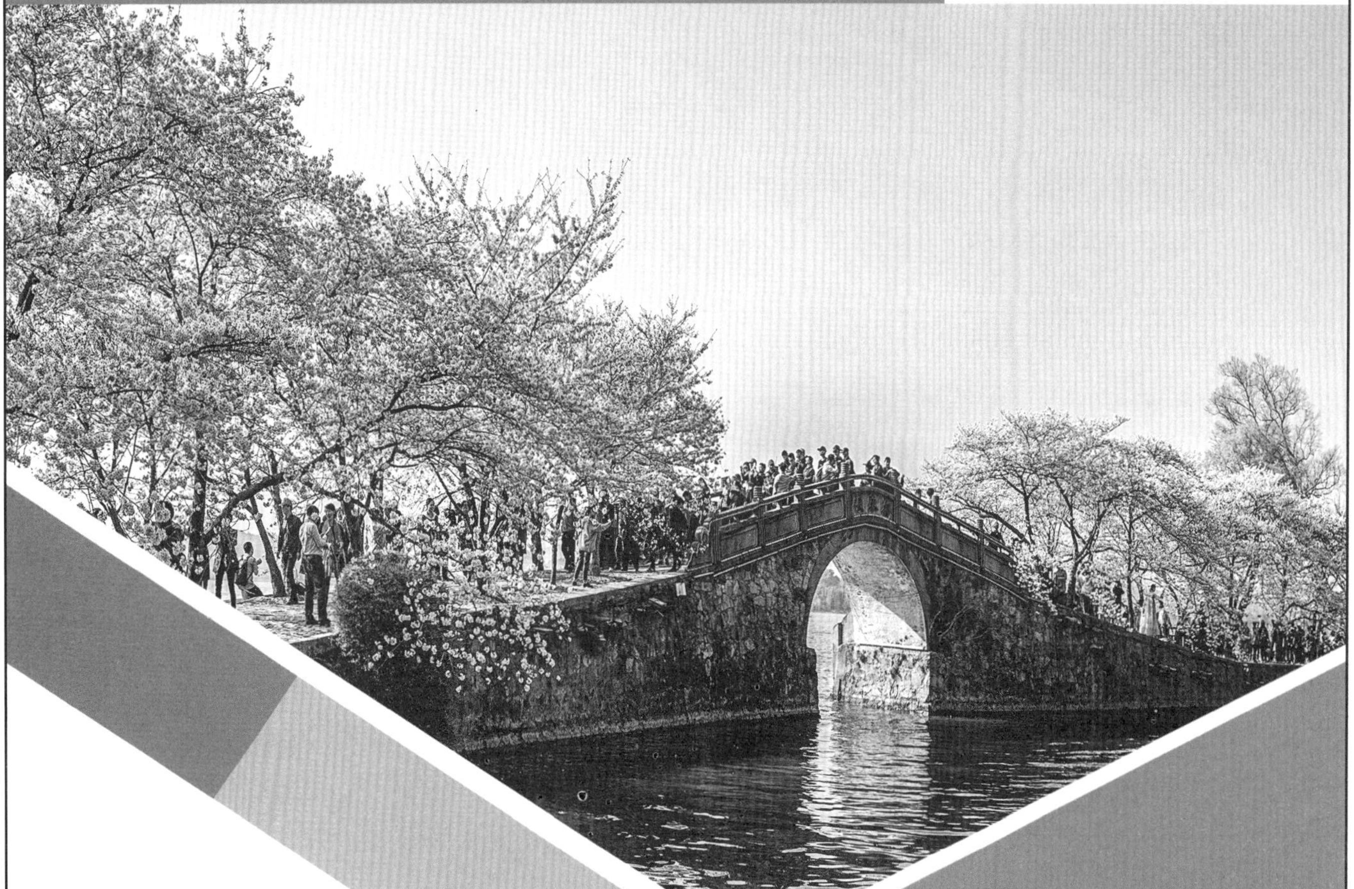

第三篇　人民生活
CHAPTER III PEOPLE'S LIVELIHOOD

● 全体居民人均可支配收入	69016元	(yuan)
Per Capita Disposable Income of Residents		
比上年增长	4.9%	
Over the Previous Year		
● 全体居民人均生活消费支出	44450元	(yuan)
Per capita Consumption Expenditures of Residents		
比上年增长	7.4%	
Over the Previous Year		
● 城镇常住居民人均可支配收入	76644元	(yuan)
Per Capita Disposable Income of Urban Residents		
比上年增长	4.5%	
Over the Previous Year		
● 城镇常住居民人均生活消费支出	48409元	(yuan)
Per capita Consumption Expenditures of Urban Residents		
比上年增长	6.9%	
Over the Previous Year		
● 农村常住居民人均可支配收入	44617元	(yuan)
Per Capita Disposable Income of Rural Residents		
比上年增长	6.4%	
Over the Previous Year		
● 农村常住居民人均生活消费支出	31785元	(yuan)
Per Capita Consumption Expenditures of Rural Residents		
比上年增长	9.9%	
Over the Previous Year		

3－1 人民生活（1978－2023年）

Living Standards (1978-2023)

年 份 Year	全体居民人均可支配收入(元) Disposable Income of Residents (yuan)	城镇常住居民人均可支配收入(元) Disposable Income of Urban Residents (yuan)	农村常住居民人均可支配收入(元) Disposable Income of Rural Residents (yuan)	居民人均储蓄存款(元) Per Capita Savings Deposit of Residents (yuan)	商品零售物价指数 Retail Price Index	居民消费价格指数 Consumer Price Index
1978		340	181	39	101.0	101.0
1980		456	239	65	107.1	106.7
1981		508	280	80	101.7	101.6
1982		574	372	107	101.4	101.3
1983		595	450	150	101.4	101.4
1984		786	633	193	103.2	103.4
1985		958	698	302	112.9	112.1
1986		1088	807	435	105.9	105.8
1987		1289	925	624	112.7	112.0
1988		1454	1255	613	127.1	126.1
1989		1625	1415	929	115.8	116.1
1990		1833	1496	1337	103.8	104.5
1991		2007	1507	1737	109.2	109.4
1992		2391	1904	2093	107.6	109.1
1993		3325	2419	2437	119.3	120.3
1994		5054	3127	3287	121.4	124.9
1995		5763	3976	4708	112.5	115.7
1996		6500	4510	6792	107.8	111.8
1997		6935	4849	8790	99.9	103.1
1998		7178	5018	10816	99.0	100.9
1999		7920	5126	12264	96.4	99.9
2000		8603	5256	12763	100.0	98.6
2001		9454	5524	14785	99.0	100.2
2002		9988	5860	18529	99.3	99.2
2003		11647	6329	22546	100.9	101.0
2004		13588	7115	25943	103.4	104.1
2005		16005	8004	31140	101.6	102.0
2006		18189	8880	36032	101.4	101.7
2007		20898	10026	36842	102.5	103.8
2008		23605	11280	36938	105.2	105.1
2009		25027	12403	43587	99.1	99.5
2010		27750	14002	48313	102.5	103.4
2011		31638	16438	49444	104.1	105.1
2012		35663	18509	54037	101.8	102.5
2013		38999	20587	58268	101.7	102.1
2014	36471	41731	22266	60491	101.5	102.2
2015	39461	45129	24155	64085	100.0	101.8
2016	42757	48628	26158	66557	100.9	102.3
2017	46453	52659	28358	68433	102.0	101.9
2018	50373	56989	30787	74227	102.3	102.3
2019	54847	61915	33574	83537	102.1	102.9
2020	57589	64714	35750	96405	101.3	102.3
2021	63014	70483	39623	108760	102.6	101.7
2022	65823	73332	41934	132553	103.5	102.1
2023	69016	76644	44617	156690		100.6

注： 1.2009年起城镇居民人均可支配收入为全市口径；2014年起为城乡一体化住户调查新口径数据，城镇和农村居民收入统一为可支配收入，2013年以前农村居民为人均纯收入。2.2015年起居民储蓄存款为住户存款口径。3.2011年起居民人均储蓄存款根据第七次全国人口普查常住人口修正数据调整。4. 2023年起调查制度取消商品零售价格指数。

Notes: 1.The disposable income of urban residents is the citywide data since 2009; Since 2014 according to the new caliber of survey of the integration of urban and rural residents, the incomes of urban and rural residents were unified as disposable income. And before 2013 the income of rural residents was the net income of rural residents. 2.The Per Capita Savings Deposit of Residents is Household Deposits since 2015. 3.The per capita savings deposits of residents since 2011 have been adjusted based on the revised data of permanent residents population from The Seventh National Population Census. 4.Starting from 2023, the Retail Price Index would be abolished from the survey system.

3－2 全体居民家庭基本情况

Basic Conditions of Households

（2023年）

指 标		Items		全市调查户平均水平 Total Average
调查户数	（户）	**Households Surveyed**	**(household)**	**1170**
平均每户家庭人口	（人）	Average Number of Persons Per Household	(person)	2.78
平均每户就业人口	（人）	Average Number of Employees Per Household	(person)	1.56
平均每一就业人口负担人数	（人）	Persons Supported by Each Employee	(person)	1.44
（不包括离、退休人口数)		(No Include Retired Veteran Cadres and Retired People)		
住房情况		**Housing Situation**		
人均现住房建筑面积	（m^2）	Per Capita Current Housing Construction Area	(sq·m)	49.0

3－3 全体居民家庭收入情况（2022－2023年）

Living Income of Households (2022－2023)

单位：元 (yuan)

指 标	Items	2022	2023
可支配收入	**Disposable Income**	**65823**	**69016**
（一）工资性收入	Income from Wages and Salaries	41956	44069
（二）经营净收入	Net Income from Household Operations	7204	7497
（三）财产净收入	Net Income of Property	6954	7220
（四）转移净收入	Net Income from Transfers	9709	10230

3－4 全体居民家庭支出情况（2022－2023年）

Living Expenditure of Households (2022－2023)

单位：元 (yuan)

指 标	Items	2022	2023
生活消费支出	**Consumption Expenditures**	**41381**	**44450**
（一）食品烟酒	Foods,Tobacco and Alcohol	11411	12060
（二）衣着	Clothing	2856	2913
（三）居住	Residence	9567	10154
（四）生活用品及服务	Daily Necessities and Service	2367	2474
（五）交通通信	Transportation and Communications	6290	6969
（六）教育文化娱乐	Education, Culture and Entertainment	5133	5760
（七）医疗保健	Medicines and Medical Services	2393	2616
（八）其他用品及服务	Other Goods and Services	1364	1504

3－5 全体居民家庭每百户期末耐用品拥有量

Year-End Possession of Durable Consumer Goods Per 100 Households

商品名称		Commodity Names		2023
家用汽车	（辆）	Domestic Automobile	(unit)	71.4
摩托车	（辆）	Motorcycle	(unit)	5.7
助力车	（台）	Electric Bicycle	(unit)	102.7
洗衣机	（台）	Washer	(unit)	101.8
电冰箱(柜)	（台）	Refrigerator	(unit)	106.1
微波炉	（台）	Microwave Oven	(unit)	88.3
彩色电视机	（台）	Color TV Set	(unit)	159.6
空调	（台）	Air Conditioner	(unit)	255.4
热水器	（台）	Water Heater	(unit)	97.8
洗碗机	（台）	Dishwasher	(unit)	5.9
排油烟机	（台）	Lampblack Machine	(unit)	91.7
固定电话	（线）	Fixed Telephone	(unit)	10.0
移动电话	（部）	Mobile Phone	(unit)	241.4
计算机	（台）	Computer	(unit)	68.5
照相机	（台）	Camera	(unit)	13.2
乐器	（架）	Musical Instrument	(unit)	10.9
健身器材	（套）	Fitness Instrument	(unit)	11.9
空气净化器（含新风系统）	（套）	Air Purifier (including Fresh Air System)	(unit)	15.7
地面清洁器	（套）	Floor Sweeper	(unit)	34.1

3－6 城镇常住居民家庭基本情况

Basic Conditions of Urban Households

（2023年）

指 标		Items		全市调查户平均水平 Total Average
调查户数	（户）	**Households Surveyed**	**(household)**	930
平均每户家庭人口	（人）	Average Number of Persons Per Household	(person)	2.78
平均每户就业人口	（人）	Average Number of Employees Per Household	(person)	1.57
平均每一就业人口负担人数	（人）	Persons Supported by Each Employee	(person)	1.41
（不包括离、退休人口数)		(No Include Retired Veteran Cadres and Retired People)		
住房情况		**Housing Situation**		
人均现住房建筑面积	（m^2）	Per Capita Current Housing Construction Area	(sq·m)	44.6

3－7 城镇常住居民家庭收入情况（2022－2023年）

Living Income of Urban Households (2022－2023)

单位：元 (yuan)

指 标	Items	2022	2023
可支配收入	**Disposable Income**	**73332**	**76644**
（一）工资性收入	Income from Wages and Salaries	46932	49282
（二）经营净收入	Net Income from Household Operations	7334	7511
（三）财产净收入	Net Income of Property	7993	8278
（四）转移净收入	Net Income from Transfers	11073	11573

3－8 城镇常住居民家庭支出情况（2022－2023年）

Living Expenditure of Urban Households (2022－2023)

单位：元 (yuan)

指 标	Items	2022	2023
生活消费支出	**Consuming Expenditures**	**45298**	**48409**
（一）食品烟酒	Foods,Tobacco and Alcohol	12144	12829
（二）衣着	Clothing	3037	3098
（三）居住	Residence	10601	11182
（四）生活用品及服务	Daily Necessities and Service	2628	2711
（五）交通通信	Transportation and Communications	7024	7697
（六）教育文化娱乐	Education, Culture and Entertainment	5800	6438
（七）医疗保健	Medicines and Medical Services	2582	2808
（八）其他用品及服务	Other Goods and Services	1482	1646

3－9 城镇常住居民家庭每百户期末耐用品拥有量

Year-end Possession of Durable Consumer Goods Per 100 Urban Households

商品名称		Commodity Names		2023
家用汽车	（辆）	Domestic Automobile	(unit)	75.0
摩托车	（辆）	Motorcycle	(unit)	4.4
助力车	（台）	Electric Bicycle	(unit)	99.5
洗衣机	（台）	Washer	(unit)	101.9
电冰箱(柜)	（台）	Refrigerator	(unit)	105.7
微波炉	（台）	Microwave Oven	(unit)	89.2
彩色电视机	（台）	Color TV Set	(unit)	161.1
空调	（台）	Air Conditioner	(unit)	261.7
热水器	（台）	Water Heater	(unit)	100.6
洗碗机	（台）	Dishwasher	(unit)	6.4
排油烟机	（台）	Lampblack Machine	(unit)	95.6
固定电话	（线）	Fixed Telephone	(unit)	10.5
移动电话	（部）	Mobile Phone	(unit)	240.9
计算机	（台）	Computer	(unit)	74.6
照相机	（台）	Camera	(unit)	15.1
乐器	（架）	Musical Instrument	(unit)	12.7
健身器材	（套）	Fitness Instrument	(unit)	12.4
空气净化器（含新风系统）	（套）	Air Purifier (including Fresh Air System)	(unit)	17.3
地面清洁器	（套）	Floor Sweeper	(unit)	37.9

3－10 农村常住居民家庭基本情况

Basic Conditions of Rural Households

（2023年）

指　　标		Items		全市调查户平均水平 Total Average
调查户数	（户）	**Households Surveyed**	**(household)**	240
平均每户家庭人口	（人）	Average Number of Persons Per Household	(person)	2.81
平均每户就业人口	（人）	Average Number of Employees Per Household	(person)	1.54
平均每一就业人口负担人数	（人）	Persons Supported by Each Employee	(person)	1.60
（不包括离、退休人口数)		(No Include Retired Veteran Cadres and Retired People)		
住房情况		**Housing Situation**		
人均现住房建筑面积	（m^2）	Per Capita Current Housing Construction Area	(sq·m)	65.9

3－11 农村常住居民家庭收入情况（2022－2023年）

Living Income of Rural Households (2022－2023)

单位：元 (yuan)

指　　标	Items	2022	2023
可支配收入	**Disposable Income**	**41934**	**44617**
（一）工资性收入	Income from Wages and Salaries	26125	27395
（二）经营净收入	Net Income from Household Operations	6793	7451
（三）财产净收入	Net Income of Property	3648	3837
（四）转移净收入	Net Income from Transfers	5368	5934

3－12 农村常住居民家庭支出情况（2022－2023年）

Living Expenditure of Rural Households (2022－2023)

单位：元 (yuan)

指　　标	Items	2022	2023
生活消费支出	**Consuming Expenditures**	**28920**	**31785**
（一）食品烟酒	Foods,Tobacco and Alcohol	9082	9599
（二）衣着	Clothing	2285	2320
（三）居住	Residence	6276	6866
（四）生活用品及服务	Daily Necessities and Service	1533	1716
（五）交通通信	Transportation and Communications	3962	4641
（六）教育文化娱乐	Education, Culture and Entertainment	3007	3592
（七）医疗保健	Medicines and Medical Services	1792	2002
（八）其他用品及服务	Other Goods and Services	983	1049

3－13 农村常住居民家庭每百户期末耐用品拥有量
Year-end Possession of Durable Consuming Goods Per 100 Rural Households

商品名称		Commodity names		2023
家用汽车	（辆）	Domestic Automobile	(unit)	58.3
摩托车	（辆）	Motorcycle	(unit)	10.4
助力车	（台）	Electric Bicycle	(unit)	115.4
洗衣机	（台）	Washer	(unit)	101.3
电冰箱(柜)	（台）	Refrigerator	(unit)	107.5
微波炉	（台）	Microwave Oven	(unit)	85.0
彩色电视机	（台）	Color TV Set	(unit)	153.6
空调	（台）	Air Conditioner	(unit)	230.8
热水器	（台）	Water Heater	(unit)	86.6
洗碗机	（台）	Dishwasher	(unit)	4.2
排油烟机	（台）	Lampblack Machine	(unit)	76.6
固定电话	（线）	Fixed Telephone	(unit)	7.9
移动电话	（部）	Mobile Phone	(unit)	243.3
计算机	（台）	Computer	(unit)	44.9
照相机	（台）	Camera	(unit)	6.2
乐器	（架）	Musical Instrument	(unit)	3.8
健身器材	（套）	Fitness Instrument	(unit)	9.9
空气净化器（含新风系统）	（套）	Air Purifier (including Fresh Air System)	(unit)	9.6
地面清洁器	（套）	Floor Sweeper	(unit)	19.1

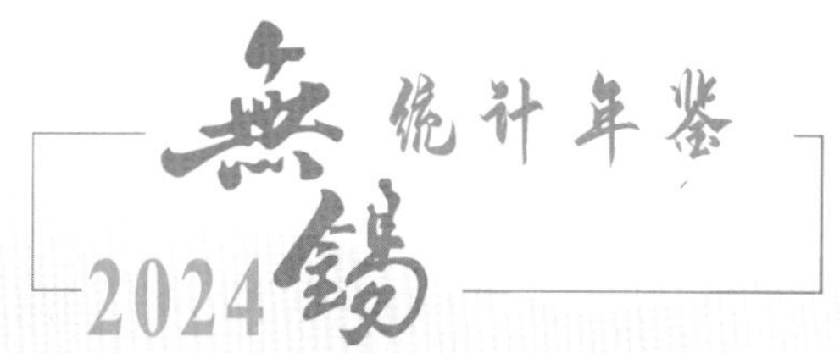

物价指数

PRICE INDICES

2024 WUXI STATISTICAL YEARBOOK

第四篇　物价指数
CHAPTER IV　PRICE INDICES

● 居民消费价格指数 Consumer Price Index	100.6
● 食品烟酒类价格指数 Food, Tobacco and Liquor Price Index	100.2
● 衣着类价格指数 Clothing Price Index	100.5
● 居住类价格指数 Accommodation Price Index	100.7
● 生活用品及服务类价格指数 Household Facilities and Services Price Index	101.5
● 交通通信类价格指数 Transportation and Communication Price Index	97.0
● 教育文化娱乐类价格指数 Education, Culture and Recreation Price Index	102.5
● 医疗保健类价格指数 Healthcare Price Index	103.6
● 服务价格指数 Services Price Index	101.8

注：本篇所列指数均为无锡市区指数。

Note: The indices listed in this chapter are all indices of Wuxi' urban district.

4－1 历年环比居民消费价格指数

Year-on-year Comparison of Consumer Price Index

以上年价格为100 (preceding year=100)

年 份 Year	居民消费价格指数 Consumer Price Index	其中 of Which			
		# 食品类 Food	# 衣着类 Clothing	# 居住类 Accommodation	# 服务类 Services
1978	101.0				
1979	101.0				
1980	106.7				
1981	101.6	100.4	99.8		101.1
1982	101.3	103.5	97.3		100.3
1983	101.4	101.9	101.5		101.2
1984	103.4	105.1	100.3		104.8
1985	112.1	119.0	101.0		104.6
1986	105.8	107.4	103.0		105.3
1987	112.0	117.0	111.1		105.2
1988	126.1	134.7	124.9		113.3
1989	116.1	113.1	123.3		119.6
1990	104.5	103.8	112.7		112.6
1991	109.4	113.4	103.5		111.3
1992	109.1	109.9	106.9		125.7
1993	120.3	121.5	121.8		130.8
1994	124.9	134.1	124.9	107.5	122.1
1995	115.7	121.5	116.8	107.9	124.5
1996	111.8	110.6	112.1	147.0	112.2
1997	103.1	100.5	104.7	113.0	121.3
1998	100.9	97.1	101.0	117.8	109.2
1999	99.9	94.6	100.6	107.2	122.2
2000	98.6	97.7	99.2	105.6	108.5

续表 continued

年 份 Year	居民消费价格指数 Consumer Price Index	其中 of Which			
		# 食品类 Food	# 衣着类 Clothing	# 居住类 Accommodation	# 服务类 Services
2001	100.2	99.9	98.9	102.6	103.4
2002	99.2	99.0	98.7	99.4	101.1
2003	101.0	103.3	100.1	102.1	100.9
2004	104.1	111.2	101.2	103.6	101.2
2005	102.0	103.3	100.4	106.9	101.6
2006	101.7	102.1	103.2	102.8	102.2
2007	103.8	108.1	103.3	104.2	101.5
2008	105.1	113.5	98.7	102.8	100.6
2009	99.5	100.6	97.0	97.6	98.9
2010	103.4	107.3	101.0	103.0	101.9
2011	105.1	111.1	97.9	104.0	103.6
2012	102.5	105.0	102.7	103.1	101.9
2013	102.1	104.1	104.9	101.9	101.4
2014	102.2	102.0	105.0	102.2	102.5
2015	101.8	102.8	101.8	102.0	102.1
2016	102.3	104.2	99.5	102.2	103.6
2017	101.9	98.4	101.3	102.2	102.6
2018	102.3	102.5	102.4	101.9	102.3
2019	102.9	109.8	102.1	101.6	102.1
2020	102.3	110.7	98.8	101.2	101.2
2021	101.7	100.7	100.7	101.4	101.5
2022	102.1	102.7	100.2	101.0	101.0
2023	100.6	99.8	100.5	100.7	101.8

4—2 居民消费价格指数
Consumer Price Index

以上年价格为100 (preceding year=100)

指 标	Items	2023
居民消费价格指数	**Consumer Price Index**	**100.6**
服务价格指数	Services Price Index	101.8
消费品价格指数	Overall Retail Price Index	99.6
一、食品烟酒	**Food,Tobacco and Liquor**	**100.2**
1. 食品	Food	99.8
(1)粮食	Grain	103.5
(2)薯类	Potatoes	92.4
(3)豆类	Beans	99.7
(4)食用油	Edible oil	104.3
(5)菜及食用菌	Vegetables and Edible Fungi	97.0
#鲜 菜	Fresh Vegetables	96.3
(6)畜肉类	Meats	96.5
#猪 肉	pork	93.0
(7)禽肉类	Poultry	104.9
(8)水产品	Aquatic Products	97.7
(9)蛋类	Eggs	101.6
(10)奶类	Milk	99.4
(11)干鲜瓜果类	Dried Fruit	102.6
#鲜果	Fresh Fruits	102.8
(12)糖果糕点类	Candy and Cake	101.7
(13)调味品	Flavoring	97.5
(14)其他食品类	Others	106.7
2. 茶及饮料	Tea and Beverages	101.1
3. 烟酒	Tobacco and Liquor	100.3
(1)卷烟	Cigarettes	101.3
(2)酒类	Liquor	98.1
4. 在外餐饮	Dine Out	101.2
二、衣着	**Clothing**	**100.5**
1. 服装	Garments	101.1
2. 鞋类	Shoes	97.7

以上年价格为100 续表 continued (preceding year=100)

指 标	Items	2023
三、居住	**Accommodation**	**100.7**
1. 租赁房房租	Rent Residence	100.2
2. 住房保养维修及管理	The Repair and Management of House	104.5
3. 水电燃料	Water, Electricity and Gas	100.0
4. 自有住房	Privately Owned Residence	100.3
四、生活用品及服务	**Daily Necessities and Service**	**101.5**
1. 家具及室内装饰品	The Furniture and Interior Decoration	105.3
2. 家用器具	Household Appliances	99.4
3. 家用纺织品	Home Textiles	99.6
4. 家庭日用杂品	Family Daily Goods	103.2
5. 个人护理用品	Personal Care Items	100.2
6. 家庭服务	Domestic Service	102.8
五、交通通信	**Transportation and Communications**	**97.0**
1. 交通	Transportation	96.9
2. 通信	Telecommunications	97.2
六、教育文化娱乐	**Education,Culture and Recreation**	**102.5**
1. 教育	Education	101.7
2. 文化娱乐	Cultural and Recreational Articles	103.5
（1）文娱耐用消费品	Cultural and Entertainment Durable Consumer Goods	97.2
（2）文化娱乐服务	Cultural and Recreational Service	100.6
（3）旅游	Travel	109.8
七、医疗保健	**Medicine and Medical Care**	**103.6**
1. 药品及医疗器具	Drugs and Medical Devices	101.7
2. 医疗服务	Medical Service	104.3
八、其他用品及服务	**Other Goods and Services**	**103.9**
1. 其他用品	Other Goods	105.3
2. 其他服务	Other Services	102.6

4－3 分月居民消费价格指数

以上年价格为100 （2023年）

指 标	Items	全 年 Annual Total	1月 Jan	2月 Feb
居民消费价格指数	**Consumer Price Index**	**100.6**	**102.5**	**101.6**
1.食品烟酒	Food,Tobacco and Liquor	100.2	104.3	102.5
2.衣着	Clothing	100.5	101.7	102.1
3.居住	Residence	100.7	99.9	100.5
4.生活用品及服务	Household Facilities and Service	101.5	104.2	102.7
5.交通通信	Transportation and Telecommunication	97.0	102.6	100.5
6.教育文化娱乐	Education ,Recreation and Culture	102.5	102.4	100.9
7.医疗保健	Medicine and Medical Care	103.6	104.0	104.2
8.其他用品及服务	Other Goods and Services	103.9	105.2	103.1

Monthly Consumer Price Index

(preceding year=100)

3月 Mar	4月 Apr	5月 May	6月 Jun	7月 Jul	8月 Aug	9月 Sept	10月 Oct	11月 Nov	12月 Dec
100.9	**100.1**	**100.5**	**100.2**	**100.0**	**100.1**	**100.3**	**100.1**	**100.2**	**100.2**
101.6	99.2	100.6	101.4	99.5	99.3	98.4	98.3	98.7	98.9
102.0	102.7	99.9	100.3	100.2	100.1	100.3	99.4	99.6	97.9
100.4	100.4	100.7	100.8	100.6	100.4	101.2	101.4	101.4	101.2
102.0	101.6	101.7	101.1	101.4	101.0	100.9	100.1	100.2	101.4
97.7	95.7	95.7	93.2	94.3	96.6	97.5	97.1	96.8	96.8
101.3	102.3	103.0	102.2	103.5	102.8	103.2	103.0	102.7	102.6
103.2	103.2	103.1	103.4	103.3	103.2	103.3	103.0	104.7	104.5
103.4	105.9	105.2	103.8	104.7	103.4	104.9	103.9	101.8	102.1

4－4 历年累计居民消费价格指数

Yearly Cumulative Consumer Price Index

以所列年份为100 (the price of 1977,1978,…,2022=100)

年 份 Year	居民消费 价格指数 Consumer Price Index	其中 of Which # 食品类 Food	# 衣着类 Clothing	# 居住类 Accommodation	# 服务类 Services
1977	926.5				
1978	917.4				
1979	908.3				
1980	851.3	1594.6	581.8		1578.5
1981	837.9	1588.2	582.9		1561.4
1982	827.1	1534.5	599.1		1556.7
1983	815.8	1506.0	590.1		1538.3
1984	788.9	1432.9	588.4		1467.9
1985	703.7	1204.1	582.6		1403.2
1986	665.1	1121.1	565.6		1332.6
1987	593.8	958.2	509.1		1266.7
1988	471.0	711.4	407.6		1118.0
1989	405.6	628.9	330.5		934.8
1990	388.2	606.0	293.4		830.2
1991	354.8	534.3	283.4		746.0
1992	325.1	486.2	265.2		593.4
1993	270.3	400.2	217.7	426.3	453.6
1994	216.4	298.4	174.3	396.6	371.6
1995	187.1	245.6	149.1	367.5	298.5
1996	167.3	222.2	133.2	250.0	266.0
1997	162.4	221.0	127.1	221.2	219.3
1998	160.9	227.5	125.8	187.8	200.7
1999	161.0	240.6	125.1	175.2	164.4
2000	163.3	246.3	126.1	166.0	151.4
2001	163.0	246.5	127.5	161.7	146.5
2002	164.3	248.9	129.1	162.6	144.9
2003	162.7	241.0	129.0	159.3	143.6
2004	156.2	216.8	127.5	153.8	141.9
2005	153.2	209.9	127.0	143.9	139.7
2006	150.6	205.5	123.1	140.0	136.6
2007	145.1	190.1	119.2	134.2	134.6
2008	138.1	167.5	120.8	130.7	133.8
2009	138.7	166.5	124.5	133.8	135.4
2010	134.2	155.1	123.2	129.9	132.8
2011	127.8	139.6	125.8	124.9	128.2
2012	124.6	132.9	122.6	121.1	125.8
2013	122.0	127.7	116.8	118.9	124.1
2014	119.4	125.1	111.3	116.3	121.0
2015	117.3	121.8	109.3	114.1	118.6
2016	114.7	117.0	109.8	111.6	114.5
2017	112.5	118.8	108.5	109.3	111.6
2018	110.0	115.9	105.8	107.1	108.9
2019	106.8	114.3	100.2	104.3	105.6
2020	104.4	103.2	101.4	103.1	104.3
2021	102.7	102.5	100.7	101.7	102.8
2022	100.6	99.8	100.5	100.7	101.8

无锡统计年鉴 2024

第 5 篇

CHAPTER

固定资产投资

FIXED ASSETS INVESTMENT

2024 WUXI STATISTICAL YEARBOOK

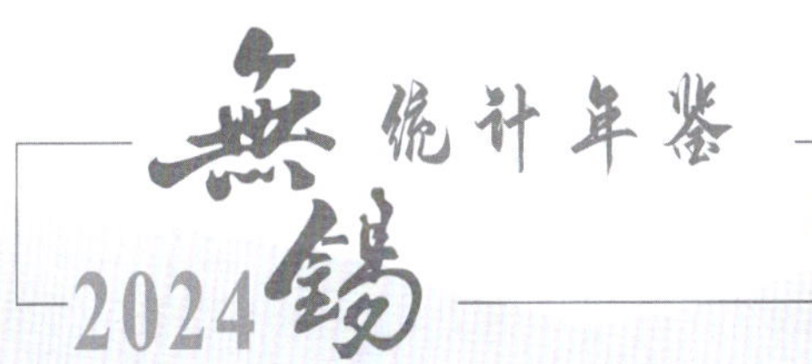

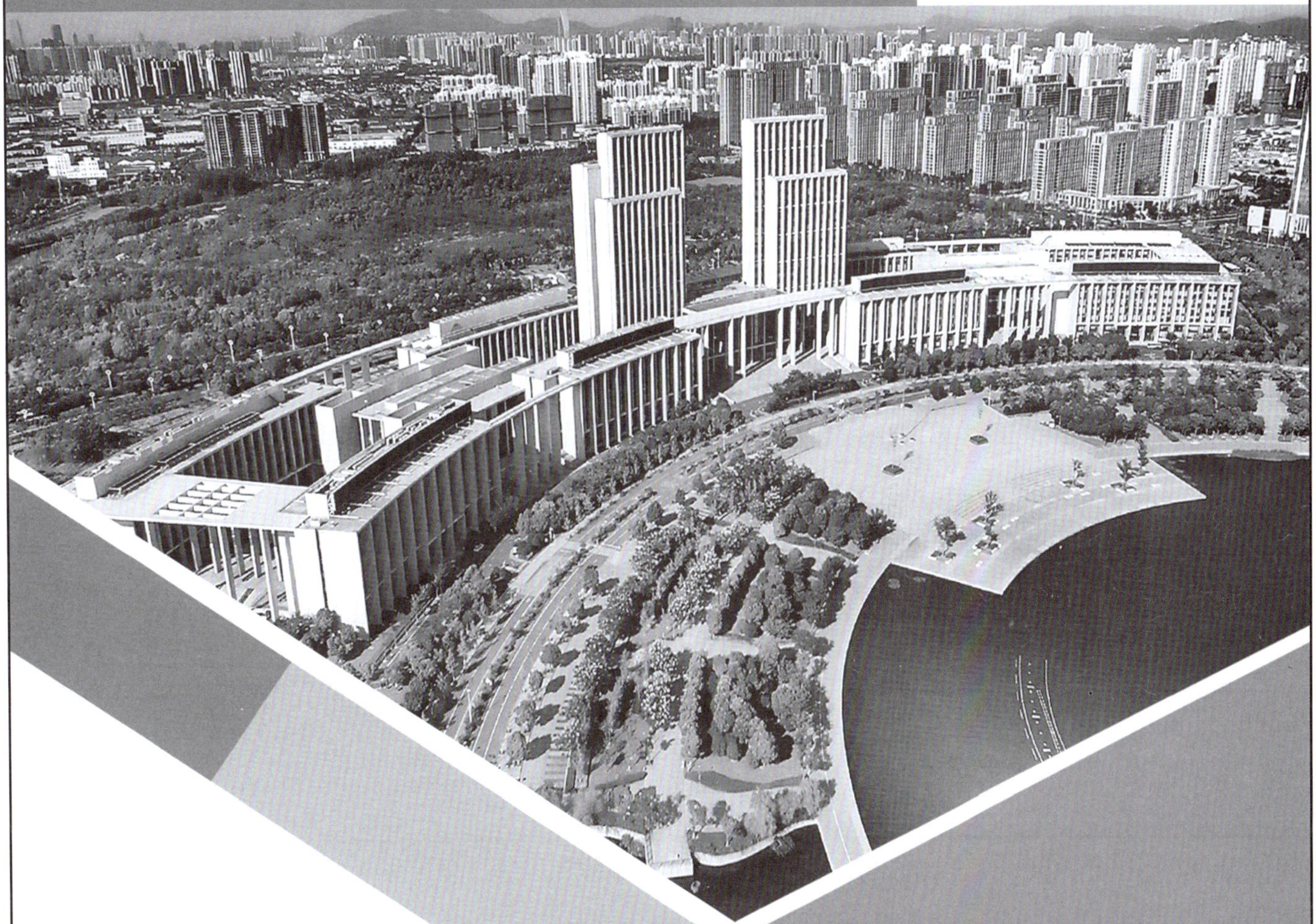

第五篇　固定资产投资
CHAPTER V　FIXED ASSETS INVESTMENT

● 固定资产投资额 Total Investment in Fixed Assets	4412.10亿元	(10^8 yuan)
比上年增长 Over the previous year	8.3%	
● 第一产业投资 Investment of the Primary Industry	4.09亿元	(10^8 yuan)
比上年增长 Over the previous year	76.4%	
● 第二产业投资 Investment of the Secondary Industry	1714.43亿元	(10^8 yuan)
比上年增长 Over the previous year	9.5%	
● 其中：工业投资 Industrial Investment	1715.18亿元	(10^8 yuan)
比上年增长 Over the previous year	9.6%	
● 第三产业投资 Investment of the tertiary Industry	2693.58亿元	(10^8 yuan)
比上年增长 Over the previous year	7.5%	

5—1　固定资产投资主要指标

单位：万元　　（2023年）

指　　标	Items
总　计	**Total**
按构成分	**Grouped by Composition of Projects**
建筑安装工程	Building Installation Engineering
设备工器具购置	Purchasing of Facilities, Tools and Instruments
其他费用	Others
按产业分	**Grouped by Industry**
第一产业	Primary Industry
第二产业	Secondary Industry
第三产业	Tertiary Industry
按登记注册类型分	**Grouped by Ownership**
内资	Domestic
国有	State-Owned
集体	Collective-Owned
股份合作	Share-holding Cooperation
国有联营	State-Owned Joint Operation Companies
集体联营	Collective-Owned Joint Operation Companies
国有与集体联营	State-Owned with Collective Owned Joint Operation Companies
其他联营	Others Joint Operation Companies
国有独资公司	Ventures Exclusively with State-owned Investment
其他有限责任公司	Others Co., Ltd.
股份有限公司	Share-holding Companies with Limited Liabilities
私营	Private
其他	Others
港澳台商投资	HongKong/Macao/Taiwan-Invested
合资经营	Joint Venture
合作经营	Cooperative Business Operation
独资	Ventures Exclusively
股份有限	Limited-liability
其他	Others
外商投资	Foreigner-Invested
合资经营	Joint Venture
合作经营	Cooperative Business Operation
独资	Ventures Exclusively
股份有限	Limited-liability
其他	Others

Fixed Assets Investment Indices

(10000 yuan)

	投资额 Investment Quota	按市（县）分 by Cities(or Counties)		
		市 区 Urban Districts	江阴市 Jiangyin City	宜兴市 Yixing City
	44121040	**28632309**	**8862950**	**6625781**
	28139322	18596776	5226551	4315995
	8746956	4917865	2210397	1618694
	7234762	5117668	1426002	691092
	40945	15368	12592	12985
	17144318	10040007	3872119	3232192
	26935777	18576934	4978239	3380604
	36395372	23192982	7550912	5651478
	7464787	5372407	1517293	575087
	157622	126335	17175	14112
	143080	139750	3330	
	12701		12701	
	1427		1427	
	5800		5800	
	2032428	1371946	297550	362932
	8181211	5816694	1018352	1346165
	839218	535657	243487	60074
	17055307	9751397	4055469	3248441
	501791	78796	378328	44667
	3937046	2092121	1051367	793558
	1784923	819838	238497	726588
	71443	34960	36483	
	1796603	961244	773787	61572
	269067	261069	2600	5398
	15010	15010		
	3788622	3347206	260671	180745
	542705	277976	102707	162022
	5845	5845		
	3121200	2988578	113899	18723
	115798	71733	44065	
	3074	3074		

单位：万元 续表

指 标	Items
按国民经济行业分	**Grouped by Economic Sectors**
1.农、林、牧、渔业	Farming ,Forestry,Animal Husbandry and Fishery
2.采矿业	Mining
3.制造业	Manufacturing
4.电力、热力、燃气及水的生产和供应业	Power,Heating Power,Gas and Water Production and Supply
5.建筑业	Construction
6.批发和零售业	Wholesale and Retail
7.交通运输、仓储和邮政业	Transportation,Storage and Post
8.住宿和餐饮业	Accommodation and Catering
9.信息传输、软件和信息技术服务业	Information Transmission, Software and IT Services
10.金融业	Banking
11.房地产业	Real Estate
12.租赁和商务服务业	Renting and Commercial Services
13.科学研究和技术服务业	Scientific Research,Technical Services
14.水利、环境和公共设施管理业	Water Conservancy,Environment and Public facilities Administration
15.居民服务和其他服务业	Community Services and Others
16.教育	Education
17.卫生和社会工作	Health Care and Social Affairs
18.文化、体育和娱乐业	Culture,Sports and Entertainment
19.公共管理、社会保障和社会组织	Public Management,Social Ensure and Social Organization
新增固定资产	**Newly Increased Fixed Assets**
项目个数(个)（不包括房地产）	**Number of Projects (unit) (Excluding Real Estate)**
施工项目个数	Construction Projects
投产项目个数	Projects Put into Production
本年资金来源合计	**Total Funds by Source This Year**
1.上年末结余资金	Funds Balanced the Previous Year
2.本年资金来源小计	Funds Added This Year
#国家预算内资金	State Budgetary Funds
国内贷款	Domestic Loans
利用外资	Utilization of Foreign Funds
自筹资金	Self-Raised Funds
其他资金来源	Others
本年各项应付款合计	**Total Payables for the Current Year**
#工程款	Project Funds
按项目规模分(不包括房地产)	**Grouped by Construction Scale**
500万—1000万元	5 million—10 million yuan
1000万—3000万元	10 million—30 million yuan
3000万—5000万元	30 million—50 million yuan
5000万—1亿元	50 million—100 million yuan
1亿—5亿元	100 million—500 million yuan
5亿—10亿元	500 million—1 billion yuan
10亿元以上	Above 1 billion yuan

continued (10000 yuan)

投资额 Investment Quota	按市（县）分 by Cities(or Counties) 市 区 Urban Districts	江阴市 Jiangyin City	宜兴市 Yixing City
99034	70004	12592	16438
16459560	9703183	3656490	3099887
692193	336838	215629	139726
32150	26495	3420	2235
2317884	1187937	983976	145971
262641	119135	18255	125251
653202	562002	75868	15332
66892	66892		
14856497	10453075	2397591	2005831
1332364	1193978	97768	40618
680442	471383	155596	53463
4199773	2733962	891386	574425
26135	10618	12701	2816
1193721	949903	94222	149596
582638	355211	99218	128209
531106	269245	146628	115233
134808	122448	1610	10750
25788368	**17986987**	**4909374**	**2892007**
3208	**1916**	**682**	**610**
3168	1887	672	609
1412	841	343	228
51880597	**35335924**	**9435181**	**7109492**
6598359	4784891	1084885	728583
45282238	30551033	8350296	6380909
2404326	1302629	1091697	10000
2201521	1582250	357651	261620
36093	14532	16612	4949
30810830	20517602	5404676	4888552
1234674	363511	337222	533941
5710429	**4037321**	**857305**	**815803**
3764446	2622716	504042	637688
31481954	**19753699**	**6796366**	**4931889**
171293	108630	42354	20309
606506	347782	149904	108820
799097	399286	206221	193590
1764873	1190050	357270	217553
8469923	5174974	1589648	1705301
4860628	3543178	724711	592739
14809634	8989799	3726258	2093577

5－2 工业各行业固定资产投资主要指标

单位：万元　　　　（2023年）

指　标	Items
制造业	**Manufacturing**
农副食品加工业	Processing of Food from Agricultural Products
食品制造业	Manufacture of Foods
酒、饮料和精制茶制造业	Manufacture of Wine, Beverage and Refined Tea Manufacturing
纺织业	Manufacture of Textile
纺织服装、服饰业	Manufacture of Textile Wearing Apparel, Clothing
皮革、毛皮、羽毛及其制品和制鞋业	Manufacture of Leather, Fur, Feather, Related and Footwear Products
木材加工和木、竹、藤、棕、草制品业	Manufacture of Wood,Bamboo, Rattan, Palm and Straw Products
家具制造业	Manufacture of Furniture
造纸和纸制品业	Manufacture of Paper and Paper Products
印刷和记录媒介复制业	Printing, Reproduction of Recording Media
文教、工美、体育和娱乐用品制造业	Manufacture of Culture, Art, Sports and Entertainment Products
石油加工、炼焦和核燃料加工业	Processing of Petroleum, Coking, Processing of Nuclear Fuel
化学原料和化学制品制造业	Manufacture of Raw Chemical Materials and Chemical Products
医药制造业	Manufacture of Medicines
化学纤维制造业	Manufacture of Chemical Fibers
橡胶和塑料制品业	Manufacture of Rubber,Plastics
非金属矿物制品业	Manufacture of Non-metallic Mineral Products
黑色金属冶炼和压延加工业	Smelting and Pressing of Ferrous Metals
有色金属冶炼和压延加工业	Smelting and Pressing of Non-ferrous Metals
金属制品业	Manufacture of Metal Products
通用设备制造业	Manufacture of General Purpose Machinery
专用设备制造业	Manufacture of Special Purpose Machinery
汽车制造业	Manufacture of Automotive
铁路、船舶、航空航天和其他运输设备制造业	Manufacture of Railroads, Ships, Aerospace and Other Transportation Equipment
电气机械和器材制造业	Manufacture of Electrical Machinery and Equipment
计算机、通信和其他电子设备制造业	Manufacture of Communication Equipment, Computers and Other Electronic Equipment
仪器仪表制造业	Manufacture of Measuring Instruments
其他制造业	Other Manufacturing
废弃资源综合利用业	Comprehensive Utilization of Waste Resources
金属制品、机械和设备修理业	Manufacture of Metal Products, Machinery and Equipment Repair
电力、热力、燃气及水的生产和供应业	**Production and Supply of Electricity,Heat,Gas and Water**
电力、热力生产和供应业	Production and Supply of Electric Power and Heat Power
燃气生产和供应业	Production and Supply of Gas
水的生产和供应业	Production and Supply of Water

Main Indices in Industrial Fixed Assets Investment

(10000 yuan)

投资额 Investment Quota	按市（县）分 by Cities (or Counties)		
	市 区 Urban Districts	江阴市 Jiangyin City	宜兴市 Yixing City
16459560	**9703183**	**3656490**	**3099887**
23147	6944	10055	6148
84981	54913	9877	20191
52785	12608		40177
231981	59163	114148	58670
71569	12475	59094	
14415	8339		6076
70048	57010	1500	11538
30004	14544	11708	3752
93065	78931	3064	11070
2262			2262
8192	7183		1009
164262	47292	113246	3724
222187	186030	36157	
148854	4000	143017	1837
453206	201222	172342	79642
361079	118592	35469	207018
152332	67329	71823	13180
47585	30573	8614	8398
687144	327259	181750	178135
1193216	685333	312736	195147
2623280	1358083	367544	897653
834039	567721	146445	119873
606819	461487	138702	6630
2408305	989849	692877	725579
5107554	3949462	744294	413798
604028	283281	252642	68105
51333	45151	1	6181
104453	68395	29385	6673
7435	14		7421
692193	**336838**	**215629**	**139726**
438178	190099	168696	79383
15527	4701		10826
238488	142038	46933	49517

5−3 固定资产投资效果情况

（2023年）

指 标		Items	
施工建设项目（不含房地产）	(个)	Construction Projects (Excluding Real Estate)	(unit)
全部建成投产项目（不含房地产）		Operating Ones of the Completed (Excluding Real Estate)	
项目建成投产率（不含房地产）	(%)	Operating Ones over the Completed (Excluding Real Estate)	(Percent)
计划总投资	(万元)	Total Planned Investment	(10000 yuan)
本年完成投资		Accomplished Investment This Year	
建设周期	(年)	Construction Period	(year)
新增固定资产	(万元)	Increased Fixed Assets	(10000 yuan)
固定资产交付使用率	(%)	The Operation Rate of the Fixed Assets	(Percent)

Fixed Assets Investment Results

全 市 Total	按地区分 by Region		
	市 区 Urban Districts	江阴市 Jiangyin City	宜兴市 Yixing City
3168	1887	672	609
1412	841	343	228
44.6	44.6	51.0	37.4
218214331	137300791	45877965	35035575
44121040	28632309	8862950	6625781
4.95	4.80	5.18	5.29
25788368	17986987	4909374	2892007
58.4	62.8	55.4	43.6

5－4 房地产开发投资完成额

Completed Investment of Real Estate

单位：万元 （2023年） （10000 yuan）

指标	Items	全市 Total	其中 of Which 市区 Urban Districts	江阴市 Jiangyin City	宜兴市 Yixing City
总 计	**Total**	**12753229**	**8992573**	**2066584**	**1694072**
按用途分	**Grouped by usage**				
住宅	Residence	10208747	7151470	1784901	1272376
#90平方米以下	Under 90 m^2	1473791	1180344	140307	153140
90-144平方米	Above 90—144 m^2	6185619	4225156	1152746	807717
144平方米以上	Above 144 m^2	2435377	1632010	491848	311519
办公楼	Office Buildings	422748	339524	34889	48335
商业营业用房	Managing Housing for Trade and Catering	928853	559374	154237	215242
其他	Others	1192881	942205	92557	158119
按资质分	**Grouped by Qualifications**				
一级	Grade Ⅰ	57100	11000	46100	
二级	Grade II	6419893	4951490	852832	615571
三级	Grade III	17500		17500	
四级	Grade IV				
暂定	Tentative	4860163	2897815	950277	1012071
其他	Others	1398573	1132268	199875	66430

单位：万元 续表 continued (10000 yuan)

指 标	Items	全市 Total	其中 of Which 市区 Urban Districts	江阴市 Jiangyin City	宜兴市 Yixing City
按隶属关系分	**Grouped by Administrative Relationship**				
中央	Central	261064	192580		68484
地方	Local	2468201	2378083	61947	28171
其他	Others	10023964	6421910	2004637	1597417
按登记注册类型分	**Grouped by Ownership**				
内资企业	Domestic-funded Enterprises	11326429	7960223	1780570	1585636
港澳台投资	HongKong/Macao/Taiwan-Invested	995927	651188	286014	58725
外商投资	Foreigner-Invested	430873	381162		49711
按构成分	**Grouped by Composition of Projects**				
建筑工程	Building Projects	6951944	4694757	1178065	1079122
安装工程	Installment Projects	389125	217851	81709	89565
设备、工器具购置	Purchasing of the Facilities, Tools and Instruments	189338	80586	53686	55066
其他费用	Other Expenses	5222822	3999379	753124	470319

5－5 商品房销售情况

单位：平方米 、万元　　（2023年）

指　标	Items
商品房销售面积	**The Sold Area of Commercial Housing**
住　宅	Residence
办公楼	Office Buildings
商业营业用房	Managing Housing for Trade and Catering
其 他	Others
现房销售面积	**The Sold Area of Finished Housing**
住　宅	Residence
办公楼	Office Buildings
商业营业用房	Managing Housing for Trade and Catering
其 他	Others
期房销售面积	**The Sold Area of Forward Delivery Housing**
住　宅	Residence
办公楼	Office Buildings
商业营业用房	Managing Housing for Trade and Catering
其 他	Others
商品房销售额	**The sales of Commercial Housing**
住　宅	Residence
办公楼	Office Buildings
商业营业用房	Managing Housing for Trade and Catering
其 他	Others
现房销售额	**The Sales of Finished Housing**
住　宅	Residence
办公楼	Office Buildings
商业营业用房	Managing Housing for Trade and Catering
其 他	Others
期房销售额	**The Sales of Forward Delivery Housing**
住　宅	Residence
办公楼	Office Buildings
商业营业用房	Managing Housing for Trade and Catering
其 他	Others

Sales of Commercial Housing

(sq·m, 10000 yuan)

全市 Total	其中 of Which 市区 Urban Districts	江阴市 Jiangyin City	宜兴市 Yixing City
10818311	**7326530**	**2187345**	**1304436**
7933815	5151379	1877052	905384
854180	770743	69453	13984
1192439	832799	236572	123068
837877	571609	4268	262000
2142995	**1418713**	**493109**	**231173**
1032248	560902	322889	148457
340249	285752	49110	5387
626132	452615	116876	56641
144366	119444	4234	20688
8675316	**5907817**	**1694236**	**1073263**
6901567	4590477	1554163	756927
513931	484991	20343	8597
566307	380184	119696	66427
693511	452165	34	241312
17013615	**12910325**	**2667502**	**1435788**
14269044	10741154	2388645	1139245
975783	903144	58480	14159
1350535	949860	219951	180724
418253	316167	426	101660
2525460	**1874219**	**466577**	**184664**
1452057	1026866	311692	113499
394999	347881	40278	6840
568156	394755	114191	59210
110248	104717	416	5115
14488155	**11036106**	**2200925**	**1251124**
12816987	9714288	2076953	1025746
580784	555263	18202	7319
782379	555105	105760	121514
308005	211450	10	96545

5-6 房地产开发房屋施工及竣工情况

Floor Space of Buildings Construction and Completion Status

单位：平方米 （2023年） (sq·m)

指 标	Items	全市 Total	其中 of Which 市区 Urban Districts	江阴市 Jiangyin City	宜兴市 Yixing City
房屋施工面积	**Floor Space of Constructing Buildings**	**50032881**	**30271498**	**11296118**	**8465265**
住 宅	Residence	35108479	20005585	9447977	5654917
办公楼	Office Buildings	1447778	1329876	56226	61676
商业营业用房	Managing Housing for Trade and Catering	3981953	2490628	788110	703215
其 他	Others	9494671	6445409	1003805	2045457
本年新开工面积	**Floor Space of New Construction Projects This Year**	**7676477**	**4940946**	**1311853**	**1423678**
住 宅	Residence	5262525	3488508	995077	778940
办公楼	Office Buildings	148762	148762		
商业营业用房	Managing Housing for Trade and Catering	326003	210527	58708	56768
其 他	Others	1939187	1093149	258068	587970
竣工房屋面积	**Floor Space of the Housing Completed**	**8380833**	**4708120**	**2540995**	**1131718**
住 宅	Residence	6008425	3018455	2159890	830080
办公楼	Office Buildings	363070	316558	18713	27799
商业营业用房	Managing Housing for Trade and Catering	822124	389446	308083	124595
其 他	Others	1187214	983661	54309	149244
竣工房屋价值（万元）	**Value of the Completed Housing (10000 yuan)**	**6535511**	**4170149**	**1661480**	**703882**
住 宅	Residence	4986822	3090667	1416730	479425
办公楼	Office Buildings	258819	241250	9407	8162
商业营业用房	Managing Housing for Trade and Catering	505542	243350	215699	46493
其 他	Others	784328	594882	19644	169802

5－7 房地产开发企业经营情况

Operating Statistics on Enterprises of Real Estate Development

（2023年）

指标	Items		全市 Total	按地区分 by Region 市区 Urban Districts	江阴市 Jiangyin City	宜兴市 Yixing City
企业个数（个）	**Number of Enterprises**	**(unit)**	**645**	**302**	**172**	**171**
内资	Domestic-funded Enterprises		589	264	164	161
#国有	State-owned Enterprises		10	8	2	
集体	Collective-owned Enterprises		1			1
港澳台商投资	Enterprises with Funds from Hong Kong, Macao and Taiwan		45	29	8	8
外商投资	Foreign-funded Enterprises		11	9		2
企业资金和土地情况	**Enterprise Fund and Land Status**					
上年末结余资金	Funds Balanced the Previous Year	(10000 yuan)	5183083	3683297	817585	682201
本年实际到位资金	Actual Funds in Place This Year		15437842	12145762	1883609	1408471
国内贷款	Domestic Loans		1651645	1204055	255619	191971
利用外资	Utilization of Foreign Funds		616		616	
自筹资金	Self-Raised Funds		4804285	3993479	408806	402000
定金及预收款	Deposit and Advance Payment		6185594	4913482	812701	459411
个人按揭贷款	Individual Mortgage Loan		2415336	1861557	329369	224410
其他到位资金	Other Funds in Place		380366	173189	76498	130679
本年各项应付款合计	Total Payables for the Current Year		5367709	3667485	857075	843149
其中：工程款	Of which: Project Funds		3380013	2234586	505401	640026
待开发土地面积	Land Space Pending Development	(10000 sq.m)	256.01	121.41	60.23	74.38

5－8 房地产开发企业财务状况

Financial Indicators on Enterprises of Real Estate Development

单位：万元　　　　（2023年）　　　　（10000 yuan）

指　　标	Items	全 市 Total	按地区分 by Region 市 区 Urban Districts	江阴市 Jiangyin City	宜兴市 Yixing City
流动资产合计	Total Circulating Assets	69456780	48833079	12431398	8192303
其中：存货	Of which: Inventory	40999111	28988366	6722994	5287751
固定资产原价	Original Value of Fixed Assets	831613	524726	182464	124423
累计折旧	Accumulative Depreciation	250151	113231	81381	55539
其中：本年折旧	Of which: Depreciation This Year	40165	23584	9575	7006
资产总计	Total Assets	80792125	57616183	13798446	9377496
负债合计	Total Liabilities	58627878	41406186	10213729	7007963
所有者权益合计	Total Owners' Equities	22164247	16209998	3584716	2369534
营业收入	Operating Income	18443137	12984529	3186942	2271666
营业成本	Operating Costs	15797530	11201986	2668055	1927488
税金及附加	Tax and Extra Charges	450079	273438	92013	84628
其他业务利润	Other Business Profit	-13914	-18895	4520	461
投资收益	Return on Investment	51664	31124	24434	-3895
营业利润	Operating Profit	1216998	761539	309158	146301
营业外收入	Non-operating Income	66907	55926	3091	7890
营业外支出	Non-business expenses	34726	22800	2875	9051
利润总额	Total Profit	1232693	777796	308970	145927
所得税费用	Income Tax Expenses	232503	132104	44931	55468
应付职工薪酬	Payroll Payable	231345	139064	56246	36034

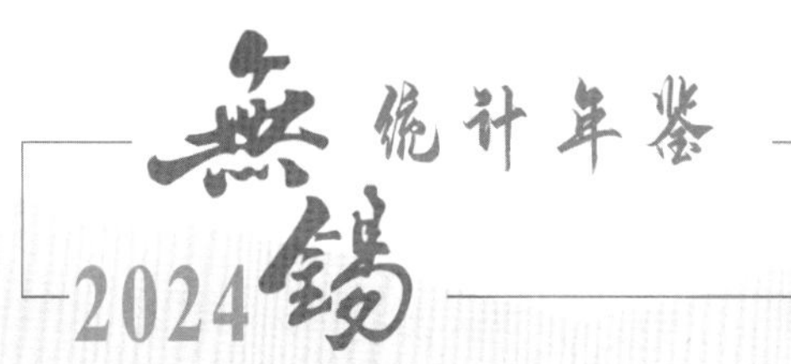

城市建设 环境保护

URBAN CONSTRUCTION AND ENVIRONMENTAL PROTECTION

第六篇　城市建设 环境保护

CHAPTER VI URBAN CONSTRUCTION AND ENVIRONMENTAL PROTECTION

●	建成区面积 Constructed Land Area	361平方公里	(sq.km)
●	城市常住人口密度 Urban Population Density	2692人/平方公里	(person/sq.km)
●	城市实有道路面积 Urban Area of Roads	7804万平方米	(10^4sq.m)
●	城市人均公园绿地面积 Urban Per Capita Green Area of Parks	15.28平方米	(sq.m)
●	城市出租车营运数量 Urban Taxies Number in Operation	4040辆	(vehicles)
●	城市气化率 Urban Gasification Rate	100.0%	(percent)

注：城市建设数据为无锡市区统计口径。

Note: Urban construction data is the statistical caliber of Wuxi' urban district.

6－1 历年城市道路、路灯

Yearly Urban Road and Street Lamp

年 份 Year	建成区面积 (平方公里) Urban Constructed Area (sq·km)	城市道路长度 (3.5米以上)(公里) Length of Urban Roads (above 3.5m) (km)	城市道路面积 (万平方米) Floor Space of Urban Roads (10000 sq·m)	城市路灯 (盏) Urban Street Lamps (lamp)	排水管道长度 (公里) Length of Urban Drain (km)
1978	35	100	88	6005	238
1980	36	123	104	7002	252
1981	37	147	108	7627	255
1982	37	163	130	8318	260
1983	38	196	150	9239	266
1984	39	199	154	10834	272
1985	42	284	263	9643	252
1986	48	295	278	10098	282
1987	48	314	314	12445	354
1988	50	328	341	14000	478
1989	51	350	363	14673	505
1990	65	356	370	15845	650
1991	65	367	394	15988	614
1992	70	400	530	17956	639
1993	73	582	563	18356	718
1994	74	568	591	19393	741
1995	78	675	642	20073	1126
1996	83	746	711	23401	1288
1997	90	782	742	26028	1176
1998	94	809	771	26991	1113
1999	98	880	877	31076	1243
2000	102	1192	1090	34345	1258
2001	164	4189	3561	72847	2913
2002	176	4261	3995	105623	3153
2003	180	4424	4355	111920	3356
2004	188	4108	4583	131091	4633
2005	193	4324	4717	109637	5176
2006	198	4382	4906	110470	5354
2007	203	4407	5086	223000	5581
2008	208	4441	5219	247984	5973
2009	217	4491	5379	252623	8321
2010	231	4609	5580	261676	8880
2011	289	3265	5831	274040	11111
2012	316	3306	5936	285257	12250
2013	325	3358	6081	301507	12536
2014	328	3422	6213	301595	12687
2015	329	3687	6586	324526	12963
2016	332	3715	6679	326395	13105
2017	338	3846	7017	260292	13254
2018	343	3891	7145	282014	13419
2019	347	3930	7262	283789	13536
2020	350	3986	7424	286208	13639
2021	356	4049	7617	288247	13396
2022	360	4091	7708	291250	13554
2023	361	4127	7804	290010	13635

注：从2017年起，路灯数按城建年报指标调整了景观灯数量。

Note: Since 2017, the number of street lamps was adjusted according to the annual indicators of urban construction.

6—2 历年城市园林绿化

Yearly Urban Parks, Gardens and Green Areas

年 份 Year	园林绿地面积 （公顷） Area of Parks, Gardens and Green Areas (hectare)	其中 of Which #公园绿地 Green Area of Parks	建成区绿化 覆盖率（%） Green Coverage Rate in Constructed Area (percent)	人均公园 绿地面积（平方米） per Capita Green Area of Parks (sq·m)
1978	247		11.4	4.2
1980	343		11.0	1.4
1981	418	136	12.4	2.2
1982	435	154	12.5	2.1
1983	435	175	12.4	1.1
1984	516	122	14.2	1.8
1985	497	140	17.0	2.0
1986	512	153	18.0	2.1
1987	557	196	20.0	2.6
1988	558	234	21.0	3.0
1989	948	283	21.0	3.5
1990	1284	331	22.0	4.0
1991	1361	429	23.0	5.0
1992	1970	423	28.9	6.3
1993	2160	543	30.6	6.4
1994	2279	565	31.6	6.5
1995	2389	588	32.7	6.6
1996	2861	620	33.1	6.8
1997	2992	658	34.0	7.1
1998	3067	691	33.9	7.4
1999	3361	737	34.8	7.6
2000	3566	792	35.70	7.98
2001	10052	974	29.69	4.57
2002	10722	1121	31.38	5.19
2003	11842	1283	36.10	5.84
2004	13445	1833	37.48	8.20
2005	14001	2308	40.00	10.10
2006	15023	2555	41.20	11.00
2007	15751	2814	42.20	11.93
2008	15747	2990	43.00	12.56
2009	16557	3229	43.18	13.56
2010	17227	3418	42.62	14.41
2011	17583	3485	42.58	14.51
2012	17958	3554	42.68	14.61
2013	18333	3616	42.78	14.71
2014	18543	3648	42.88	14.81
2015	18723	3672	42.98	14.91
2016	18905	3744	42.98	14.91
2017	19110	3799	42.98	14.91
2018	19316	3859	42.98	14.91
2019	19538	3934	43.24	14.93
2020	19889	4089	43.43	14.95
2021	20239	4262	43.50	15.02
2022	20589	4458	43.96	15.20
2023	20895	4609	44.52	15.28

6-3 历年城市公共交通

Yearly Urban Public Traffic

年 份 Year	年底营运车辆数 (辆) Vehicles in Operation by the end of the year (vehicle)	年底营运线路 (条) Route in Operation by the end of the year (line)	运营线路长度 (公里) Length of the Operating Route (km)	运客总数 (万人次) Total Travellers Carried (10000 persons-times)	年底出租汽车 (辆) Number of Taxies by the end of the year (vehicle)
1978	149	15		8277	59
1980	178	15		12406	106
1981	205	15		13146	128
1982	235	18		14366	134
1983	244	18		14529	137
1984	251	21		15679	118
1985	270	24		15651	116
1986	296	25		14620	127
1987	301	29		14423	552
1988	322	30		13326	848
1989	364	33		12202	701
1990	371	29		11910	654
1991	384	29		12176	572
1992	522	31		12599	629
1993	672	34		11844	978
1994	656	40		11745	1340
1995	677	39		12689	1868
1996	800	35		12406	2306
1997	839	36		13253	2292
1998	758	42		13692	2493
1999	786	50		16109	2493
2000	995	65	799	19519	2496
2001	1768	83	1179	22237	3850
2002	1980	89	1260	27645	3840
2003	1944	105	1463	25069	3730
2004	2075	113	1569	28335	3840
2005	2954	114	1665	29878	3840
2006	2826	120	1758	30907	3840
2007	2855	128	2071	27784	3840
2008	3109	172	3221	30052	4040
2009	2984	201	3839	33881	4040
2010	3125	220	4354	39842	4040
2011	3081	229	4701	43012	4040
2012	3144	232	5023	43483	4040
2013	3261	251	5124	42849	4040
2014	3017	263	5203	43506	4040
2015	3042	280	5481	40370	4040
2016	3026	283	5609	40010	4040
2017	3015	290	5773	39845	4040
2018	3179	293	5819	39860	4040
2019	2995	294	5865	35405	4040
2020	3036	297	5760	19118	4040
2021	2953	310	5837	22592	4040
2022	3007	316	5875	13218	4040
2023	2844	317	5867	14605	4040

6－4 历年城市自来水
Yearly Urban Running Water Supply

年 份 Year	年底水厂数(个) Year-end Number of Water Factories (unit)	自来水生产能力(万吨/日) Production Capacity of Running Water (10^4 tons Per day)	供水管道长度(公里) Length of the Water Supply Pipelines (km)	自来水供水总量(万吨) Total Volume of Water Supply (10^4 tons)	其中 of Which #生产用量 For Production	 #生活用量 For Livelihood	平均每人生活用水量(升/日) Consumption of Water for Livelihood per Capita (litre per day)
1978	3	13.0	395	4282	2610	1257	79
1980	3	22.0	523	6223	4116	1773	105
1981	4	24.0	591	7556	4757	2355	119
1982	4	25.0	601	8765	5561	2558	123
1983	4	25.0	694	9423	6277	2437	113
1984	5	25.3	791	9938	6433	2866	122
1985	5	31.1	902	11405	7159	3577	135
1986	5	35.5	966	12955	8292	3779	124
1987	5	36.8	1055	14565	9385	3908	126
1988	5	37.6	1112	15485	10310	4537	139
1989	5	42.2	1189	17149	11228	4624	141
1990	5	42.5	1297	18630	10745	6481	175
1991	5	57.4	1311	18247	10028	5721	150
1992	6	76.0	1334	19848	11298	6518	171
1993	6	77.5	1440	22708	13140	7401	212
1994	6	92.5	1518	24578	14539	7770	222
1995	6	92.5	1559	25667	14144	9048	231
1996	6	109.6	1624	26041	13447	10401	262
1997	7	111.7	1692	24012	13188	8983	225
1998	7	109.6	1745	23521	12246	8816	219
1999	7	109.6	1801	24368	8883	11587	284
2000	6	109.6	1851	24872	8519	10970	266
2001	6	141.6	5550	23902	11841	10649	149
2002	6	138.1	4688	24683	10993	9373	153
2003	6	140.8	4691	24825	10154	12309	164
2004	6	133.8	5010	26670	9811	14012	181
2005	6	145.6	5050	23990	8872	15022	184
2006	6	151.3	5112	29509	12809	15967	190
2007	6	128.1	5312	33380	12273	15643	183
2008	6	206.0	5557	36043	12000	18063	209
2009	6	206.0	5968	34937	11015	18108	208
2010	6	206.0	6293	35889	10197	19762	228
2011	6	195.0	3739	34237	10045	18462	211
2012	6	195.0	4637	34407	10473	18149	204
2013	6	245.0	5031	34871	10219	18792	209
2014	6	245.0	5167	34226	10015	18436	205
2015	6	245.0	5705	36168	10553	19427	216
2016	6	245.0	5789	36838	10745	19781	216
2017	6	245.0	5870	38866	11314	20827	224
2018	6	195.0	5942	41194	11987	22067	234
2019	6	218.8	6029	47515	21126	18802	195
2020	6	245.0	9035	44574	17253	19586	196
2021	6	245.0	9679	48284	19592	20736	200
2022	6	245.0	10332	48409	19299	21520	201
2023	6	245.0	10900	49293	18974	22102	201

6－5 历年城市液化气

Yearly Urban Liquefied Petroleum Gas

年 份 Year	液化气供气总量 (吨) Total Supply of Liquefied Gas (ton)	其中 of Which #家庭用量 For Households	用气户数 (户) Gas-Consuming Households (household)	家庭用天然气液化气普及率 (%) Popularization Percent of Gas and Liquefied Gas (percent)
1978	50	50	920	0.6
1980	409	362	2517	1.7
1985	1069	1028	5483	8.1
1990	8303	6993	50000	29.2
1991	12293	12043	56694	47.6
1992	16734	16622	109032	59.8
1993	24299	23802	134665	70.7
1994	50439	47739	176813	78.8
1995	33895	33838	165172	80.9
1996	29201	25605	169133	82.0
1997	27371	26564	208031	87.3
1998	29281	28252	245268	89.2
1999	32445	29870	254629	91.6
2000	33336	29961	260321	93.5
2001	64067	62903	479267	88.1
2002	65050	63010	497293	90.3
2003	71836	64572	510304	91.8
2004	91778	80740	501016	92.6
2005	16442	14465	464512	95.0
2006	19330	12291	245000	96.1
2007	20628	13352	396000	98.0
2008	74849	45991	369000	98.5
2009	67305	31893	313780	99.5
2010	55005	37562	257200	99.6
2011	73487	40303	194846	99.7
2012	65988	40344	209207	99.8
2013	44122	27030	202464	100.0
2014	46314	21946	123568	100.0
2015	39995	20753	123224	100.0
2016	39446	18901	123483	100.0
2017	34501	17059	112870	100.0
2018	33881	15925	108249	100.0
2019	34531	14919	97800	100.0
2020	34941	14572	95526	100.0
2021	27164	14201	81784	100.0
2022	25847	13566	77530	100.0
2023	18313	4260	58260	100.0

6－6 城市建设用地情况（2020－2023年）

Land for Urban Construction (2020－2023)

单位：平方公里 (sq·km)

指标	Items	2020	2021	2022	2023
土地面积	Land Area	1643.9	1643.9	1643.9	1643.9
建成区面积	Area of the Constructed Regions	349.6	356.3	359.7	360.7
城市建设用地面积	Floor space of Urban Constructed Area	302.3	312.3	317.4	319.1
#居住用地	Residential Area	92.4	94.9	96.7	96.8
绿地与广场用地	Green Space and Square Area	33.7	33.8	34.5	34.6
公共管理与公共服务用地	Public utility Area	20.6	23.7	24.5	25.5
工业用地	Industrial Area	71.6	71.1	70.8	70.2
物流仓储用地	Storage and Warehouse	6.3	6.3	6.3	6.1
交通设施用地	Space for Transportation	46.2	53.6	55.5	56.3
公用设施用地	Space for Road and Square	3.8	4.3	4.4	4.3
商业服务业设施用地	Space for Public Facility	27.8	24.5	24.9	25.4

6－7 城市市政设施情况（2020－2023年）

Urban Municipal Engineering Installation (2020－2023)

指标		Items		2020	2021	2022	2023
实有道路长度	（公里）	Length of Roads	(km)	3986	4049	4091	4127
道路面积	（万平方米）	Area of Roads	(10000 sq·m)	7424	7617	7708	7804
桥梁数	（座）	Number of Bridges	(unit)	3117	1484	1505	1524
排水管道长度	（公里）	Length of Drains	(km)	13639	13396	13554	13635
污水日处理能力	（万吨）	Daily Disposal Capacity of Sewage	(10000 tons)	163	165	167	167
路灯盏数	（盏）	Street Lamps	(lamp)	286208	288247	291250	290010

注：2021年起桥梁按照省住房和城乡建设厅业务系统调整了统计口径，数据与往年不可比。

Note: From 2021, the statistical caliber of bridges was adjusted according to the business system of the Provincial Department of housing and urban rural development, and the data was not comparable with previous years.

6－8 城市园林绿化情况（2020-2023年）

Statistics of Urban Parks, Gardens and Green Areas (2020-2023)

指标		Items		2020	2021	2022	2023
园林绿地面积	（公顷）	Parks, Gardens and Green Areas	(hectare)	19889	20239	20589	20895
#公园绿地		Green Area of Parks		4089	4262	4458	4609
建成区绿化覆盖面积	（公顷）	Green Coverage Area in Built-up Areas	(hectare)	15182	15497	15815	16060
建成区绿化覆盖率	（%）	Green Coverage Rate in Built-up Areas	(percent)	43.24	43.50	43.96	44.52
人均公园绿地面积	（平方米）	per Capita Green Area of Parks	(sq·m)	14.95	15.02	15.20	15.28

6－9 城市公共交通、出租汽车情况（2020－2023年）

Statistics of Urban Public Transportation and Taxies (2020－2023)

指标		Items		2020	2021	2022	2023
公共汽车		**Public Buses**					
年底营运车辆数	（辆）	Year-end Operating Vehicles	(vehicle)	3036	2953	3007	2844
年底营运线路	（条）	Year-end Operating Routes	(line)	297	310	316	317
线路长度	（公里）	Length of Operating Route Net	(km)	5760	5837	5875	5867
运客总量	（万人次）	Total Volume of Travellers	(10^4 person-times)	19118	22592	13218	14605
平均每日运客量	（万人次）	Daily Average Volume of Travellers	(10^4 person-times)	52.38	61.90	36.20	40.00
每万人拥有营运车辆	（标台）	Average Operating Vehicles per 10000 Persons	(standard units)	18.4	17.6	18.5	16.8
出租汽车		**Taxies**					
营运车辆	（辆）	Operating Vehicles	(vehicle)	4040	4040	4040	4040
轨道交通		**Rail Transport**					
运营车数	（辆）	Operating Motor Vehicles	(unit)	450	582	624	624
标准运营车数	（标台）	Standard Operating Motor Vehicles	(standard unit)	1185	1560	1560	1560
运营线路长度	（公里）	Length of Operating Routes	(km)	87	111	111	111
客运总量	（万人次）	Total Volume of Passenger Traffic	(10^4 person-times)	8722	14615	11955	18456

6－10 城市自来水情况（2020－2023年）

Statistics of Urban Running Water Supply (2020－2023)

指标		Items		2020	2021	2022	2023
水厂个数	（个）	Number of Water Factories	(unit)	6	6	6	6
水厂综合生产能力	(万吨/日)	Production Capacity of Water Factories	(10000 tons per day)	245	245	245	245
供水管道长度	（公里）	Length of Water Supply Pipelines	(km)	9035	9679	10332	10900
供水总量	（万吨）	Total Water Supply	(10000 tons)	44574	48284	48409	49293
#生产用水量		Water for Production		17253	19592	19299	18974
生活用水量		Water for Livelihood		19586	20736	21520	22102
用水人口	（万人）	Water-Consumption Population	(10000 persons)	273.48	283.82	293.35	301.59
人均日生活用水量	（升）	Per Capita Daily Consumption of Water for Livelihood	(litre)	196	200	201	201
自来水普及率	（%）	Rate of Tap Water Popularization	(percent)	100.0	100.0	100.0	100.0

6－11 城市天然气、液化石油气情况（2020－2023年）

Statistics of Urban Natural Gas and Liquefied Petroleum Gas Supply (2020－2023)

指标		Items		2020	2021	2022	2023
天然气		**Natural Gas**					
天然气管道长度	（公里）	Length of Natural Gas	(km)	8075	8450	8737	9347
供气总量	(万立方米)	Total Gas Supply	(10000 m^3)	112107	125961	125429	130308
#家庭用量		For Households		26591	27638	31060	33008
用气户数	（户）	Number of Units and Households Using Gas	(household)	1378140	1416015	1467039	1544578
#家庭用户		Households		1373186	1406952	1455614	1533200
用气人口	（万人）	Gas-Consuming Population	(10000 persons)	260.08	270.73	280.94	284.59
液化石油气		**Liquefied Petroleum Gas**					
供气总量	（吨）	Total Gas Supply	(ton)	34941	27164	25847	18313
#家庭用气		For Households		14572	14201	13566	4260
家庭用气户数	（户）	Number of Households	(household)	95526	81784	77530	58260
用气人口	（万人）	Gas-Consuming Population	(10000 persons)	13.40	13.09	12.41	17.00
燃气普及率	**（%）**	**Gas Consumption Popularization Rate**	**(percent)**	**100.0**	**100.0**	**100.0**	**100.0**

6－12　工业“三废”排放处理及综合利用情况

（2023年）

指　标 Items			
工业废水排放总量	**（万吨）**	**Total Discharging of the Industrial Waste Water**	**(10000 tons)**
COD产生量		Production Volume of COD	
COD排放量		Discharging Volume of COD	
氨氮产生量	（吨）	Volume of Ammonia and Nitrogen	(ton)
氨氮排放量		Discharging Amount of Ammonia and Nitrogen	
工业废气排放总量	**（亿标立米）**	**Total Discharging of Industrial Waste Gas**	**(10^8 standardized m^3)**
二氧化硫产生量	（万吨）	Production Volume of Sulfur Dioxide	(10000 tons)
二氧化硫排放量		Discharging Volume of Sulfur Dioxide	
氮氧化物产生量		Production Volume of Nitrogen Oxides	
氮氧化物排放量		Discharging Volume of Nitrogen Oxides	
工业颗粒物产生量	**（万吨）**	**Volume of Soot (Dust) Emission**	**(10000 tons)**
工业颗粒物排放量		Discharging Volume of Soot (Dust) Emission	
一般工业固体废物产生量	**（万吨）**	**Production Volume of General Solid Industrial Waste**	**(10000 tons)**
一般工业固体废物综合利用量		Utilization Volume of General Solid Industrial Waste	
一般工业固体废物处置量		Processing of General Solid Industrial Waste	
工业废水重金属产生量	**（千克）**	**Production Volume of Heavy Metals in Industrial Waste Water**	**(kg)**
工业废水重金属排放量		Emission Volume of Heavy Metals in Industrial Waste Water	
工业废气重金属产生量	**（千克）**	**Production Volume of Heavy Metals in Industrial Waste Gas**	**(kg)**
工业废气重金属排放量		Emission Volume of Heavy Metals in Industrial Waste Gas	

注：环境保护相关数据来源于2023年度环境统计重点调查，为截至2024年4月18日的初步核定数。

Comprehensive Utilization and Disposal of Three Industrial Wastes

全 市 Total	其中 of Which		
	市 区 Urban Districts	江阴市 Jiangyin City	宜兴市 Yixing City
16334.40	**8258.10**	**5910.70**	**2165.60**
10.02	4.47	1.87	3.68
0.31	0.15	0.12	0.04
2094.40	775.80	810.90	507.70
97.40	59.50	35.80	2.10
11241.20	**5475.80**	**4445.90**	**1319.50**
19.82	2.09	13.19	4.54
0.51	0.10	0.34	0.07
7.88	0.90	5.41	1.57
1.32	0.31	0.79	0.22
470.25	**45.64**	**317.64**	**106.97**
0.77	0.15	0.38	0.24
1227.54	**258.77**	**831.82**	**136.94**
1186.85	243.42	812.63	130.80
39.06	17.96	16.46	4.65
33166.60	**28012.30**	**4859.40**	**294.90**
33.40	12.00	5.60	15.80
21051.00	**5423.20**	**4953.70**	**10674.10**
1253.40	312.70	486.20	454.40

Note: The data related to environmental protection came from the key survey of environmental statistics in 2023, which is the preliminary approved data as of April 18, 2024.

6－13 环境综合整治情况（2022－2023年）

Basic Statistics on Comprehensive Environment Improvement (2022-2023)

指 标		Items		2022	2023
一、环境质量		**Environment Quality**			
可吸入颗粒物（PM_{10}）日平均值	（微克/立方米）	The Average Daily Indicators of Particulate Matter Inhaled	(ug/m^3)	49	50
二氧化硫日平均值	（微克/立方米）	The Average Daily Indicators of Sulfur Dioxide	(ug/m^3)	8	8
二氧化氮日平均值	（微克/立方米）	The Average Daily Indicators of NO_2	(ug/m^3)	26	32
空气质量达到及好于二级标准的天数比例	（%）	Ratio of Days with above II Grade Air Quality	(Percent)	78.9	82.5
区域环境噪声平均值昼	（分贝）	Average Daily Noise Value	(decibel)	56.2	57.1
交通干线噪声平均值	（分贝）	Average Indicator of Noise at Main Traffic Lines	(decibel)	68.1	68.1
二、污染控制		**Pollution Control**			
饮用水源地水质达标率	（%）	Up-to-Standard Rate of Urban Drinking Water Quality	(Percent)	100.0	100.0
工业固体废物综合利用率	（%）	Rate of Comprehensive Utilization of Solid Industrial Waste	(Percent)	95.9	96.0
危险废物处置利用率	（%）	Rate of Disposal Utilization of Hazardous Waste	(Percent)	100.0	100.0

6－14 城市环境卫生情况（2022－2023年）

Basic Statistics on Urban Environment Sanitation (2022－2023)

指 标		Items		2022	2023
清扫面积	(万平方米)	Area under Cleaning Program	(10000 sq.m)	12283	18002
生活垃圾清运量	（万吨）	Volume of Domestic Waste Disposal	(10000 tons)	303	346
生活垃圾焚烧厂日处理能力	（吨）	Daily Handling Capacity of Domestic Waste Incineration Plant	(ton)	10850	9850
环卫机动车	（辆）	Sanitation Motor Vehicle	(unit)	2972	2852
环卫公厕	（座）	Sanitation Public Toilet	(unit)	2222	2297
生活垃圾无害化处理率	（%）	Harmless Treatment Rate of Domestic Waste	(Percent)	100.0	100.0

无锡统计年鉴 2024

第 7 篇

CHAPTER

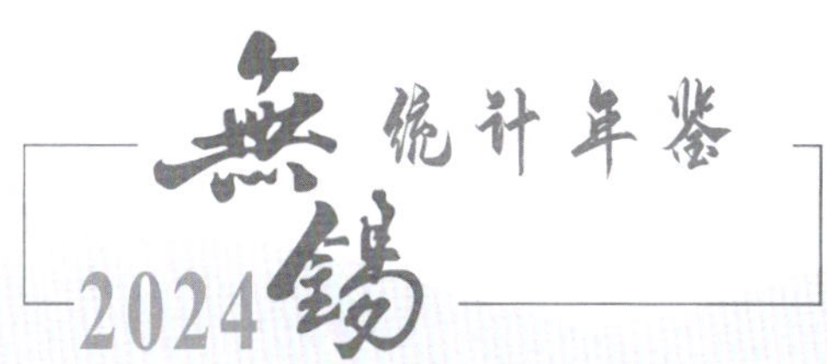

农 业

AGRICULTURE

2024 WUXI STATISTICAL YEARBOOK

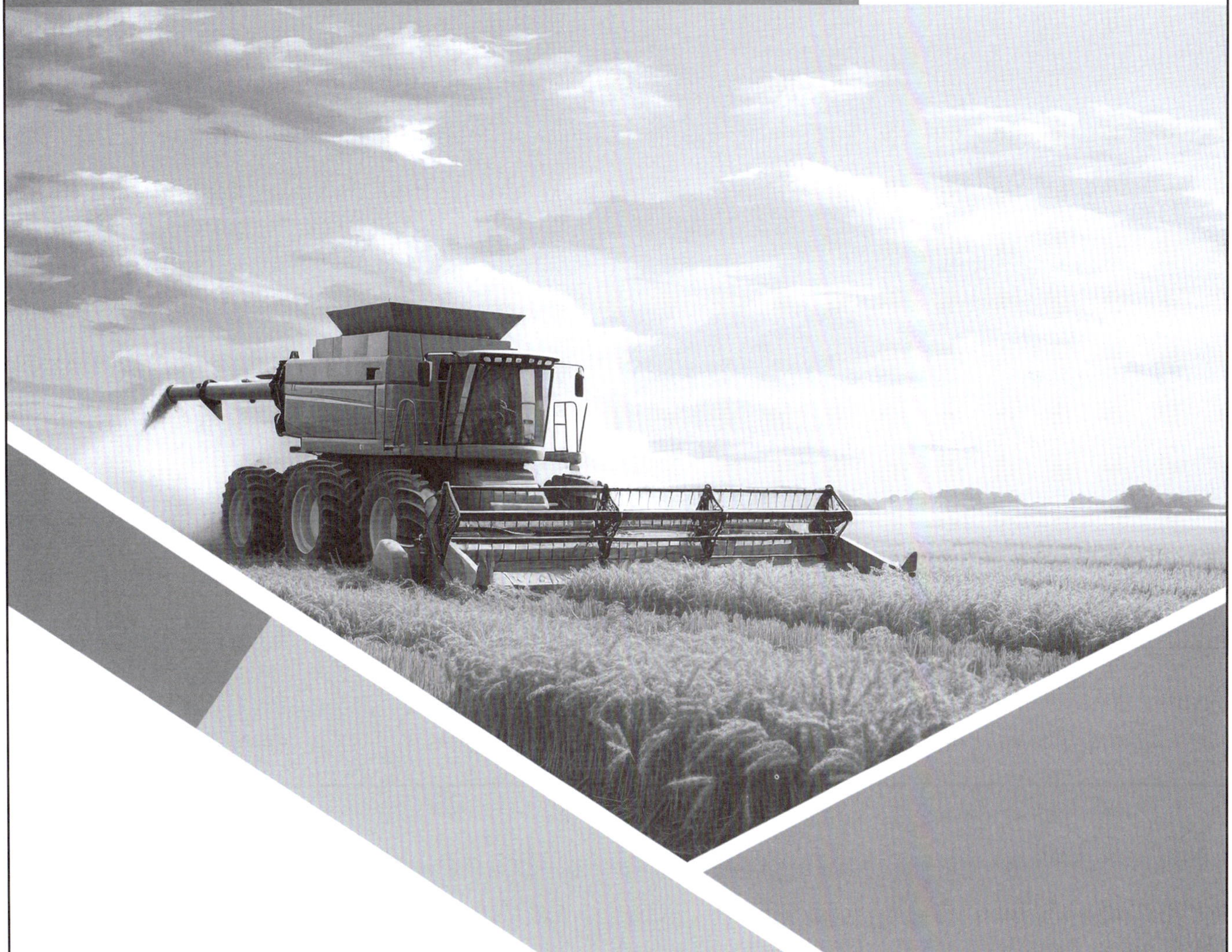

第七篇 农 业
CHAPTER VII AGRICULTURE

● 农林牧渔业总产值 Gross Output Value of Agriculture	223.39亿元	(10^8 yuan)
比上年增长 Over the Previous Year	2.6%	
● 粮食产量 Grain Output	56.41万吨	(10^4 tons)
比上年增长 Over the Previous Year	1.4%	
● 油料产量 Oil-Bearing Output	0.94万吨	(10^4 tons)
比上年增长 Over the Previous Year	23.4%	
● 猪肉产量 Output of Pork	0.80万吨	(10^4 tons)
比上年增长 Over the Previous Year	55.4%	
● 水产品产量 Output of Aquatic Products	10.33万吨	(10^4 tons)
比上年增长 Over the Previous Year	0.9%	

7—1 历年农产品产量

Yearly Output of Farm Products

年 份 Year	粮食 (万吨) Grain (10000 tons)	油料 (吨) Oil-Bearing Crops (ton)	蚕茧 (吨) Silkworm Cocoon (ton)	茶叶 (吨) Tea (ton)	园林水果 (吨) Garden Fruit (ton)	猪肉 (吨) Pork (ton)	水产品 (吨) Aquatic Products (ton)
1980	146.68	18546	5658	2023	6587	96968	19189
1981	132.15	30613	4881	2416	4767	67525	21109
1982	171.86	42348	5375	2854	7461	73554	24790
1983	172.05	29481	4305	3012	7104	74900	29026
1984	188.19	27112	5021	3009	9753	73809	35900
1985	146.98	41431	4131	3614	11109	80822	44074
1986	162.31	37135	3117	4310	14161	83149	51859
1987	153.64	39030	2044	5180	15963	70504	59538
1988	152.94	34902	1858	5778	18536	81681	65306
1989	150.14	35979	1966	5674	20355	79957	64535
1990	153.95	41741	2304	5870	22342	85522	66591
1991	138.65	43657	2324	5657	19042	86723	56676
1992	150.80	42880	2980	5898	18979	91091	67687
1993	149.94	35904	3273	6154	20909	88836	69654
1994	144.96	25592	3398	5036	22024	84695	76971
1995	153.54	38510	3607	4543	23365	86184	78178
1996	158.38	40689	1904	4682	23579	85940	80554
1997	157.83	38346	1139	4992	21888	68014	81634
1998	149.77	20297	1428	5082	19113	73018	87914
1999	144.90	41356	1217	4926	24665	85137	90932
2000	127.03	59134	1115	4898	27199	90057	102518
2001	106.30	53283	1176	4820	42127	94090	107275

注：2006年后粮食、油料、畜产品、水产品等，按江苏省第三次全国农业普查反馈数据进行调整。

续表 continued

年 份 Year	粮食 (万吨) Grain (10000 tons)	油料 (吨) Oil-Bearing Crops (ton)	蚕茧 (吨) Silkworm Cocoon (ton)	茶叶 (吨) Tea (ton)	园林水果 (吨) Garden Fruit (ton)	猪肉 (吨) Pork (ton)	水产品 (吨) Aquatic Products (ton)
2002	96.29	37905	1022	4848	45629	89500	111146
2003	71.70	24734	725	4910	61567	88617	112220
2004	81.27	36719	603	4680	78047	89394	113927
2005	79.53	34364	444	4802	82242	92840	120908
2006	73.74	26844	394	5929	106762	73208	127523
2007	72.93	17664	347	6791	122390	64506	126089
2008	79.44	16959	235	6798	129345	66261	124220
2009	79.95	18426	130	6866	137960	64837	121690
2010	79.39	11551	91	6426	139713	69398	120960
2011	80.80	9274	87	6494	144304	71799	121956
2012	80.12	8653	77	6652	155189	73352	126052
2013	77.84	8953	72	6049	170057	59790	126761
2014	75.01	9395	73	6543	186086	50569	130036
2015	69.87	8634	…	6710	176902	42161	125271
2016	58.78	5376	…	6507	176222	41784	122357
2017	56.92	4765	…	6412	186643	40968	130959
2018	56.80	4768	…	6573	187596	14186	122292
2019	54.75	6844	…	6820	205672	4547	119841
2020	50.86	6991	…	4026	183084	9259	118727
2021	55.06	7576	…	4104	168848	5211	102136
2022	55.63	7643	…	4117	181961	5166	102434
2023	56.41	9432	…	4192	185441	8029	103333

Note：The outputs of grain，oil，livestock products and aquatic products after 2006 are adjusted according to the feedback data of the third national agricultural census in Jiangsu Province.

7－2 历年人均农产品产量

Yearly Per Capita Output of Farm Products

单位：公斤/人 (kg/person)

年 份 Year	粮食 Grain	油料 Oil-Bearing Crops	蚕茧 Silkworm Cocoon	茶叶 Tea	园林水果 Garden Fruit	猪肉 Pork	水产品 Aquatic Products
1978	485.22	5.98	1.21	0.49	1.45	17.66	4.28
1980	390.72	4.94	1.51	0.54	1.72	20.50	5.11
1981	348.77	8.08	1.29	0.64	1.26	17.82	5.57
1982	448.72	11.06	1.40	0.75	1.95	19.20	6.47
1983	445.63	7.64	1.12	0.78	1.82	19.40	7.52
1984	485.35	6.99	1.29	0.78	2.52	19.04	9.26
1985	377.12	10.49	1.06	0.93	2.85	20.74	11.31
1986	412.83	9.44	0.79	1.10	3.60	21.15	13.19
1987	385.88	9.80	0.51	1.30	4.01	17.71	14.90
1988	378.75	8.64	0.46	1.43	4.59	20.23	16.17
1989	366.52	8.78	0.48	1.39	4.97	19.52	15.76
1990	370.90	10.06	0.56	1.41	5.38	20.60	16.04
1991	330.54	10.41	0.55	1.35	4.54	20.67	13.51
1992	356.87	10.15	0.75	1.40	4.49	21.56	16.02
1993	352.63	8.44	0.77	1.45	4.92	20.89	16.39
1994	336.81	5.99	0.80	1.18	5.15	19.82	18.01
1995	357.74	8.98	0.84	1.06	5.44	20.08	18.22
1996	368.31	9.46	0.44	1.09	5.48	19.99	18.73
1997	365.10	8.87	0.26	1.15	5.06	15.73	18.88
1998	346.52	4.70	0.33	1.18	4.42	16.89	20.34
1999	334.33	9.54	0.28	0.93	5.69	19.69	20.98
2000	292.29	13.61	0.26	1.13	6.26	20.72	23.59
2001	243.86	12.22	0.27	1.11	9.66	21.59	24.61
2002	219.55	8.61	0.23	1.10	10.40	20.41	25.34
2003	162.02	5.59	0.16	1.11	13.91	20.03	25.35
2004	181.73	8.21	0.13	1.05	17.45	19.99	25.48
2005	144.50	6.24	0.08	0.87	14.94	16.87	21.97
2006	128.95	4.69	0.07	1.04	18.67	12.80	22.30
2007	123.26	2.99	0.06	1.15	20.68	10.90	21.31
2008	131.31	2.80	0.04	1.12	21.38	10.95	20.53
2009	129.97	3.00	0.02	1.12	22.43	10.54	19.78
2010	126.30	1.84	0.01	1.02	22.23	11.04	19.24
2011	123.60	1.42	0.01	0.99	22.07	10.98	18.66
2012	117.78	1.27	0.01	0.98	22.81	10.78	18.53
2013	111.84	1.29	0.01	0.87	24.43	8.59	18.21
2014	105.72	1.32	0.01	0.92	26.23	7.13	18.33
2015	96.93	1.20	…	0.93	24.54	5.85	17.38
2016	80.78	0.74	…	0.89	24.22	5.74	16.82
2017	77.44	0.65	…	0.87	25.39	5.57	17.82
2018	76.69	0.64	…	0.89	25.33	1.92	16.51
2019	73.59	0.92	…	0.92	27.65	0.61	16.11
2020	68.19	0.94	…	0.54	24.55	1.24	15.92
2021	73.69	1.01	…	0.55	22.60	0.70	13.67
2022	74.32	1.02	…	0.55	24.31	0.69	13.68
2023	75.26	1.26	…	0.56	24.74	1.07	13.87

注：2006年后粮食、油料、畜产品、水产品等，按江苏省第三次全国农业普查反馈数据进行调整。2005年后人口数据采用平均常住人口数据，2010年后平均常住人口数据根据第七次全国人口普查反馈数据进行调整。

Note: The outputs of grain，oil，livestock products and aquatic products after 2006 are adjusted according to the feedback data of the third national agricultural census in Jiangsu Province.The population data after 2005 use the data of average resident population , and the data of average resident population after 2010 have been adjusted according to the feedback data of The Seventh National Population Census

7－3 现价农业总产值

Gross Agricultural Output Value of Current Price

单位：万元　　（2023年）　　(10000 yuan)

地 区	District	合 计 Total	其中 of Which 农 业 Farming	林 业 Forestry	牧 业 Animal Husbandry	渔 业 Fishing	农林牧渔服务业 Service Trade of FFAF
全市	**Total**	**2233914**	**1375502**	**127771**	**51810**	**346688**	**332143**
市 区	Urban District	659125	429544	45573	4607	57425	121976
#锡山区	Xishan District	302427	181581	22012	3310	34934	60590
惠山区	Huishan District	285604	188710	17451	1297	21751	56395
滨湖区	Binhu District	60177	52848	4036		40	3253
新吴区	Xinwu District	10917	6405	2074		700	1738
江阴市	Jiangyin City	671531	413491	53423	20202	83106	101309
宜兴市	Yixing City	903258	532467	28775	27001	206157	108858

注：本表按当年价格计算。

Note: The data in the form is calculated at current prices.

7－4 现价农业总产值构成

Composition of Gross Agricultural Output Value of Current Price

单位：%　　（2023年）　　(percent)

地 区	District	合 计 Total	其中 of Which 农 业 Farming	林 业 Forestry	牧 业 Animal Husbandry	渔 业 Fishing	农林牧渔服务业 Service Trade of FFAF
全市	**Total**	**100.0**	**61.6**	**5.7**	**2.3**	**15.5**	**14.9**
市 区	Urban District	100.0	65.2	6.9	0.7	8.7	18.5
#锡山区	Xishan District	100.0	60.0	7.3	1.1	11.6	20.0
惠山区	Huishan District	100.0	66.1	6.1	0.5	7.6	19.7
滨湖区	Binhu District	100.0	87.8	6.7		0.1	5.4
新吴区	Xinwu District	100.0	58.7	19.0		6.4	15.9
江阴市	Jiangyin City	100.0	61.6	8.0	2.9	12.4	15.1
宜兴市	Yixing City	100.0	58.9	3.2	3.0	22.8	12.1

7－5 农业总产值分项情况

Gross Agricultural Output Value by Branch

单位：万元 （2023年） (10000 yuan)

	指 标 Items	按现行价格计算 By Current Price
农林牧渔业总产值	**Gross Output Value of Agriculture**	**2233914**
一、农业产值	**Output Value of Agriculture**	**1375502**
其中：谷物	Grain and Other Crops	185385
蔬菜	Vegetables and Garden Crop	650885
二、林业产值	**Output Value of Forestry**	**127771**
三、牧业产值	**Output Value of Animal Husbandry**	**51810**
其中：猪	Pigs Raising	22598
家禽	Poultry	21537
四、 渔业产值	**Output Value of Fishing**	**346688**
其中：淡水	Freshwater	346688
五、农林牧渔服务业	**Service Trade of FFAF**	**332143**

7－6 农业总产值、中间消耗及增加值（2022－2023年）

Gross Agricultural Output Value, Intermediate Consumption and Added Value (2022-2023)

指 标	Items	2022 绝对数（万元）Absolute Number (10000 yuan)	2022 构 成（%）Composition (Percent)	2023 绝对数（万元）Absolute Number (10000 yuan)	2023 构 成（%）Composition (Percent)
农业总产值	**Gross Agricultural Output Value**	**2208333**	**100.0**	**2233914**	**100.0**
农业	Farming	1360207	61.6	1375502	61.6
林业	Forestry	127974	5.8	127771	5.7
牧业	Animal Husbandry	54927	2.5	51810	2.3
渔业	Fishing	347217	15.7	346688	15.5
农林牧渔服务业	Service Trade of FFAF	318008	14.4	332143	14.9
农业中间消耗	**Agricultural Decrement**	**668065**	**100.0**	**653542**	**100.0**
农业	Farming	340449	51.0	331935	50.8
林业	Forestry	53076	7.9	49217	7.5
牧业	Animal Husbandry	25656	3.8	21227	3.2
渔业	Fishing	134816	20.2	133875	20.5
农林牧渔服务业	Service Trade of FFAF	114068	17.1	117288	18.0
农业增加值	**Agricultural Added Value**	**1540268**	**100.0**	**1580372**	**100.0**
农业	Farming	1019758	66.2	1043567	66.0
林业	Forestry	74898	4.9	78554	5.0
牧业	Animal Husbandry	29271	1.9	30583	1.9
渔业	Fishing	212401	13.8	212813	13.5
农林牧渔服务业	Service Trade of FFAF	203940	13.2	214855	13.6

注：本表按当年价格计算。

Note: The data in the form is calculated at current prices.

7—7 农作物播种面积

Sown Area of Farm Crops

单位：千公顷　　　　(2023年)　　　　(1000 ha.)

指　标	Items	全 市 Total	其中 of Which 市区 Urban Districts	江阴市 Jiangyin City	宜兴市 Yixing City
农作物总播种面积	**Total Sown Area of Crops**	**135.71**	**21.64**	**33.71**	**80.35**
一、粮食作物	Grain Crops	81.87	10.52	19.18	52.16
1. 夏收粮食	Summer Harvest of Grain	37.20	4.73	8.38	24.09
#小麦	Wheat	35.92	4.73	7.94	23.25
蚕豌豆	Broad and Pea Bean	1.28		0.44	0.84
2. 秋收粮食	Autumn Harvest of Grain	44.67	5.80	10.80	28.06
(1) 秋收谷物	Autumn Harvest of Rice	41.17	5.64	9.50	26.03
稻谷	Unhusked Rice	40.31	5.57	9.31	25.43
(2) 薯类	Potatoes	1.00	…	0.33	0.66
(3) 秋收豆类	Autumn Beans	2.50	0.15	0.97	1.37
#大豆	Soybean	2.34	0.15	0.94	1.25
二、油料作物	Oil-Bearing Crops	3.88	0.71	1.03	2.14
#油菜籽	Oil Vegetable Seeds	3.40	0.64	0.92	1.84
三、蔬菜类	Vegetables	38.68	9.81	12.41	16.46
四、瓜果类	Melons and Fruits	3.46	0.46	0.79	2.21
五、其他农作物	Others	7.82	0.14	0.30	7.38
#青饲料	Greenfeed	0.16	0.01	0.07	0.08

7－8 农作物总产量和单产

Total Output and Per Hectare Output of Crops

（2023年）

指 标	Items	全市 Total	其中 of Which 市区 Urban Districts	江阴市 Jiangyin City	宜兴市 Yixing City
农作物总产量 （吨）	**Total Output of Farm Crops (ton)**				
一、粮食作物合计	Total Grain Crops	564113	72456	131795	359862
1. 夏收粮食	Summer Harvest of Grain	180674	23390	38839	118445
#小麦	Wheat	177371	23390	37552	116429
蚕豌豆	Broad and Pea Bean	3303		1287	2016
2. 秋收粮食	Autumn Harvest of Grain	383439	49067	92956	241416
(1) 秋收谷物	Autumn Harvest of Rice	370303	48589	87918	233796
#稻谷	Unhusked Rice	366439	48257	86726	231456
(2) 薯类	Potatoes	4944	22	1853	3069
(3) 秋收豆类	Autumn Beans	8192	456	3185	4551
二、油料作物	Oil-Bearing Crops	9432	1589	2641	5202
#油菜籽	Oil Vegetable Seeds	8544	1485	2391	4668
农作物单产（公斤/公顷）	**Per Hectare Output of Farm Crops (kg/ha.)**				
一、粮食作物	Grain Crops	6891	6885	6870	6900
1. 夏收粮食	Summer Harvest of Grain	4857	4948	4635	4916
#小麦	Wheat	4938	4848	4730	5007
2. 秋收粮食	Autumn Harvest of Grain	8585	8464	8604	8602
秋收谷物	Autumn Harvest of Rice	8994	8615	9257	8981
#稻谷	Unhusked Rice	9090	8669	9312	9101
二、油料作物	Oil-Bearing Crops	2431	2238	2564	2431
#油菜籽	Oil Vegetable Seeds	2513	2320	2599	2537

7—9　蔬菜作物生产情况

Vegetables Production Status

单位：公顷；吨　　（2023年）　　(ha.;ton)

指　　标	Items	全市 Total	其中 of Which 市区 Urban Districts	江阴市 Jiangyin City	宜兴市 Yixing City
一、蔬菜合计面积	**Total Vegetables Areas**	**38680**	**9812**	**12407**	**16461**
产量	**Output**	**1225112**	**213021**	**401492**	**610599**
1.叶菜类面积	Areas of Leaf Vegetables	13007	3685	5115	4207
产量	Output	358804	77236	146792	134776
2.白菜类面积	Areas of Chinese Cabbage	3909	804	1008	2097
产量	Output	143165	21071	41727	80367
3.甘蓝类面积	Areas of Cabbage	1335	60	221	1054
产量	Output	56131	1609	9085	45437
4.根茎类面积	Areas of Root Tuber Vegetables	3500	758	1016	1726
产量	Output	135488	15878	38792	80818
5.瓜菜类面积	Areas of Melon Vegetables	3409	1032	770	1607
产量	Output	127385	24926	31574	70885
6.豆类面积	Areas of Beans	1621	648	464	509
产量	Output	38794	11449	12258	15087
7.茄果类面积	Areas of Eggplant and Fruit	3546	1038	851	1657
产量	Output	111203	22169	31297	57737
8.葱蒜类面积	Areas of Onion and Garlic	2817	677	774	1366
产量	Output	77765	12678	23504	41583
9.水生菜类面积	Areas of of Aquatic Vegetables	2113	282	458	1373
产量	Output	70587	6015	15164	49408
10.其他蔬菜面积	Others Vegetables	3423	827	1730	866
产量	Output	102370	19435	48920	34015
11.食用菌(干鲜混合)产量	Edible Fungi (Fresh and Dried) Output	3424	560	2378	486

7－10 林业、茶叶、水果生产情况

Production of Forestry, Tea and Fruits

（2023年）

指标		Items		全市 Total	其中 of Which 市区 Urban Districts	江阴市 Jiangyin City	宜兴市 Yixing City
林业生产	（公顷）	**Forestry**	**(ha.)**				
造林面积		Afforestation Area		465	228	74	163
茶叶产量	（吨）	**Tea Output**	**(ton)**	**4192**	**250**	**3**	**3940**
红茶		Black Tea		2326	39		2287
绿茶		Green Tea		1709	211	2	1496
其他茶		Others		157		1	157
年末茶园面积	（公顷）	Year-End Tea Plantation Area	(ha.)	5467	462	11	4994
#本年采摘面积		Picking Area of This Year		4464	459	5	4000
园林水果产量	（吨）	**Garden Fruit Output**	**(ton)**	**185441**	**74314**	**77786**	**33341**
#柑桔		Oranges and Tangerines		5282	3476	717	1089
梨		Pear		23917	3444	14458	6015
葡萄		Grape		50839	7929	34841	8069
桃子		Peach		69399	45808	18503	5088
年末果园面积	（公顷）	**Year-End Orchard Area**	**(ha.)**	**10099**	**4358**	**2510**	**3231**
#柑桔园		Orange and Tangerine Garden		245	122	33	90
梨　园		Pear Garden		1028	156	396	476
葡萄园		Grape Garden		1922	301	1042	579
桃　园		Peach Garden		3907	2804	667	436

7—11 畜牧业生产情况

Production of Animal Husbandry

（2023年）

指标		Items		全市 Total	其中 of Which 市区 Urban Districts	江阴市 Jiangyin City	宜兴市 Yixing City
牲畜年末头数		**Livestock number by the end of the year**					
牛	（头）	Oxen	(unit)	829		829	
#乳牛		Milk Cows		829		829	
猪	（头）	Pigs	(unit)	113267	16559	35873	60835
羊	（只）	Sheep	(unit)	10099	132	1240	8727
#山羊		Goats		10091	124	1240	8727
绵羊		Sheep		8	8		
畜产品产量		**Yield of Livestock Products**					
当年出栏牛头数	（头）	Yearly Fully-grown Oxen	(unit)				
当年出栏猪头数		Yearly Fully-grown Pigs		101072	4126	32324	64622
当年出栏羊头数		Yearly Fully-grown Sheep		9907	99	1811	7997
当年出栏家禽数	（万只）	Yearly Fully-grown Poultry	(10000 units)	140.64	10.06	17.13	113.45
肉类产量	（吨）	Meat Output	(ton)				
牛肉		Beef					
猪肉		Pork		8029	286	2783	4960
羊肉		Mutton		116	2	20	94
禽肉		Poultry Meat		2321	166	293	1862
其他畜产品产量	（吨）	Other Livestock Products	(ton)				
牛奶产量		Milk Output		4812		4812	
禽蛋		Poultry Eggs		10151	379	1475	8297

7－12 水产品产量

Output of Aquatic Products

单位：吨　　　　（2023年）　　　　(ton)

指　　标	Items	全市 Total	其中 of Which 市区 Urban Districts	江阴市 Jiangyin City	宜兴市 Yixing City
水产品产量	**Output of Aquatic Products**	**103333**	**11005**	**20107**	**72221**
按品种分	By Variety				
鱼类	Fishes	88103	9436	17558	61109
甲壳类	Crustaceans	14054	1179	2382	10493
贝类	Shellfishes	547	281	9	257
其他	Others	629	109	158	362
按生产性质分	By Production Way				
淡水捕捞	Catching in Fresh Water	112	112		
人工养殖	Breeding	103221	10893	20107	72221
#池塘产量	Output from Ponds	101805	9502	20107	72196
淡水养殖面积（公顷）	**Breeding Area in Fresh Water (ha.)**	**12836**	**743**	**2932**	**9161**

7—13 主要农副产品产量与新中国成立以来最高年产量比较

Comparison between the Output of Major Grain and Sideline Products with that of the Peak Year since 1949

单位：吨 (ton)

指 标 Items				2023	1949年以来最高年 Peak Year since 1949		2023年为1949年以来最高年% Output Percentage of 2022 is the highest since 1949
					年份 Years	产量 Output	
农产品产量		**Output of Agricultural Products**					
粮食总产量	（万吨）	Total Output of Grain	(10000 tons)	56.41	1986	188.19	30.0
夏粮		Summer Grain		18.07	1984	50.56	35.7
秋粮		Autumn Grain		38.34	1978	140.87	27.2
油菜籽产量	（万吨）	Output of Oil Vegetable Seeds	(10000 tons)	0.85	2000	5.89	14.5
水果产量		Fruit Output	(ton)	185441	2019	205672	90.2
茶叶产量		Tea Output	(ton)	4192	2009	6866	61.1
畜产品产量		**Output of Livestock Products**					
猪年末存栏数	（万头）	Pigs by the end of the year	(10000 Units)	11.33	1980	165.16	6.9
猪肉产量		Pork Output	(ton)	8029	2001	94090	8.5
禽肉产量		Poultry Meat Output	(ton)	2321	2005	51423	4.5
牛奶产量		Milk Output	(ton)	4812	2003	112086	4.3
禽蛋产量		Poultry Egg Output	(ton)	10151	2007	31511	32.2
水产品产量	**（吨）**	**Output of Aquatic Products**	**(ton)**	**103333**	**2017**	**130959**	**78.9**

注： 2017年水产品产量按江苏省第三次全国农业普查反馈数据进行调整。

Note: The output of aquatic products in 2017 is adjusted according to the feedback data of the third national agricultural census in Jiangsu Province.

7－14 农业主要经济效益指标（2019－2023年）
Major Indicators on Economic Benefits of Agriculture (2019-2023)

指　标		Items		2019	2020	2021	2022	2023
每个农林牧渔业劳动力创造的		**Each FFAF Laborer Created**						
农林牧渔业总产值	（万元）	Gross Output Value of Agriculture	(10000 yuan)	13.41	14.43	13.80	17.07	17.48
农林牧渔业增加值	（万元）	Net Output Value of FFAF	(10000 yuan)	9.36	9.68	9.76	11.90	12.37
粮食产量	（公斤）	Output of Grain	(kg)	3643	3498	4121	4299	4414
油料产量	（公斤）	Output of Oil-Bearing Crops	(kg)	46	48	57	59	74
水产品产量	（公斤）	Output of Aquatic Products	(kg)	797	817	764	792	809

注： 1. 产值为当年价格。

2.2018年农林牧渔业总产值、增加值按省局2019年12月新核定数据进行调整。

3.2022年第一产业从业人员数据来源全社会从业人员调查。

Notes: 1. Gross output value at current price.

2.Total output value and added value of agriculture, forestry, animal husbandry and fishery in 2018 are adjusted according to the newly approved data of Statistics Bureau of Jiangsu Province in December 2019.

3.The data of the employees in the primary industry in 2022 came from the survey of employees in the whole society.

7—15 农业现代化情况

Agriculture Modernization

单位：千公顷 （2023年） (1000 ha.)

指 标		Items		全 市 Total	其中 of Which 市区 Urban Districts	江阴市 Jiangyin City	宜兴市 Yixing City
农业机械化情况		**Agricultural Mechanization**					
机耕面积		Machine-Cultivated Land Area		136380	24910	32710	78760
机播面积		Machine-Sown Area		111323	18833	27470	65020
机械植保面积		Mechanically Protected Plant Area		130756	18336	33660	78760
机械收割面积		Mechanically Reaped Area		114566	22036	28010	64520
农村化肥施用情况	(折纯量·吨)	**Rural Chemical Fertilizer Application**	**(Net · ton)**	**43864**	**12597**	**12443**	**18824**
氮肥		Nitrogenous Fertilizer		16102	3487	3794	8821
磷肥		Phosphate Fertilizer		1600	683	187	730
钾肥		Potash Fertilizer		3437	1126	388	1923
复合肥		Compound Fertilizer		22725	7301	8074	7350
农药使用量	（吨）	**Use of Pesticides**	**(ton)**	**1895**	**233**	**762**	**900**
农用塑料薄膜使用量	（吨）	**Use of Farm Plastic Film**	**(ton)**	**2283**	**1191**	**900**	**192**
农田水利情况		**Water Conservancy of Farmland**					
有效灌溉面积	（千公顷）	Effectively Irrigated Area		75.77	15.94	22.60	37.23

7－16 农业机械拥有量

Possession of Agricultural Machinery

（2023年）

指 标		Items		全 市 Total	其中 of Which 市区 Urban Districts	江阴市 Jiangyin City	宜兴市 Yixing City
农业机械总动力	**（千瓦）**	**General Power Capacity of Agricultural Machinery**	**(kW)**	901961	207645	278016	416300
拖拉机	（台）	Tractors	(unit)	4240	516	1116	2608
	（千瓦）		(kW)	146150	20049	47811	78290
#大、中型	（台）	Large and Medium Tractors	(unit)	2088	312	742	1034
	（千瓦）		(kW)	125130	17837	44294	62999
种植业机械		Planting Machinery					
旋耕机	（台）	Rotary Cultivator	(unit)	5031	1115	932	2984
水稻插秧机	（台）	Rice-Seedling-Transplanting Machine	(unit)	2481	667	573	1241
排灌动力机械	（台）	Irrigation and Drainage Power Machinery	(unit)	11762	1883	3004	6875
	（千瓦）		(kW)	234716	59519	86345	88852
农用水泵	（台）	Farm Pumps	(unit)	10750	2653	2436	5661
植保机械		Plant Protecting Machinery					
机动喷雾粉机	（台）	Powered Spray Machine	(unit)	12293	4016	2866	5411
收获机械		Harvest Machinery					
联合收割机	（套）	Combined Harvesters	(unit)	927	126	249	552
机动脱粒机	（台）	Powered Thresher	(unit)	3569	2	3098	469
畜牧业机械	（台）	Animal Husbandry Machinery	(unit)	5610	2625	2254	731
渔业机械	（台）	Fishing Machinery	(unit)	39161	5310	7291	26560

7－17 分镇基本情况

Basic Statistics on Towns

（2023年）

镇名称	Town	总人口（人） Total Population (person)	从业人数（人） Employee (person)	财政收入（万元） Financial Revenue (10000 yuan)	粮食总产量（吨） Total Output of Grain (ton)	农业机械总动力（千瓦） Total Power of Farming Machinery (kW)
江阴市	**Jiangyin City**					
澄江街道	Chengjiang Subdistrict	348164	190180	336611	355	2840
璜土镇	Huangtu Town	89729	51006	118993	9274	20471
月城镇	Yuecheng Town	45217	32892	41381	5679	20123
青阳镇	Qingyang Town	88390	47092	99665	13227	35930
徐霞客镇	Xuxiake Town	124521	76870	117261	21425	38790
南闸街道	Nanzha Subdistrict	66422	33990	74041	5330	14966
云亭街道	Yunting Subdistrict	83859	52203	121580	3607	8984
申港街道	Shengang Subdistrict	64575	34839	189571	2588	15124
利港街道	Ligang Subdistrict	66925	43501	46798	10533	20090
夏港街道	Xiagang Subdistrict	85565	40120	79200	260	4032
华士镇	Huashi Town	143214	87360	165375	7858	12924
周庄镇	Zhouzhuang Town	153211	98088	290199	10744	14043
新桥镇	Xinqiao Town	49459	33421	320293	684	5693
长泾镇	Changjing Town	75895	48110	60323	15625	13177
顾山镇	Gushan Town	84507	61616	132528	7739	14293
祝塘镇	Zhutang Town	105902	70785	66752	20523	18312
宜兴市	**Yixing City**					
宜城街道	Yicheng Subdistrict	290590	107490	114786	250	2000
新庄街道	Xinzhuang Subdistrict	34023	20295	49531	14190	12210

续表 1 continued 1

镇名称	Town	总人口（人）Total Population (person)	从业人数（人）Employee (person)	财政收入（万元）Financial Revenue (10000 yuan)	粮食总产量（吨）Total Output of Grain (ton)	农业机械总动力（千瓦）Total Power of Farming Machinery (kW)
张渚镇	Zhangzhu Town	88690	49002	74520	12315	16158
西渚镇	Xizhu Town	24161	17543	16079	14099	22057
太华镇	Taihua Town	17137	13663	15500	1403	4036
徐舍镇	Xushe Town	96969	56618	48415	79539	75391
官林镇	Guanlin Town	76689	39501	224713	25155	35268
杨巷镇	Yangxiang Town	35475	24611	30871	25413	27406
新建镇	Xinjian Town	26154	15080	25331	4332	6520
和桥镇	Heqiao Town	73705	45804	75000	37790	50021
高塍镇	Gaochen Town	64826	44074	183239	38712	35417
万石镇	Wanshi Town	38372	20167	65458	23299	24145
周铁镇	Zhoutie Town	44935	24505	94230	26771	23815
芳桥街道	Fangqiao Subdistrict	27550	12339	16283	28766	17980
丁蜀镇	Dingshu Town	190011	96218	212345	22453	28675
湖㳇镇	Hufu Town	22998	12470	21055	2182	4323
环科园	Huankeyuan	75626	56329	366178	23380	16531
开发区	Development Area	99412	31004	216423	8478	11718
锡山区	**Xishan District**					
安镇街道	Anzhen Subdistrict	170245	54767	609475	430	1780
羊尖镇	Yangjian Town	71583	36774	95704	12145	11710
鹅湖镇	Ehu Town	77414	43567	81670	8828	19900

续表 2 continued 2

镇名称 Town		总人口（人） Total Population (person)	从业人数（人） Employee (person)	财政收入（万元） Financial Revenue (10000 yuan)	粮食总产量（吨） Total Output of Grain (ton)	农业机械总动力（千瓦） Total Power of Farming Machinery (kW)
东北塘街道	Dongbeitang Subdistrict	87691	59762	139804	1081	
锡北镇	Xibei Town	111786	63328	193808	13886	34868
东港镇	Donggang Town	122201	84521	231300	14855	22000
惠山区	**Huishan District**					
堰桥街道	Yanqiao Subdistrict	183730	118660	513795	558	7288
钱桥街道	Qianqiao Subdistrict	172033	57018	245300	338	8871
前洲街道	QianZhou Subdistrict	83903	54839	142301	6391	11796
玉祁街道	Yuqi Subdistrict	81548	49062	125647	7136	17029
洛社镇	Luoshe Town	170812	117354	420590	3783	17870
阳山镇	Yangshan Town	52875	32868	136186	37	12801
滨湖区	**Binhu District**					
马山街道	Mashan Subdistrict	37272	29392	392510	387	5317
胡埭镇	Hudai Town	94195	45630	187495	712	3750
新吴区	**Xinwu District**					
鸿山街道	Hongshan Subdistrict	120972	75032		4656	11000
旺庄街道	Wangzhuang Subdistrict	137879	96515	429621	454	650
硕放街道	Shuofang Subdistrict	90154	60140	347000	1829	420
梅村街道	Meicun Subdistrict	106235	74247	280830	417	

无锡统计年鉴 2024

第 8 篇

CHAPTER

工 业

INDUSTRY

2024 WUXI STATISTICAL YEARBOOK

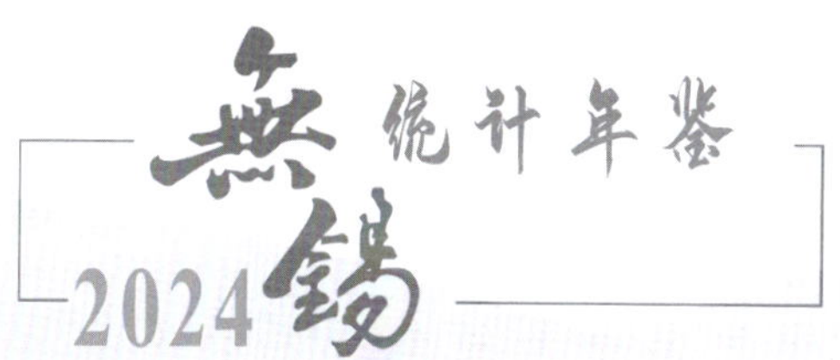

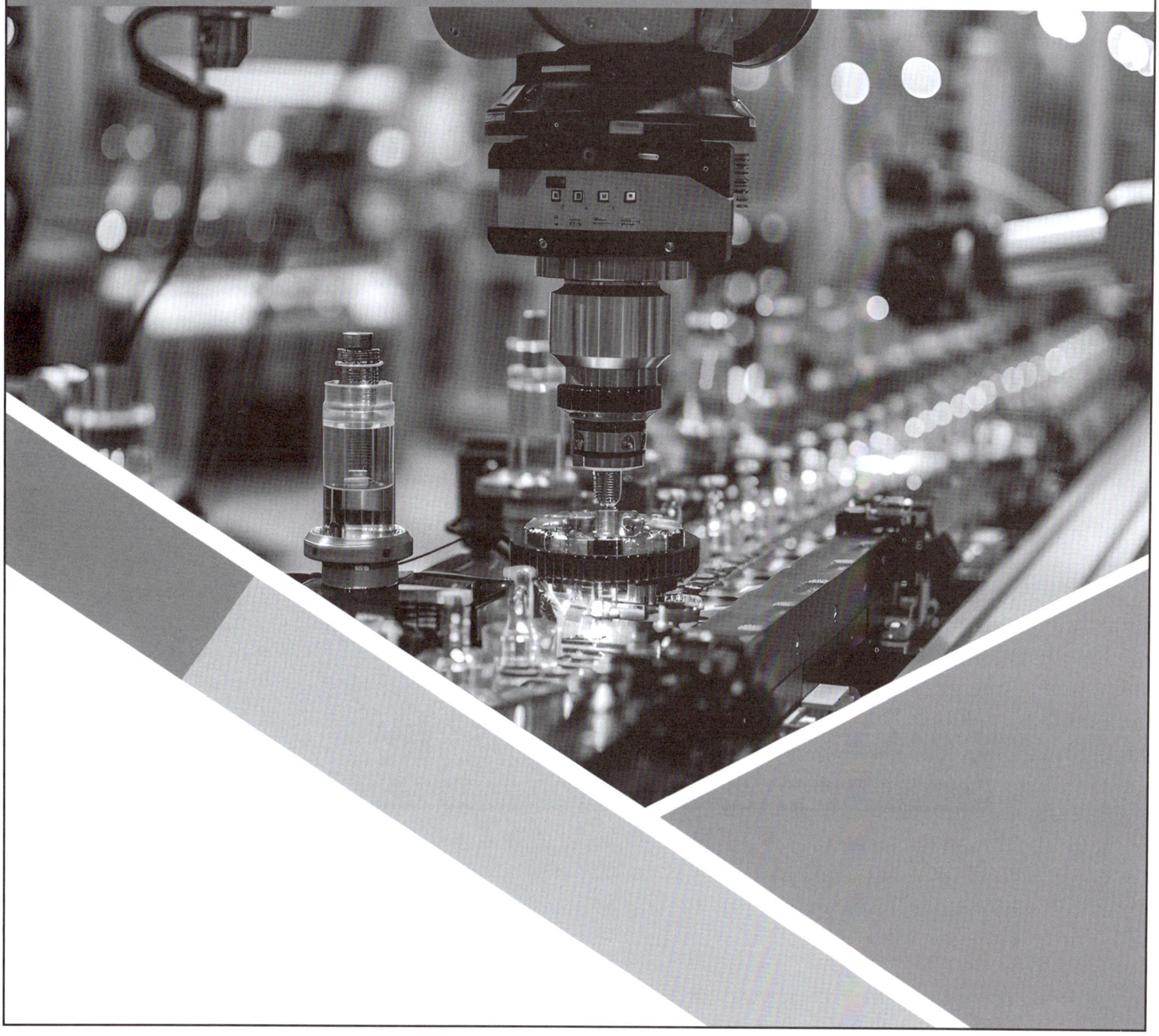

第八篇　　工　　业
CHAPTER VIII　INDUSTRY

● 规模以上工业总产值	24765.26亿元	(10^8 yuan)
Gross Output of Industrial Enterprises above Designated Size		
比上年增长	5.1%	
Over the Previous Year		
● 规模以上工业营业收入	24096.93亿元	(10^8 yuan)
Business Revenue of Industrial Enterprises above Designated Size		
比上年增长	1.7%	
Over the Previous Year		
● 规模以上工业利润总额	1771.37亿元	(10^8 yuan)
Total Profit of Industrial Enterprises above Designated Size		
比上年增长	12.6%	
Over the Previous Year		

8-1 分市（县）规模以上工业经济指标

单位：万元 （2023年）

指 标		Items		全 市 Total	市 区 Urban Districts
企业单位数	（个）	Number of Enterprises	(unit)	8495	4286
#亏损企业	（个）	Deficit Enterprise	(unit)	1360	800
工业总产值	（当年价）	Gross Industrial Output Value	(at current prices)	247652580	122360800
资产合计		Total Assets		256889499	137420394
流动资产合计		Total Current Assets		170300370	90346315
#应收账款		Accounts Receivable		53854225	27410948
产成品		Finished Products In Stock		19334683	9739133
固定资产原价		Original Value of Fixed Assets		106157731	63631074
累计折旧		Accumulated Depreciation		59588060	35611459
负债合计		Total Liabilities		133848137	66282695
所有者权益合计		Total Owners' Equities		122955628	71137670
实收资本		Paid-in Capital		51045784	27907393
#国家资本		State-Owned Capital		3295703	2526520
港澳台及外商资本		HongKong, Macao, Taiwan and Foreign Capital		16389832	12108022
营业收入		Business Revenue		240969294	116507081
#营业成本		Business Cost		203235583	95396493
税金及附加		Business Tax and Extra Charges		944349	552905
销售费用		Cost of Sales		5056532	3294504
管理费用		Management Expense		8131337	4948165
财务费用		Accounting Expense		1272461	506702
#利息收入		Interest Income		425068	219067
利息费用		Interest Expense		1581772	776964
利润总额		Total Profit		17713659	9210647
#亏损企业亏损额		Losses of Deficit Enterprises		1560074	1189018
本年应交增值税		Value-Added Tax Payable This Year		3710458	1978788
从业人员平均人数	（人）	Average Number of Employees	(person)	1229722	690452

Economic Indicators of Industry above Designated Size by City (Prefecture)

(10000yuan)

梁溪区 Liangxi District	锡山区 Xishan District	惠山区 Huishan District	滨湖区 Binhu District	新吴区 Xinwu District	经开区 Economic Development Zone	江阴市 Jiangyin City	宜兴市 Yixing City
128	1131	1300	585	1015	127	2623	1586
20	257	207	96	193	27	386	174
3459229	22246504	27126044	9230714	58226305	2072004	71229250	54062530
3882934	26640715	22226074	14633150	67173548	2863973	79108380	40360725
2199342	17447343	15837185	9603161	43348532	1910753	51679995	28274060
470553	4920320	5090571	3524848	12735931	668726	15758252	10685025
287668	1703500	2467566	611643	4468458	200298	5627694	3967856
2830195	9090801	7172918	4164748	39625762	746650	30588762	11937894
1683748	4291474	3775997	2050740	23433734	375767	17638508	6338094
1804285	13856544	12950305	5684524	30596934	1390104	44823298	22742144
2078648	12784161	9275763	8948622	36576609	1473868	34284870	17533088
1299847	5402041	3772541	1451889	15624323	356753	14719988	8418403
1059125	338179	640083	52029	436028	1076	414851	354332
17493	1928845	648168	229299	9251605	32612	3515787	766022
3056799	21619848	22678980	8832313	58447825	1871316	75281989	49180224
2389924	18090963	19080978	6532965	47806790	1494873	64724351	43114739
14398	90725	119201	43371	277306	7903	264794	126650
166076	593288	406726	355014	1713257	60143	965684	796344
149633	1003347	923969	509205	2228829	133181	2078065	1105106
-475	76339	116758	3707	301701	8672	451409	314350
2350	61994	16587	13793	121997	2346	153596	52406
8086	144017	131438	39507	440671	13244	536062	268746
300784	1426165	1578870	1093925	4689378	121524	5681641	2821372
4176	198307	192754	43059	724541	26182	226686	144369
75164	431983	477371	197376	757241	39652	1067887	663782
19361	163629	136535	70301	286583	14043	373212	166058

8-2 分市（县）规模以上国有及国有控股工业企业经济指标

Economic Indicators of State-Owned and State-holding Industrial Enterprises above Designated Size by City (Prefecture)

单位：万元　　（2023年）　　(10000 yuan)

指标		Items		全市 Total	其中 of Which 市区 Urban Districts	江阴市 Jiangyin City	宜兴市 Yixing City
企业单位数	（个）	Number of Enterprises	(unit)	139	88	30	21
#亏损企业	（个）	Deficit Enterprise	(unit)	18	12	1	5
工业总产值	（当年价）	Gross Industrial Output Value	(at current prices)	20184101	861106	8790020	2783075
资产合计		Total Assets		25163165	12713294	10113518	2336353
流动资产合计		Total Current Assets		11943419	6291382	4451287	1200750
#应收账款		Accounts Receivable		2690945	1321679	1037840	331426
产成品		Finished Products In Stock		1076999	643852	341903	91244
固定资产原价		Original Value of Fixed Assets		12828731	6058016	5084489	1686226
累计折旧		Accumulated Depreciation		7121853	3093696	3078834	949324
负债合计		Total Liabilities		12641953	5760952	5238982	1642018
所有者权益合计		Total Owners' Equities		12521212	6952342	4874536	694334
实收资本		Paid-in Capital		5524671	2643619	2299357	581695
#国家资本		State-Owned Capital		2574687	1923084	366219	285384
港澳台及外商资本		HongKong, Macao, Taiwan and Foreign Capital		115434	40719	74715	
营业收入		Business Revenue		19659728	7935086	8848053	2876589
#营业成本		Business Cost		16637563	6496502	7510022	2631039
税金及附加		Business Tax and Extra Charges		113549	74018	29616	9915
销售费用		Cost of Sales		441264	209763	195125	36376
管理费用		Management Expense		448510	281012	130983	36516
财务费用		Accounting Expense		84877	34448	31667	18762
#利息收入		Interest Income		36035	16270	18447	1318
利息费用		Interest Expense		123362	60402	43166	19794
利润总额		Total Profit		1869396	895685	855013	118698
#亏损企业亏损额		Losses of Deficit Enterprises		52258	42238	2723	7297
本年应交增值税		Value-Added Tax Payable This Year		369178	198934	137174	33070
从业人员平均人数	（人）	Average Number of Employees	(person)	59773	36394	18148	5231

8－3 分市（县）规模以上集体工业经济指标

Economic Indicators of Collectively-Owned Industries above Designated Size by City (Prefecture)

单位：万元 （2023年） (10000 yuan)

指标		Items		全市 Total	其中 of Which 市区 Urban Districts	江阴市 Jiangyin City	宜兴市 Yixing City
企业单位数	（个）	Number of Enterprises	(unit)	9	3	6	
#亏损企业	（个）	Deficit Enterprise	(unit)	1		1	
工业总产值	（当年价）	Gross Industrial Output Value	(at current prices)	873614	11001	862614	
资产合计		Total Assets		1029462	17357	1012106	
流动资产合计		Total Current Assets		869027	15678	853350	
#应收账款		Accounts Receivable		297527	12851	284675	
产成品		Finished Products In Stock		264786	219	264568	
固定资产原价		Original Value of Fixed Assets		311090	3874	307216	
累计折旧		Accumulated Depreciation		231843	2429	229414	
负债合计		Total Liabilities		369407	1722	367686	
所有者权益合计		Total Owners' Equities		660055	15635	644420	
实收资本		Paid-in Capital		13962	383	13579	
#国家资本		State-Owned Capital					
港澳台及外商资本		HongKong, Macao, Taiwan and Foreign Capital					
营业收入		Business Revenue		1941497	14587	1926910	
#营业成本		Business Cost		1829968	13705	1816262	
税金及附加		Business Tax and Extra Charges		1887	24	1864	
销售费用		Cost of Sales		408	112	297	
管理费用		Management Expense		4041	330	3711	
财务费用		Accounting Expense		5286	58	5228	
#利息收入		Interest Income		5126		5126	
利息费用		Interest Expense		10219	58	10162	
利润总额		Total Profit		95618	646	94972	
#亏损企业亏损额		Losses of Deficit Enterprises		35		35	
本年应交增值税		Value-Added Tax Payable This Year		1484	259	1225	
从业人员平均人数	（人）	Average Number of Employees	(person)	2326	111	2215	

8－4 分市（县）规模以上三资工业经济指标

Economic Indicators of 3-capital Industries above Designated Size by City (Prefecture)

单位：万元 （2023年） (10000 yuan)

指标		Items		全市 Total	其中 of Which 市区 Urban Districts	江阴市 Jiangyin City	宜兴市 Yixing City
企业单位数	（个）	Number of Enterprises	(unit)	1081	765	218	98
#亏损企业	（个）	Deficit Enterprise	(unit)	233	170	40	23
工业总产值	（当年价）	Gross Industrial Output Value	(at current prices)	71707226	50005377	16779823	4922026
资产合计		Total Assets		89068038	57021996	24837524	7208518
流动资产合计		Total Current Assets		54649938	34121731	16973643	3554565
#应收账款		Accounts Receivable		16986904	11008011	4609085	1369809
产成品		Finished Products In Stock		3930763	2739864	677303	513597
固定资产原价		Original Value of Fixed Assets		52702004	40818349	9627897	2255758
累计折旧		Accumulated Depreciation		31327646	24544244	5805571	977832
负债合计		Total Liabilities		41201098	22026619	16151160	3023319
所有者权益合计		Total Owners' Equities		47781508	34995374	8686363	4099771
实收资本		Paid-in Capital		22439665	15679021	4780346	1980298
#国家资本		State-Owned Capital		378877	204123	141428	33326
港澳台及外商资本		HongKong, Macao, Taiwan and Foreign Capital		16134344	11875933	3493639	764772
营业收入		Business Revenue		72527668	49922363	17693530	4911775
#营业成本		Business Cost		59838847	40486952	15070508	4281387
税金及附加		Business Tax and Extra Charges		333144	252838	64179	16128
销售费用		Cost of sales		1725868	1423677	200095	102096
管理费用		Management Expense		2716096	2043459	558492	114145
财务费用		Accounting Expense		356995	274380	52363	30252
#利息收入		Interest Income		237251	152536	76226	8490
利息费用		Interest Expense		538016	401026	102594	34395
利润总额		Total Profit		6274308	4594541	1433866	245902
#亏损企业亏损额		Losses of Deficit Enterprises		693888	582352	65744	45792
本年应交增值税		Value-Added Tax Payable This Year		910859	577072	266316	67471
从业人员平均人数	（人）	Average Number of Employees	(person)	359044	264975	73877	20192

8－5 分市（县）规模以上大中型工业企业经济指标

Economic Indicators of Large and Medium Industries above Designated Size by City (Prefecture)

单位：万元 （2023年） (10000 yuan)

指标		Items		全市 Total	其中 of Which 市区 Urban Districts	江阴市 Jiangyin City	宜兴市 Yixing City
企业单位数	（个）	Number of Enterprises	(unit)	713	402	233	78
#亏损企业	（个）	Deficit Enterprise	(unit)	92	60	23	9
工业总产值	（当年价）	Gross Industrial Output Value	(at current prices)	132172875	70574644	39503376	22094855
资产合计		Total Assets		161410566	88748034	53019679	19642853
流动资产合计		Total Current Assets		101235671	55219675	32972174	13043822
#应收账款		Accounts Receivable		27429716	14235060	8726033	4468624
产成品		Finished Products In Stock		11470890	6330510	2685383	2454997
固定资产原价		Original Value of Fixed Assets		72514939	47466226	19465773	5582940
累计折旧		Accumulated Depreciation		41026217	26955667	11067457	3003093
负债合计		Total Liabilities		80545078	41113861	28739173	10692044
所有者权益合计		Total Owners' Equities		80780057	47634171	24280505	8865380
实收资本		Paid-in Capital		30799671	17835262	9417635	3546774
#国家资本		State-Owned Capital		2452744	1904284	351764	196696
港澳台及外商资本		HongKong, Macao, Taiwan and Foreign Capital		12148201	9202353	2648016	297832
营业收入		Business Revenue		130735729	67670929	43600645	19464155
#营业成本		Business Cost		108995634	54835248	37416890	16743496
税金及附加		Business Tax and Extra Charges		540262	360191	133818	46253
销售费用		Cost of sales		3012528	2132206	535847	344475
管理费用		Management Expense		3717868	2395213	965829	356826
财务费用		Accounting Expense		647989	281100	223089	143800
#利息收入		Interest Income		330582	165389	127331	37862
利息费用		Interest Expense		981281	506202	326963	148117
利润总额		Total Profit		11134914	6180021	3653561	1301333
#亏损企业亏损额		Losses of Deficit Enterprises		894729	749134	73259	72335
本年应交增值税		Value-Added Tax Payable This Year		1837079	1008949	546868	281261
从业人员平均人数	（人）	Average Number of Employees	(person)	600390	371794	172528	56068

8—6 规模以上工业经济指标

单位：万元 （2023年）

指 标	Items
总 计	**Total**
#亏损企业	Deficit Enterprise
#国有及国有控股企业	State-Owned and State Share-holding Enterprise
#民营工业	Non-public Industrial Enterprise
一、按登记注册类型分	**Grouped by Ownership**
内资企业	Domestic-Funded Enterprise
港、澳、台商投资企业	Hong Kong/Macao/Taiwan-Invested Enterprise
外商投资企业	Foreigner-Funded
个体工商户	Individual Business
二、按轻重工业分	**Grouped by Light and Heavy Industry**
轻工业	Light Industry
重工业	Heavy Industry
三、按企业规模分	**Grouped by Scale of Enterprise**
大型企业	Large
中型企业	Medium
小型企业	Small
微型企业	Micro Enterprise
四、按行业分	**Grouped by Sector**
农副食品加工业	Processing of Food from Agricultural Products
食品制造业	Manufacture of Food
酒、饮料和精制茶制造业	Manufacture of Wine, Beverage and Refined Tea Manufacturing
纺织业	Textile Industry
纺织服装、服饰业	Manufacture of Textile Wearing Apparel, Clothing
皮革、毛皮、羽毛及其制品和制鞋业	Manufacture of Leather, Fur, Feather, Related and Footwear Products
木材加工和木、竹、藤、棕、草制品业	Processing of Timber, Manufacture of Wood,Bamboo, Rattan, Palm and Straw Products
家具制造业	Manufacture of Furniture

Economic Indicators of Industry above Designated Size

(10000 yuan)

企 业 单位数 （个） Number of Enterprises (unit)	#亏损企业 Deficit Enterprise	工业总产值（当年价） Total Industrial Output Value (at current prices)	资 产 合 计 Total Assets	流动资产 合 计 Total Current Assets	应收账款 净 额 Net Funds Acceptable	产成品 Finished Product in Stock
8495	**1360**	**247652580**	**256889499**	**170300370**	**53854225**	**19334683**
1360	1360	18873993	29556176	16977105	5074831	2045630
139	18	20184101	25163165	11943419	2690945	1076999
7290	1111	157691633	147145620	105473596	34637519	14382476
7411	1127	175932366	167811708	115642607	36862629	15403808
395	99	24713191	38613320	23385983	7049513	1289410
686	134	46994035	50454717	31263955	9937392	2641353
3		12988	9753	7825	4693	112
2397	440	50700317	49234779	34116106	10322221	4781182
6098	920	196952263	207654719	136184264	43532004	14553501
128	11	71382397	92276607	54702789	14077759	6401055
585	81	60790478	69133959	46532882	13351957	5069835
7114	1130	110716590	92540189	66789459	25262917	7614553
668	138	4763116	2938744	2275240	1161593	249239
34	3	586742	317815	190181	46825	22142
43	10	913948	980156	562675	273194	54001
14	4	567970	474323	276027	95383	68301
554	118	8358280	8748848	6176357	1819990	1400417
281	50	5473824	5160883	4068524	1553624	874242
8		51615	48731	29504	5348	13228
32	6	283618	210880	147583	70041	27037
25	6	628499	731941	385580	47944	21879

单位：万元 续表 1

指 标	Items
造纸和纸制品业	Manufacture of Paper and Paper Products
印刷和记录媒介复制业	Printing, Reproduction of Recording Media
文教、工美、体育和娱乐用品制造业	Manufacture of Culture, art, sports and entertainment Products
石油、煤炭及其他燃料加工业	Petroleum, Coal and Other Fuel Processing Industry
化学原料和化学制品制造业	Manufacture of Raw Chemical Materials and Chemical Products
医药制造业	Manufacture of Medicines
化学纤维制造业	Manufacture of Chemical Fibers
橡胶和塑料制品业	Manufacture of Rubber,Plastics
非金属矿物制品业	Manufacture of Non-metallic Mineral Products
黑色金属冶炼和压延加工业	Smelting and Pressing of Ferrous Metals
有色金属冶炼和压延加工业	Smelting and Pressing of Non-ferrous Metals
金属制品业	Manufacture of Metal Products
通用设备制造业	Manufacture of General Purpose Machinery
专用设备制造业	Manufacture of Special Purpose Machinery
汽车制造业	Manufacture of Automotive
铁路、船舶、航空航天和其他运输设备制造业	Manufacture of Railroads, Ships, Aerospace and Other Transportation Equipment
电气机械和器材制造业	Manufacture of Electrical Machinery and Equipment
计算机、通信和其他电子设备制造业	Manufacture of Communication Equipment, Computers and Other Electronic Equipment
仪器仪表制造业	Manufacture of Measuring Instruments
其他制造业	Other Manufacturing
废弃资源综合利用业	Comprehensive Utilization of Waste Resources
金属制品、机械和设备修理业	Repair Service of Metal Products,Machinery and Equipment
电力、热力生产和供应业	Production and Supply of Electric Power and Heat Power
燃气生产和供应业	Production and Supply of Gas
水的生产和供应业	Production and Supply of Water

continued 1 (10000 yuan)

企业单位数（个）Number of Enterprises (unit)	#亏损企业 Deficit Enterprise	工业总产值（当年价）Total Industrial Output Value	资产合计 Total Assets	流动资产合计 Total Current Assets	应收账款净额 Net Funds Acceptable	产成品 Finished Product in Stock
50	10	843539	657619	331661	131605	58678
208	32	1881292	1957517	1322516	511705	80145
107	20	578290	602983	365283	108182	63636
27	1	1385210	863195	578407	121063	159757
224	25	10295589	10188833	6327685	1762604	557302
56	10	4823756	6484570	4492334	1688417	503018
112	16	5507734	4307658	2799852	339089	482833
593	84	9384482	8809297	5912332	2233627	565725
400	59	5165272	6125418	4567678	2715748	328254
382	65	18636573	11722021	6512300	1038841	1112946
296	56	14815619	5499580	4121813	1139148	717378
820	130	20146653	14773279	11212575	3905511	1153835
1134	172	16618599	21190924	14747822	4678561	1419753
981	127	16088557	21922917	17051602	5683832	2212278
373	68	16376830	19548040	12240200	3766616	1259347
244	57	6161345	7441192	5376029	1127191	259931
812	101	42356390	41174638	31719412	10875550	3460434
412	107	31554980	43377076	21765163	6802374	1701133
176	14	3111026	3977041	3035191	816447	597737
13	2	122759	116302	60143	16394	9375
16	3	145745	127451	68559	13088	25743
4	1	50104	100263	77880	5517	8586
40	1	3189623	4776133	1543267	392712	10954
6		1158985	799558	348360	17282	90488
18	2	389132	3672418	1885876	50774	14170

单位：万元 续表 2

指 标	Items	固定资产原值 Original Value of Fixed Assets	累计折旧 Accumulated Depreciation
总计	**Total**	**106157731**	**59588060**
#亏损企业	Deficit Enterprise	14022976	6295006
#国有及国有控股企业	State-Owned and State Share-holding Enterprise	12828731	7121853
#民营工业	Non-public Industrial Enterprise	42238113	22013230
一、按登记注册类型分	**Grouped by Ownership**		
内资企业	Domestic-Funded Enterprise	53450816	28257396
港、澳、台商投资企业	Hong Kong/Macao/Taiwan-Invested Enterprise	16754543	8814569
外商投资企业	Foreigner-Funded	35947462	22513078
个体工商户	Individual Business	4911	3018
二、按轻重工业分	**Grouped by Light and Heavy Industry**		
轻工业	Light Industry	18253414	9447541
重工业	Heavy Industry	87904317	50140519
三、按企业规模分	**Grouped by Scale of Enterprise**		
大型企业	Large	48328356	27638807
中型企业	Medium	24186583	13387410
小型企业	Small	32865910	18210740
微型企业	Micro Enterprise	776882	351103
四、按行业分	**Grouped by Sector**		
农副食品加工业	Processing of Food from Agricultural Products	153166	70491
食品制造业	Manufacture of Food	579550	258576
酒、饮料和精制茶制造业	Manufacture of Wine, Beverage and Refined Tea Manufacturing	268009	118462
纺织业	Manufacture of Textile	4109993	2437370
纺织服装、服饰业	Manufacture of Textile Wearing Apparel, Clothing	1312797	706260
皮革、毛皮、羽毛及其制品和制鞋业	Manufacture of Leather, Fur, Feather, Related and Footwear Products	23933	9818
木材加工和木、竹、藤、棕、草制品业	Processing of Timber, Manufacture of Wood,Bamboo, Rattan, Palm and Straw Products	63496	26332
家具制造业	Manufacture of Furniture	438081	127033

continued 2 (10000 yuan)

负债合计 Total Liabilities	所有者权益合计 Total Owner Interest	实收资本 Paid-In Capital	其中 of Which: 国家 State-Owned	其中 of Which: 港澳台及外商 HongKong, Macao, Taiwan and Foreign Capital	营业收入 Business Revenue	营业成本 Business Cost	税金及附加 Tax and Extra Charges	销售费用 Cost of Sales
133848137	**122955628**	**51045784**	**3295703**	**16389832**	**240969294**	**203235583**	**944349**	**5056532**
19559371	9996797	9931798	531532	2379142	18424239	17163031	73553	478706
12641953	12521212	5524671	2574687	115434	19659728	16637563	113549	441264
81740014	65405305	23552471	506135	255488	150749837	128436724	506480	2927399
92639845	75171562	28606110	2916825	255488	168428728	143385558	611172	3330542
21304576	17223314	9996789	162525	5674699	25038002	20941622	103125	405620
19896522	30558194	12442876	216352	10459646	47489665	38897225	230019	1320248
7195	2558	10			12899	11178	33	122
24655805	24578959	8839021	124267	2951971	53438385	44871262	190620	1776583
109192332	98376670	42206764	3171435	13437861	187530910	158364321	753728	3279949
45917482	46359125	17564901	1361034	8033335	71677919	59494300	311324	1819054
34627596	34420932	13234770	1091710	4114866	59057810	49501334	228938	1193474
51155261	41394384	19633676	810989	4152315	105617625	90008070	393919	1981970
2147799	781187	612438	31969	89316	4615941	4231879	10168	62033
149138	168677	118016		28276	576034	505283	1505	17981
267435	712721	405415		284631	863332	677450	5551	28093
177066	297257	124970		57014	563761	443767	3767	14067
4895146	3853697	1432301	1984	319373	11199555	10217015	31307	75757
2542090	2618792	722229	6450	84238	5912854	5187142	15753	105208
30958	17772	12680		1130	30858	25541	253	376
124210	86670	51199		12536	255527	220305	846	10507
562688	169253	75413		13312	654933	537233	4981	14048

单位：万元　　续表 3

指　　标	Items	固定资产原　值 Original Value of Fixed Assets	累 计 折 旧 Accumulated Depreciation
造纸和纸制品业	Manufacture of Paper and Paper Products	524141	269032
印刷和记录媒介复制业	Printing, Reproduction of Recording Media	891584	466823
文教、工美、体育和娱乐用品制造业	Manufacture of Culture, art, sports and entertainment Products	268426	116411
石油、煤炭及其他燃料加工业	Petroleum, Coal and Other Fuel Processing Industry	178672	91997
化学原料和化学制品制造业	Manufacture of Raw Chemical Materials and Chemical Products	4659442	2878017
医药制造业	Manufacture of Medicines	1851924	782741
化学纤维制造业	Manufacture of Chemical Fibers	1680084	1026271
橡胶和塑料制品业	Manufacture of Rubber,Plastics	3745851	2091647
非金属矿物制品业	Manufacture of Non-metallic Mineral Products	1992294	1098127
黑色金属冶炼和压延加工业	Smelting and Pressing of Ferrous Metals	6193478	3808986
有色金属冶炼和压延加工业	Smelting and Pressing of Non-ferrous Metals	1532343	819614
金属制品业	Manufacture of Metal Products	4918737	2789293
通用设备制造业	Manufacture of General Purpose Machinery	6389869	3521838
专用设备制造业	Manufacture of Special Purpose Machinery	4418540	2230240
汽车制造业	Manufacture of Automotive	7628936	4158433
铁路、船舶、航空航天和其他运输设备制造业	Manufacture of Railroads, Ships, Aerospace and Other Transportation Equipment	1361086	679281
电气机械和器材制造业	Manufacture of Electrical Machinery and Equipment	8466636	4117558
计算机、通信和其他电子设备制造业	Manufacture of Communication Equipment, Computers and Other Electronic Equipment	33535993	19670973
仪器仪表制造业	Manufacture of Measuring Instruments	657471	296737
其他制造业	Other Manufacturing	88858	43678
废弃资源综合利用业	Comprehensive Utilization of Waste Resources	69598	25730
金属制品、机械和设备修理业	Repair Service of Metal Products,Machinery and Equipment	29584	11701
电力、热力生产和供应业	Production and Supply of Electric Power and Heat Power	5132469	3209803
燃气生产和供应业	Production and Supply of Gas	469358	164448
水的生产和供应业	Production and Supply of Water	2523332	1464338

continued 3 (10000 yuan)

负债合计 Total Liabilities	所有者权益合计 Total Owner Interest	实收资本 Paid-In Capital	其中 of Which		营业收入 Business Revenue	营业成本 Business Cost	税金及附加 Tax and Extra Charges	销售费用 Cost of Sales
			国家 State-Owned	港澳台及外商 HongKong, Macao,Taiwan and Foreign Capital				
321895	335724	272370		170726	717727	631126	4651	20670
949754	1007763	401741	6002	76325	1863008	1531191	8588	52378
342218	260763	138178	5000	23002	563471	468294	2443	16989
443093	420102	229597	11100	35175	1138837	993825	38283	14485
4660136	5528697	1955599	21151	284172	9655375	8231183	31262	172952
1629321	4855249	654997	41806	213337	4479260	2683931	27915	698640
2492782	1814875	798543	34213	27715	5347687	4678614	9425	23910
3875197	4934095	1813657		440063	9520351	8002027	34454	207056
3999542	2125874	1074285	114695	125572	4870103	3993382	25811	153108
7421821	4300200	2936314		303363	17695718	15889597	43406	123032
3283465	2216058	1119702	45699	39896	13620400	12713652	19596	60100
8577131	6195946	2587366	76189	580822	18134895	15910234	50624	250210
10234407	10956510	3513619	115108	1126771	15935687	12125181	85034	439456
11848788	10074122	3107675	82957	682378	14480473	10737026	84783	465759
8727830	10820208	3823814	1021636	1406193	15703000	12584124	110594	324626
4751466	2689725	896029	13911	327112	6621504	5621271	18230	103159
26663142	14511489	7377844	115741	1702206	40989454	35049706	110243	1041756
17194762	26096884	12200799	273509	7487635	31407409	27141315	128991	347167
2109629	1867410	486430	40700	25808	2748730	1941166	16327	112282
49845	66457	27345		1167	104713	75509	749	6628
71476	55975	32877	7779		144730	120900	611	3015
33864	66399	49911	1260	48237	69014	61038	380	2512
2774662	2001472	1452191	280956	373180	3242381	2825228	19183	15324
354239	445318	92236	23080	31468	1204678	973731	3128	31173
2288940	1383478	1060446	954778	57000	653835	438597	5677	104111

单位：万元 续表 4

指 标	Items	管理费用 Management Expense	财务费用 Accounting Expense
总计	**Total**	**8131337**	**1272461**
#亏损企业	Deficit Enterprise	1040629	318367
#国有及国有控股企业	State-Owned and State Share-holding Enterprise	448510	84877
#民营工业	Non-public Industrial Enterprise	5036842	841439
一、按登记注册类型分	**Grouped by Ownership**		
内资企业	Domestic-Funded Enterprise	5414123	915401
港、澳、台商投资企业	Hong Kong/Macao/Taiwan-Invested Enterprise	1003255	142185
外商投资企业	Foreigner-Funded Enterprise	1712841	214810
个体工商户	Individual Business	1118	65
二、按轻重工业分	**Grouped by Light and Heavy Industry**		
轻工业	Light Industry	1744828	190033
重工业	Heavy Industry	6386509	1082428
三、按企业规模分	**Grouped by Scale of Enterprise**		
大型企业	Large	1815101	426574
中型企业	Medium	1902767	221415
小型企业	Small	4276530	595713
微型企业	Micro Enterprise	136939	28758
四、按行业分	**Grouped by Sector**		
农副食品加工业	Processing of Food from Agricultural Products	16678	2766
食品制造业	Manufacture of Food	44310	-1128
酒、饮料和精制茶制造业	Manufacture of Wine, Beverage and Refined Tea Manufacturing	16559	2197
纺织业	Manufacture of Textile	294869	80444
纺织服装、服饰业	Manufacture of Textile Wearing Apparel, Clothing	183504	43697
皮革、毛皮、羽毛及其制品和制鞋业	Manufacture of Leather, Fur, Feather, Related and Footwear Products	3239	366
木材加工和木、竹、藤、棕、草制品业	Processing of Timber, Manufacture of Wood,Bamboo, Rattan, Palm and Straw Products	14157	1204
家具制造业	Manufacture of Furniture	39231	5041

continued 4 (10000 yuan)

#利息收入 Interest Income	#利息费用 Interest Expenditure	利润总额 Total Profit	亏损企业亏损额 Deficit	本年应交增值税 Added Value Tax Payable This Year	从业人员平均人数（人） Average Employees (person)
425068	**1581772**	**17713659**	**1560074**	**3710458**	**1229722**
35626	267496	-1560074	1560074	273598	161236
36035	123362	1869396	52258	369178	59773
154691	932826	9862145	822411	2461251	818282
187817	1043705	11438965	866186	2799288	870489
112197	215711	1635255	385524	336716	126339
125054	322305	4639053	308364	574143	232705
1	51	386		310	189
13535	292883	4130957	219379	764292	335581
411534	1288889	13582702	1340694	2946166	894141
170108	607811	6348710	486988	1020706	304327
160475	373471	4786204	407741	816372	296063
90576	583699	6472600	607262	1819807	618714
3910	16792	106144	58083	53572	10618
122	2514	28362	2236	4164	2150
1182	926	103732	1615	25943	7146
-9	1630	78608	2502	16672	1805
9999	78839	437055	46974	124097	77435
8937	48185	388495	16155	71099	51806
14	683	1019		642	959
-128	1124	8366	345	5083	2223
108	5242	35604	1505	20185	8501

单位：万元　　　　　　　　　　　　　　续表 5

指　　标	Items	管理费用 Management Expense	财务费用 Accounting Expense
造纸和纸制品业	Manufacture of Paper and Paper Products	25863	10423
印刷和记录媒介复制业	Printing, Reproduction of Recording Media	102310	21894
文教、工美、体育和娱乐用品制造业	Manufacture of Culture, art, sports and entertainment Products	39091	5000
石油、煤炭及其他燃料加工业	Petroleum, Coal and Other Fuel Processing Industry	21699	7258
化学原料和化学制品制造业	Manufacture of Raw Chemical Materials and Chemical Products	300623	28367
医药制造业	Manufacture of Medicines	196470	-16973
化学纤维制造业	Manufacture of Chemical Fibers	61928	47668
橡胶和塑料制品业	Manufacture of Rubber,Plastics	374470	51126
非金属矿物制品业	Manufacture of Non-metallic Mineral Products	224258	48282
黑色金属冶炼和压延加工业	Smelting and Pressing of Ferrous Metals	305259	87089
有色金属冶炼和压延加工业	Smelting and Pressing of Non-ferrous Metals	148298	50183
金属制品业	Manufacture of Metal Products	535393	102349
通用设备制造业	Manufacture of General Purpose Machinery	1040729	75530
专用设备制造业	Manufacture of Special Purpose Machinery	902998	61037
汽车制造业	Manufacture of Automotive	669898	65015
铁路、船舶、航空航天和其他运输设备制造业	Manufacture of Railroads, Ships, Aerospace and Other Transportation Equipment	244276	-1223
电气机械和器材制造业	Manufacture of Electrical Machinery and Equipment	1085968	85590
计算机、通信和其他电子设备制造业	Manufacture of Communication Equipment, Computers and Other Electronic Equipment	916354	364830
仪器仪表制造业	Manufacture of Measuring Instruments	169596	7637
其他制造业	Other Manufacturing	10221	336
废弃资源综合利用业	Comprehensive Utilization of Waste Resources	7263	760
金属制品、机械和设备修理业	Repair Service of Metal Products,Machinery and Equipment	3331	203
电力、热力生产和供应业	Production and Supply of Electric Power and Heat Power	66081	61311
燃气生产和供应业	Production and Supply of Gas	21683	-2943
水的生产和供应业	Production and Supply of Water	44732	-22877

continued 5 (10000 yuan)

#利息收入 Interest Income	#利息费用 Interest Expenditure	利润总额 Total Profit	亏损企业亏损额 Deficit	本年应交增值税 Added Value Tax Payable This Year	从业人员平均人数（人） Average Employees (person)
660	9588	15030	7580	24192	4818
3489	14685	152699	14827	55237	19135
-73	3163	28915	3191	9874	9354
2174	8109	61050	197	6529	1789
30696	60451	766205	16537	111778	27149
3051	8324	790190	14614	137015	19469
12347	50852	485187	8170	42283	16184
4391	54457	775355	54992	146700	59879
1026	43158	350049	21447	135582	36609
7195	95102	1036757	33849	225681	44666
12854	48980	503397	20555	101245	23801
11934	89791	1099150	71560	225804	81380
30836	103093	1772343	101779	384445	130049
20879	75068	1562444	114275	424826	119549
19664	78867	1776445	79663	320914	93614
35955	29564	736284	22737	104609	35325
40493	174863	2274615	301494	502586	132357
128581	414652	1493430	586638	255907	182958
473	10349	380516	5953	102146	23561
71	377	8674	262	3276	2305
42	391	9853	449	2602	756
44	213	2425	1576	1934	621
2364	51325	280525	4878	88788	5594
2864	51	182538		14177	1663
32835	17158	88341	1520	14444	5112

8－7 规模以上国有及国有控股工业企业经济指标

单位：万元　　　　（2023年）

指 标	Items	企 业 单位数 (个) Number of Enterprises (unit)
总计	**Total**	**139**
#亏损企业	Deficit Enterprise	18
按轻重工业分	**Grouped by Light and Heavy Industry**	
轻工业	Light Industry	17
重工业	Heavy Industry	122
按行业分	**Grouped by Sector**	
酒、饮料和精制茶制造业	Manufacture of Wine, Beverage and Refined Tea Manufacturing	2
纺织业	Textile Industry	2
纺织服装、服饰业	Manufacture of Textile Wearing Apparel, Clothing	2
印刷和记录媒介复制业	Printing, Reproduction of Recording Media	2
文教、工美、体育和娱乐用品制造业	Manufacture of Culture, art, sports and entertainment Products	3
石油、煤炭及其他燃料加工业	Petroleum, Coal and Other Fuel Processing Industry	3
化学原料和化学制品制造业	Manufacture of Raw Chemical Materials and Chemical Products	2
医药制造业	Manufacture of Medicines	3
化学纤维制造业	Manufacture of Chemical Fibers	1
非金属矿物制品业	Manufacture of Non-metallic Mineral Products	13
黑色金属冶炼和压延加工业	Smelting and Pressing of Ferrous Metals	8
有色金属冶炼和压延加工业	Smelting and Pressing of Non-ferrous Metals	3
金属制品业	Manufacture of Metal Products	6
通用设备制造业	Manufacture of General Purpose Machinery	9
专用设备制造业	Manufacture of Special Purpose Machinery	11
汽车制造业	Manufacture of Automotive	12
铁路、船舶、航空航天和其他运输设备制造业	Manufacture of Railroads, Ships, Aerospace and Other Transportation Equipment	5
电气机械和器材制造业	Manufacture of Electrical Machinery and Equipment	10
计算机、通信和其他电子设备制造业	Manufacture of Communication Equipment, Computers and Other Electronic Equipment	10
仪器仪表制造业	Manufacture of Measuring Instruments	1
金属制品、机械和设备修理业	Repair Service of Metal Products,Machinery and Equipment	1
电力、热力生产和供应业	Production and Supply of Electric Power and Heat Power	19
燃气生产和供应业	Production and Supply of Gas	4
水的生产和供应业	Production and Supply of Water	7

Economic Indicators of State-Owned and State-holding Industrial Enterprises above Designated Size

(10000 yuan)

#亏损企业 Deficit Enterprise	工业总产值（当年价） Total Industrial Output Value	资产合计 Total Assets	流动资产合计 Total Current Assets	应收账款净额 Net Funds Acceptable	产成品 Finished Product in Stock
18	**20184101**	**25163165**	**11943419**	**2690945**	**1076999**
18	465770	1322717	819948	115702	45070
2	861316	1649884	837453	325895	79470
16	19322785	23513281	11105967	2365050	997529
1	17037	26289	15300	86	295
	13256	26200	17036	1164	951
	28158	37279	24671	2414	1156
	22070	64624	37220	6756	1201
1	11629	12385	8236	1499	666
1	136458	164596	70937	24660	6534
1	39657	44013	17975	4983	6385
	458260	799958	572932	294110	53260
	280880	663897	146111	11252	21249
2	510982	968691	459243	318548	14303
	6564485	5543895	2309066	233760	129661
1	1541565	108393	63044	10451	31927
	277337	707690	407102	182068	18901
1	479877	1930641	996448	241326	60475
1	597557	602541	487011	122186	44474
1	4652621	5143211	2770146	365923	442762
1	169501	230010	176279	44230	36301
2	1009652	1412183	931752	410717	36253
3	741459	1218379	612769	208038	55797
	9322	22343	12181	1407	5069
	24471	8130	6616	1109	4920
	1648985	2218996	595069	165624	8705
	645706	519149	212251	11926	84685
2	303178	2689670	994028	26709	11071

单位：万元 续表 1

指 标	Items	固定资产原值 Original Value of Fixed Assets	累计折旧 Accumulated Depreciation
总计	**Total**	**12828731**	**7121853**
#亏损企业	Deficit Enterprise	660868	316417
按轻重工业分	**Grouped by Light and Heavy Industry**		
轻工业	Light Industry	501472	283643
重工业	Heavy Industry	12327259	6838210
按行业分	**Grouped by Sector**		
酒、饮料和精制茶制造业	Manufacture of Wine, Beverage and Refined Tea Manufacturing	26574	16677
纺织业	Textile Industry	16127	7831
纺织服装、服饰业	Manufacture of Textile Wearing Apparel, Clothing	26483	14570
印刷和记录媒介复制业	Printing, Reproduction of Recording Media	34094	24322
文教、工美、体育和娱乐用品制造业	Manufacture of Culture, Art, Sports and Entertainment Products	7592	4637
石油、煤炭及其他燃料加工业	Petroleum, Coal and Other Fuel Processing Industry	62741	30161
化学原料和化学制品制造业	Manufacture of Raw Chemical Materials and Chemical Products	44737	19689
医药制造业	Manufacture of Medicines	254528	118402
化学纤维制造业	Manufacture of Chemical Fibers	131725	94431
非金属矿物制品业	Manufacture of Non-metallic Mineral Products	377361	180503
黑色金属冶炼和压延加工业	Smelting and Pressing of Ferrous Metals	3125457	1873252
有色金属冶炼和压延加工业	Smelting and Pressing of Non-ferrous Metals	55269	18894
金属制品业	Manufacture of Metal Products	143931	70370
通用设备制造业	Manufacture of General Purpose Machinery	332372	186186
专用设备制造业	Manufacture of Special Purpose Machinery	150857	97480
汽车制造业	Manufacture of Automotive	1746717	936643
铁路、船舶、航空航天和其他运输设备制造业	Manufacture of Railroads, Ships, Aerospace and Other Transportation Equipment	57114	38376
电气机械和器材制造业	Manufacture of Electrical Machinery and Equipment	248448	124917
计算机、通信和其他电子设备制造业	Manufacture of Communication Equipment, Computers and Other Electronic Equipment	768441	220319
仪器仪表制造业	Manufacture of Measuring Instruments	7192	3674
金属制品、机械和设备修理业	Repair Service of Metal Products,Machinery and Equipment	4147	2633
电力、热力生产和供应业	Production and Supply of Electric Power and Heat Power	2508201	1568722
燃气生产和供应业	Production and Supply of Gas	346112	119168
水的生产和供应业	Production and Supply of Water	2352514	1349996

continued 1 (10000 yuan)

负债合计 Total Liabilities	所有者权益合计 Total Owner Interest	实收资本 Paid-In Capital	其中 of Which		营业收入 Business Revenue	营业成本 Business Cost	税金及附加 Tax and Extra Charges	销售费用 Cost of Sales
			国家 State-Owned	港澳台及外商 HongKong, Macao, Taiwan and Foreign Capital				
12641953	**12521212**	**5524671**	**2574687**	**115434**	**19659728**	**16637563**	**113549**	**441264**
919167	403550	421357	288064	4660	537995	501121	3274	23220
501657	1148227	202007	81108	4744	812653	504927	5899	155654
12140295	11372985	5322663	2493579	110690	18847075	16132636	107650	285609
6752	19538	9274			18041	12304	725	1968
14193	12007	17045	984		20516	17971	109	200
6326	30953	5103	4321	301	26015	19179	200	517
7558	57067	35938	5000		26864	18308	389	1274
3154	9231	5347		4444	12972	9051	162	186
70420	94176	23323	10300		160306	130429	2078	1349
53493	-9479	13200	6612		40552	34377	408	1901
286465	513493	35334	33500		408560	168720	3577	147262
167708	496189	88601	34213		268527	232583	586	3164
805860	162831	163143	93768		585086	508440	3735	4765
2962449	2581447	1591328			6616457	5743763	19351	26680
79231	29162	39500	35650		1500077	1460367	1218	1298
320177	387514	127996	64185	5242	269618	240352	1546	1052
976943	953699	235556	104766	1858	485069	373045	3596	14504
437696	164845	74856	52530		491809	409021	1957	8720
1678766	3464445	976179	853387	28764	3920973	3258119	49534	40648
136211	93799	38999	10440		145208	122837	690	720
1164588	247594	240255	48644	27675	1077445	968349	1972	26315
518101	700278	158889	52616		721111	544185	4820	18181
12705	9638	8000			8513	5716	249	532
4802	3329	1260	1260		37521	36049	100	1
1241296	977701	582165	188403	32432	1649798	1449055	10098	8196
187432	331717	63086	23080	14720	645706	534691	2121	28101
1499631	1190040	990296	951028		522985	340654	4327	103731

单位：万元　　续表 2

指　标	Items	管理费用 Management Expense
总计	**Total**	**448510**
#亏损企业	Deficit Enterprise	26144
按轻重工业分	**Grouped by Light and Heavy Industry**	
轻工业	Light Industry	26945
重工业	Heavy Industry	421565
按行业分	**Grouped by Sector**	
酒、饮料和精制茶制造业	Manufacture of Wine, Beverage and Refined Tea Manufacturing	1924
纺织业	Textile Industry	959
纺织服装、服饰业	Manufacture of Textile Wearing Apparel, Clothing	4011
印刷和记录媒介复制业	Printing, Reproduction of Recording Media	3419
文教、工美、体育和娱乐用品制造业	Manufacture of Culture, Art, Sports and Entertainment Products	1673
石油、煤炭及其他燃料加工业	Petroleum, Coal and Other Fuel Processing Industry	5090
化学原料和化学制品制造业	Manufacture of Raw Chemical Materials and Chemical Products	2491
医药制造业	Manufacture of Medicines	10472
化学纤维制造业	Manufacture of Chemical Fibers	3498
非金属矿物制品业	Manufacture of Non-metallic Mineral Products	12719
黑色金属冶炼和压延加工业	Smelting and Pressing of Ferrous Metals	72957
有色金属冶炼和压延加工业	Smelting and Pressing of Non-ferrous Metals	3518
金属制品业	Manufacture of Metal Products	8821
通用设备制造业	Manufacture of General Purpose Machinery	44897
专用设备制造业	Manufacture of Special Purpose Machinery	20137
汽车制造业	Manufacture of Automotive	103356
铁路、船舶、航空航天和其他运输设备制造业	Manufacture of Railroads, Ships, Aerospace and Other Transportation Equipment	6963
电气机械和器材制造业	Manufacture of Electrical Machinery and Equipment	24056
计算机、通信和其他电子设备制造业	Manufacture of Communication Equipment, Computers and Other Electronic Equipment	30979
仪器仪表制造业	Manufacture of Measuring Instruments	1144
金属制品、机械和设备修理业	Repair Service of Metal Products,Machinery and Equipment	876
电力、热力生产和供应业	Production and Supply of Electric Power and Heat Power	41037
燃气生产和供应业	Production and Supply of Gas	13406
水的生产和供应业	Production and Supply of Water	30107

continued 2 (10000 yuan)

财务费用 Accounting Expense	#利息收入 Interest Income	#利息费用 Interest Expenditure	利润总额 Total Profit	亏损企业亏损额 Deficit	本年应交增值税 Added Value Tax Payable This Year	从业人员平均人数（人） Average Employees (person)
84877	**36035**	**123362**	**1869396**	**52258**	**369178**	**59773**
8618	729	6610	-52258	52258	3146	4528
5876	2712	8783	88973	804	28800	4628
79002	33323	114579	1780423	51454	340378	55145
-78	81		1295	403	845	346
-8	3	2	571		257	203
-451	384	15	2051		730	883
-129	-1		3367		1062	365
435	2	14	1333	402	312	208
1265	103	1207	18205	197	2774	271
1000	13	1080	-694	1924	619	299
3664	1187	4896	66171		23873	1714
2413	1051	3812	13190		812	690
7640	32	8210	36530	4348	7722	2136
24790	3367	25481	658457		95773	10597
1486	18	1088	32245	3843	-343	461
-866	2640	1945	13365		4551	2177
1793	11581	14523	75268	5249	11963	3744
1062	1022	1530	30200	75	17477	2239
6936	833	12734	568726	2723	99027	13758
2111	99	2586	4731	2309	2849	873
11448	1060	6410	5298	18842	9264	2296
2859	1108	4054	63162	10423	25068	7796
167	1	167	207		337	177
-5	-5	1	516		465	225
23020	1462	23387	141456		43368	3467
-2351	2355	25	73329		9062	1211
-3322	7642	10196	60419	1520	11310	3637

8－8 规模以上三资工业企业经济指标

单位：万元 （2023年）

指 标	Items	企 业 单位数 （个） Number of Enterprises (unit)
总计	**Total**	**1081**
#亏损企业	Deficit Enterprise	233
按轻重工业分	**Grouped by Light and Heavy Industry**	
轻工业	Light Industry	285
重工业	Heavy Industry	796
按行业分	**Grouped by Sector**	
农副食品加工业	Processing of Food from Agricultural Products	6
食品制造业	Manufacture of Foods	12
酒、饮料和精制茶制造业	Manufacture of Wine, Beverage and Refined Tea Manufacturing	6
纺织业	Manufacture of Textile	38
纺织服装、服饰业	Manufacture of Textile Wearing Apparel, Clothing	39
皮革、毛皮、羽毛及其制品和制鞋业	Manufacture of Leather, Fur, Feather, Related and Footwear Products	1
木材加工和木、竹、藤、棕、草制品业	Processing of Timber, Manufacture of Wood,Bamboo, Rattan, Palm and Straw Products	2
家具制造业	Manufacture of Furniture	5
造纸和纸制品业	Manufacture of Paper and Paper Products	8
印刷和记录媒介复制业	Printing, Reproduction of Recording Media	12
文教、工美、体育和娱乐用品制造业	Manufacture of Culture, Art, Sports and Entertainment Products	17
石油、煤炭及其他燃料加工业	Petroleum, Coal and Other Fuel Processing Industry	2
化学原料和化学制品制造业	Manufacture of Raw Chemical Materials and Chemical Products	48
医药制造业	Manufacture of Medicines	13
化学纤维制造业	Manufacture of Chemical Fibers	10
橡胶和塑料制品业	Manufacture of Rubber,Plastics	79
非金属矿物制品业	Manufacture of Non-metallic Mineral Products	28
黑色金属冶炼和压延加工业	Smelting and Pressing of Ferrous Metals	26
有色金属冶炼和压延加工业	Smelting and Pressing of Non-ferrous Metals	12
金属制品业	Manufacture of Metal Products	92
通用设备制造业	Manufacture of General Purpose Machinery	137
专用设备制造业	Manufacture of Special Purpose Machinery	98
汽车制造业	Manufacture of Automotive	102
铁路、船舶、航空航天和其他运输设备制造业	Manufacture of Railroads, Ships, Aerospace and Other Transportation Equipment	22
电气机械和器材制造业	Manufacture of Electrical Machinery and Equipment	93
计算机、通信和其他电子设备制造业	Manufacture of Communication Equipment, Computers and Other Electronic Equipment	138
仪器仪表制造业	Manufacture of Measuring Instruments	12
其他制造业	Other Manufacturing	3
废弃资源综合利用业	Comprehensive Utilization of Waste Resources	1
金属制品、机械和设备修理业	Repair Service of Metal Products,Machinery and Equipment	2
电力、热力生产和供应业	Production and Supply of Electric Power and Heat Power	10
燃气生产和供应业	Production and Supply of Gas	4
水的生产和供应业	Production and Supply of Water	3

Economic Indicators of 3-capital Industrial Enterprises above Designated Size

(10000 yuan)

#亏损企业 Deficit Enterprise	工业总产值（当年价） Total Industrial Output Value	资产合计 Total Assets	流动资产合计 Total Current Assets	应收账款净额 Net Funds Acceptable	产成品 Finished Product in Stock
233	**71707226**	**89068038**	**54649938**	**16986904**	**3930763**
233	5722911	11405871	5567387	1880782	561973
67	12553635	13663828	8752906	3064466	1069671
166	59153591	75404209	45897032	13922438	2861092
3	75253	76839	40282	6520	6300
	461500	645930	322102	178801	25337
	482233	381183	218497	86449	47483
14	1244176	1324884	858034	148785	125879
12	790017	559384	415650	229807	9557
	5295	3580	3183	224	242
1	57500	37517	30445	18933	382
2	49892	34041	25562	11028	2549
2	135747	158277	97018	29431	19532
2	172993	230863	155153	47917	6788
6	75560	85927	69890	16167	5567
	172265	87359	61201	9081	24038
6	2585352	2482215	1759399	435343	175628
1	3826895	4407813	3201186	1230821	406358
3	570387	279962	154946	13576	45797
14	1753354	2155170	1453872	623638	110597
9	382587	594959	501840	216135	31381
6	3273035	1738801	1142824	108800	96542
5	575792	332003	276616	142253	54374
28	2245913	2890799	1836403	599665	178268
22	5684188	4978527	3798548	1151228	255878
16	3542879	3969269	2951158	756810	408527
21	6951453	9264518	5869996	1983226	351422
3	1686450	3298479	2544730	365691	14759
20	10011613	14520449	10777174	3834447	482023
34	22096264	30114513	13856996	4434683	1001224
2	169730	247315	217519	92937	27957
	27238	33795	10812	2966	369
	3379	11539	2514		112
1	21821	90796	70013	3836	3322
	1469686	2307478	715433	175816	2155
	1061684	785425	343582	17271	7516
	45095	938429	867363	14618	2904

单位：万元　　　　续表 1

指　标	Items	固定资产原　值 Original Value of Fixed Assets
总计	**Total**	**52702004**
#亏损企业	Deficit Enterprise	6765088
按轻重工业分	**Grouped by Light and Heavy Industry**	
轻工业	Light Industry	6018738
重工业	Heavy Industry	46683266
按行业分	**Grouped by Sector**	
农副食品加工业	Processing of Food from Agricultural Products	40127
食品制造业	Manufacture of Foods	457480
酒、饮料和精制茶制造业	Manufacture of Wine, Beverage and Refined Tea Manufacturing	206760
纺织业	Manufacture of Textile	803659
纺织服装、服饰业	Manufacture of Textile Wearing Apparel, Clothing	119429
皮革、毛皮、羽毛及其制品和制鞋业	Manufacture of Leather, Fur, Feather, Related and Footwear Products	1247
木材加工和木、竹、藤、棕、草制品业	Processing of Timber, Manufacture of Wood,Bamboo, Rattan, Palm and Straw Products	9557
家具制造业	Manufacture of Furniture	17672
造纸和纸制品业	Manufacture of Paper and Paper Products	128722
印刷和记录媒介复制业	Printing, Reproduction of Recording Media	118132
文教、工美、体育和娱乐用品制造业	Manufacture of Culture, Art, Sports and Entertainment Products	39475
石油、煤炭及其他燃料加工业	Petroleum, Coal and Other Fuel Processing Industry	40072
化学原料和化学制品制造业	Manufacture of Raw Chemical Materials and Chemical Products	1344611
医药制造业	Manufacture of Medicines	1090453
化学纤维制造业	Manufacture of Chemical Fibers	184943
橡胶和塑料制品业	Manufacture of Rubber,Plastics	1229477
非金属矿物制品业	Manufacture of Non-metallic Mineral Products	221459
黑色金属冶炼和压延加工业	Smelting and Pressing of Ferrous Metals	1002925
有色金属冶炼和压延加工业	Smelting and Pressing of Non-ferrous Metals	133280
金属制品业	Manufacture of Metal Products	1600136
通用设备制造业	Manufacture of General Purpose Machinery	2150745
专用设备制造业	Manufacture of Special Purpose Machinery	1419656
汽车制造业	Manufacture of Automotive	4142567
铁路、船舶、航空航天和其他运输设备制造业	Manufacture of Railroads, Ships, Aerospace and Other Transportation Equipment	475405
电气机械和器材制造业	Manufacture of Electrical Machinery and Equipment	3375880
计算机、通信和其他电子设备制造业	Manufacture of Communication Equipment, Computers and Other Electronic Equipment	29007956
仪器仪表制造业	Manufacture of Measuring Instruments	70461
其他制造业	Other Manufacturing	41805
废弃资源综合利用业	Comprehensive Utilization of Waste Resources	5904
金属制品、机械和设备修理业	Repair Service of Metal Products,Machinery and Equipment	24985
电力、热力生产和供应业	Production and Supply of Electric Power and Heat Power	2608113
燃气生产和供应业	Production and Supply of Gas	460677
水的生产和供应业	Production and Supply of Water	128237

continued 1 (10000 yuan)

累计折旧 Accumulated Depreciation	负债合计 Total Liabilities	所有者权益合计 Total Owners' Equities	实收资本 Paid-In Capital	其中 of Which		营业收入 Business Revenue	营业成本 Business Cost	税金及附加 Tax and Extra Charges	销售费用 Cost of Sales
				国家 State-Owned	港澳台及外商 HongKong, Macao,Taiwan and Foreign Capital				
31327646	**41201098**	**47781508**	**22439665**	**378877**	**16134344**	**72527668**	**59838847**	**333144**	**1725868**
2798022	7116956	4288914	4668711	37197	2174611	5683077	5382039	22315	142846
3070573	4856107	8807720	3478528	35211	2813775	12431393	9506856	68434	732134
28257073	36344991	38973788	18961137	343666	13320569	60096275	50331991	264710	993734
16842	34975	41864	45822		28276	81792	70150	197	5583
190486	155211	490718	341631		284631	435438	340177	4074	16557
86036	126929	254254	104230		57014	494807	389412	2829	9379
500199	691811	633073	446908		318899	1116802	969779	6126	19473
74524	295247	264137	108744	2550	84238	720717	609062	3051	14854
950	1471	2110	1130		1130	4822	4155	16	192
4185	22444	15073	12536		12536	60012	48954	168	6558
10402	10341	23699	15031		13312	38068	30074	365	1209
74279	29129	129148	94737		49085	134130	110701	852	4903
55618	106222	124640	86353		76325	184257	159963	895	7069
25520	26051	59876	39705		23002	78814	67036	469	2539
21592	35235	52124	35175		35175	104052	88613	1006	3395
770348	1407925	1074291	510978		282922	2646397	2204686	11940	60029
459309	724862	3682952	241940	7006	213337	3586490	2224369	20318	495407
86362	145608	134354	110623		27715	516278	435500	1370	3234
791948	905336	1249833	670371		440063	1891586	1524404	10112	73704
155787	302489	292471	191078		125572	299311	223294	2548	15327
625595	1147975	590827	435423		303355	2863415	2600278	9469	17245
61682	185910	146092	58909		39896	402669	357398	1040	4039
1019462	1354519	1536280	840652	12785	580822	2085273	1696288	12153	69399
1366474	1846480	3132047	1259033		1118975	5526376	4044558	32244	137849
763456	2005523	1963745	878023	8371	665921	3313627	2565173	19899	101483
2454159	3786498	5478021	1798505	124512	1405193	7414625	5750111	41656	202781
303854	1852759	1445719	419943		311091	1931218	1516719	4894	16942
1706676	10251774	4268675	2463746	72107	1693883	11553809	9969113	36094	192176
17520517	11198807	18830277	10243545	33575	7405119	22124375	19400812	94625	208795
50626	94451	152864	51911		25808	156670	123408	802	4296
19354	7963	25832	16994		1167	27626	20087	240	366
3574	3760	7779	7779	7779		3312	2480	45	44
8702	28323	62473	48296		48237	27681	22078	268	2511
1852903	1295206	1012272	707677	84363	373180	1505674	1317128	9230	261
159850	348386	437038	90236	22080	31468	1107376	883029	3003	28083
86376	771480	166949	62000	3750	57000	90169	69859	1149	187

单位：万元 续表2

指 标	Items	管理费用 Management Expense
总计	**Total**	**2716096**
#亏损企业	Deficit Enterprise	317569
按轻重工业分	**Grouped by Light and Heavy Industry**	
轻工业	Light Industry	517812
重工业	Heavy Industry	2198283
按行业分	**Grouped by Sector**	
农副食品加工业	Processing of Food from Agricultural Products	3522
食品制造业	Manufacture of Foods	28617
酒、饮料和精制茶制造业	Manufacture of Wine, Beverage and Refined Tea Manufacturing	8699
纺织业	Manufacture of Textile	54754
纺织服装、服饰业	Manufacture of Textile Wearing Apparel, Clothing	39399
皮革、毛皮、羽毛及其制品和制鞋业	Manufacture of Leather, Fur, Feather, Related and Footwear Products	417
木材加工和木、竹、藤、棕、草制品业	Processing of Timber, Manufacture of Wood,Bamboo, Rattan, Palm and Straw Products	3173
家具制造业	Manufacture of Furniture	2927
造纸和纸制品业	Manufacture of Paper and Paper Products	9378
印刷和记录媒介复制业	Printing, Reproduction of Recording Media	8892
文教、工美、体育和娱乐用品制造业	Manufacture of Culture, Art, Sports and Entertainment Products	7557
石油、煤炭及其他燃料加工业	Petroleum, Coal and Other Fuel Processing Industry	2519
化学原料和化学制品制造业	Manufacture of Raw Chemical Materials and Chemical Products	93733
医药制造业	Manufacture of Medicines	137061
化学纤维制造业	Manufacture of Chemical Fibers	7764
橡胶和塑料制品业	Manufacture of Rubber,Plastics	110745
非金属矿物制品业	Manufacture of Non-metallic Mineral Products	21627
黑色金属冶炼和压延加工业	Smelting and Pressing of Ferrous Metals	52831
有色金属冶炼和压延加工业	Smelting and Pressing of Non-ferrous Metals	11075
金属制品业	Manufacture of Metal Products	132537
通用设备制造业	Manufacture of General Purpose Machinery	333286
专用设备制造业	Manufacture of Special Purpose Machinery	177166
汽车制造业	Manufacture of Automotive	343449
铁路、船舶、航空航天和其他运输设备制造业	Manufacture of Railroads, Ships, Aerospace and Other Transportation Equipment	48030
电气机械和器材制造业	Manufacture of Electrical Machinery and Equipment	391260
计算机、通信和其他电子设备制造业	Manufacture of Communication Equipment, Computers and Other Electronic Equipment	623911
仪器仪表制造业	Manufacture of Measuring Instruments	8273
其他制造业	Other Manufacturing	856
废弃资源综合利用业	Comprehensive Utilization of Waste Resources	512
金属制品、机械和设备修理业	Repair Service of Metal Products,Machinery and Equipment	1749
电力、热力生产和供应业	Production and Supply of Electric Power and Heat Power	19000
燃气生产和供应业	Production and Supply of Gas	21080
水的生产和供应业	Production and Supply of Water	10298

continued 2 (10000 yuan)

财务费用 Accounting Expense	#利息收入 Interest Income	#利息费用 Interest Expenditure	利润总额 Total Profit	亏损企业亏损额 Deficit	本年应交增值税 Added Value Tax Payable This Year	从业人员平均人数（人） Average Employees (person)
356995	**237251**	**538016**	**6274308**	**693888**	**910859**	**359044**
163773	21366	144530	-693888	693888	82131	41600
-2794	11324	36229	1422475	52769	206227	72320
359789	225928	501787	4851833	641119	704632	286724
607	1	663	1405	2236	708	421
-459	621	306	44097		13600	4023
1975	-85	1319	78790		14095	881
5973	975	6239	46896	17232	14337	9188
5898	500	5639	69758	4395	8580	7848
-6	5	27	95		1	130
-58		1	1641	41	537	426
-12	2	121	3734	230	484	540
166	427	559	4705	2827	2153	1126
34	361	616	20379	1617	4022	1358
434	46	107	738	1211	1011	1813
1550	4	1057	10809		927	301
7021	5023	15960	213129	4666	31123	7725
-22975	1119	1250	681456	302	98208	12174
5668	756	5687	53747	912	4101	1687
7521	3064	10197	139529	12817	33993	13963
1874	-602	2941	30419	2585	9408	3627
16956	5569	23746	117814	15648	39175	7145
1461	434	1729	12288	4942	5797	1628
10494	5068	13796	157144	23729	46886	15473
-176	4478	10182	893853	11251	91174	27992
5452	3382	13630	339652	27094	28598	21894
18332	10907	24781	973311	29189	148659	39296
-3854	18540	8388	403361	315	35004	7495
-18091	40505	23439	614147	70469	123711	35148
305624	107979	340402	970795	457948	94603	129746
-893	693	97	18727	657	3060	1163
-202	58	3	6047		1237	307
49		49	187		42	16
209	50	212	1724	1576	1256	324
29132	-611	18211	162563		38501	1616
-2832	2814	43	179641		13643	1537
-19880	25167	6621	21729		2229	1033

8-9 规模以上大中型工业企业经济指标

单位：万元 （2023年）

指标	Items	企业单位数（个）Number of Enterprises (unit)	#亏损企业 Deficit Enterprise
总计	**Total**	**713**	**92**
#亏损企业	Deficit Enterprise	92	92
#国有及国有控股企业	State-Owned and State Share-holding Enterprise	40	4
#民营工业	Non-public Industrial Enterprise	432	61
一、按登记注册类型分	**Grouped by Ownership**		
内资企业	Domestic-Funded Enterprise	466	65
港、澳、台商投资企业	Hong Kong/Macao/Taiwan-Invested Enterprise	93	15
外商投资企业	Foreigner-Funded	154	12
二、按轻重工业分	**Grouped by Light and Heavy Industry**		
轻工业	Light Industry	197	26
重工业	Heavy Industry	516	66
三、按企业规模分	**Grouped by Scale of Enterprise**		
大型企业	Large	128	11
中型企业	Medium	585	81
四、按行业分	**Grouped by Sector**		
农副食品加工业	Processing of Food from Agricultural Products	1	
食品制造业	Manufacture of Foods	6	
酒、饮料和精制茶制造业	Manufacture of Wine, Beverage and Refined Tea Manufacturing	1	
纺织业	Textile Industry	45	8
纺织服装、服饰业	Manufacture of Textile Wearing Apparel, Clothing	36	4
家具制造业	Manufacture of Furniture	5	1

Economic Indicators of Large and Medium Industrial Enterprises above Designated Size

(10000 yuan)

工业总产值(当年价) Total Industrial Output Value	资产合计 Total Assets	流动资产合计 Total Current Assets	应收账款净额 Net Funds Acceptable	产成品 Finished Product in Stock
132172875	**161410566**	**101235671**	**27429716**	**11470890**
7999358	15539531	7798114	1559814	1017876
15574050	20246330	9486339	1864361	798103
64992399	75247904	51876554	13948047	7893775
78813295	91337033	59792534	15379810	8643913
17690333	29983052	17667519	4783307	878988
35669247	40090481	23775619	7266599	1947989
26023910	29171644	19869368	5312786	2702191
106148964	132238922	81366304	22116930	8768699
71382397	92276607	54702789	14077759	6401055
60790478	69133959	46532882	13351957	5069835
188096	37066	16952	68	3061
413228	481669	211948	100914	11855
264861	100720	80399	64006	3919
3648695	4618935	3380804	887701	800078
2991961	3583100	2877870	1026581	658129
466407	607426	291429	19333	11958

单位：万元　　　　　　　　　　续表 1

指　　标	Items	企业单位数（个）Number of Enterprises (unit)	#亏损企业 Deficit Enterprise
造纸和纸制品业	Manufacture of Paper and Paper Products	1	1
印刷和记录媒介复制业	Printing, Reproduction of Recording Media	6	
文教、工美、体育和娱乐用品制造业	Manufacture of Culture, art, sports and entertainment Products	2	
化学原料和化学制品制造业	Manufacture of Raw Chemical Materials and Chemical Products	20	3
医药制造业	Manufacture of Medicines	11	2
化学纤维制造业	Manufacture of Chemical Fibers	11	
橡胶和塑料制品业	Manufacture of Rubber,Plastics	29	3
非金属矿物制品业	Manufacture of Non-metallic Mineral Products	13	2
黑色金属冶炼和压延加工业	Smelting and Pressing of Ferrous Metals	21	2
有色金属冶炼和压延加工业	Smelting and Pressing of Non-ferrous Metals	11	1
金属制品业	Manufacture of Metal Products	47	8
通用设备制造业	Manufacture of General Purpose Machinery	74	7
专用设备制造业	Manufacture of Special Purpose Machinery	61	6
汽车制造业	Manufacture of Automotive	81	9
铁路、船舶、航空航天和其他运输设备制造业	Manufacture of Railroads, Ships, Aerospace and Other Transportation Equipment	26	6
电气机械和器材制造业	Manufacture of Electrical Machinery and Equipment	84	11
计算机、通信和其他电子设备制造业	Manufacture of Communication Equipment, Computers and Other Electronic Equipment	100	16
仪器仪表制造业	Manufacture of Measuring Instruments	11	1
其他制造业	Other Manufacturing	2	
电力、热力生产和供应业	Production and Supply of Electric Power and Heat Power	3	
燃气生产和供应业	Production and Supply of Gas	1	
水的生产和供应业	Production and Supply of Water	4	1

continued 1 (10000 yuan)

工业总产值（当年价） Total Industrial Output Value	资产合计 Total Assets	流动资产合计 Total Current Assets	应收账款净额 Net Funds Acceptable	产成品 Finished Product in Stock
343774	238350	53369	28415	1591
177402	169434	124567	61477	10699
62535	96245	45887	10907	11383
5665674	6089051	3401027	795484	304865
4160825	5446488	3866527	1507176	452181
3051941	2667772	1622306	107747	117203
3420468	3958170	2161201	708656	245192
666790	804623	496089	205472	57456
12205549	8490837	4193581	380523	682664
1822392	1744500	1147759	275270	97099
4741966	5781093	3994948	1511221	325071
7223701	10795019	7180076	1734700	637995
7557350	11317050	8886205	2580444	1483834
12263498	15315793	9355090	2640692	960107
3612240	5407939	3901464	647863	100296
28862814	29603146	22853659	6759218	2760113
25377805	37618792	17430186	5021476	1278696
1423911	1953499	1516279	248456	440114
59153	59895	32715	5841	6539
716961	1010405	242586	61350	8705
537813	438046	186272	11828	
245066	2975503	1684476	26897	88

单位：万元　　　　　　　　　　　　　续表 2

指　标	Items	固定资产原　值 Original Value of Fixed Assets	累计折旧 Accumulated Depreciation
总计	**Total**	**72514939**	**41026217**
#亏损企业	Deficit Enterprise	8064278	3193568
#国有及国有控股企业	State-Owned and State Share-holding Enterprise	9944354	5632278
#民营工业	Non-public Industrial Enterprise	20855198	10780017
一、按登记注册类型分	**Grouped by Ownership**		
内资企业	Domestic-Funded Enterprise	29323804	15583988
港、澳、台商投资企业	Hong Kong/Macao/Taiwan-Invested Enterprise	12567723	6161819
外商投资企业	Foreigner-Funded	30623412	19280410
二、按轻重工业分	**Grouped by Light and Heavy Industry**		
轻工业	Light Industry	10427523	5263107
重工业	Heavy Industry	62087416	35763110
三、按企业规模分	**Grouped by Scale of Enterprise**		
大型企业	Large	48328356	27638807
中型企业	Medium	24186583	13387410
四、按行业分	**Grouped by Sector**		
农副食品加工业	Processing of Food from Agricultural Products	33005	15827
食品制造业	Manufacture of Foods	353595	127908
酒、饮料和精制茶制造业	Manufacture of Wine, Beverage and Refined Tea Manufacturing	49867	36777
纺织业	Textile Industry	2173122	1382556
纺织服装、服饰业	Manufacture of Textile Wearing Apparel, Clothing	911933	494096
家具制造业	Manufacture of Furniture	390893	103610

continued 2 (10000 yuan)

负债合计 Total Liabilities	所有者权益合计 Total Owner Interest	实收资本 Paid-In Capital	其中 of Which		营业收入 Business Revenue	营业成本 Business Cost	税金及附加 Tax and Extra Charges	销售费用 Cost of sales
			国家 State-Owned	港澳台及外商 HongKong, Macao,Taiwan and Foreign Capital				
80545078	**80780057**	**30799671**	**2452744**	**12148201**	**130735729**	**108995634**	**540262**	**3012528**
10323754	5215776	5426905	358226	1299714	7715586	7313094	28957	200060
9572177	10674153	4308181	1964981	89308	15017411	12477571	93071	390892
40265584	34982318	10494721	314066	231331	62771491	52888091	206591	1393285
48272838	43064193	14416834	2139293	231331	76034686	63882172	291841	1754098
16973005	12924618	7479226	110377	4062226	18358738	15444913	70518	246806
15299235	24791246	8903610	203074	7854644	36342305	29668549	177903	1011624
13123694	16047949	4665368	101775	2021607	29194786	24090093	108325	1263046
67421384	64732108	26134303	2350970	10126594	101540942	84905541	431937	1749482
45917482	46359125	17564901	1361034	8033335	71677919	59494300	311324	1819054
34627596	34420932	13234770	1091710	4114866	59057810	49501334	228938	1193474
18427	18639	15000			191162	179798	235	3399
82818	398851	241630		181450	391054	293439	3692	8472
50151	50569	27865		27865	264434	189125	1685	3708
1919490	2699445	688008		239196	6126967	5649055	15207	28931
1539779	2043320	470756	3900	6858	3790428	3351968	8246	58228
500318	107108	46539			514148	427189	4049	8908

单位：万元　　　　续表 3

指　　标	Items	固定资产原　值 Original Value of Fixed Assets
造纸和纸制品业	Manufacture of Paper and Paper Products	285592
印刷和记录媒介复制业	Printing, Reproduction of Recording Media	84075
文教、工美、体育和娱乐用品制造业	Manufacture of Culture, art, sports and entertainment Products	34420
化学原料和化学制品制造业	Manufacture of Raw Chemical Materials and Chemical Products	3093785
医药制造业	Manufacture of Medicines	1535678
化学纤维制造业	Manufacture of Chemical Fibers	1050487
橡胶和塑料制品业	Manufacture of Rubber,Plastics	1843093
非金属矿物制品业	Manufacture of Non-metallic Mineral Products	320427
黑色金属冶炼和压延加工业	Smelting and Pressing of Ferrous Metals	4715392
有色金属冶炼和压延加工业	Smelting and Pressing of Non-ferrous Metals	674719
金属制品业	Manufacture of Metal Products	2124532
通用设备制造业	Manufacture of General Purpose Machinery	2804378
专用设备制造业	Manufacture of Special Purpose Machinery	1825576
汽车制造业	Manufacture of Automotive	5906889
铁路、船舶、航空航天和其他运输设备制造业	Manufacture of Railroads, Ships, Aerospace and Other Transportation Equipment	829607
电气机械和器材制造业	Manufacture of Electrical Machinery and Equipment	5839409
计算机、通信和其他电子设备制造业	Manufacture of Communication Equipment, Computers and Other Electronic Equipment	31779871
仪器仪表制造业	Manufacture of Measuring Instruments	298133
其他制造业	Other Manufacturing	37354
电力、热力生产和供应业	Production and Supply of Electric Power and Heat Power	1099500
燃气生产和供应业	Production and Supply of Gas	291260
水的生产和供应业	Production and Supply of Water	2128348

continued 3 (10000 yuan)

累计折旧 Accumulated Depreciation	负债合计 Total Liabilities	所有者权益合计 Total Owner Interest	实收资本 Paid-In Capital	其中 of Which		营业收入 Business Revenue	营业成本 Business Cost	税金及附加 Tax and Extra Charges	销售费用 Cost of Sales
				国家 State-Owned	港澳台及外商 HongKong, Macao,Taiwan and Foreign Capital				
142358	133928	104422	123294		121642	232643	219369	2265	5641
46399	83924	85510	17850			162477	130105	811	5398
17426	34285	61960	16361			59091	37811	314	3653
1892085	3164114	2924937	1211036		95077	5217641	4543894	13735	69107
606999	1355059	4091429	336888	38006	95407	3882488	2329292	23502	632118
667497	1357238	1310534	502978	34213	1104	3049208	2650876	5418	13213
969132	1387793	2570376	887475		149553	3503155	2980980	13785	75711
143883	434951	369672	93608	22270	8538	708764	591198	3960	18035
2874412	5357431	3133407	2105258		172884	11634638	10372074	31227	54608
382081	938776	805724	497556	1341	248	1562824	1367163	5635	17114
1188995	2678698	3102395	1037881	62785	302372	4258473	3459702	18837	95240
1583136	4895361	5899658	1451061	99151	615213	6952859	5107715	39444	164929
835992	6405113	4911936	1118022	26198	391696	6525209	4777509	41211	182942
3229670	6389286	8926506	2707920	913605	1009467	11772337	9280583	93020	254855
411630	3254142	2153797	560211	13271	250665	3865359	3203039	10076	60750
2854926	20288080	9315064	4544435	97790	1356881	27773310	23725108	72899	783085
18737901	14606942	22926422	10708767	220093	7035442	25295678	21901514	111093	272184
95391	1093517	859982	182177	36000		1155230	771726	8152	55611
19279	22365	37530	10520			45443	31039	418	5126
756888	481907	528498	260192	67953	29644	755811	662238	4737	4101
113062	151681	286365	24286			537813	434230	1977	23791
1296301	1919505	1055998	912102	816168	57000	507084	327896	4632	103672

单位：万元　　　　续表 4

指 标	Items	管理费用 Management Expense	财务费用 Accounting Expense
总计	**Total**	**3717868**	**647989**
#亏损企业	Deficit Enterprise	322342	183616
#国有及国有控股企业	State-Owned and State Share-holding Enterprise	331241	43554
#民营工业	Non-public Industrial Enterprise	1597933	335106
一、按登记注册类型分	**Grouped by Ownership**		
内资企业	Domestic-Funded Enterprise	1866609	369767
港、澳、台商投资企业	Hong Kong/Macao/Taiwan-Invested Enterprise	717322	104004
外商投资企业	Foreigner-Funded	1133938	174218
二、按轻重工业分	**Grouped by Light and Heavy Industry**		
轻工业	Light Industry	732901	55593
重工业	Heavy Industry	2984967	592396
三、按企业规模分	**Grouped by Scale of Enterprise**		
大型企业	Large	1815101	426574
中型企业	Medium	1902767	221415
四、按行业分	**Grouped by Sector**		
农副食品加工业	Processing of Food from Agricultural Products	2191	57
食品制造业	Manufacture of Foods	13858	-896
酒、饮料和精制茶制造业	Manufacture of Wine, Beverage and Refined Tea Manufacturing	937	-4
纺织业	Textile Industry	110973	49088
纺织服装、服饰业	Manufacture of Textile Wearing Apparel, Clothing	82687	28777
家具制造业	Manufacture of Furniture	26232	4604

continued 4 (10000 yuan)

#利息收入 Interest Income	#利息费用 Interest Expenditure	利润总额 Total Profit	亏损企业亏损额 Deficit	本年应交增值税 Added Value Tax Payable This Year	从业人员平均人数（人） Average Employees (person)
330582	**981281**	**11134914**	**894729**	**1837079**	**600390**
24251	160727	-894729	894729	105097	57858
30051	77461	1665535	11230	300943	47487
86439	469952	4878398	368807	931831	294739
114213	536033	6249410	380037	1205080	335874
104086	172597	1039355	319166	232602	93113
112284	272652	3846149	195526	399397	171403
-6945	162625	2642451	66422	352375	141722
337527	818656	8492464	828307	1484704	458668
170108	607811	6348710	486988	1020706	304327
160475	373471	4786204	407741	816372	296063
1	51	5235		47	316
402	322	65555		17569	3822
6		65039		10850	348
2985	48128	268350	10238	46223	31256
8280	35518	263887	2054	28548	23157
200	4779	26524	56	17349	6120

单位：万元 续表 5

	指 标 Items	管理费用 Management Expense	财务费用 Accounting Expense
造纸和纸制品业	Manufacture of Paper and Paper Products	2458	6786
印刷和记录媒介复制业	Printing, Reproduction of Recording Media	9770	838
文教、工美、体育和娱乐用品制造业	Manufacture of Culture, art, sports and entertainment Products	3375	549
化学原料和化学制品制造业	Manufacture of Raw Chemical Materials and Chemical Products	114848	24541
医药制造业	Manufacture of Medicines	152670	-14318
化学纤维制造业	Manufacture of Chemical Fibers	20845	32368
橡胶和塑料制品业	Manufacture of Rubber,Plastics	112995	16183
非金属矿物制品业	Manufacture of Non-metallic Mineral Products	23826	3524
黑色金属冶炼和压延加工业	Smelting and Pressing of Ferrous Metals	153986	53250
有色金属冶炼和压延加工业	Smelting and Pressing of Non-ferrous Metals	34269	16130
金属制品业	Manufacture of Metal Products	144691	19930
通用设备制造业	Manufacture of General Purpose Machinery	391202	22260
专用设备制造业	Manufacture of Special Purpose Machinery	318048	7134
汽车制造业	Manufacture of Automotive	435332	42435
铁路、船舶、航空航天和其他运输设备制造业	Manufacture of Railroads, Ships, Aerospace and Other Transportation Equipment	123402	-14620
电气机械和器材制造业	Manufacture of Electrical Machinery and Equipment	638519	23477
计算机、通信和其他电子设备制造业	Manufacture of Communication Equipment, Computers and Other Electronic Equipment	677943	347125
仪器仪表制造业	Manufacture of Measuring Instruments	53316	2623
其他制造业	Other Manufacturing	5269	355
电力、热力生产和供应业	Production and Supply of Electric Power and Heat Power	19096	5479
燃气生产和供应业	Production and Supply of Gas	12343	-1759
水的生产和供应业	Production and Supply of Water	32787	-27928

continued 5

(10000 yuan)

#利息收入 Interest Income	#利息费用 Interest Expenditure	利润总额 Total Profit	亏损企业亏损额 Deficit	本年应交增值税 Added Value Tax Payable This Year	从业人员平均人数（人） Average Employees (person)
38	5867	-3886	3886	14610	567
593	1259	10780		5290	2195
-140	801	11395		32	1056
17942	43050	395453	6892	40265	11467
2998	6101	687460	9382	117781	14603
9766	37623	297049		23707	7133
1925	23247	243779	35780	37434	17904
730	4737	49019	976	13387	7165
9521	60288	820599	15255	152403	24757
8097	24096	79260	592	26962	5715
8503	28854	474029	18675	62520	24544
22307	49394	1100331	21019	128717	43971
17470	24277	859016	38335	191180	50351
15297	57768	1596785	24913	243860	63082
26071	12267	634621	9317	63599	17190
23258	104517	1497057	226302	326094	74957
120116	389904	1264548	469362	176156	150721
974	2702	201877	744	50631	9572
8	297	2000		1144	1339
-150	4310	81268		18858	2085
1823	16	69309		8528	1051
31563	11111	68577	949	13335	3946

8—10 规模以上主要产品产量
Output of Major Products above Designated Size

（2023年）

指 标 Items				全 市 Total	其中 of Which 市 区 Urban Districts	江阴市 Jiangyin City	宜兴市 Yixing City
黑色、有色金属产品		**Ferrous and Non-Ferrous Metal**					
生铁	（万吨）	pig iron	(10000 tons)	969.65	131.79	837.86	
粗钢	（万吨）	Steel	(10000 tons)	1080.93	143.22	937.71	
钢材	（万吨）	Steel Material	(10000 tons)	2400.41	902.57	1456.07	41.76
铜材	（万吨）	Copper Material	(10000 tons)	177.11	6.39	9.59	161.14
铝材	（万吨）	Aluminium Material	(10000 tons)	120.00	36.86	80.22	2.92
建材产品		**Building Material Products**					
水泥	（万吨）	Cement	(10000 tons)	2083.59	324.04	345.65	1413.90
商品混凝土	（万立方米）	Commodity concrete	(10^4 cubic meter)	2254.27	1530.45	387.25	336.56
钢化玻璃	（万平方米）	Tempered glass	(10000 sq·m)	1722.11	1368.35	353.76	
实木木地板	（平方米）	Solid wood floor	(sq·m)	21473			21473
复合木地板	（平方米）	Composite wood floor	(sq·m)	60080			60080
食品、酒、饮料产品		**Food, wine, beverage products**					
小麦粉	（吨）	Wheat Powder	(ton)	44267			44267
速冻食品	（吨）	Frozen food	(ton)	155158	146192	8966	
乳制品	（吨）	Milk	(ton)	6830	6830		
饮料、酒	（千升）	Beverage, Wine	(1000 litres)	17949	17949		

续表 1 continued 1

指标		Items		全市 Total	其中 of Which 市区 Urban Districts	江阴市 Jiangyin City	宜兴市 Yixing City
家用产品		**Household products**					
摩托车	（万辆）	Motorcycle	(10000 units)	1165.24	1165.24		
电动自行车	（万辆）	Electric Bicycle	(10000 units)	313.55	313.55		
家用电冰箱	（万台）	Household Refrigerator	(10000 units)	74.12	74.12		
家用洗衣机	（万台）	Household Washer	(10000 units)	1999.96	1999.96		
家用电热水器	（万台）	Household Electric Water Heater	(10000 units)	114.67	114.67		
灯具及照明装置	（万套）	Lamp	(10000 units)	2473.04	684.05	24.14	1764.85
家具	（万件）	Furniture	(10000 pieces)	2874.11	2514.42	59.32	300.37
鞋	（万双）	Shoes	(10000 pairs)	2021.61		2021.61	
纺织产品		**Textile**					
纱	（万吨）	Yarn	(10000 tons)	49.08	5.70	43.20	0.17
布	（万米）	Cloth	(10000 m)	41276.43	4420.62	23170.26	13685.55
棉布	（万米）	Cotton Cloth	(10000 m)	9728.46	2265.55	3653.26	3809.65
棉混纺布	（万米）	Cotton Blended Fabric	(10000 m)	24220.33	950.92	13393.51	9875.90
化学纤维布	（万米）	Chemical Fiber Cloth	(10000 m)	7327.64	1204.15	6123.49	
印染布	（万米）	Printing and Dyeing Cloth	(10000 m)	127027.28	43530.88	41138.30	42358.10
帘子布	（吨）	Curtain Cloth	(ton)	12475	11843	632	
毛线	（吨）	Knitting Wool	(ton)	8929		5358	3570
呢绒	（万米）	Wool Fabrics	(10000 m)	9020.01	205.38	8814.63	
蚕丝及交织机织物	（万米）	Silk and Woven Fabric	(10000 m)	963.45	317.00		646.45
服装	（万件）	Clothing	(10000 units)	51664.45	13387.26	37563.41	713.78
#梭织服装	（万件）	Shuttle-Woven Clothing	(10000 units)	9380.56	5002.89	3942.96	434.71
针织服装	（万件）	Knitted Clothing	(10000 units)	42283.89	8384.37	33620.45	279.07
化学纤维	（万吨）	Chemical Fibre	(10000 tons)	451.47	4.40	367.59	79.49
#合成纤维	（万吨）	Synthetic Fibre	(10000 tons)	435.55	4.18	355.86	75.51

续表 2　　continued 2

指 标		Items		全 市 Total	其中 of Which 市 区 Urban Districts	江阴市 Jiangyin City	宜兴市 Yixing City
石化、医药产品		**Petro-Chemical and Pharmaceuticals Products**					
燃料油	(万吨)	Fuel Oil	(10000 tons)	16.31		16.31	
石脑油	(万吨)	Naphtha	(10000 tons)	2.14		2.14	
石油沥青	(万吨)	Liquefied Petroleum Gas	(10000 tons)	25.93		25.93	
合成氨	(万吨)	Synthetic Ammonia	(10000 tons)	115.42			115.42
化学肥料	(万吨)	Chemical Fertilizer	(10000 tons)	85.43			85.43
#尿素	(万吨)	Urea	(10000 tons)	85.43			85.43
化学农药	(万吨)	Chemical Pesticide	(10000 tons)	1.46		1.46	
初级形态的塑料	(万吨)	Primary-Form plastic	(10000 tons)	257.91	41.50	97.07	119.34
合成纤维聚合物	(万吨)	Synthetic Fiber Polymers	(10000 tons)	88.73	37.94	50.79	
化学药品原药	(吨)	Medicinal chemicals	(ton)	13493	11910	1105	478
机械产品		**Machinery Products**					
电站锅炉	(蒸发量吨)	Power-Station Boiler	(evaporative capacity:ton)	13957	13957		
工业锅炉	(蒸发量吨)	Industrial-Boiler	(evaporative capacity:ton)	14099	7596		6503
发动机	(万千瓦)	Engine	(10000 kW)	4366.48	4366.48		
金属切削机床	(台)	Metal-Cutting Machine Tool	(unit)	2008	1551	457	
金属成形机床	(台)	Metal Forming Machine	(unit)	4788	931	3857	
泵	(万台)	Pump	(10000 units)	2764.64	2757.29	0.44	6.91
气体压缩机	(台)	Gas-Pressing Machine	(unit)	68937	68688	249	
电动手提式工具	(万台)	Power-Driven Portable Tool	(10000 units)	27.21	27.21		
滚动轴承	(万套)	Rolling Bearing	(10000 sets)	59740.69	57512.29	2228.40	

续表 3　　continued 3

指　　标		Items		全 市 Total	其中 of Which 市 区 Urban Districts	江阴市 Jiangyin City	宜兴市 Yixing City
液压元件	(万件)	Liquid-Pressed Part	(10000 units)	353.79	324.45	15.17	14.17
气动元件	(万件)	Pneumatic Part	(10000 units)	1073.34	1065.07		8.27
收获机械	(台)	Harvester	(unit)	3697	3697		
交流电动机	(万千瓦)	A.C. Machine	(10000 kW)	1565.54	1546.34		19.20
变压器	(万千伏安)	Transformer	(10000 kv·a)	1003.66	765.00	17.06	221.61
电气、电子及交通运输产品		**Electronics and Transportation Product**					
电力电缆	(万千米)	Electric Cable	(10000 km)	271.21	75.92	0.88	194.41
光纤	(万千米)	Optical fiber	(10000 km)	231.27		231.27	
光缆	(万芯千米)	Fiber optic cable	(10000 Core Km)□	611.47	5.95		605.52
太阳能电池	(万千瓦)	Solar battery	(10000 kW)	505.99	356.73	47.72	101.54
电话单机	(万部)	Telephone	(10000 units)	37.38			37.38
电子计算机整机	(万台)	A whole set of electronic computer	(10000 units)	39.92	39.92		
半导体分立器件	(亿只)	Semi-conductor Discrete Device	(10^8 units)	313.65	310.12		3.53
集成电路	(亿块)	IC	(10^8 pieces)	326.59	218.79	107.58	0.22
数码照相机	(万台)	Numerical Camera	(10000 units)	71.86	71.86		
电子元件	(亿只)	Electronic Component	(10^8 units)	5908.79	5760.77	148.02	
印制电路板	(万平方米)	Printed-circuit Board	(10000 sq·m)	1211.83	790.40	383.65	37.78
电工仪器仪表	(万台)	Electronic Instrument and Meter	(10000 units)	388.39		357.16	31.23
硬盘存储器	(万台)	Hard Disk Storage Device	(10000 units)	2274.91	2274.91		
改装汽车	(辆)	Reinstalled Automobile	(unit)	1541.00	143.00	1398.00	
民用钢质船舶	(万载重吨)	Civil Steel Ship	(10^4 Deadweight ton)	212		212	0.20
电力、自来水、煤气产品		**Products of Electric Power, Tap Water and Gas**					
发电量	(亿千瓦时)	Electricity Generation Volume	(10^8 kWh)	481.51	60.01	345.85	75.65
自来水生产量	(万立方米)	Tap Water Production	(10000 m^3)	88578	52862	23597	12119

8－11 分市（县）规模以上民营工业经济指标

Economic Indicators of Private Industries above Designated Size by City (Prefecture)

单位：万元 （2023年） (10000 yuan)

指 标		Items		全 市 Total	其中 of Which 市 区 Urban Districts	江阴市 Jiangyin City	宜兴市 Yixing City
企业单位数	（个）	Number of Enterprises	(unit)	7290	3441	2382	1467
#亏损企业	（个）	Deficit Enterprise	(unit)	1111	620	345	146
工业总产值	（当年价）	Gross Industrial Output Value	(at current prices)	157691633	64859615	46474589	46357429
资产合计		Total Assets		147145620	70376690	45953075	30815854
流动资产合计		Total Current Assets		105473596	50946000	31008851	23518745
#应收账款		Net Funds Acceptable		34637519	15259913	10393816	8983790
产成品		Finished Products In Stock		14382476	6394948	4624514	3363015
固定资产原价		Original Value of Fixed Assets		42238113	17551887	16690316	7995910
累计折旧		Accumulated Depreciation		22013230	8310724	9291568	4410939
负债合计		Total Liabilities		81740014	39074790	24588417	18076807
所有者权益合计		Total Owners' Equities		65405305	31301875	21364448	12738982
实收资本		Paid-in Capital		23552471	9751207	7944854	5856410
#国家资本		State-Owned Capital		506135	421882	48632	35622
港澳台及外商资本		HongKong, Macao, Taiwan and Foreign Capital		255488	232089	22149	1250
营业收入		Main Business Revenue		150749837	59745831	49612144	41391861
#营业成本		Main Business Cost		128436724	49313517	42920894	36202313
税金及附加		Main Business Tax and Extra Charges		506480	231534	174339	100607
销售费用		Cost of Sales		2927399	1695663	573864	657873
管理费用		Management Expense		5036842	2677109	1405288	954446
财务费用		Accounting Expense		841439	204585	371519	265336
#利息收入		Interest Income		154691	50129	61965	42598
利息费用		Interest Expense		932826	324156	394114	214557
利润总额		Total Profit		9862145	3939221	3466152	2456772
#亏损企业亏损额		Losses of Deficit Enterprises		822411	572910	158220	91280
本年应交增值税		Value-Added Tax Payable This Year		2461251	1224091	673919	563241
从业人员平均人数	（人）	Average Employees	(person)	818282	395019	282628	140635

无锡统计年鉴 2024

第 9 篇

CHAPTER

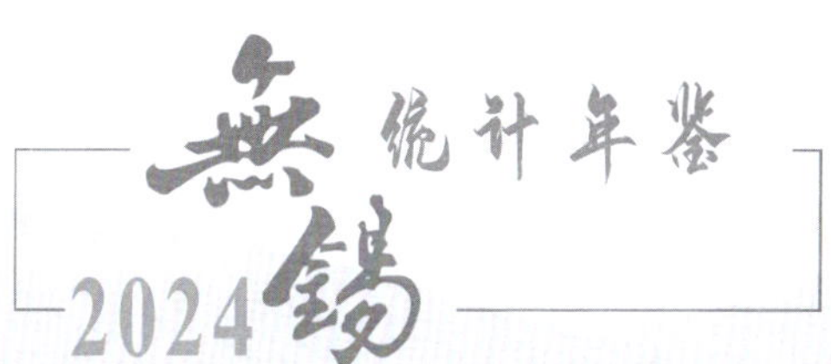

建筑业

CONSTRUCTION

2024 WUXI STATISTICAL YEARBOOK

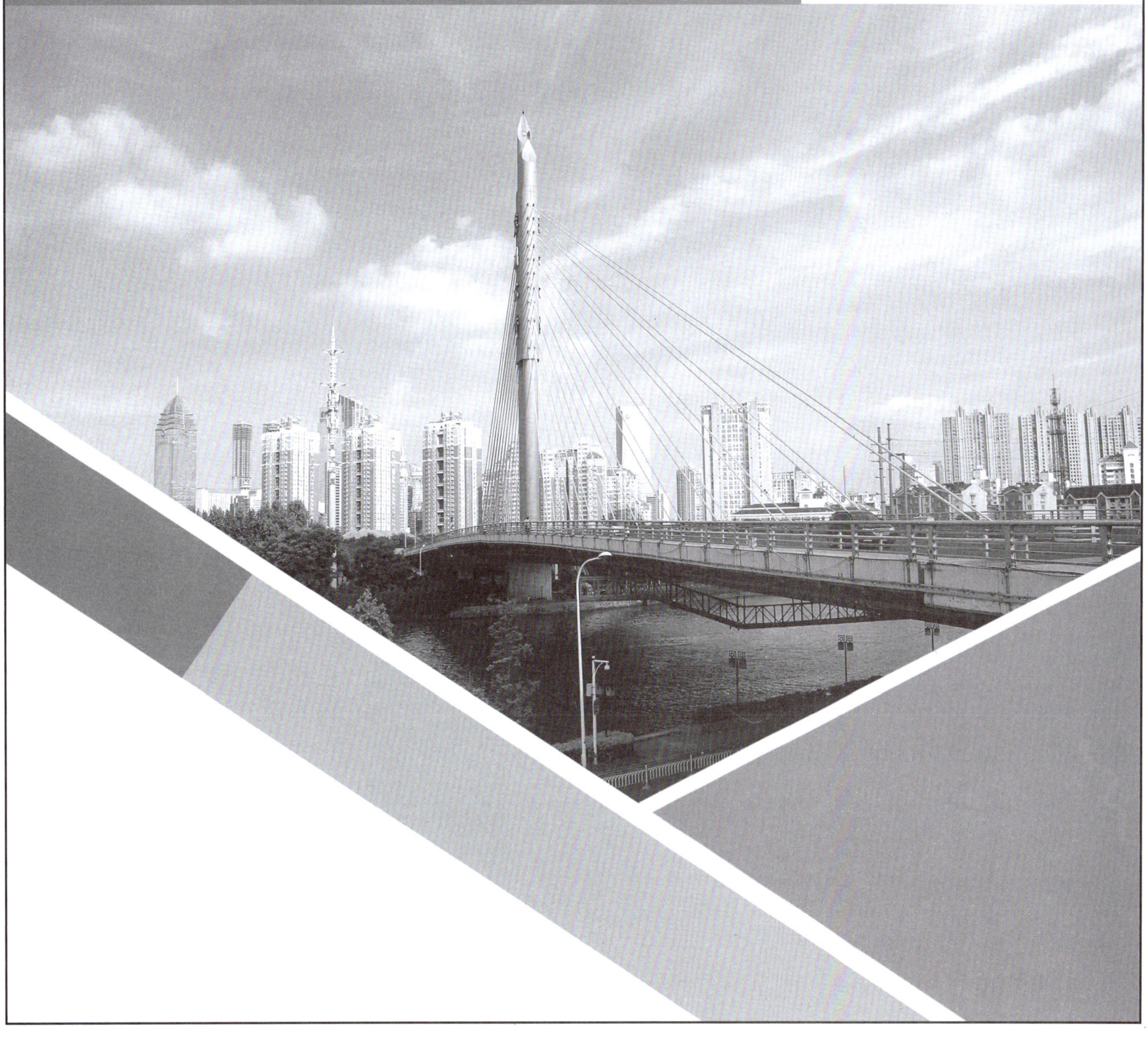

第九篇　建筑业
CHAPTER IX　CONSTRUCTION

● 建筑企业个数 Number of Construction Enterprises	733个	(Unit)
● 建筑业增加值 Added Value of Construction	760.87亿元	(10^8 yuan)
比上年增长 Over the Previous Year	11.3%	
● 建筑业总产值 Total Output Value of Construction Enterprises	1555.80亿元	(10^8 yuan)
● 房屋建筑施工面积 Floor Space of Buildings Under Construction	5153.82万平方米	(10^4 sq.m)
● 房屋建筑竣工面积 Floor Space of Buildings Completed	1524.04万平方米	(10^4 sq.m)

9－1 按地区分建筑业企业生产情况

Production of Construction Enterprises by Districts

（2023年）

指标		Items		全市 Total	其中 of Which 市区 Urban Districts	江阴市 Jiangyin City	宜兴市 Yixing City
企业个数	(个)	Number of Enterprises	(unit)	733	375	134	224
建筑业总产值	(万元)	Total Output Value of Construction Enterprises	(10000 yuan)	15557971	9966690	1352169	4239113
#在外省完成的产值		Output Value Completed in Other Provinces		4203973	3284555	166395	753023
装修装饰产值		Output Value of Decoration		721192	340978	71905	308309
1.建筑工程		Construction		12229904	7283958	1178344	3767603
2.安装工程		Installation		3173751	2618796	147109	407845
3.其他产值		Other Output Value		154317	63936	26716	63665
竣工产值	(万元)	Output Value of Buildings Completed	(10000 yuan)	8754865	4317748	1208241	3228877
房屋建筑施工面积	(万平方米)	Floor Space of Buildings under Constructions	(10000 sq.m)	5153.82	2584.50	767.92	1801.39
#本年新开工		Projects Beginning This Year		1475.31	821.51	216.53	437.26
房屋建筑竣工面积	(万平方米)	Floor Space of Building Completed	(10000 sq·m)	1524.04	679.98	287.73	556.33
直接从事生产经营活动平均人数	(人)	The Average Number of Directly Engaged in Production Activities	(person)	315468	156161	41987	117320
期末从业人数		Number of Year-end Staff and Workers		248577	102362	24181	122034
#工程技术人员		Technician and Engineer		34524	19686	5335	9503
建筑业全员劳动生产率	(元/人)	Overall Labour Productivity	(yuan/person)	493171	638232	322045	361329

9－2 按地区分建筑业企业财务状况

Financial Indication of Construction Enterprises by Districts

单位：万元 （2023年） (10000 yuan)

指 标	Items	全 市 Total	其中 of Which 市 区 Urban Districts	江阴市 Jiangyin City	宜兴市 Yixing City
年末资本负债及资产	**Total Liabilities and Assets (Year end)**				
流动资产	Current Assets	17823539	11658908	1831256	4333375
#存货	Stock	2838633	1836547	394788	607298
固定资产原价	Gross Fixed Assets	1771267	1000861	384687	385718
累计折旧	Accumulated Depreciation	995240	584995	195510	214736
#本年折旧	Yearly Depreciation	115848	62238	20132	33478
在建工程	Project Under Construction	450590	311524	127642	11424
资产总计	Total Property	20767047	13453852	2237405	5075791
流动负债	Current Liabilities	12912108	8967724	1044282	2900103
非流动负债	Non-Current Liabilities	535560	206623	149916	179021
负债合计	Total Liabilities	14438683	9751877	1256541	3430266
所有者权益	Owner's Equity	6318952	3701975	980864	1636113
#实收资本	Paid in Capital	2594112	1467245	506739	620128
#个人资本	Individual Capital	1194812	584176	271925	338711
损益及分配	**Loss-profit and Allocation**				
营业收入	Project Revenue	15518913	10322793	1688928	3507192
营业成本	Project Cost	13888386	9273518	1441865	3173004
税金及附加	Project Taxes and Extra Charges	44616	22286	6447	15884
其他业务利润	Other Profits	13173	8758	3399	1015
管理费用	General Administrative Expenses	627394	428664	72669	126061
财务费用	Financial Expenses	84812	59331	7993	17488
#利息支出	Interest Expenses	86957	62783	6182	17992
营业利润	Operation Profit	702700	391009	156316	155375
利润总额	Income Before Tax	666131	354831	156081	155219
应交增值税	Value-Added Tax Payable	300026	180762	41183	78081
应付职工薪酬	Payroll Payable	2269564	1215060	266725	787779
亏损企业个数（个）	**Number of Unprofitable Enterprises (unit)**	**97**	**68**	**10**	**19**

9－3 按行业分建筑业企业生产情况

（2023年）

指 标		Items		总 计 Total
企业个数	（个）	Number of Enterprises	(unit)	733
建筑业总产值	（万元）	Total Output Value of Construction Enterprises	(10000 yuan)	15557971
#在外省完成的产值		Output Value Completed in Other Provinces		4203973
装修装饰产值		Output Value of Decoration		721192
1、建筑工程		Construction		12229904
2、安装工程		Installation		3173751
3、其他产值		Other Output Value		154317
竣工产值	（万元）	Output Value of Buildings Completed	(10000 yuan)	8754865
房屋建筑施工面积	（万平方米）	Floor Space of Buildings under Constructions	(10000 sq.m)	5153.82
#本年新开工		Projects Beginning This Year		1475.31
房屋建筑竣工面积	（万平方米）	Floor Space of Building Completed	(10000 sq·m)	1524.04
直接从事生产经营活动平均人数	（人）	The Average Number of Directly Engaged in Production Activities	(person)	315468
期末从业人数		Number of Year-end Staff and Workers		248577
#工程技术人员		Technician and Engineer		34524
建筑业全员劳动生产率	（元/人）	Overall Labour Productivity	(yuan/person)	493171

Production of Construction Enterprises by Sector

房屋工程建筑 Building Engineering	其中 of Which 住宅房屋建筑 Residential Building	体育场馆建筑 Gymnasium Building	其他房屋建筑业 Other Building	土木工程建筑 Civil Engineering	建筑安装业 Building Installation	建筑装饰和其他建筑业 Building Decoration and Other
238	165	6	67	235	128	132
5456153	4689680	28129	738345	5655210	3648945	797664
536727	455537	950	80240	1687538	1807472	172236
265998	207625		58372	40296	25614	389286
5229869	4494515	21845	713509	5474429	783565	742041
152012	131126	6285	14602	117542	2855336	48861
74272	64038		10234	63238	10044	6763
4014964	3556610	32725	425629	2806886	1483861	449154
4418.06	4053.52	36.50	328.04	184.68	472.87	78.22
1240.12	1107.86	8.98	123.28	48.47	185.83	0.90
1294.02	1146.59	11.85	135.57	46.18	182.96	0.88
164593	140926	1099	22568	73004	50268	27603
144575	130007	1001	13567	46185	40637	17180
13125	10934	160	2031	10215	8401	2783
331494	332776	255952	327164	774644	725898	288977

9－4 按资质等级分建筑业企业生产情况

（2023年）

指 标		Items		总计 Total	施工总承包 General Contractor
企业个数	(个)	Number of Enterprises	(unit)	733	429
建筑业总产值	(万元)	Total Output Value of Construction Enterprises	(10000 yuan)	15557971	13091685
#在外省完成的产值		Output Value Completed in Other Provinces		4203973	3537660
装修装饰产值		Output Value of Decoration		721192	356912
1.建筑工程		Construction		12229904	10418085
2.安装工程		Installation		3173751	2545984
3.其他产值		Other Output Value		154317	127616
竣工产值	(万元)	Output Value of Buildings Completed	(10000 yuan)	8754865	7238998
房屋建筑施工面积	(万平方米)	Floor Space of Buildings under Constructions	(10000 sq.m)	5153.82	4712.86
#本年新开工		Projects Beginning This Year		1475.31	1315.56
房屋建筑竣工面积	(万平方米)	Floor Space of Building Completed	(10000 sq·m)	1524.04	1476.88
直接从事生产经营活动平均人数	(人)	The Average Number of Directly Engaged in Production Activities	(person)	315468	250217
期末从业人数		Number of Year-end Staff and Workers		248577	207915
#工程技术人员		Technician and Engineer		34524	27010
建筑业全员劳动生产率	(元/人)	Overall Labour Productivity	(yuan/person)	493171	523213

Production of Construction Enterprises by Grade

其中 of Which					其中 of Which			
特级 Premium	一级 First Level	二级 Second Level	三级 Third Level	专业承包 Specialized Contractor	一级 First Level	二级 Second Level	三级 Third Level	不分等级 No Level
2	71	138	217	304	76	131	94	3
873977	8603340	2482642	1129208	2466287	1544755	625615	288072	7845
49529	3127557	259428	101147	666313	404803	233029	27749	732
109309	90164	107178	50261	364280	280980	66123	17177	
873977	6230953	2346275	964362	1811820	1255050	377236	171689	7845
	2315914	82808	147262	627767	271887	240296	115584	
	56474	53559	17584	26700	17818	8084	799	
716463	4047719	1685799	789018	1515867	945125	377229	186946	6568
961.84	2768.09	747.29	235.65	440.96	304.36	135.87	0.73	
198.19	759.21	241.96	116.20	159.75	123.78	35.43	0.55	
234.67	762.38	357.13	122.71	47.16	22.52	23.95	0.69	
36616	127800	55415	30348	65251	36902	18928	9193	228
47983	98968	37811	23118	40662	24075	11108	5282	197
1141	14581	6524	4756	7514	4115	2083	1272	44
238687	673188	448009	372086	377969	418610	330523	313360	344079

9－5 按登记注册类型分建筑业企业生产情况

Production of Construction Enterprises by Registration Type

（2023年）

指标		Items		总计 Total	内资企业 Domestic-Funded	港澳台商投资企业 HongKong, Macao and Taiwan-Funded	外商投资企业 Foreign-Funded
企业个数	(个)	Number of Enterprises	(unit)	733	730	3	
建筑业总产值	(万元)	Total Output Value of Construction Enterprises	(10000 yuan)	15557971	15543682	14289	
#在外省完成的产值		Output Value Completed in Other Provinces		4203973	4199928	4045	
装修装饰产值		Output Value of Decoration		721192	715063	6130	
1.建筑工程		Construction		12229904	12223775	6130	
2.安装工程		Installation		3173751	3165591	8160	
3.其他产值		Other Output Value		154317	154317		
竣工产值	(万元)	Output Value of Buildings Completed	(10000 yuan)	8754865	8741738	13127	
房屋建筑施工面积	(万平方米)	Floor Space of Buildings under Constructions	(10000 sq.m)	5153.82	5153.82		
#本年新开工		Projects Beginning This Year		1475.31	1475.31		
房屋建筑竣工面积	(万平方米)	Floor Space of Building Completed	(10000 sq·m)	1524.04	1524.04		
直接从事生产经营活动平均人数	(人)	The Average Number of Directly Engaged in Production Activities	(person)	315468	315164	304	
期末从业人数		Number of Year-end Staff and Workers		248577	248180	397	
#工程技术人员		Technician and Engineer		34524	34486	38	
建筑业全员劳动生产率	(元/人)	Overall Labour Productivity	(yuan/person)	493171	493193	470046	

9－6 按登记注册类型分建筑业企业财务状况

Financial Indication of Construction Enterprises by Registration Type

单位：万元　　（2023年）　　(10000 yuan)

指　标	Items	总　计 Total	内资企业 Domestic-Funded	港澳台商投资企业 HongKong, Macao and Taiwan Funded	外商投资企业 Foreign-Funded
年末资本负债及资产	**Total Liabilities and Assets (Year end)**				
流动资产	Current Assets	17823539	17811567	11972	
#存货	Stock	2838633	2836688	1945	
固定资产原价	Gross Fixed Assets	1771267	1769567	1699	
累计折旧	Accumulated Depreciation	995240	994390	851	
#本年折旧	Yearly Depreciation	115848	115786	62	
在建工程	Project Under Construction	450590	450590		
资产总计	Total Property	20767047	20753686	13362	
流动负债	Current Liabilities	12912108	12907390	4719	
非流动负债	Non-Current Liabilities	535560	535560		
负债合计	Total Liabilities	14438683	14433964	4719	
所有者权益	Owner's Equity	6318952	6310309	8643	
#实收资本	Paid in Capital	2594112	2588717	5395	
#个人资本	Individual Capital	1194812	1194812		
损益及分配	**Loss-profit and Allocation**				
营业收入	Project Revenue	15518913	15501579	17335	
营业成本	Project Cost	13888386	13872757	15629	
税金及附加	Project Taxes and Extra Charges	44616	44579	38	
其他业务利润	Other Profits	13173	13140	33	
管理费用	General Administrative Expenses	627394	625743	1651	
财务费用	Financial Expenses	84812	84750	62	
#利息支出	Interest Expenses	86957	86937	20	
营业利润	Operation Profit	702700	702797	-97	
利润总额	Income Before Tax	666131	666245	-114	
应交增值税	Value-Added Tax Payable	300026	299944	82	
应付职工薪酬	Payroll Payable	2269564	2266381	3183	
亏损企业个数（个）	**Number of Unprofitable Enterprises (unit)**	**97**	**95**	**2**	

9-7 按行业分建筑业企业财务状况

单位：万元 （2023年）

指标	Items	总计 Total
年末资本负债及资产	**Total Liabilities and Assets (Year end)**	
流动资产	Current Assets	17823539
#存货	Stock	2838633
固定资产原价	Gross Fixed Assets	1771267
累计折旧	Accumulated Depreciation	995240
#本年折旧	Yearly Depreciation	115848
在建工程	Project Under Construction	450590
资产总计	Total Property	20767047
流动负债	Current Liabilities	12912108
非流动负债	Non-Current Liabilities	535560
负债合计	Total Liabilities	14438683
所有者权益	Owner's Equity	6318952
#实收资本	Paid in Capital	2594112
#个人资本	Individual Capital	1194812
损益及分配	**Loss-profit and Allocation**	
营业收入	Project Revenue	15518913
营业成本	Project Cost	13888386
税金及附加	Project Taxes and Extra Charges	44616
其他业务利润	Other Profits	13173
管理费用	General Administrative Expenses	627394
财务费用	Financial Expenses	84812
#利息支出	Interest Expenses	86957
营业利润	Operation Profit	702700
利润总额	Income Before Tax	666131
应交增值税	Value-Added Tax Payable	300026
应付职工薪酬	Payroll Payable	2269564
亏损企业个数（个）	**Number of Loss-making Enterprises (unit)**	**97**

Financial Status of Construction Enterprises by Sector

(10000 yuan)

房屋工程建筑 Building Engineering	其中 of Which			土木工程建筑 Civil Engineering	建筑安装业 Building Installation	建筑装饰和其他建筑业 Building Decoration and Other
	住宅房屋建筑 Residential Building	体育场馆建筑 Gymnasium Building	其他房屋建筑业 Other Building			
5588000	4804941	32710	750350	7899573	3488608	847358
1278355	1076679	17774	183901	1170566	246085	143627
351936	277358	4258	70320	1121140	195719	102472
206756	162030	2902	41825	615781	115898	56805
19592	14889	597	4106	75889	12950	7417
267374	266645		729	153177	20623	9417
6040874	5175749	34164	830961	10040463	3721167	964543
3843080	3427822	15824	399434	6260345	2326548	482135
55930	50815		5115	467214	8647	3769
4122503	3570586	15824	536093	7202906	2556829	556446
1914221	1605163	18340	290719	2837557	1159075	408098
917625	743929	11069	162626	1185694	293972	196822
595898	501664	11069	83165	339613	151974	107328
5077799	4297206	24467	756127	5361604	4269117	810394
4656399	3950528	21620	684252	4717629	3799423	714935
17999	15484	135	2380	16557	6644	3416
3386	3042	148	196	5488	3408	892
154632	112709	1959	39964	262402	161954	48406
20941	17906	68	2966	52550	6436	4885
22976	21398	56	1522	54753	7047	2180
220874	193801	711	26362	255389	189765	36671
210689	184663	644	25381	227806	190904	36733
114408	95323	969	18116	114718	54365	16535
1022724	890570	5054	127100	499896	587526	159417
35	**25**	**2**	**8**	**23**	**17**	**22**

9－8 按资质等级分建筑业企业财务状况

单位：万元　　　　（2023年）

指标	Items	总计 Total	施工总承包 General Contractor	特级 Premium
年末资本负债及资产	**Total Liabilities and Assets (Year end)**			
流动资产	Current Assets	17823539	14529635	1176891
#存货	Stock	2838633	2387096	67671
固定资产原价	Gross Fixed Assets	1771267	1278945	11190
累计折旧	Accumulated Depreciation	995240	749575	7445
#本年折旧	Yearly Depreciation	115848	82637	954
在建工程	Project Under Construction	450590	325698	
资产总计	Total Property	20767047	16692587	1284790
流动负债	Current Liabilities	12912108	10856623	1102858
非流动负债	Non-Current Liabilities	535560	426607	40125
负债合计	Total Liabilities	14438683	11768626	1142983
所有者权益	Owner's Equity	6318952	4923961	141807
#实收资本	Paid in Capital	2594112	1928547	70168
#个人资本	Individual Capital	1194812	880538	53668
损益及分配	**Loss-profit and Allocation**			
营业收入	Project Revenue	15518913	12712828	747143
营业成本	Project Cost	13888386	11421219	675365
税金及附加	Project Taxes and Extra Charges	44616	34510	1736
其他业务利润	Other Profits	13173	9005	
管理费用	General Administrative Expenses	627394	461066	12156
财务费用	Financial Expenses	84812	67879	9171
#利息支出	Interest Expenses	86957	77264	15090
营业利润	Operation Profit	702700	573784	44297
利润总额	Income Before Tax	666131	538095	44433
应交增值税	Value-Added Tax Payable	300026	240480	12864
应付职工薪酬	Payroll Payable	2269564	1835313	143069
亏损企业个数（个）	**Number of Unprofitable Enterprises (unit)**	**97**	**53**	

Financial Status of Construction Enterprises by Grade

(10000 yuan)

其中 of Which			专业承包 Specialized Contractor	其中 of Which			
一级 First Level	二级 Second Level	三级 Third Level		一级 First Level	二级 Second Level	三级 Third Level	不分等级 No Level
8379097	3215274	1752417	3293904	2241430	755223	287682	9569
1467793	577121	273427	451537	328296	92348	30878	15
688557	358119	217440	492322	178862	238396	70958	4106
428838	189753	121453	245665	95727	107773	40945	1220
47605	19444	14530	33211	12657	14032	6311	212
286654	26096	12949	124892	19515	102346	3031	
9525767	3915517	1957961	4074461	2667547	1016462	377601	12851
6319945	2285364	1145419	2055486	1432462	479112	141731	2180
126308	226124	32551	108953	17065	91507	380	
6741386	2575873	1303847	2670057	1853832	623390	185803	7033
2784381	1339644	654114	1394991	813715	393072	182386	5818
933435	591249	331696	665565	282350	271815	109600	1800
287386	346057	193427	314274	176560	72904	63010	1800
8043845	2624647	1290787	2806085	1773663	684512	338869	9041
7317445	2298992	1124223	2467167	1601219	587263	270821	7864
19403	9162	4146	10106	7172	1860	1018	57
3745	1673	3463	4168	1679	1696	793	
211418	151738	85121	166327	86870	49194	29510	754
25121	26811	6710	16933	9840	5816	1184	93
27025	31131	3948	9692	4596	4095	865	136
339270	124020	65748	128916	64024	33559	31060	274
310411	117497	65379	128036	63061	32995	31705	274
140012	53546	33807	59546	37771	13589	7753	433
1127716	371854	192317	434251	255769	121615	55136	1731
3	**15**	**35**	**44**	**5**	**20**	**19**	

9－9 按隶属关系分建筑业企业财务状况

Financial Status of Construction Enterprises by Administrative Relationship

单位：万元 （2023年） (10000 yuan)

指标	Items	全市 Total	其中 of Which 中央 Central	地方 Local	其他 Other
年末资本负债及资产	**Total Liabilities and Assets (Year end)**				
流动资产	Current Assets	17823539	3111515	4162178	10549846
#存货	Stock	2838633	29150	162309	2647174
固定资产原价	Gross Fixed Assets	1771267	338630	161849	1270788
累计折旧	Accumulated Depreciation	995240	206001	102288	686951
#本年折旧	Yearly Depreciation	115848	20382	19328	76138
在建工程	Project Under Construction	450590	14546	14171	421873
资产总计	Total Property	20767047	3620508	4782679	12363860
流动负债	Current Liabilities	12912108	2938703	3571721	6401684
非流动负债	Non-Current Liabilities	535560	25696	236365	273499
负债合计	Total Liabilities	14438683	2964399	3939383	7534901
所有者权益	Owner's Equity	6318952	656109	843296	4819547
#实收资本	Paid in Capital	2594112	210000	368556	2015556
#个人资本	Individual Capital	1194812		19368	1175444
损益及分配	**Loss-profit and Allocation**				
营业收入	Project Revenue	15518913	3586033	2612840	9320040
营业成本	Project Cost	13888386	3253265	2335588	8299533
税金及附加	Project Taxes and Extra Charges	44616	2867	7755	33994
其他业务利润	Other Profits	13173	51	2210	10912
管理费用	General Administrative Expenses	627394	74422	73561	479411
财务费用	Financial Expenses	84812	12613	15415	56784
#利息支出	Interest Expenses	86957	12017	27701	47239
营业利润	Operation Profit	702700	138397	191468	372835
利润总额	Income Before Tax	666131	120484	187711	357936
应交增值税	Value-Added Tax Payable	300026	56523	34936	208567
应付职工薪酬	Payroll Payable	2269564	266741	254108	1748715
亏损企业个数（个）	**Number of Unprofitable Enterprises (unit)**	**97**		**1**	**96**

無錫统计年鉴 2024

第 10 篇

CHAPTER

服务业

SERVICES

2024 WUXI STATISTICAL YEARBOOK

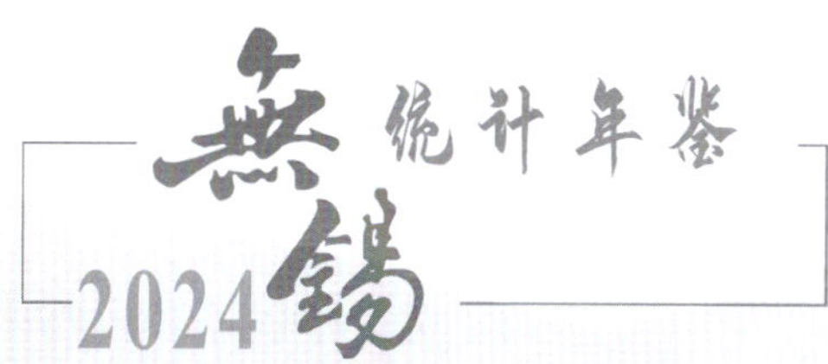

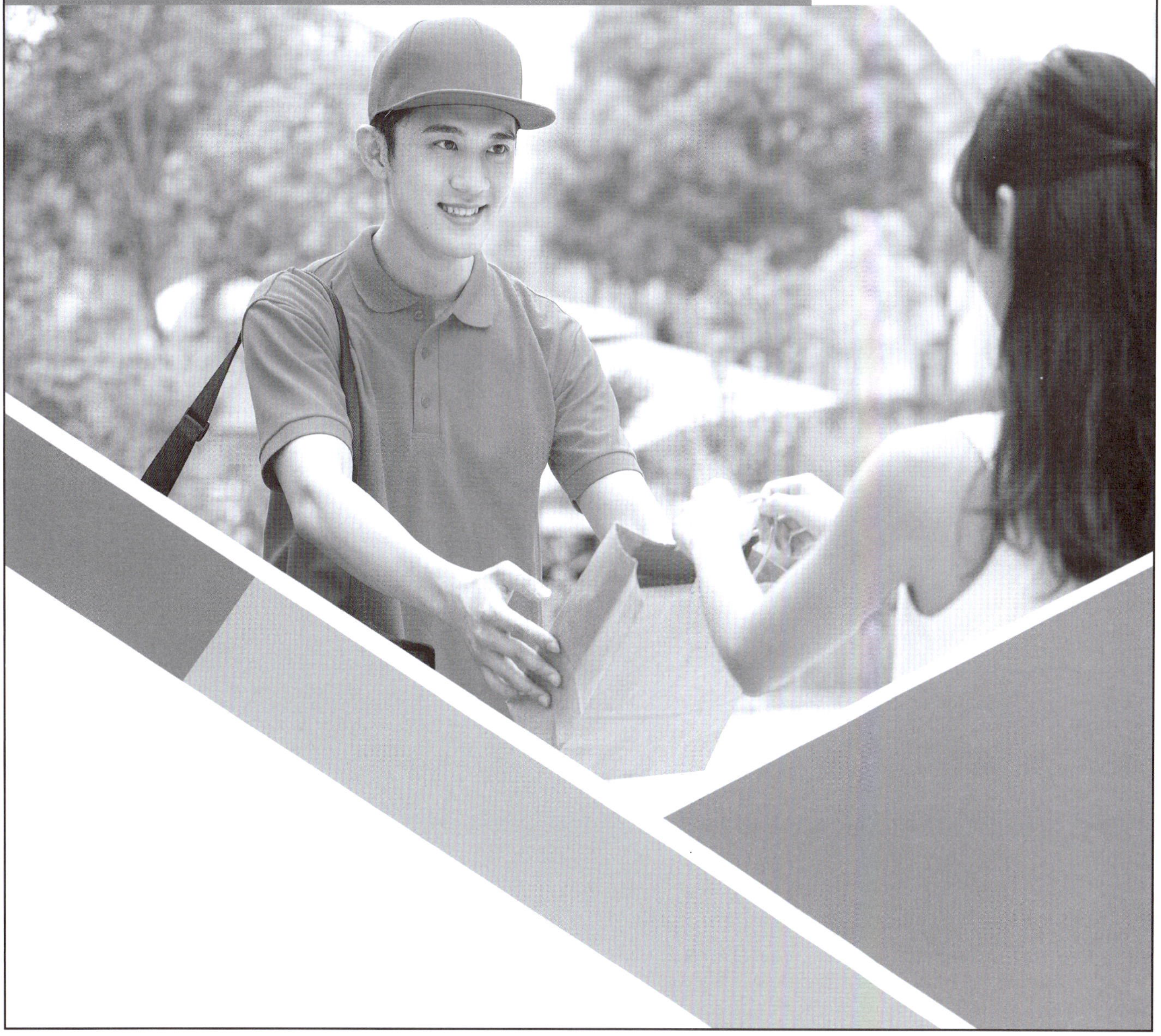

第十篇　服务业
CHAPTER X　SERVICES

● 规模以上服务业营业收入 Business Revenue of Services Above Designated Size	2236.15亿元	(10^8 yuan)
● 规模以上服务业利润总额 Total Profits of Services Above Designated Size	227.51亿元	(10^8 yuan)
● 规模以上服务业资产总计 Total Assets of Services Above Designated Size	8116.44亿元	(10^8 yuan)
● 规模以上服务业负债总计 Total Liabilities of Services Above Designated Size	4226.60亿元	(10^8 yuan)

10－1 规模以上服务业法人单位主要指标

单位：万元 （2023年）

指 标	Items	单位数（个） Number of Enterprises (unit)	固定资产原价 Original Value of Fixed Assets
总 计	**Total**	**2352**	**23867930**
一、按登记注册类型分	**Grouped by Ownership**		
内资企业	Domestic-Funded Enterprise	2234	21032769
港、澳、台商投资企业	Hong Kong/Macao/Taiwan-Invested Enterprise	54	1808095
外商投资企业	Foreign-Funded Enterprise	64	1027066
二、按行业分	**Grouped by Sector**		
交通运输、仓储和邮政业	Transportation,Storage,Postal Industry	407	9974158
信息传输、软件和信息技术服务业	Information Transmission, Software and IT Services	298	3322323
房地产业	Real Estate	271	3043229
租赁和商务服务业	Leasing and Commercial Services	609	3817834
科学研究和技术服务业	Scientific Research,Technical Services	354	1689580
水利、环境和公共设施管理业	Water Conservancy,Environment and Public Facilities Administration	70	1402480
居民服务和其他服务业	Community Services and Others	85	88687
教育	Education	24	55907
卫生和社会工作	Health Care and Social Affairs	86	263648
文化、体育和娱乐业	Culture,Sports and Entertainment	148	210083

Main Indicators of Legal Entities of Services Above Designated Size

(10000 yuan)

本年折旧 Depreciation of the Year	资产总计 Total Assets	负债总计 Total Liabilities	营业收入 Business Revenue	营业成本 Business Cost	所有者权益合计 Total Owners' Equity	税金及附加 Taxes and Extra Charges	销售费用 Cost Related With Sale
1265699	**81164377**	**42265971**	**22361461**	**16095628**	**38898406**	**164945**	**1131765**
1134580	71419900	38725505	19707239	14722961	32694395	130651	766729
85427	7607116	2671519	1870760	875574	4935597	21501	319148
45693	2137362	868947	783462	497093	1268414	12794	45887
276530	14024401	7789635	4493728	3808875	6234766	16740	64680
430442	9175397	4493815	6401953	3873304	4681583	20786	626853
120309	13834324	8198019	1630600	1074417	5636304	46526	58106
215330	27429527	13407441	5279535	4197493	14022086	58250	161152
88952	6082663	3674768	2601982	1787298	2407895	15233	77394
96681	4875657	2817875	718459	504653	2057782	3850	16575
5622	355286	182070	227917	152070	173216	1200	12879
4046	109576	81823	91127	58411	27753	259	6822
17245	695229	493900	523200	340294	201330	684	75149
10542	4582317	1126627	392962	298812	3455690	1416	32156

单位：万元　　续表

指标	Items	管理费用 Managerial Cost	财务费用 Financing Activities Cost
总　计	**Total**	**2323952**	**335755**
一、按登记注册类型分	**Grouped by Ownership**		
内资企业	Domestic-Funded Enterprise	1881673	286131
港、澳、台商投资企业	Hong Kong/Macao/Taiwan-Invested Enterprise	335795	37549
外商投资企业	Foreign-Funded Enterprise	106484	12075
二、按行业分	**Grouped by Sector**		
交通运输、仓储和邮政业	Transportation,Storage,Postal Industry	316981	66800
信息传输、软件和信息技术服务业	Information Transmission, Software and IT Services	596957	-7816
房地产业	Real Estate	279369	65917
租赁和商务服务业	Leasing and Commercial Services	414177	133944
科学研究和技术服务业	Scientific Research,Technical Services	411611	16367
水利、环境和公共设施管理业	Water Conservancy,Environment and Public Facilities Administration	97202	39156
居民服务和其他服务业	Community Services and Others	36934	2772
教育	Education	17991	591
卫生和社会工作	Health Care and Social Affairs	107942	7250
文化、体育和娱乐业	Culture,Sports and Entertainment	44790	10774

continued

(10000 yuan)

投资收益 Income from Investment	营业利润 Business Profits	利润总额 Total Profits	所得税费用 Income Tax Cost	应付职工薪酬 Employee Salary payable	应交增值税 Value Added Tax Payable	平均用工人数（人） The Average Number of Employees Engaged (Person)
403882	**2173298**	**2275125**	**237680**	**4647572**	**522766**	**364559**
175408	1718363	1818231	202424	4067332	444452	343072
204274	438632	441316	24681	287786	61881	12637
24200	16303	15578	10574	292454	16433	8850
23621	279207	308998	51450	628111	61829	49990
61036	860646	875700	20322	1145977	173049	45048
2976	166826	191816	48550	378252	62172	54915
297986	643857	657154	51195	1227724	121748	131168
9365	132666	134337	50480	723716	68037	34264
7159	59945	66577	7301	171230	19536	14915
5	22261	22701	5540	63527	5503	9674
15	6928	6348	618	49797	1959	3611
173	-12828	-8990	406	185025	1431	14328
1546	13791	20485	1817	74212	7502	6646

10－2 分市（县）规模以上服务业经济指标

Economic Indicators of Services Above Designated Size by City (Prefecture)

单位：万元　　（2023年）　　(10000 yuan)

地区	District	单位数（个）Number of Enterprises (unit)	营业收入 Business Revenue	营业成本 Business Cost	资产总计 Total Assets	负债总计 Total Liabilities
全　市	**Total**	**2352**	**22361461**	**16095628**	**81164377**	**42265971**
江阴市	Jiangyin city	369	3170172	2293843	12916213	3806892
宜兴市	Yixing city	233	1074749	840695	4207874	2346784
梁溪区	Liangxi District	424	3799322	2839726	24268114	12049902
锡山区	Xishan District	183	1595621	1119777	2825896	2180065
惠山区	Huishan District	186	1732199	1056697	4442613	2962473
滨湖区	Binhu District	338	2176048	1495449	6645071	3837433
新吴区	Xinwu District	495	6687533	5022050	21871037	12462908
经开区	Economic Development Zone	124	2125817	1427389	3987561	2619514

单位：万元　　续表 continued　　(10000 yuan)

地区	District	营业利润 Business Profits	利润总额 Total Profits	所得税费用 Income Tax Cost	应付职工薪酬 Employee Salary payable	平均用工人数(人) The Average Number of Employees Engaged (Person)
全　市	**Total**	**2173298**	**2275125**	**237680**	**4647572**	**364559**
江阴市	Jiangyin city	684998	699606	60534	466595	40496
宜兴市	Yixing city	66601	89311	10516	195796	21899
梁溪区	Liangxi District	323841	335934	27872	747569	62290
锡山区	Xishan District	53657	59538	21537	438991	30669
惠山区	Huishan District	118330	113125	21355	251251	24211
滨湖区	Binhu District	152204	164373	20534	595035	43674
新吴区	Xinwu District	447449	478090	61744	1612625	119397
经开区	Economic Development Zone	326220	335148	13588	339712	21923

无锡统计年鉴 2024

第 11 篇 CHAPTER

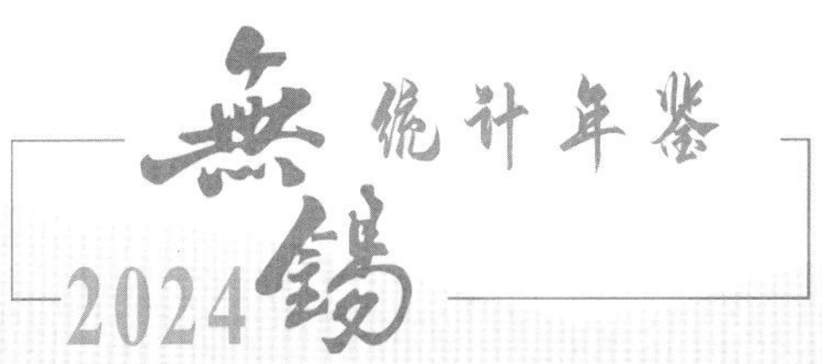

交通运输 邮电通信

TRANSPORTATION, POST AND TELECOMMUNICATIONS

2024 WUXI STATISTICAL YEARBOOK

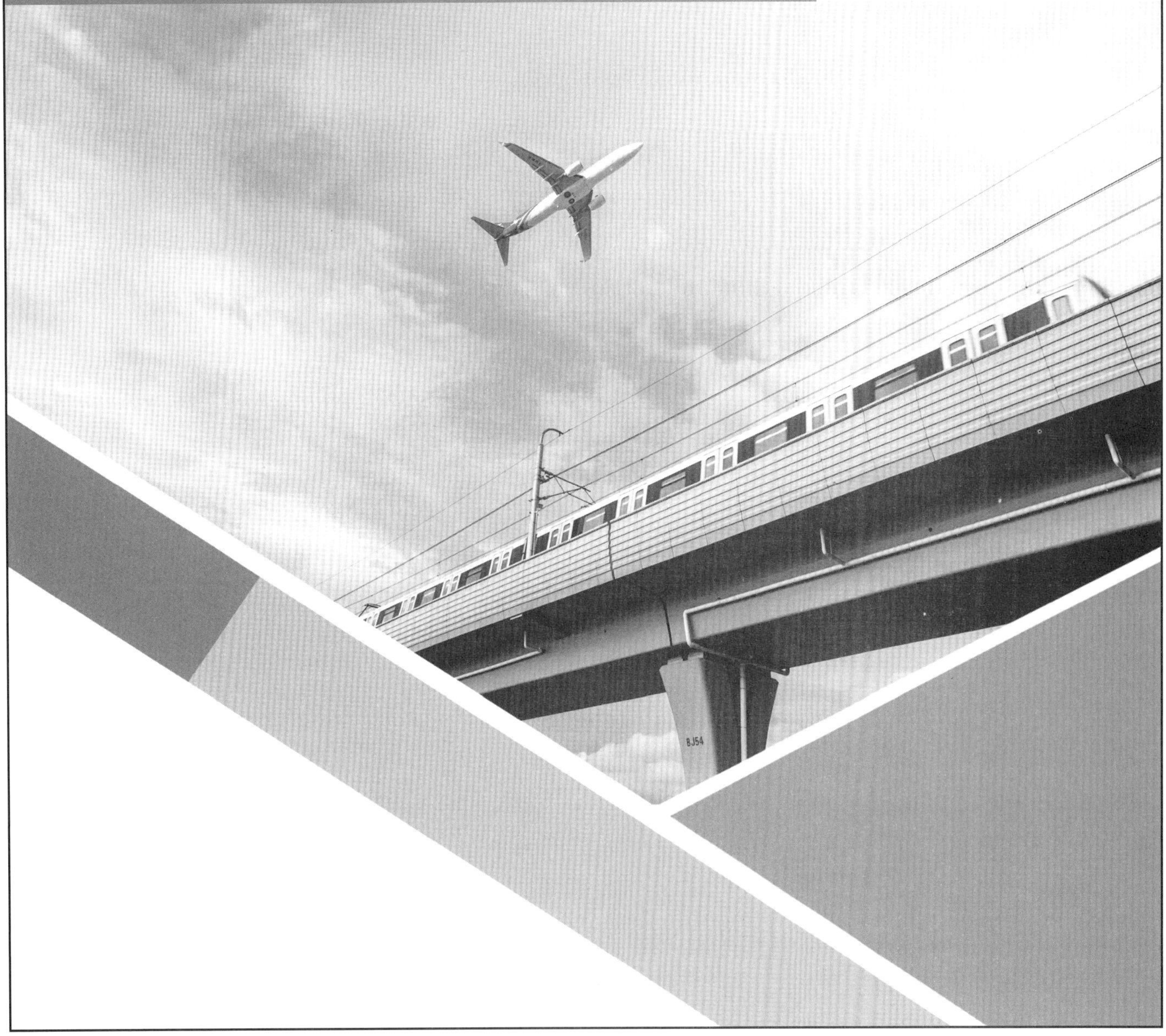

第十一篇　交通运输　邮电通信

CHAPTER XI　TRANSPORTATION, POST AND TELECOMMUNICATIONS

- 交通运输、仓储、邮政业增加值 332.99亿元 (10^8 yuan)
  Added Value of Transportation,Warehousing and Postal Services
  比上年增长 9.5%
  Over the Previous Year
- 全社会客运量 9575万人 (10^4 persons)
  Total Passenger Capacity
  比上年增长 47.0%
  Over the Previous Year
- 全社会货运量 25220万吨 (10^4 tons)
  Total Freight Traffic
  比上年增长 18.8%
  Over the Previous Year
- 邮电业务总量 2578297万元 (10^4 yuan)
  Revenue from Post & Tele-communication Services
- 移动电话用户数 1039万户 (10^4 households)
  Mobile Phone Users
- 固定互联网宽带接入用户数 450万户 (10^4 households)
  Fixed Internet Broadband Access Users

11－1 全社会客、货运输量

Total Volume of Passengers and Freight Transportation

（2023年）

指 标	Items	货运量（万吨）Freight traffic (10000 tons)	货物周转量（万吨公里）Turnover Volume of Freight Traffic (10000 tons-km)	客运量（万人）Passenger Traffic (10000persons)	旅客周转量（万人公里）Turnover volume of passengers (10000 persons-km)
合计	**Total**	**25220**	**6545573**	**9575**	**346914**
航空	Aviation	7		448	
铁路	Railway	177		2428	
公路	Highway	21238	2075117	6276	344870
水路	Waterway	3798	4470456	423	2044

11－2 分市（县）客、货运输量

Volume of Passengers and Freight Transportation by County

（2023年）

指 标		Items		全市 Total	其中 of Which 市 区 Urban Districts	江阴市 Jiangyin City	宜兴市 Yixing City
旅客运输量	（万人）	**Passenger Traffic**	**(10000 persons)**	**9575**	**8288**	**530**	**309**
航空		Aviation		448			
铁路		Railway		2428	2122	59	247
公路		Highway		6276	5963	251	62
水路		Waterway		423	203	220	0.04
旅客周转量	（万人公里）	**Turnover Volume of Passengers**	**(10000 persons-km)**	**346914**	**329260**	**10616**	**7038**
公路		Highway		344870	327971	9861	7038
水路		Waterway		2044	1289	755	0.4
货物运输量	（万吨）	**Freight Traffic**	**(10000 tons)**	**25220**	**14956**	**6631**	**3626**
航空		Aviation		7			
铁路		Railway		177	151	16	11
公路		Highway		21238	14196	4973	2069
水路		Waterway		3798	610	1642	1546
货物周转量	（万吨公里）	**Turnover Volume of Freight Traffic**	**(10000 tons-km)**	**6545573**	**1935088**	**3041052**	**1569433**
公路		Highway		2075117	1387858	458334	228925
水路		Waterway		4470456	547230	2582718	1340508

注： 2019年起旅客周转量、货物周转量不含航空周转量。

Note: From 2019,Passenger turnover and cargo turnover do not include air turnover.

11－3 全社会旅客运输量（2009－2023年）

Total Passengers Traffic（2009－2023）

年 份 Years	客运量（万人）Passengers Traffic (10000 persons)	其中 of Which				旅客周转量（万人公里）Turnover Volume of Passenger traffic (10000 persons-km)	其中 of Which	
		航空 Aviation	铁路 Railway	公路 Highway	水路 Waterway		公路 Highway	水路 Waterway
2009	25847	111	1119	24617		1975641	1796781	
2010	27330	125	1200	26005		2114079	1917105	
2011	30643	147	1293	29203		2352923	2141833	
2012	32996	164	1424	31408		2723614	2490630	
2013	25978	183	1632	23701	462	1341331	1078549	1646
2014	9751	212	1900	7222	417	1050495	754790	2743
2015	8882	232	1977	6247	426	1055305	724045	2786
2016	8638	285	2149	5785	419	1011267	668287	2737
2017	8800	345	2303	5727	425	1145042	689755	2856
2018	8446	372	2395	5179	500	1154726	643038	3307
2019	8547	410	2581	5148	408	640767	637926	2841
2020	5925	303	1544	3763	315	386366	384531	1835
2021	8717	365	1761	6393	199	319674	318773	901
2022	6513	197	885	5292	139	256367	255780	587
2023	9575	448	2428	6276	423	346914	344870	2044

11－4 全社会货物运输量（2009－2023年）

Total Freight Traffic（2009－2023）

年 份 Years	货运量（万吨）Freight Traffic (10000 tons)	其中 of Which			货物周转量（万吨公里）Turnover Volume of Freight Traffic (10000 tons-km)	其中 of Which	
		铁路 Railway	公路 Highway	水路 Waterway		公路 Highway	水路 Waterway
2009	12178	192	10664	1319	1069917	795561	270299
2010	13376	152	11934	1287	1190997	876998	309450
2011	15387	148	13737	1499	1433219	1035702	392674
2012	18268	136	16330	1797	1733411	1269293	458199
2013	18398	113	16871	1409	2190407	1607352	576892
2014	15318	72	12885	2356	4079218	1365174	2707642
2015	15353	76	12716	2556	4418204	1425771	2986344
2016	15830	79	13225	2521	4627073	1483132	3137427
2017	17385	100	14511	2769	5082941	1642505	3433240
2018	18640	81	15761	2791	5311580	1770074	3523080
2019	20601	84	17386	3117	5266275	1784246	3482029
2020	21691	139	18472	3064	5142934	1949576	3193358
2021	23355	157	19925	3257	5674850	2038729	3636121
2022	21229	149	17444	3631	5659897	1791748	3868149
2023	25220	177	21238	3798	6545573	2075117	4470456

注： 2014年起公路水路客货运量统计口径调整。

Note: From 2014，statistics caliber of the volume of road and water transport was adjusted.

11—5 全社会车辆船舶数（2020—2023年）

Number of Civil Motor Vehicles and Transport Vessels (2020-2023)

指 标		Items		2020	2021	2022	2023
全市年末车辆数	**（万辆）**	**Number of Vehicles at Year-end**	**(10000 units)**	**235.20**	**245.81**	**258.87**	**271.75**
民用汽车		Civil Automobiles		219.93	231.37	244.38	255.36
#载客汽车		Passenger Vehicles		207.22	217.79	230.25	240.77
载货汽车		Freight Trucks		11.96	12.76	13.27	13.70
专项作业车		Special Operation Vehicles		0.74	0.82	0.86	0.89
挂车		Trailer		1.02	1.08	1.11	1.09
摩托车		Motorcycle		14.24	13.36	13.38	15.30
农用拖拉机	（台）	Agricultural Tractors	(unit)	5621	4270	4267	4240
全市营业性船舶合计	**（艘）**	**Profit-making Transport Vessels**	**(unit)**	**1253**	**1114**	**1218**	**1072**
	（吨位）		(tonnage)	1019857	4165527	1419798	339265
	（客位）		(Passenger Seats)	9735	10157	10171	9694
客船	（艘）	Passenger Transport Vessels	(unit)	77	72	78	64
	（客位）		(Passenger Seats)	2716	9197	9351	8474
货船	（艘）	Freight Transport Vessels	(unit)	1166	1072	1128	1128
	（吨位）		(tonnage)	1014329	673333	1416813	337597
油船	（艘）	Oil Transport Vessels	(unit)	147	53	111	80
	（吨位）		(tonnage)	65014	19847	45033	48934
拖船	（艘）	Tugboats	(unit)	2	2	2	7
货驳	（艘）	Freight Barges	(unit)	3	2	2	1
	（吨位）		(tonnage)	3221	2121	2121	9708

注： 2020年起民用汽车分类按照最新标准执行。

Note: Civil motor vehicles are classified according to the latest standards from 2020.

11－6 全社会车辆拥有情况

Possession of Civil Motor Vehicles

单位：万辆　　（2023年）　　(unit)

指标	Items	全市 Total	其中 of Which 市区 Urban Districts	江阴市 Jiangyin City	宜兴市 Yixing City
年末车辆数	**Vehicles**	**2717460**	**1541609**	**684654**	**491197**
民用汽车	Civil Automobiles	2553602	1519981	627753	405868
#私人汽车	Private Automobiles	2091119	1207744	536797	346578
在汽车中：	Among Automobiles				
#载客汽车	Passenger Vehicles	2407748	1422183	599332	386233
载货汽车	Freight Trucks	136960	91882	26741	18337
专项作业车	Special Operation Vehicles	8894	5916	1680	1298
挂车	Trailer	10863	6189	3431	1243
摩托车	Motorcycle	152995	15439	53470	84086
#普通摩托车	Ordinary Motorcycle	104827	15025	24175	65627
三轮摩托车	Motor Tricycle	48168	414	29295	18459

11－7 私人车辆拥有情况

Possession of Private Vehicles

单位：万辆　　（2023年）　　(10000 units)

指标	Items	全市 Total	其中 of Which 市区 Urban Districts	江阴市 Jiangyin City	宜兴市 Yixing City
私人汽车	Private Automobiles	209.11	120.77	53.68	34.66
摩托车	Motorcycles	15.30	1.54	5.35	8.41
农用拖拉机　（台）	Agricultural Tractors　(unit)	4240	516	1116	2608

11－8 交通运输基本情况

Basic Statistics on Transport

单位：公里 （2023年） (km)

指标	Items	全市 Total	其中 of Which 市区 Urban Districts	江阴市 Jiangyin City	宜兴市 Yixing City
公路里程	Length of Highways in Operation	7321	2235	2289	2798
#等级公路里程	Length of Classified Highways	7321	2235	2289	2798
#高速公路	Expressways	326	147	71	108
一级公路	Class Ⅰ Highways	1264	602	393	269
二级公路	Class Ⅱ Highways	1861	887	732	241
内河航道通航里程	Navigable Mileage of Inland Waterways	1578	670	353	555
公路桥梁 （座）	Highway Bridges (unit)	3906	1196	974	1736
公路桥梁长度 （米）	Length of Highway Bridges (m)	237636	78895	89177	69565

注： 高速公路里程沿用2021年数据。

Note: The mileage of expressways continue to use the data at the end of 2021.

11－9 邮电通信水平

Level of Post and Telecommunications

（2023年）

指标	Items	全市 Total	其中 of Which 市区 Urban Districts	江阴市 Jiangyin City	宜兴市 Yixing City
每百人平均函件量 （件）	Per 100-Person volume of Letters (unit)	100	108	71	115
每百人平均快递 （件）	Per 100-Person Express Packages (unit)	10919	13763	9529	3072
移动电话普及率 （户/百人）	Popularization Rate of Telephones (household/100 persons)	139	146	128	126
人均用邮量 （元/人）	Per Capita Volume of Post Business (yuan/person)	3441	4010	2903	2229

11－10 邮政电信情况（2019－2023年）

Statistics on Post and Telecommunications Services (2019-2023)

指标		Items		2019	2020	2021	2022	2023
邮政局所总数	**（处）**	**Post Office**	**(unit)**	**141**	**141**	**141**	**146**	**149**
移动电话用户	**（户）**	**Mobile Phone Users**	**(household)**	**10241032**	**9857407**	**9784821**	**10242300**	**10386700**
#4G以上移动电话用户		Mobile Phone Users above 4G		8700067	8214096	8651779	9208000	9393700
固定电话用户		Fixed-line Telephone Users		1226320	1168827	1098599	1062533	1022122
固定互联网宽带接入用户		Fixed Internet Broadband Access Users		3261434	3600874	4511047	4538400	4500200
移动互联网宽带接入用户		Mobile Internet Broadband Access Users		8371445	8226410	8547786	8943800	9102100
邮电业务总量	**（万元）**	**Revenue from Postal and Telecom-munications Services**	**(10000 yuan)**	**4196609**	**4478277**	**2380878**	**2536290**	**2578297**
#邮政业务总量		Revenue from Postal Services		1017100	1722000	1059800	1111990	1059797
函件	（万件）	Mails	(10000 units)	2110	1086	921	699	750
机要文件		Confidential Papers		2.21	2.23	2.88	3.30	2.73
包裹		Parcels		14.24	14.17	16.83	12.25	13.12
汇票		Draft		6.88	4.46	4.91	2.87	2.73
报纸		Newspapers		14272	13946	13746	13829	13848
杂志		Magazines		468	415	408	367	368
快递		Express Delivery		81703	75750	97261	96128	81818

注： 邮电业务总量自2013年起含快递业务收入数据。

Notes: Revenue from postal and telecom-munications services contained express delivery since 2013.

11－11 邮政电信情况

Statistics on Post and Telecommunications Services

（2023年）

指 标		Items		全市	其中 of Which 市区 Urban Area	江阴市 Jiangyin City	宜兴市 Yixing City
邮政局所总数	**（处）**	**Post Office**	**(unit)**	**149**	**67**	**33**	**49**
移动电话用户	**（户）**	**Mobile Phone Users**	**(household)**	**10386700**	**6471310**	**2291232**	**1624158**
#4G以上移动电话用户		Mobile Phone Users above 4G		9393700	5703276	2165526	1524897
固定电话用户		Fixed-line Telephone Users		1022122	650533	190850	180739
固定互联网宽带接入用户		Fixed Internet Broadband Access Users		4500200	2786157	994929	719115
移动互联网宽带接入用户		Mobile Internet Broadband Access Users		9102100	5865468	1893658	1342974
邮电业务总量	**（万元）**	**Revenue from Postal and Telecommunications Services**	**(10000 yuan)**	**2578297**	**1773413**	**518120**	**286764**
#邮政业务总量		Revenue from Postal Services		1059797	758067	221148	80581
函件	（万件）	Mails	(10000 units)	750.37	475.87	126.69	147.81
机要文件		Confidential Papers		2.73	2.59	0.09	0.05
包裹		Parcels		13.12	8.96	2.57	1.59
汇票		Draft		2.73	2.59	0.09	0.05
报纸		Newspapers		13848	8506	1977	3365
杂志		Magazines		368	228	79	61
快递		Express Delivery		81818	60862	17004	3952

注：从2021年起电信业务相关数据统计口径发生变化，与往年不可比。

Note: The statistical caliber of data related to telecommunications business has changed from 2021, which is not comparable with previous years.

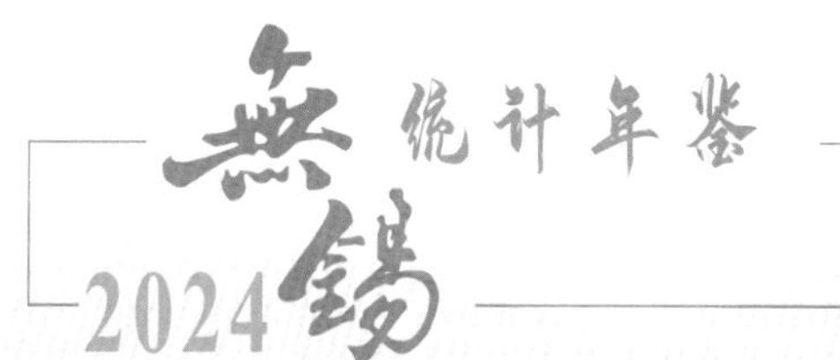

国内贸易

DOMESTIC TRADE

2024 WUXI STATISTICAL YEARBOOK

第十二篇　国内贸易
CHAPTER XII DOMESTIC TRADE

● 批发和零售业增加值 The Added Value of Wholesale and Retail Trade	2259.48亿元	(10^8 yuan)
比上年增长 Over the Previous Year	4.8%	
● 住宿和餐饮业增加值 The Added Value of Accommodation and Catering Trade	199.13亿元	(10^8 yuan)
比上年增长 Over the Previous Year	8.5%	
● 社会消费品零售总额 Total Retail Sales of Consumer Goods	3567.55亿元	(10^8 yuan)
比上年增长 Over the Previous Year	6.9%	
● 批发零售贸易业销售总额 Total Sales of Wholesale and Retail Trade	32483.82亿元	(10^8 yuan)
● 限额以上批发零售贸易业销售总额 Total Sales of Wholesale and Retail Trade over the Limit	23427.55亿元	(10^8 yuan)
● 住宿和餐饮业营业总额 Bussiness Revenue of Accommodation and Catering Trade	490.57亿元	(10^8 yuan)

12－1 历年社会消费品零售总额

Yearly Total Retail Sales of Consumer Goods

单位：万元 (10000 yuan)

年 份 Year	全 市 Total	其中 of Which 市 区 Urban Districts	江阴市 Jiangyin City	宜兴市 Yixing City
1978	73001	45459	14700	12842
1980	118942	74588	23039	21315
1981	136092	85390	26900	23802
1982	148407	92691	28004	27712
1983	167723	104812	32327	30584
1984	214515	133965	41932	38618
1985	277615	179709	51209	46697
1986	312345	197144	59223	55978
1987	366287	229002	71486	65799
1988	494594	308754	95334	90506
1989	530740	342228	92699	95813
1990	506293	329380	89163	87750
1991	589045	393834	100488	94723
1992	769382	504702	147522	117158
1993	1345647	867465	215530	262652
1994	1956347	1300053	295301	360994
1995	2494706	1654822	373057	466826
1996	3095021	2083377	466989	544655
1997	3348944	2249204	539732	560007
1998	3527209	2350567	591719	584923
1999	3730929	2467324	649162	614443
2000	4013761	2646395	719532	647834
2001	4421746	2916903	801996	702847
2002	5018704	3323619	911760	783325
2003	5602336	3743321	1052710	806305
2004	6405362	4222483	1254947	927932
2005	7175942	4747728	1405517	1022697
2006	8191245	5434374	1594212	1162659
2007	9516577	6346260	1825396	1344922
2008	11439834	7604786	2212047	1623001
2009	12559562	8253793	2479785	1825983
2010	14284406	9245701	2895311	2143394
2011	16169303	10339354	3348254	2481695
2012	17675741	11104933	3771571	2799237
2013	18918946	11613296	4190557	3115093
2014	20257702	12238036	4591992	3427674
2015	21863441	13214197	4958922	3690322
2016	23576170	14207193	5374548	3994429
2017	25856925	15628972	5888411	4339542
2018	27852107	16815866	6376071	4660170
2019	30243428	18202025	6959484	5081919
2020	29943572	18070298	6750700	5122574
2021	33060906	20126340	7048351	5886215
2022	33375955	20870066	6986488	5519401
2023	35675524	22649506	7117003	5909015

注：社会消费品零售总额自1992年起按无锡市第四次全国经济普查口径调整。

Note:From 1992 Total retail sales of social consumer goods were adjusted according to the fourth national economic census of Wuxi.

12－2 分地区社会消费品零售总额（2020－2023年）

Retail Sales of Consumer Goods by Region（2020－2023）

单位：万元 (10000 yuan)

地区	District	2020	2021	2022	2023
全 市	**Total**	**29943572**	**33060906**	**33375955**	**35675524**
市 区	Urban Districts	18070298	20126340	20870066	22649506
梁溪区	Liangxi District	6955522	7387353	7307760	7808925
锡山区	Xishan District	2216131	2453148	2669316	2964565
惠山区	Huishan District	2340114	2851438	3119047	3563551
滨湖区	Binhu District	2236571	2635365	2852117	3204607
新吴区	Xinwu District	3784379	4146561	4194997	4268598
经开区	Economic Development Zone	537581	652476	726829	839260
市（县）	**City(County)**	**11873274**	**12934566**	**12505889**	**13026018**
江阴市	Jiangyin City	6750700	7048351	6986488	7117003
宜兴市	Yixing City	5122574	5886215	5519401	5909015

12－3 限额以上批零贸易业商品购、销、存总额

单位：万元 （2023年）

类型或行业	Items	法人企业（个） Corporation Enterprises (unit)
批发零售贸易企业	**Wholesale and Retail Trade Enterprises**	**7401**
按市县分	**Grouped by Urban Districts and County**	
市 区	Urban Districts	4438
江阴市	Jiangyin City	2098
宜兴市	Yixing City	865
按行业分	**Grouped by Sector**	
一、批发贸易业	**Wholesale Trade**	**6082**
（一）按登记注册类型分组	**Grouped by Ownership**	
内资企业	Domestic-funded Enterprises	5965
国有独资公司	Wholly State-owned Companies	14
私营有限责任公司	Private Limited Liability Companies	5648
其他有限责任公司	Other Limited Liability Companies	261
私营股份有限公司	Private Share-holding Limited Companies	24
其他股份有限公司	Other Share-holding Limited Companies	5
全民所有制企业（国有企业）	Enterprises Owned by the Whole People (State-owned Enterprises)	3
集体所有制企业（集体企业）	Collectively-owned Enterprises (Collective Enterprises)	3
个人独资企业	Sole Proprietorship Enterprises	6
合伙企业	Partnership Enterprises	1
港、澳、台商投资企业	Enterprises with Investment from Hong Kong ,Macao and Taiwan	61
外商投资企业	Foreign-invested Enterprises	54
农民专业合作社（联合社）	Farmers' Professional Cooperative (Union)	2
（二）按国民经济行业分组	**Grouped by Trade**	
农、林、牧产品批发	Farming, Forest, Animal Husbandry Products	25
食品、饮料及烟草制品批发	Food,Beverage and Tobacco Products	196
纺织、服装及家庭用品批发	Textile,Garments and Household Supplies	507
文化、体育用品及器材批发	Cultural,Sports Goods and Equipments	113

Purchase, Sales and Inventory Value of Over-Norm Commodities in Wholesale and Retail Trade

(10000 yuan)

产业活动单位数 (个) Established Unit (unit)	从业人数 (人) Staff and Workers (person)	销售总额 Total Sales	批发额 Wholesale	零售额 Retail Sales
4405	**169139**	**234275536**	**217355941**	**15783649**
3186	107519	112132785	100372006	10963260
793	45476	99990018	96874412	2820686
426	16144	22152733	20109524	1999703
809	**112555**	**218793653**	**216307270**	**1350437**
724	96936	199549130	197126028	1326559
3	549	3491397	3491397	
628	80151	152495077	150512873	975726
47	13805	40529353	40128833	310457
31	1080	714637	689376	25261
7	558	637696	637696	
4	691	1469772	1454656	15117
2	51	115855	115855	
2	47	89435	89435	
	4	5908	5908	
23	3887	9515355	9468077	15788
62	11707	9706352	9705019	1333
	25	22817	8146	6757
2	404	795320	780239	15081
94	10903	5236646	5113627	108992
178	26240	21326842	21179488	147186
29	1611	1570149	1532894	24453

单位：万元　　　　续表1

类型或行业	Items	法人企业（个）Corporation Enterprises (unit)
医药及医疗器材批发	Medicine and Medical Appliance	89
矿产品、建材及化工产品批发	Mineral Products,Building Materials and Chemical Products	4176
机械设备、五金产品及电子产品批发	Machinery Equipments,Hardware,Electrical Appliance and Electron Products	856
贸易经纪与代理	Trade Brokers and Agents	26
其他批发业	Others	94
二、零售贸易业	**Retail Sales Trade**	**1319**
（一）按登记注册类型分组	**Grouped by Ownership**	
内资企业	Domestic-funded Enterprises	1270
国有独资公司	Wholly State-owned Companies	3
私营有限责任公司	Private Limited Liability Companies	1063
其他有限责任公司	Other Limited Liability Companies	174
私营股份有限公司	Private Share-holding Limited Companies	6
其他股份有限公司	Other Share-holding Limited Companies	5
全民所有制企业（国有企业）	Enterprises Owned by the Whole People (State-owned Enterprises)	1
集体所有制企业（集体企业）	Collectively-owned Enterprises (Collective Enterprises)	1
股份合作企业	Share-holding Cooperative Enterprises	4
联营企业	Joint-operation Enterprises	1
个人独资企业	Sole Proprietorship Enterprises	10
合伙企业	Partnership Enterprises	2
港、澳、台商投资企业	Enterprises with Investment from Hong Kong ,Macao and Taiwan	23
外商投资企业	Foreign-invested Enterprises	17
农民专业合作社（联合社）	Farmers' Professional Cooperative (Union)	9
（二）按国民经济行业分组	**Grouped by Industries of National Economy**	
综合零售	Comprehensive Retail Sales Trade	94
食品、饮料及烟草制品专门零售	Retail of Food,Beverage and Tobacco Products	160
纺织、服装及日用品专门零售	Special Retail of Textile,Garments and Daily Consumer Articles	67
文化、体育用品及器材专门零售	Special Retail of Cultural,Sports Goods and Equipment	83
医药及医疗器材专门零售	Special Retail of Medicine and Medical Appliance	61
汽车、摩托车、燃料及零配件专门零售	Special Retail of Motor Vehicles,Motorcycles,Fuels and Parts	465

continued 1 (10000 yuan)

产业活动单位数 (个) Established Unit (unit)	从业人数 (人) Staff and Workers (person)	销售总额 Total Sales	批发额 Wholesale	零售额 Retail Sales
39	9647	5661150	5633827	27323
244	45345	160667160	158803862	759361
211	16341	18021116	17876702	142046
2	338	631542	631458	84
10	1726	4883728	4755173	125911
3596	**56584**	**15481883**	**1048672**	**14433211**
3345	51559	12993464	649817	12343647
7	228	107420		107420
2336	37504	7680007	170906	7509101
840	10710	4124534	242501	3882033
61	1532	277278	587	276691
92	1241	730841	230664	500177
	32	15574	1376	14198
	10	1236	431	805
2	48	20989	414	20576
2	6	2063		2063
	208	31323	2938	28385
5	40	2199		2199
20	3290	823682	2496	821187
231	1588	1642414	394033	1248381
	147	22323	2326	19997
494	11573	2085705	104747	1980957
434	6544	1044963	67161	977802
221	2783	333616	4367	329250
94	2249	359488	34170	325317
1546	7195	578345	4205	574140
378	14936	7904954	716193	7188761

单位：万元　　续表 2

类型或行业	Items	法人企业（个）Corporation Enterprises (unit)
家用电器及电子产品专门零售	Special Retail of Household Appliances and Electronic Products	148
五金、家具及室内装饰材料专门零售	Special Retail of Hardware,Furniture and Interior Decoration Materials	95
货摊、无店铺及其他零售业	Stalls,Non-Store and Other Retails	146
（三）按经营方式分组	**Grouped by Operating Mode**	
独立门店	Independent Store	1134
连锁总店（总部）	Chain Store (Headquarters)	43
连锁门店	Branch of Chain Stores	51
其他	Others	91
（四）按业态分组	**Grouped by Business Type**	
有店铺零售	Shop Retail	987
便利店	Convenience Store	62
超市	Supermarket	85
折扣店	Discount Store	3
仓储会员店	Warehouse Store/Warehouse Club	7
百货店	Department Store	34
购物中心	Shopping Mall	15
专业店	Speciality Store	422
品牌专卖店	Brand Store	344
集合店	Collection Store	15
无人值守商店□	Unmanned Store	1
无店铺零售	Non-store Retailing	331
网络零售	Online Retailing	117
邮寄零售	Mailing Retailing	5
无人售货设备零售	Retail of Unmanned Vending Equipment	2
电话零售	Telephone Retail	9
直销	Direct Sales	67
其他	Others	131

continued 2 (10000 yuan)

产业活动单位数 (个) Established Unit (unit)	从业人数 (人) Staff and Workers (person)	销售总额 Total Sales	批发额 Wholesale	零售额 Retail Sales
252	3425	761846	17529	744317
23	1415	250940	5027	245913
154	6464	2162027	95273	2066754
1019	37870	11719367	489952	11229415
2092	12386	979073	49136	929937
437	2710	1794682	489400	1305283
48	3618	988761	20185	968576
3423	46964	12692731	932633	11760098
388	2091	782997	241599	541398
426	10546	1361089	23421	1337668
	50	117931		117931
2	369	111031		111031
70	2433	569092	1737	567355
29	565	136573		136573
1787	15959	5067043	570686	4496357
719	14622	4456512	94990	4361522
2	308	83704	200	83504
	21	6760		6760
173	9620	2789151	116039	2673113
78	5072	1470528	25996	1444533
6	59	15765	2326	13439
	20	3333	526	2807
	75	18219		18219
46	1521	370736	7273	363463
43	2873	910570	79918	830652

12－4 限额以上批发零售贸易企业主要财务指标

单位：万元 （2023年）

类型或行业	Items	流动资产合计 Current Funds
批发零售贸易企业	**Wholesale and Retail Trade Enterprises**	**58134583**
按市县分	**Grouped by Urban Districts and County**	
市 区	Urban Districts	28086521
江阴市	Jiangyin City	23094626
宜兴市	Yixing City	6953436
按行业分	**Grouped by trade**	
一、批发贸易业	**Wholesale Trade**	**51915422**
（一）按登记注册类型分组	**Grouped by Ownership**	
内资企业	Domestic-funded Enterprises	43168772
国有独资公司	Wholly State-owned Companies	881891
私营有限责任公司	Private Limited Liability Companies	26762109
其他有限责任公司	Other Limited Liability Companies	13690075
私营股份有限公司	Private Share-holding Limited Companies	326234
其他股份有限公司	Other Share-holding Limited Companies	753964
全民所有制企业（国有企业）	Enterprises Owned by the Whole People (State-owned Enterprises)	652020
集体所有制企业（集体企业）	Collectively-owned Enterprises (Collective Enterprises)	87658
个人独资企业	Sole Proprietorship Enterprises	13578
合伙企业	Partnership Enterprises	1243
港、澳、台商投资企业	Enterprises with Investment from Hong Kong ,Macao and Taiwan	4094999
外商投资企业	Foreign-invested Enterprises	4650191
农民专业合作社（联合社）	Farmers' Professional Cooperative (Union)	1460
（二）按国民经济行业分组	**Grouped by trade**	
农、林、牧产品批发	Farming, Forest, Animal Husbandry Products	313093
食品、饮料及烟草制品批发	Food,Beverage and Tobacco Products	2112349
纺织、服装及家庭用品批发	Textile,Garments and household supplies	9557306
文化、体育用品及器材批发	Cultural,Sports Goods and Equipments	404754

Major Financial Indicators of Over-Norm Wholesale and Retail Enterprises

(10000 yuan)

其中 of Which #存货 Inventories	固定资产原值 Fixed Assets Original Value	累计折旧 Accumulated Depreciation	资产总计 Total Assets	负债合计 Total Liabilities	实收资本 Paid in Capital
7107679	**6431840**	**3149469**	**78314835**	**52678043**	**33388610**
3993906	2878961	1222300	35051078	25100362	25260821
2603908	2953016	1659256	34617441	21258743	5966902
509865	599863	267914	8646315	6318938	2160887
5908242	**4710206**	**2357232**	**69721626**	**46027013**	**19125048**
5063989	4091945	2051806	57365633	39680019	16440810
63806	32708	10090	1074317	956498	70911
3595893	1985597	1037842	32316511	23969653	4043102
1240710	1910418	908810	19449127	13097116	11508856
71516	66906	37459	1663434	633981	556586
53682	31654	12133	2063136	830694	254206
35833	61280	43275	695331	106967	3878
551	1384	942	88189	72516	3076
1853	1975	1252	14327	11533	196
145	22	3	1261	1061	
386673	337184	151630	5314778	3826431	859679
456238	280294	153558	7039121	2519924	1824559
1342	783	238	2095	639	
50274	21704	7343	366567	281653	34706
387520	136375	76389	2262867	1281749	192009
1145879	1200568	628001	15326636	8493798	2240483
41125	29421	18193	425385	278760	82799

单位：万元 续表 1

类型或行业	Items	流动资产合计 Current Funds
医药及医疗器材批发	Medicine and Medical Appliance	2098307
矿产品、建材及化工产品批发	Mineral Products,Building Materials and Chemical Products	27944953
机械设备、五金产品及电子产品批发	Machinery Equipments,Hardware,Electrical Appliance and Electron Products	8315655
贸易经纪与代理	Trade Brokers and Agents	208102
其他批发业	Others	960904
二、零售贸易业	**Retail Sales Trade**	**6219160**
（一）按登记注册类型分组	**Grouped by Ownership**	
内资企业	Domestic-funded Enterprise	4042432
国有独资公司	Wholly State-owned Companies	24017
私营有限责任公司	Private Limited Liability Companies	2661491
其他有限责任公司	Other Limited Liability Companies	1167265
私营股份有限公司	Private Share-holding Limited Companies	137660
其他股份有限公司	Other Share-holding Limited Companies	38818
全民所有制企业（国有企业）	Enterprises Owned by the Whole People (State-owned Enterprises)	3219
集体所有制企业（集体企业）	Collectively-owned Enterprises (Collective Enterprises)	210
股份合作企业	Share-holding Cooperative Enterprises	2856
联营企业	Joint-operation Enterprises	590
个人独资企业	Sole Proprietorship Enterprises	4971
合伙企业	Partnership Enterprises	1336
港、澳、台商投资企业	Enterprises with Investment from Hong Kong ,Macao and Taiwan	215718
外商投资企业	Foreign-invested Enterprises	1952856
农民专业合作社（联合社）	Farmers' Professional Cooperative (Union)	8154
（二）按国民经济行业分组	**Grouped by Trade**	
综合零售	Comprehensive Retail Sales Trade	868541
食品、饮料及烟草制品专门零售	Retail of Food,Beverage and Tobacco Products	424695
纺织、服装及日用品专门零售	Special Retail of Textile,Garments and Daily Consumer Articles	113421
文化、体育用品及器材专门零售	Special Retail of Cultural,Sports Goods and Equipment	339351
医药及医疗器材专门零售	Special Retail of Medicine and Medical Appliance	411314
汽车、摩托车、燃料及零配件专门零售	Special Retail of Motor Vehicles,Motorcycles,Fuels and Parts	3108594

continued 1 (10000 yuan)

其中 of Which #存货 Inventories	固定资产原值 Fixed Assets Original Value	累计折旧 Accumulated Depreciation	资产总计 Total Assets	负债合计 Total Liabilities	实收资本 Paid in Capital
532818	134183	62073	2429794	1903955	170137
2841710	2718749	1366991	36433900	24688148	7754107
698148	392181	171991	11167960	8171189	8261254
22928	13591	4572	242488	162197	17447
187840	63433	21677	1066029	765566	372107
1199437	**1721635**	**792238**	**8593208**	**6651030**	**14263562**
1079354	1292114	624733	5913785	4575801	14041565
9029	8349	4331	30889	19740	4332
826321	729260	352922	3459531	2737052	13544606
199776	357805	144620	1668210	1361535	390536
15018	62537	47527	522309	180131	95472
25938	126944	70800	216357	263213	5050
1382	2696	1785	4782	8103	1000
22	135	78	267	1	60
895	925	278	3305	665	203
40	573	469	698	15	
761	2839	1904	6068	4117	262
172	51	18	1368	1232	46
61181	239988	86094	436174	272741	166088
57129	186292	81154	2228826	1792954	55792
1774	3242	257	14424	9535	118
79818	703320	308935	1870280	1296308	436019
51643	105630	39184	592026	462215	94479
29315	11052	5790	126738	105591	9584
241210	40514	19825	382878	384674	72224
78525	23934	14392	478625	382399	42185
517873	683928	329776	3987658	3033096	1429535

单位：万元 续表 2

	类型或行业 Items	流动资产合计 Current Funds
家用电器及电子产品专门零售	Special Retail of Household Appliances and Electronic Products	249054
五金、家具及室内装饰材料专门零售	Special Retail of Hardware,Furniture and Interior Decoration Materials	135699
货摊、无店铺及其他零售业	Stalls,Non-store and Other Retails	568491
（三）按经营方式分组	**Grouped by Mode**	
独立门店	Single Store	3467295
连锁总店(总部)	Chain Main Store (Headquarters)	487886
连锁门店	Chain Store	1896429
其他	Others	367550
（四）按业态分组	**Grouped by Operation**	
有店铺零售	Shop Retail	5396673
便利店	Convenience Store	107383
超市	Supermarket	437232
折扣店	Discount Store	30710
仓储会员店	Warehouse Store/Warehouse Club	113831
百货店	Department Store	274141
购物中心□	Shopping Mall	94861
专业店	Speciality Store	3130984
品牌专卖店	Brand Store	1191094
集合店	Collection Store	15403
无人值守商店□	Unmanned store	1035
无店铺零售	Non-store Retailing	822487
网络零售	Online Retailing	465065
邮寄零售	Mailing Retailing	3832
无人售货设备零售	Retail of Unmanned Vending Equipment	1303
电话零售	Telephone Retail	10466
直销	Direct Sales	115373
其他	Others	226448

continued 2 (10000 yuan)

其中 of Which #存货 Inventories	固定资产原值 Fixed Assets Original Value	累计折旧 Accumulated Depreciation	资产总计 Total Assets	负债合计 Total Liabilities	实收资本 Paid in Capital
73404	26261	13571	317390	231988	46030
33486	70467	34871	179433	201093	43607
94165	56528	25893	658180	553665	12089899
988056	1489780	680767	5446003	4001558	2017404
98430	67093	36257	578545	580892	131534
62501	129563	60538	2152276	1745756	26193
50450	35199	14676	416384	322824	12088431
1050036	1588062	729157	7586576	5907399	2135351
30890	127195	65031	254243	374073	18102
78099	344658	157062	1087504	771203	340976
10	65510	25061	89385	23580	28006
7884	8677	1908	122374	46507	460
24088	326994	142875	581026	446658	104506
3186	4755	3083	112602	103141	6716
435464	394522	187639	3780137	2917619	1277478
464579	312317	144419	1539787	1197952	345669
5837	3138	1815	18427	21052	7438
	298	264	1092	5614	6000
149402	133573	63080	1006632	743631	12128211
67168	32886	15608	526984	430026	12051420
705	612	170	3934	3163	318
225	105	53	1495	771	25
380	507	345	10654	7757	927
26197	43217	18878	175616	121182	17488
54727	56247	28026	287949	180732	58033

单位：万元　　　　续表3

类型或行业	Items	主营业务收入 Main Business Revenue	营业成本 Business Cost
批发零售贸易企业	**Wholesale and Retail Trade Enterprises**	**205530712**	**193473869**
按市县分	**Grouped by Urban Districts and County**		
市　区	Urban Districts	97393945	91522483
江阴市	Jiangyin City	88493130	84462477
宜兴市	Yixing City	19643638	17488909
一、批发贸易业	**Wholesale Trade**	**191988559**	**181505108**
（一）按登记注册类型分组	**Grouped by Ownership**		
内资企业	Domestic-funded Enterprises	174906014	165871147
国有独资公司	Wholly State-owned Companies	2953794	2898149
私营有限责任公司	Private Limited Liability Companies	133074448	125941660
其他有限责任公司	Other Limited Liability Companies	36196403	34824973
私营股份有限公司	Private Share-holding Limited Companies	613806	562864
其他股份有限公司	Other Share-holding Limited Companies	573559	540546
全民所有制企业（国有企业）	Enterprises Owned by the Whole People (State-owned Enterprises)	1300915	929749
集体所有制企业（集体企业）	Collectively-owned Enterprises (Collective Enterprises)	101881	83596
个人独资企业	Sole Proprietorship Enterprises	85979	84562
合伙企业	Partnership Enterprises	5229	5050
港、澳、台商投资企业	Enterprises with Investment from Hong Kong ,Macao and Taiwan	7923251	7874387
外商投资企业	Foreign-invested Enterprises	9151151	7751868
农民专业合作社（联合社）	**Farmers' Professional Cooperative (Union)**	8143	7706
（二）按国民经济行业分组	**Grouped by Trade**		
农、林、牧产品批发	Farming, Forest, Animal Husbandry Products	718933	697583
食品、饮料及烟草制品批发	Food,Beverage and Tobacco Products	4705967	4045422
纺织、服装及家庭用品批发	Textile,Garments and Household Supplies	18491643	17282190
文化、体育用品及器材批发	Cultural,Sports Goods and Equipments	1377319	1281327

continued 3 (10000 yuan)

税金及附加 Operation Duty and Addition	其他业务利润 Other Operation Profit	销售费用 Cost of Sales	管理费用 General and Administrative Expenses	财务费用 Financial Expenses	营业利润 Operation Profit	利润总额 Total Profit	应付职工薪酬 Accrued Employee Benefits	本年应交增值税额 Value-Added Taxes this year
357924	**1153339**	**3739228**	**2171283**	**320933**	**8209854**	**8128115**	**2289976**	**1199105**
255505	1106506	2807697	1358487	102240	1923521	1829301	1608502	774579
80100	35432	742279	635126	168409	4452246	4476169	538585	314240
22319	11401	189253	177670	50285	1834087	1822645	142889	110287
324287	**63191**	**2756642**	**1659366**	**266976**	**7840810**	**7750078**	**1716779**	**994912**
287576	58795	1734617	1415833	250477	6964503	6886525	1278829	816791
2613	241	8507	7673	7164	29856	30038	10643	5459
86642	52818	1400489	1176551	173767	5275549	5218954	981987	598260
40335	5260	290668	179881	59165	1417344	1399539	235528	157310
945	474	16161	15628	13220	7544	3678	14272	3412
1221	2	4993	11555	17225	14874	14842	12087	3566
155697		13404	22475	-20913	202860	202991	23505	47301
66		9	784	825	16602	16591	376	396
50		329	1217	25	-172	-158	393	1061
6		55	70		46	49	39	28
7915	3248	56818	62193	21939	364314	367480	60201	24238
28797	1148	965206	181285	-5441	511615	495695	377650	153883
		2	55	2	378	378	98	
404	619	3749	5522	10105	4486	4759	3463	906
160407	2868	156188	88233	-20892	303014	310888	141113	82071
31495	5528	602885	314001	37811	1186073	1194414	387408	149243
817	447	21631	27824	3250	43683	44633	16995	6955

单位：万元　　　　　　　　　　　　　　　续表4

类型或行业	Items	主营业务收入 Main Business Revenue
医药及医疗器材批发	Medicine and Medical Appliance	5035114
矿产品、建材及化工产品批发	Mineral Products,Building Materials and Chemical Products	139992354
机械设备、五金产品及电子产品批发	Machinery Equipments,Hardware,Electrical Appliance and Electron Products	16780934
贸易经纪与代理	Trade Brokers and Agents	523522
其他批发业	Others	4362775
二、零售贸易业	**Retail Sales Trade**	**13542153**
（一）按登记注册类型分组	**Grouped by Ownership**	
内资企业	Domestic-funded Enterprise	11405920
国有独资公司	Wholly State-owned Companies	94764
私营有限责任公司	Private Limited Liability Companies	6839612
其他有限责任公司	Other Limited Liability Companies	3556589
私营股份有限公司	Private Share-holding Limited Companies	247533
其他股份有限公司	Other Share-holding Limited Companies	600104
全民所有制企业（国有企业）	Enterprises Owned by the Whole People (State-owned Enterprises)	14821
集体所有制企业（集体企业）	Collectively-owned Enterprises (Collective Enterprises)	1094
股份合作企业	Share-holding Cooperative Enterprises	20087
联营企业	Joint-operation Enterprises	1826
个人独资企业	Sole Proprietorship Enterprises	27547
合伙企业	Partnership Enterprises	1946
港、澳、台商投资企业	Enterprises with Investment from Hong Kong ,Macao and Taiwan	724083
外商投资企业	Foreign-invested Enterprises	1391954
农民专业合作社（联合社）	Farmers' Professional Cooperative (Union)	20195
（二）按国民经济行业分组	**Grouped by Trade**	
综合零售	Comprehensive Retail Sales Trade	1773236
食品、饮料及烟草制品专门零售	Food,Beverage and Tobacco Products	948439
纺织、服装及日用品专门零售	Special Retail of Textile,Garments and Daily Consumer Articles	293421
文化、体育用品及器材专门零售	Special Retail of Cultural,Sports Goods and Equipment	321432
医药及医疗器材专门零售	Special Retail of Medicine and Medical Appliance	531061
汽车、摩托车、燃料及零配件专门零售	Special Retail of Motor Vehicles,Motorcycles,Fuels and Parts	6848992

continued 4 (10000 yuan)

营业成本 Business Cost	税金及附加 Operation Duty and Addition	其他业务利润 Other Operation Profit	销售费用 Cost of Sales	管理费用 General and Administrative Expenses	财务费用 Financial Expenses	营业利润 Operation Profit	利润总额 Total Profit	应付职工薪酬 Accrued Employee Benefits	本年应交增值税额 Value-Added Taxes this year
3775507	19796	1898	969146	114972	13561	202585	184676	329289	148020
133971954	89174	42854	728818	745931	187809	5478002	5387645	532536	389194
15822255	15466	6087	244802	334589	24395	369170	365248	278479	110439
519412	289	-32	4811	4620	2028	42705	42803	4288	1523
4109458	6438	2923	24612	23675	8908	211093	215012	23208	106560
11968761	**33637**	**1090149**	**982586**	**511916**	**53957**	**369044**	**378037**	**573197**	**204193**
9964252	28818	88620	808054	464448	42878	351104	360860	503754	186862
85297	117		2412	1477	440	5433	5713	2758	506
5940808	13646	32472	457853	331160	26984	177214	185252	337191	117308
3139084	12547	48268	304816	104303	12749	109141	110622	126492	57057
187856	1649	7419	13980	18472	1148	27075	28532	18102	5481
549743	747	459	27864	5450	1438	30981	29455	16243	4904
15368	8		184	667	58	-1113	-1111	487	9
905	1		8	147		33	33	83	16
18010	14		15	773	11	1264	1257	557	1086
1652	5		94	35	3	37	36	54	13
23938	79	2	760	1694	47	1028	1061	1531	423
1591	6		68	270		11	11	255	60
655431	3446	2530	94751	22893	1883	-14299	-15678	44373	6951
1331618	1333	998989	79088	23838	9174	30463	31281	24182	10293
17460	41	10	694	738	22	1777	1574	889	87
1442884	9324	24815	179332	145071	8227	81686	80347	105166	43481
797922	1495	387	64750	41902	1319	44085	43878	61033	10445
230745	676	299	46638	16046	459	2199	3380	25216	6851
248190	2712	305	29274	17103	1404	24593	24603	20080	6045
392031	1417	2309	72460	32682	2541	35274	35941	58043	13406
6460815	14178	1039508	268681	137507	29799	132816	142006	177730	79607

单位：万元　　续表5

类型或行业	Items	主营业务收入 Main Business Revenue
家用电器及电子产品专门零售	Special Retail of Household Appliances and Electronic Products	688794
五金、家具及室内装饰材料专门零售	Special Retail of Hardware,furniture and Interior Decoration Materials	222221
货摊、无店铺及其他零售业	Stalls,No-Shop and Other Retails	1914556
（三）按经营方式分组	**Grouped by Mode**	
独立门店	Single Store	10212730
连锁总店(总部)	Chain Main Store (Headquarters)	869371
连锁门店	Chain Store	1557301
其他	Others	902751
（四）按业态分组	**Grouped by Operation**	
有店铺零售	Shop Retail	11046485
便利店	Convenience Store	651491
超市	Supermarket	1222936
折扣店	Discount Store	15493
仓储会员店	Warehouse Store/Warehouse Club	102565
百货店	Department Store	508280
购物中心□	Shopping Mall	123326
专业店	Speciality Store	4435236
品牌专卖店	Brand Store	3907714
集合店	Collection Store	73238
无人值守商店□	Unmanned Store	6206
无店铺零售	Non-store Retailing	2495668
网络零售	Online Retailing	1302027
邮寄零售	Mailing Retailing	13516
无人售货设备零售	Retail of Unmanned Vending Equipment	4108
电话零售	Telephone Retail	17816
直销	Direct Sales	342902
其他	Others	815300

continued 5 (10000 yuan)

营业成本 Business Cost	税金及附加 Operation Duty and Addition	其他业务利润 Other Operation Profit	销售费用 Cost of Sales	管理费用 General and Administrative Expenses	财务费用 Financial Expenses	营业利润 Operation Profit	利润总额 Total Profit	应付职工薪酬 Accrued Employee Benefits	本年应交增值税额 Value-Added Taxes this year
626050	656	4656	26992	36752	3186	-6231	-8102	36893	6634
183881	251		16540	17361	3187	324	713	12411	2991
1586243	2929	17871	277922	67493	3836	54299	55271	76624	34733
9099836	27682	78082	576144	409755	41696	296463	304646	385507	157247
643127	2587	8788	171858	47087	4043	35859	36762	114362	22826
1459089	1938	1001980	112797	19745	6243	33608	34959	26522	11467
766708	1430	1300	121787	35329	1975	3114	1671	46806	12654
9874163	27938	1069201	687562	406615	48972	303899	311405	464729	159295
572764	786	1478	47437	21844	2263	27541	25825	20939	5968
986528	4045	19615	139534	81024	8133	51588	51262	93992	18729
4425	725		2723	1507	-169	8475	8549	802	2551
94131	57	564	7815	495	291	403	531	3709	737
420070	4463	4669	23512	65148	3377	13198	14354	20611	22964
81132	683		13959	13954	144	15972	16237	6117	3240
4044546	7903	1012124	223065	110910	13432	147546	149605	155827	44320
3597499	9243	29457	224407	108643	20634	40285	46238	159736	59521
68999	30	1294	2549	2916	807	-676	-614	2436	757
4069	3		2560	175	59	-434	-582	561	508
2094598	5700	20948	295024	105302	4984	65145	66632	108468	44898
1011465	2486	14761	255003	51076	2040	36026	37136	61856	30773
13784	6	9	123	180	16	-36	-34	457	20
2662	11		691	412		332	328	201	150
12619	13		170	931	45	932	951	533	386
312627	412	1092	12266	18663	1016	1822	1136	15913	4060
741441	2772	5085	26772	34040	1867	26070	27117	29510	9509

12—5 限额以上住宿餐饮企业主要财务指标

单位：万元 （2023年）

类型或行业	Items	流动资产合计 Current Assets
住宿餐饮企业	**Accommodations and Catering Enterprises**	**829061**
按地区分	**Grouped by District**	
市　区	Urban Districts	647898
江阴市	Jiangyin City	44001
宜兴市	Yixing City	137162
一、住宿企业	**Accommodations Enterprises**	**274964**
按登记注册类型分组	**Grouped by Ownership**	
内资企业	Domestic-funded Enterprises	278005
国有独资公司	Wholly State-owned Companies	13135
私营有限责任公司	Private Limited Liability Companies	192642
其他有限责任公司	Other Limited Liability Companies	60375
私营股份有限公司	Private Share-holding Limited Companies	709
全民所有制企业（国有企业）	Enterprises Owned by the Whole People (State-owned Enterprises)	977
股份合作企业	Share-holding Cooperative Enterprises	1292
个人独资企业	Sole Proprietorship Enterprises	4742
合伙企业	Partnership Enterprises	4134
港、澳、台商投资企业	Enterprises with Investment from Hong Kong ,Macao and Taiwan	2907
外商投资企业	Foreign-invested Enterprises	-5948
按国民经济行业分组	**Grouped by Trade**	
旅游饭店	Tourist Hotel	210455
一般旅馆	General Hotel	58041
民宿服务	Home Accommodation Services	1779
露营地服务	Camping Site Services	
其他住宿服务	Others	4691
按星级等级分组	**Grouped by Star Level**	
一星	One-Star	415
二星	Two-Star	1604
三星	Three-Star	12444
四星	Four-Star	7591
五星	Five-Star	102995
其他	Others	149916

Major Financial Indicators of Over-Norm Accommodations and Catering Enterprises

(10000 yuan)

其中 of Which					
# 存货 Inventories	固定资产原值 Fixed Assets Original Value	累计折旧 Accumulated Depreciation	资产总计 Total Assets	负债合计 Total Liabilities	实收资本 Paid in Capital
154936	**1876171**	**814730**	**2559014**	**2063238**	**12047480**
122364	946157	473645	1618296	1460473	11494102
8475	598365	239814	469489	246490	438646
24096	331650	101271	471229	356275	114732
69001	**783503**	**412957**	**821198**	**902403**	**1376601**
67222	659696	313295	793540	816083	1298663
184	506	366	17929	13197	10000
64404	342605	197784	435721	496618	1136253
1060	259289	84415	294552	274856	138758
28	318	292	1033	646	
5	10192	3059	8110	145	
	478	362	2628	1121	1500
1541	45781	26516	28668	26021	11058
	528	501	4899	3480	1094
17	3887	3521	4743	5850	3542
1762	119920	96141	22916	80470	74396
68061	675067	368946	644401	733631	336610
867	94724	37847	162132	155700	38730
6	10608	3378	9273	1293	
68	3105	2787	5393	11780	1001261
	82	72	424	424	
10	447	324	1818	1181	327
639	34134	23059	26347	39655	20852
2869	96073	63155	56163	59989	29516
59837	361607	173287	305080	369621	132880
5647	291161	153060	431367	431535	1193026

单位：万元　　　　续表 1

类型或行业	Items	流动资产合计 Current Assets
二、餐饮企业	**Catering Enterprises**	**554097**
按登记注册类型分组	**Grouped by Ownership**	
内资企业	Domestic-funded Enterprises	528157
国有独资公司	Wholly State-owned Companies	16518
私营有限责任公司	Private Limited Liability Companies	384105
其他有限责任公司	Other Limited Liability Companies	117544
集体所有制企业（集体企业）	Collectively-owned Enterprises (Collective Enterprises)	148
股份合作企业	Share-Holding Cooperative Enterprises	
个人独资企业	Sole Proprietorship Enterprises	8782
合伙企业	Partnership Enterprises	1062
港、澳、台商投资企业	Enterprises with Investment from Hong Kong , Macao and Taiwan	24977
外商投资企业	Foreign-invested Enterprises	963
按国民经济行业分组	**Grouped by Trade**	
正餐服务	Dinner	463282
快餐服务	Fast Food	53518
饮料及冷饮服务	Drink and Cold Drink	12936
餐饮配送及外卖送餐服务	Catering Delivery Distribution and Takeaway Delivery Services	22120
其他餐饮业服务	Others	2241
按经营方式	**Grouped by Operation Mode**	
独立门店	Single Store	380858
连锁总店（总部）	Chain store (Headquarters)	54464
连锁门店	Branch of Chain Stores	47277
其他	Others	71497

continued 1 (10000 yuan)

其中 of Which #存货 Inventories	固定资产原值 Fixed Assets Original Value	累计折旧 Accumulated Depreciation	资产总计 Total Assets	负债合计 Total Liabilities	实收资本 Paid in Capital
85935	**1092668**	**401773**	**1737816**	**1160835**	**10670879**
82448	636441	267294	1289342	1007725	10287346
172	29115	20472	105307	88565	50816
79431	485385	193820	903327	713634	10149618
2162	105972	49151	256640	193259	83988
20	1123	324	1132	316	856
512	14550	3347	21761	11241	1778
152	295	181	1176	711	290
3456	455725	134309	446800	151355	383253
31	502	170	1674	1755	280
77547	1007931	361880	1483934	943795	10642358
3802	72029	32655	196354	173157	19359
1576	4180	2197	26805	25430	2991
2876	3656	2428	25405	16607	5284
135	4872	2614	5319	1846	889
21211	879544	322127	1186251	778147	10639620
4814	76122	35447	255499	206077	26480
5609	27486	20784	99171	57743	4495
54301	109516	23416	196895	118869	284

单位：万元　　　　续表2

类型或行业	Items	主营业务收入 Main Business Revenue	业务成本 Business Cost
住宿餐饮企业	**Accommodations and Catering Enterprises**	**1543229**	**807869**
按地区分	**Grouped by District**		
市　区	Urban Districts	1254390	658779
江阴市	Jiangyin City	134179	66735
宜兴市	Yixing City	154659	82356
一、住宿企业	**Accommodations Enterprises**	**365494**	**162814**
按登记注册类型分组	**Grouped by Ownership**		
内资企业	Domestic-funded Enterprises	345205	153306
国有独资公司	Wholly State-owned Companies	15333	6105
私营有限责任公司	Private Limited Liability Companies	207010	93081
其他有限责任公司	Other Limited Liability Companies	101518	44840
私营股份有限公司	Private Share-holding Limited Companies	2540	2038
全民所有制企业（国有企业）	Enterprises Owned by the Whole People (State-owned Enterprises)	862	571
股份合作企业	Share-holding Cooperative Enterprises	2476	289
个人独资企业	Sole Proprietorship Enterprises	12944	4949
合伙企业	Partnership Enterprises	2523	1434
港、澳、台商投资企业	Enterprises with Investment from Hong Kong ,Macao and Taiwan	4010	1323
外商投资企业	Foreign-invested Enterprises	16280	8186
按国民经济行业分组	**Grouped by Industries of National Economy**		
旅游饭店	Tourist Hotel	278744	119099
一般旅馆	General Hotel	76102	38330
民宿服务	Home Accommodation Services	4948	3409
露营地服务	Camping Site Services		
其他住宿服务	Others	5699	1977
按星级等级分组	**Grouped by Star Level**		
一星	One-Star	327	100
二星	Two-Star	1555	734
三星	Three-Star	16700	7597
四星	Four-Star	41360	17226
五星	Five-Star	91069	35279
其他	Others	214483	101879

continued 2 (10000 yuan)

税金及附加 Operation Duty and Addition	其他业务利润 Other Operation Profit	销售费用 Cost of Sales	管理费用 General and Administrative Expense	营业利润 Operation Profit	利润总额 Total Profit	应付职工薪酬 Accrued Employee Benefits
3987	**3410**	**394509**	**336380**	**23278**	**32796**	**424944**
3112	1703	321583	255375	34300	40997	351213
353	966	38639	39642	-11243	-10864	36059
522	740	34287	41363	221	2663	37673
1289	**1729**	**93158**	**125312**	**-14799**	**-11852**	**102734**
1157	1729	85692	118668	-11064	-8040	95840
27		3147	8888	-2737	-2713	5384
1023	1673	55780	67641	-7333	-6209	52870
77	56	21192	36190	-1611	185	32043
1		121	458	-74	-60	501
3		46	271	54	55	330
		1379	553	258	259	299
21		3854	3853	263	337	3982
5		173	815	115	106	432
4		251	2260	109	117	1140
128		7215	4384	-3843	-3928	5754
903	1700	76787	96620	-12356	-10341	82436
325	29	14563	24883	-2085	-1159	18200
6		454	680	480	482	610
54		1353	3130	-838	-833	1488
		1	201	26	26	93
2		9	782	26	48	396
179		4087	5557	-922	-668	4827
78	787	12962	14670	-2359	-2555	13613
513	900	23504	34406	-6297	-5193	26373
517	42	52595	69696	-5273	-3510	57432

单位：万元

续表 3

类型或行业	Items	主营业务收入 Main Business Revenue	业务成本 Business Cost
二、餐饮企业	**Catering Enterprises**	**1177735**	**645055**
按登记注册类型分组	**Grouped by Ownership**		
内资企业	Domestic-funded Enterprises	894063	501714
国有独资公司	Wholly State-owned Companies	13597	3597
私营有限责任公司	Private Limited Liability Companies	681992	385849
其他有限责任公司	Other Limited Liability Companies	182497	102338
集体所有制企业（集体企业）	Collectively-owned Enterprises (Collective Enterprises)	770	367
股份合作企业	Share-holding Cooperative Enterprises		
个人独资企业	Sole Proprietorship Enterprises	11375	7097
合伙企业	Partnership Enterprises	3831	2467
港、澳、台商投资企业	Enterprises with Investment from Hong Kong ,Macao and Taiwan	279994	142188
外商投资企业	Foreign-invested Enterprises	3677	1153
按国民经济行业分组	**Grouped by Industries of National Economy**		
正餐服务	Dinner	709385	365654
快餐服务	Fast Food	340223	190481
饮料及冷饮服务	Drink and Cold Drink	66109	40089
餐饮配送及外卖送餐服务	Catering Delivery Distribution and Takeaway Delivery Services	56871	46393
其他餐饮业服务	Others	5147	2438
按经营方式	**Grouped by Operation Mode**		
独立门店	Single Store	657326	379664
连锁总店（总部）	Chain store (Headquarters)	380398	201251
连锁门店	Branch of Chain Stores	111062	50712
其他	Others	28950	13428

continued 3 (10000 yuan)

税金及附加 Operation Duty and Addition	其他业务利润 Other Operation Profit	销售费用 Cost of Sales	管理费用 General and Administrative Expense	营业利润 Operation Profit	利润总额 Total Profit	应付职工薪酬 Accrued Employee Benefits
2698	**1681**	**301351**	**211068**	**38077**	**44648**	**322211**
2581	1680	209854	178536	20204	26601	227906
241		3862	4612	-2207	-2104	4240
2169	1453	158084	140158	17712	20424	178122
137	227	45999	30322	4134	7694	42046
1		295	95	15	15	221
28		913	2780	447	459	2462
6		702	570	103	112	815
116	1	89744	31754	17871	18042	93240
		1752	778	1	5	1065
2446	1567	186645	163608	7429	13154	186710
148	45	94157	31030	25926	26589	105874
39	69	15126	5998	4845	4902	13799
54		3466	9128	207	256	13864
12		1957	1305	-331	-253	1964
1119	1507	147605	140054	-6831	799	162559
186		119651	26516	41573	41989	111742
121	45	26095	36036	3745	3903	41788
1273	129	8000	8462	-410	-2044	6122

12—6 亿元以上商品交易市场基本情况

(2023年)

类型或行业	Items	市场个数(个) Number of Markets (unit)
合计	**Total**	**52**
一、按经营环境分	**Grouped by Operation Enviroment**	
(一)露天式	Open-air	4
(二)封闭式	Indoor	38
(三)其他	Others	10
二、按经营方式分	**Grouped by Operation Mode**	
(一)批发	Wholesale	32
(二)零售	Retail	20
三、按市场类别分	**Grouped by Market Kinds**	
(一)综合市场	Comprehensive Markets	10
综合贸易市场	Trading Comprehensive Markets	10
生产资料综合市场	The Means of Production Integrated Market	3
工业消费品综合市场	Industrial Consumer Goods Comprehensive Markets	2
农产品综合市场	Farm Products Comprehensive Markets	4
其他综合市场	Other Comprehensive Markets	1
(二)专业市场	Specialized Markets	42
生产资料市场	Capital Goods Markets	12
建材市场	Building Material Markets	1
化工材料及制品市场	Chemical Materials and Products Markets	1
金属材料市场	Metal Materials Markets	9
机械设备市场	Machinery Equipment Markets	1
农产品市场	Farm Products Markets	9
粮油市场	Grain an Oil Markets	2
肉禽蛋市场	Poultry Egg Markets	1
水产品市场	Aquatic Products Markets	2
蔬菜市场	Vegetable Market	1
其他农产品市场	Other Farm Products Markets	3
食品、饮料及烟酒市场	Food,Beverages,Tobacoo and Liquor Markets	2
其他食品、饮料及烟酒市场	Other Food,Beverages,Tobacoo and Liquor Markets	2
纺织、服装、鞋帽市场	Textile,Garments,Footwear and Hat Wear Markets	2
布料及纺织品市场	Fabric and Textile Markets	1
其他纺织服装鞋帽市场	Other Textile,Garments,Footwear and Hat Wear Markets	1
日用品及文化用品市场	Daily Necessities and Cultural Goods Markets	1
其他日用品及文化用品市场	Other Daily Necessities and Cultural Goods Markets	1
电器、通讯器材、电子设备市场	Electrical Appliance,Communication and Electronic Equipment Markets	1
计算机及辅助设备市场	Computer and Supplementary Equipments Markets	1
家具、五金及装饰材料市场	Furniture, Hardware and Decoration Materials Markets	7
家具市场	Furniture Markets	2
装饰材料市场	Decoration Materials Markets	3
五金材料市场	Hardware and Electrical Materials Markets	1
其他装修市场	Other Decoration Markets	1
汽车、摩托车及零配件市场	Motor Vehicles, Motorcycles and Parts Markets	8
汽车市场	Motor Vehicles Markets	6
机动车零配件市场	Motor Vehicle Parts and Accessories Markets	2

Basic Statistics on Commodity Exchange Markets of Transaction Value over 100 Million Yuan

摊位总量 (个) Number of Booths (unit)	其中 of which 已出租摊位 Booths Rented	商品成交总额 (万元) Turnover (10000 yuan)	营业面积 (平方米) Operating Area (sq.m)
49654	**41005**	**48173308**	**6651423**
2868	1959	4270158	337237
36351	30871	32364827	3935229
10435	8175	11538323	2378957
32904	27180	44855992	5145517
16750	13825	3317316	1505906
19819	17336	5915447	1905130
19819	17336	5915447	1905130
3193	2729	713285	917130
6995	6995	1051742	545000
6605	5482	4066971	373000
3026	2130	83449	70000
29835	23669	42257861	4746293
13673	11982	36993864	2805296
1605	1250	384800	1582327
999	998	7081118	3000
9742	8407	27730471	1039969
1327	1327	1797475	180000
4644	3955	2542455	325344
662	662	253962	137630
1454	1454	1903267	39390
963	456	119752	112324
600	528	151148	8500
965	855	114326	27500
370	333	111197	30247
370	333	111197	30247
2900	1760	253936	157996
1300	931	58040	100000
1600	829	195896	57996
1800	1529	293416	250000
1800	1529	293416	250000
140	130	35176	8400
140	130	35176	8400
4413	2519	430452	823510
798	473	57303	204610
1145	980	163587	481000
1150	741	176512	62900
1320	325	33050	75000
1895	1461	1597365	345500
1288	922	1338590	235000
607	539	258775	110500

12－7 住宿和餐饮业销售情况

Sales in Accommodation and Catering Industry

单位：万元　（2023年）　(10000 yuan)

指 标	Items	营业额 Turnover
全市合计	**Total**	**4905688**
市区	Urban Districts	3262588
江阴市	Jiangyin City	930753
宜兴市	Yixing City	712347
限额以上企业	**Enterprise above Designated Size**	**1840679**
市区	Urban Districts	1417445
江阴市	Jiangyin City	198396
宜兴市	Yixing City	224839
限额以下企业（单位）和个体	**Enterprise and Individual below Designated Size**	**3065008**
市区	Urban Districts	1845143
江阴市	Jiangyin City	732357
宜兴市	Yixing City	487508

无锡统计年鉴 2024

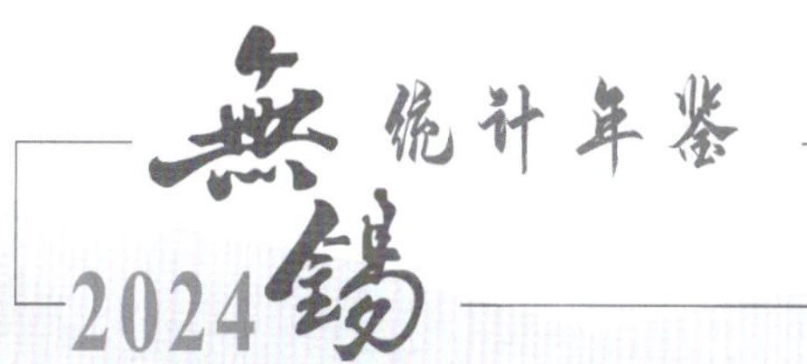

第13篇 CHAPTER

对外经济贸易和旅游

FOREIGN TRADE AND TOURISM

2024 WUXI STATISTICAL YEARBOOK

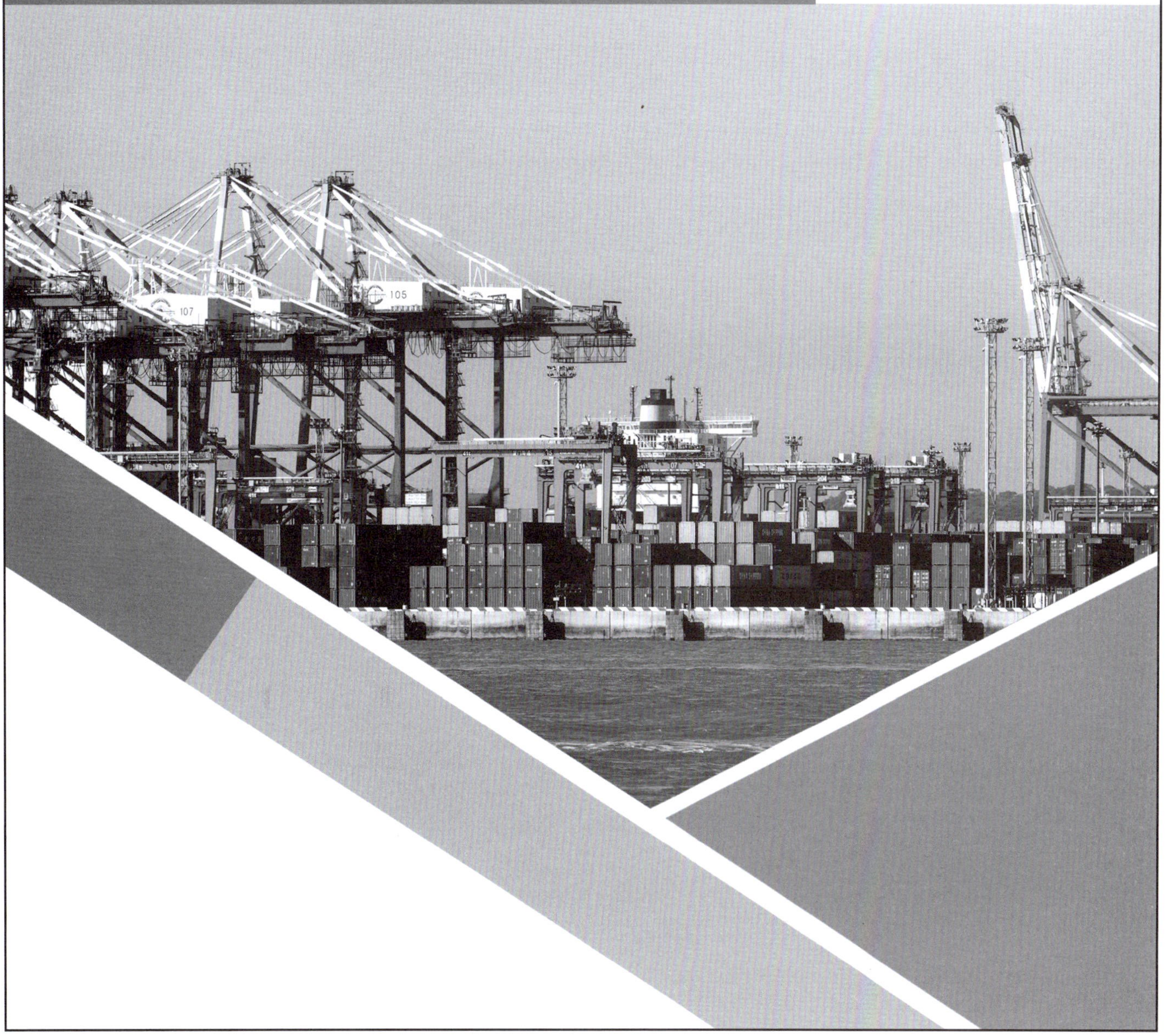

第十三篇　对外经济贸易和旅游
CHAPTER XIII FOREIGN TRADE AND TOURISM

● 进口总值 Total Imports	341.98亿美元	(10^8 USD)
比上年增长 Growth Over the Previous Year	-9.7%	
● 出口总值 Total Exports	662.19亿美元	(10^8 USD)
比上年增长 Growth Over the Previous Year	-8.9%	
● 新签协议(合同)数 Number of Signed Contracts	340个	（unit）
比上年增长 Growth Over the Previous Year	14.5%	
● 实际使用外资(商务部门确认数) Actual Use of Foreign Capital	41.20亿美元	(10^8 USD)
比上年增长 Growth Over the Previous Year	7.7%	
● 国家级省级开发区个数 Number of National and Provincial Development Zones	8个	（unit）
● 国家级开发区 National Development Zone	7个	（unit）
● 接待入境过夜旅游者人数 International Tourists Who Stayed Overnight	19.01万人次	(10^4 person-time)
比上年增长 Growth Over the Previous Year	284.0%	

13－1 利用外资情况（1978－2023年）

单位：万美元

指 标	Items	1978—1980	1981—1985	1986—1990	1991—1995	1996—2000
新签合同数（个）	**Number of Signed Contracts (unit)**	**18**	**69**	**212**	**4824**	**1408**
对外借款	Foreign Loans		17	28	75	5
外商直接投资	Direct Foreign Investment		11	120	4162	1381
#独资经营	Wholly Foreign-funded			4	187	451
合资经营	Joint Venture		10	113	3870	840
合作经营	Cooperative Operation		1	3	105	89
外商其他投资	Other Foreign Investment	18	41	64	587	22
新签合同外资	**Contracted Foreign Capital**	**1049**	**6098**	**35486**	**594320**	**646650**
对外借款	Foreign Loans		2020	17576	39387	12165
外商直接投资	Direct Foreign Investment		2119	13232	550729	624058
#独资经营	Wholly Foreign-funded			322	44467	248217
合资经营	Joint Venture		1619	12529	480590	306331
合作经营	Cooperative Operation		500	381	25672	62940
外商其他投资	Other Foreign Investment	1049	1959	4678	4204	10427
实际使用外资	**Actual Use of Foreign Capital**	**644**	**2889**	**12383**	**287886**	**534285**
对外借款	Foreign Loans		448	5290	55418	48812
外商直接投资	Direct Foreign Investment		1107	4689	227800	468910
#独资经营	Wholly Foreign-funded			17	5881	129377
合资经营	Joint Venture		1107	4575	217090	285802
合作经营	Cooperative Operation			97	4829	47881
外商其他投资	Other Foreign Investment	644	1334	2404	4668	16563

注：2005年起实际使用外资为商务部确认数。

Utilization of Foreign Capital (1978—2023)

(10000 USD)

2001—2005	2006—2010	2011—2015	2016	2017	2018	2019	2020	2021	2022	2023
3972	**2141**	**1143**	**230**	**273**	**287**	**282**	**273**	**372**	**297**	**340**
3972	2141	1143	230	273	287	282	273	372	297	340
2437	1475	771	141	145	158	163	180	161	119	108
1455	634	357	86	123	125	115	80	176	128	232
74	32	6	2	1	1					
2526492	**2752877**	**2398712**	**448320**	**629983**	**922531**	**282428**	**578015**	**1091323**	**767196**	**630883**
2526492	2752877	2398712	448320	629983	922531	282428	578015	1091323	767196	630883
2002933	2373411	1785232	325901	395612	623839	303997	447408	677627	448525	337827
444158	323534	433966	81901	221542	276125	-23743	91510	207380	318671	293056
54269	47576	5886	27641	1672	72	-406				
1106340	**1519376**	**1718007**	**341274**	**367545**	**371541**	**361977**	**362107**	**380714**	**382613**	**412006**
1106340	1519376	1718007	341274	367545	371541	361977	362107	380714	382613	412006
812207	1189618	1328082	220361	166447	246175	212443	254796	211606	199408	185775
238193	268282	259890	87929	178892	122836	138917	105823	143705	183205	226231
24888	42505	15699	2226	3410	42	737				

Note:The fulfilled value of the utilization of foreign capital was confirmed by Commerce Department since 2005.

13－2 利用外资情况

Utilization of Foreign Capital

单位：万美元 （2023年） (10000 USD)

指 标	Items	全 市 Total	其中 of Which 市 区 Urban Districts	江阴市 Jiangyin City	宜兴市 Yixing City
新签合同数 （个）	**Number of Signed Contracts (unit)**	**340**	**275**	**36**	**29**
外商直接投资	Direct Foreign Investment	340	275	36	29
#独资经营	Wholly Foreign-funded	108	84	11	13
合资经营	Joint Venture	232	191	25	16
合作经营	Cooperative Operation				
新签合同外资	**Contracted Foreign Capital**	**630883**	**475610**	**117177**	**38096**
外商直接投资	Direct Foreign Investment	630883	475610	117177	38096
#独资经营	Wholly Foreign-funded	337827	187995	125547	24285
合资经营	Joint Venture	293056	287615	-8370	13811
合作经营	Cooperative Operation				
实际使用外资	**Actual Use of Foreign Capital**	**412006**	**263331**	**110017**	**38658**
外商直接投资	Direct Foreign Investment	412006	263331	110017	38658
#独资经营	Wholly Foreign-funded	185775	115873	52473	17429
合资经营	Joint Venture	226231	147458	57544	21229
合作经营	Cooperative Operation				

注：上述新签协议（合同）外资金额已扣除减资项目金额。

Note:Amount of capital reduction project is deducted from amount of foreign capital in newly signed agreement (contract).

13－3 外商投资情况

Foreign Investment

（2023年）

按行业与地区分	Grouped by Profession and Region	新签协议（个）Number of Contracts Signed (unit)	实际使用外资（万美元）Actual Use of Foreign Capital (10000 USD)
按投资方式分	**Grouped by Investment Mode**	**340**	**412006**
#独资经营	Wholly Foreign-funded	108	185775
合资经营	Joint Venture	232	226231
合作经营	Cooperative Operation		
按国民经济行业分	**Grouped by Sector**		
农、林、牧、渔业	Agriculture,Forestry,Animal Husbandry and Fishery		
采矿业	Mining Industry		
制造业	Manufacturing	36	187806
电力、燃气及水的生产和供应业	Power,gas and Water Production and Supply	4	4528
建筑业	Construction	3	5480
交通运输、仓储及邮政业	Transportation,Storage,Post	3	1801
信息传输、计算机服务和软件业	Information Transmission,Computer and Software Services	16	8139
批发和零售业	Wholesale and Retail	59	14574
住宿和餐饮业	Accomodation and Catering Industry	7	933
金融业	Finance	8	39971
房地产业	Real Estate	2	5029
租赁和商务服务业	Leasing and Business Services	70	72708
科学研究、技术服务和地质勘查业	Scientific Research,Technical Services and Geological Prospecting	121	68532
水利、环境和公共设施管理业	Water Conservancy,Environment and Public Facilities Administration	1	
居民服务和其他服务业	Community Services and Others	1	
教育	Education		
卫生、社会保障和社会福利业	Health Care,Social Security and Social Welfare		2500
文化、体育和娱乐业	Culture,Sports and Entertainment	8	6
按投资国别（地区）分：	**Grouped by Different Countries and Regions**		
亚洲	Asia	247	365833
#中国香港	Hong Kong,China	104	324504
日本	Japan	15	4564
中国台湾	Taiwan,China	51	15679
中国澳门	Macao,China	6	515
韩国	Korea	37	2327
非洲	Africa	5	797
欧洲	Europe	32	14627
#英国	United Kingdom	8	3199
德国	Germany	4	35
法国	France	1	
拉丁美洲	Latin America	21	27233
北美洲	North America	42	1510
#加拿大	Canada	13	163
美国	United States	28	964
大洋洲	Oceania	9	2402
其他	Others	21	27634

注：按投资国别（地区）分的期末实有企业个数不包括分支机构。
Note:The number of enterprises grouped by different countries and regions doesn't include their branch establishments.

13－4 无锡海关进出口商品总值(2022－2023年)

Total Value of Imported and Exported Commodities Through Wuxi Customs (2022-2023)

单位：万美元 (10000 USD)

指 标	Items	2022	2023
进出口总值	**Total value of Import and Export**	**11065245**	**10041691**
按地区分	**Grouped by District**		
市 区	Urban Districts	7878435	7004300
江阴市	Jiangyin City	2364353	2237792
宜兴市	Yixing City	822457	799599
按贸易方式分	**Grouped by Trading Mode**		
一般贸易	General Trade	6339934	5913599
加工贸易	Processing Trade	3955299	3417055
来料加工贸易	Processing Trade with Material	890901	759418
进料加工贸易	Processing Trade by Imported Equipment,Goods	3064398	2657637
外商投资企业作为投资进口的设备、物品	Foreign Investment by Imported Equipment,Goods	10131	3705
出口总值	**Export**	**7278765**	**6621867**
按地区分	**Grouped by District**		
市 区	Urban Districts	5196713	4677189
江阴市	Jiangyin City	1613487	1496733
宜兴市	Yixing City	468564	447945
按贸易方式分	**Grouped by Trading Mode**		
一般贸易	General Trade	4404000	4112293
加工贸易	Processing Trade	2439759	2046319
来料加工贸易	Processing Trade with Material	622048	411950
进料加工贸易	Processing Trade by Imported Equipment,Goods	1817711	1634370
进口总值	**Import**	**3786480**	**3419824**
一般贸易	General Trade	1935935	1801305
加工贸易	Processing Trade	1515541	1370736
来料加工贸易	Processing Trade with Material	268853	347468
进料加工贸易	Processing Trade by Imported Equipment,Goods	1246687	1023268
外商投资企业作为投资进口的设备、物品	Foreign Investment by Imported Equipment,Goods	10131	3705

13—5 按国别地区分的进出口总值

Total Value of Imported and Exported Commodities by Country and Region

单位：万美元 （2023年） (10000 USD)

国别（地区）	Country(Region)	进出口总值 Total	出口总值 Export	进口总值 Import
总计	**Total**	**10041691**	**6621867**	**3419824**
亚洲地区	**Asia**	**5884794**	**3791597**	**2093197**
中国香港	Hong Kong,China	514175	513443	732
印度	India	276250	258031	18219
日本	Japan	874604	367534	507070
韩国	Republic of Korea	1550386	864775	685610
中国台湾	Taiwan,China	440804	179700	261105
东盟	Southeastern Asian Union	1607421	1182951	424470
非洲	**Africa**	**362032**	**200639**	**161392**
欧洲	**Europe**	**1896997**	**1270749**	**626248**
俄罗斯	Russia	143515	112374	31142
英国	United Kingdom	**134353**	**97847**	**36506**
欧盟	European Union	1549632	1022985	526647
拉丁美洲	**Latin America**	**631180**	**472227**	**158953**
北美洲	**North America**	**996895**	**712667**	**284228**
加拿大	Canada	94294	63573	30721
美国	United States	902600	649093	253507
大洋洲	**Oceania**	**269662**	**173988**	**95674**
澳大利亚	Australia	229630	139818	89812
新西兰	New Zealand	19684	17714	1970
“一带一路”沿线国家	**The Belt and Road**	**2860568**	**2233820**	**626748**

13－6 对外承包工程和劳务合作（2022－2023年）

Contracting Projects and Labour Service Cooperation with Foreign Countries (2022－2023)

指　　标		Items		2022	2023
外经合同额	（万美元）	Contract Income	（10000 USD）	124	112
市　区		Urban Districts		5	53
江阴市		Jiangyin City		119	60
宜兴市		Yixing City			
外经营业额		Foreign business turnover		158	140
市　区		Urban Districts		23	36
江阴市		Jiangyin City		135	104
宜兴市		Yixing City			
期末在外劳务	（人）	Number of Persons Abroad by the End of Year	（person）	238	176
市　区		Urban Districts		20	24
江阴市		Jiangyin City		216	152
宜兴市		Yixing City		2	

13－7 旅游业主要指标（2022－2023年）

Main Indexes of Tourism (2022－2023)

指　　标 Items				2022	2023
旅行社数	（个）	Number of Travel Agencies	(unit)	270	265
#从事国际旅游业务		Engaged in International Travel Business		34	35
国内旅游接待人数	（万人次）	Domestic Tourist Number	(10000 person-times)	7920.98	12711.97
接待入境过夜旅游者人数	（人次）	International Tourists Who Stayed Overnight	(person-time)	49507	190093
旅游总收入	（亿元）	Total Tourism Revenue	(100 million yuan)	1373.39	1581.08
国内旅游收入	（亿元）	Domestic Tourism Revenue	(100 million yuan)	1367.36	1558.16
旅游外汇收入	（万美元）	Foreign Currency Earnings	(10000 USD)	8740	33227
拥有旅游A级景区	（个）	A-level Scenic Spot	(unit)	48	46
#5A级旅游景区		5A Tourist Attraction		4	4
4A级旅游景区		4A Tourist Attraction		26	26
星级饭店、宾馆	（个）	List Of Star-Class Restaurants and Hotels	(house)	27	22
星级饭店、宾馆床位数	（张）	Beds Of Star-Class Restaurants and Hotels	(bed)	8618	7746
旅游饭店固定资产净值	（亿元）	Net Fixed Asset of Tourist Hotels	(100 million yuan)	37.74	33.71

13－8 主要年份接待国际旅游者情况（2020－2023年）

Reception of International Tourists in Major Years (2020－2023)

单位：人次 (person-time)

指　标	Items	2020	2021	2022	2023
接待入境过夜旅游者合计	**Total Number of Tourists**	**91116**	**67047**	**49507**	**190093**
合计中：市　区	Urban Districts	76921	53335	35747	164067
江阴市	Jiangyin City	7999	7406	5776	12979
宜兴市	Yixing City	6196	6306	7984	13047
合计中：外国人	Foreigners	66752	48216	38010	127439
港澳台同胞	Hong Kong,Macao,Taiwan Compatriots	24364	18831	11497	62654
外国过夜人数按国别、地区分	**Actual Number of Overnight Guests by Countries and Regions**				
#日本	Japan	14326	10332	7611	19378
马来西亚	Malaysia	1868	1090	790	11550
韩国	Korea	22306	16307	15277	23018
菲律宾	Philippines	646	400	311	1643
新加坡	Singapore	1749	1438	941	4991
泰国	Thailand	450	144	144	2342
印度尼西亚	Indonesia	786	410	343	3664
美国	United States	4612	3489	2308	8067
加拿大	Canada	1807	1557	1034	2753
英国	United Kingdom	1403	1162	713	2434
法国	France	930	647	368	1954
德国	Germany	1949	1450	960	4642
意大利	Italy	617	449	344	1869
俄罗斯	Russia	632	368	252	3704
澳大利亚	Australia	1673	1100	816	3320
新西兰	New Zealand	391	306	206	650

13－9　开发区建设情况

Development Zone Construction

（2023年）

开发区	Development Zone Construction	合同外资（万美元）Contracted Foreign Capital (10^4 USD)	实际使用外资（万美元）Actual Use of Foreign Capital (10^4 USD)
国家级	**National Development Zone Construction**	**436399**	**306766**
无锡高新技术产业开发区	Wuxi High-tech Industrial Development District	207782	114387
江阴高新技术产业开发区	Jiangyin High-tech Industrial Development District	53287	37924
宜兴环保科技工业园	Yixing Environmental Protection Technology Industrial Park	22185	15001
宜兴经济技术开发区	Yixing Economy and Technology Development District	14580	23011
锡山经济技术开发区	Xishan Economy and Technology Development District	56072	46220
惠山经济开发区	Huishan Economic Development District	68907	40915
太湖国家旅游度假区	Lake Taihu State Tourist Resort	13586	29307
省　级	**Provincial Development Zone Construction**	**152551**	**89643**
无锡空港经济开发区	Wuxi Airport Economic Development Park	8747	16755
江阴临港经济开发区	Jiangyin Ligang Economic Development District	46459	46818
江阴-靖江工业园区	Jiangyin-Jingjiang Industrial Park	8731	9933
宜兴陶瓷产业园区	Yixing Ceramics Industrial Park	336	694
惠山高新技术产业开发区	Huishan Economic Development District	14515	1772
蠡园经济开发区	Liyuan Economic Development District	15873	6237
无锡经济开发区	Wuxi Economic Development District	57890	7332
无锡太湖山水城旅游度假区	Wuxi Taihu Shanshui City Tourism Resort		102

13－10 境外投资情况（2022－2023年）

Information of Overseas Investment (2022-2023)

	指 标 Items	2022	2023
新批项目数(个)	**Number of Newly Approved Projects (unit)**	**157**	**191**
按项目类型	By Project Type		
企业	Enterprise	146	189
子公司	Sub-enterprise	138	176
独资子公司	Solely Funded Enterprise	109	142
合资子公司	Joint Venture Enterprise	29	34
联营公司	Joint Ownership Enterprise	8	13
机构	Institution	11	2
按主体类型	By Subject Type		
国有及国有控股企业	State-owned Enterprise	15	4
集体企业	Collective-owned Enterprise	1	
民营企业	Private Enterprise	109	167
外资企业	Foreign Funded Enterprise	32	20
按业务类型	By business Type		
#参股并购类项目	Projects of Share Participating and Merging	32	22
风险投资类项目	Venture Investment Projects		
贸易型项目	Trade Projects	6	2
非贸易型项目	Nontrade Projects	151	189
#境外加工贸易项目	Projects of Overseas Processing Trade	2	
境外资源开发项目	Projects of Overseas Resource Development		
中方协议金额(万美元)	**Protocol Fund from China (10000 USD)**	**402748**	**265999**
按项目类型	By Project Type		
企业	Enterprise	402748	265999
子公司	Sub-enterprise	372380	254427
独资子公司	Solely Funded Enterprise	128472	200791
合资子公司	Joint Venture Enterprise	243908	53637
联营公司	Joint Ownership Enterprise	30368	11572
机构	Institution		
按主体类型	By Subject Type		
国有及国有控股企业	State-owned Enterprise	248864	987
集体企业	Collective-owned Enterprise	500	
民营企业	Private Enterprise	99371	113714
外资企业	Foreign Funded Enterprise	54012	151298
按业务类型	By business Type		
#参股并购类项目	Projects of Share Participating and Merging	281337	26822
风险投资类项目	Venture Investment Projects		
贸易型项目	Trade Projects	1009	966
非贸易型项目	Nontrade Projects	401740	265033
#境外加工贸易项目	Projects of Overseas Processing Trade	1220	
境外资源开发项目	Projects of Overseas Resource Development		

13－11 人民币对主要外币年平均汇价（中间价）

Average Exchange Rate of RMB Against Main Foreign Currencies (Middle Price)

单位：人民币元 （RMB yuan）

年 份 Years	100美元 100 US Dollars	100日元 100 Japanese Yen	100港元 100 Hong Kong Dollars	100欧元 100 Euro
1985	293.66	1.2457	37.57	
1986	345.28	2.0694	44.22	
1987	372.21	2.5799	47.74	
1988	372.21	2.9082	47.70	
1989	376.51	2.7360	48.28	
1990	478.32	3.3233	61.39	
1991	532.33	3.9602	68.45	
1992	551.46	4.3608	71.24	
1993	576.20	5.2020	74.41	
1994	861.87	8.4370	111.53	
1995	835.10	8.9225	107.96	
1996	831.42	7.6352	107.51	
1997	828.98	6.8600	107.09	
1998	827.91	6.3488	106.88	
1999	827.83	7.2932	106.66	
2000	827.84	7.6864	106.18	
2001	827.70	6.8075	106.08	
2002	827.70	6.6237	106.07	800.58
2003	827.70	7.1466	106.24	936.13
2004	827.68	7.6552	106.23	1029.00
2005	819.17	7.4484	105.30	1019.53
2006	797.18	6.8570	102.62	1001.90
2007	760.40	6.4632	97.46	1041.75
2008	694.51	6.7427	89.19	1022.27
2009	683.10	7.2986	88.12	952.70
2010	676.95	7.7279	87.13	897.25
2011	645.88	8.1050	82.97	900.11
2012	631.25	7.9037	81.38	810.67
2013	619.32	6.3323	79.85	822.19
2014	614.28	5.8196	79.22	816.51
2015	622.84	5.1553	80.34	691.41
2016	664.23	6.1243	85.58	734.26
2017	675.18	6.0244	86.64	763.03
2018	661.74	5.9890	84.43	780.16
2019	689.85	6.3347	88.05	772.55
2020	689.76	6.4626	88.93	787.55
2021	645.15	5.8735	83.00	762.93
2022	672.61	5.1261	85.89	707.21
2023	704.67	5.0350	90.02	764.25

无锡统计年鉴 2024

第 **14** 篇

CHAPTER

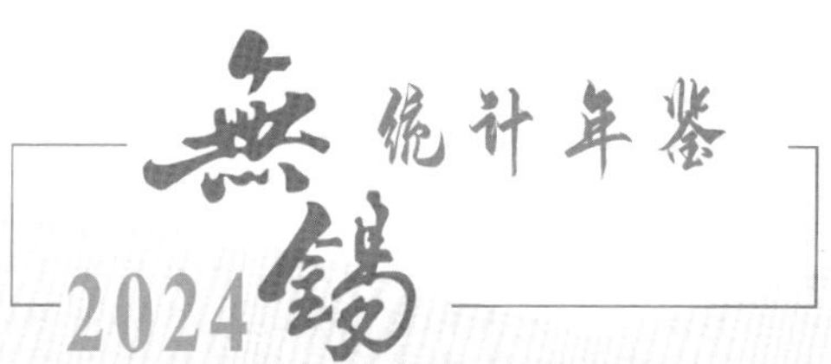

财政 金融 保险

FINANCE, BANKING AND INSURANCE

2024 WUXI STATISTICAL YEARBOOK

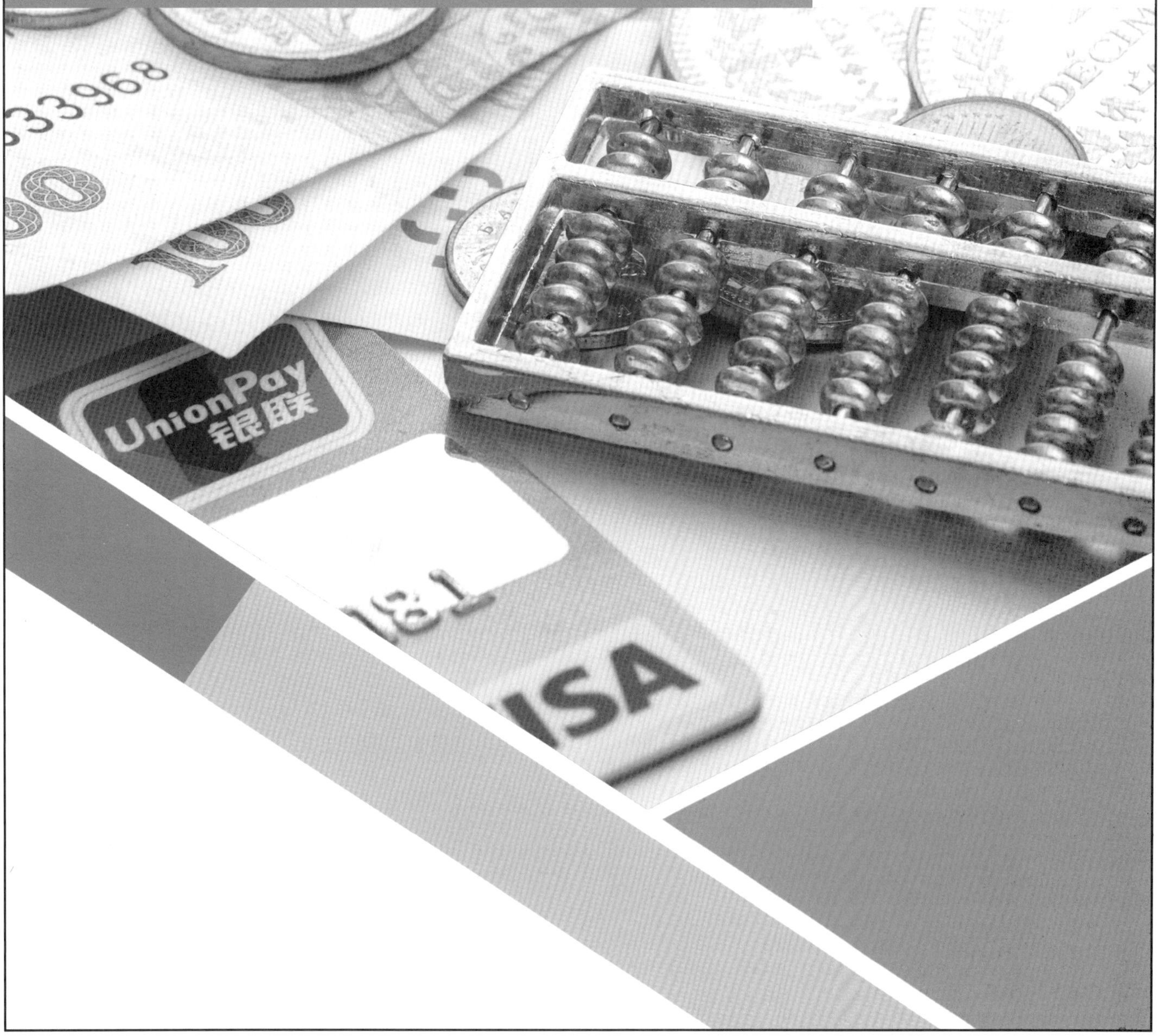

第十四篇 财政 金融 保险

CHAPTER XIV FINANCE,BANKING AND INSURANCE

● 金融业增加值 Added Value of Financial Industry	1391.01亿元	(10^8 yuan)
比上年增长 Over the Previous Year	9.9%	
● 一般公共预算收入 Public Budget Revenue	1195.42亿元	(10^8 yuan)
比上年增长 Over the Previous Year	5.5%	
● 一般公共预算支出 Public Budget Expenditure	1390.19亿元	(10^8 yuan)
比上年增长 Over the Previous Year	1.8%	
● 年末金融机构人民币存款余额 RMB Deposit Balance of Financial Institutions (year-end)	26391.61亿元	(10^8 yuan)
比上年增长 Over the Previous Year	11.8%	
● 年末金融机构人民币贷款余额 RMB Loan Balance of Financial Institutions (year-end)	22288.90亿元	(10^8 yuan)
● 比上年增长 Over the Previous Year	13.9%	

14－1 一般公共预算收入（1998－2023年）

Public Budget Revenue (1998－2023)

单位：万元 (10000 yuan)

年份 Year	全市 Total	其中 of Which		
		市区 Urban Districts	江阴市 Jiangyin City	宜兴市 Yixing City
1998	351448	251872	62383	37193
1999	402336	288911	74100	39325
2000	558465	389194	117141	52130
2001	750975	495488	183695	71792
2002	789907	535856	172854	81197
2003	1043400	671282	267834	104284
2004	1352844	845579	375408	131857
2005	1816818	1155862	483838	177118
2006	2208857	1387471	604806	216580
2007	3005829	1882336	823335	300158
2008	3654300	2251226	1021866	381208
2009	4159143	2601256	1107679	450208
2010	5118900	3231496	1307186	580218
2011	6150000	3904305	1533727	711968
2012	6580301	4124572	1671918	783811
2013	7109144	4420228	1822785	866131
2014	7680077	4728958	2006618	944501
2015	8300005	5085849	2189154	1025002
2016	8750005	5364446	2299056	1086503
2017	9300017	5836957	2351560	1111500
2018	10122793	6382323	2540388	1200082
2019	10363313	6558972	2565800	1238541
2020	10756994	6884503	2596600	1275891
2021	12005009	7841662	2739428	1423919
2022	11333800	7748308	2268272	1317220
2023	11954222	8063346	2482867	1408009

14－2 一般公共预算支出（1998－2023年）

Public Budget Expenditure (1998-2023)

单位：万元 (10000 yuan)

年 份 Year	全市 Total	其中 of Which 市区 Urban Districts	江阴市 Jiangyin City	宜兴市 Yixing City
1998	341388	240374	61222	39792
1999	390600	274300	71600	44700
2000	528100	360100	115700	52300
2001	710400	469800	168900	71700
2002	842200	561800	189600	90800
2003	1093600	711300	274700	107600
2004	1431000	910300	386100	134600
2005	1828900	1182200	471400	175300
2006	2134000	1363000	554200	216800
2007	2708203	1689690	740888	277625
2008	3389831	2141665	898168	349998
2009	4056142	2552168	1016983	486991
2010	4886822	3128713	1158983	599126
2011	5926717	3805309	1364371	757037
2012	6486133	4120906	1540005	825222
2013	7114926	4492796	1711927	910203
2014	7480571	4604886	1872766	1002919
2015	8218565	5073970	2053514	1091081
2016	8673579	5236835	2262583	1174161
2017	9876625	6367374	2272879	1236372
2018	10559376	6847543	2304834	1406999
2019	11175225	7353387	2310984	1510854
2020	12150337	8047282	2378609	1724446
2021	13577935	9006930	2688007	1882998
2022	13658419	9323638	2445949	1888832
2023	13901893	9562004	2556191	1783698

14－3 财政收入与支出

Financial Revenue and Expenditure

单位：万元　　（2023年）　　(10000 yuan)

指标	Items	全市 Total	其中 of Which 市区 Urban Districts	江阴市 Jiangyin City	宜兴市 Yixing City
一般公共预算收入	General Public Budget Revenue	**11954222**	**8063346**	**2482867**	**1408009**
#税收收入	Tax Income	9827957	6570948	2110192	1146817
#增值税	Value Added Tax	4701703	3063630	1065941	572132
企业所得税	Enterprise Income Tax	1777023	1227523	381062	168438
个人所得税	Individual Income Tax	703830	524661	118617	60552
城市维护建设税	City Maintenance and Construction Tax	596196	406644	128123	61429
房产税	Home Property Tax	526060	364682	102526	58852
土地增值税	Land Appreciation Tax	218717	147493	29209	42015
耕地占用税	Farm Land Occupation Tax	15577	8143	2155	5279
契税	Deed Tax	688355	517340	100809	70206
非税收收入	Non-Tax Income	2126265	1492398	372675	261192
一般公共预算支出	**Public Finance Budget Expenditure**	**13901893**	**9562004**	**2556191**	**1783698**
#一般公共服务	General Public Service	1119385	798503	193979	126903
科学技术	Science and Technology	698997	570096	98840	30061
教育	Education	2198255	1411143	410443	376669
文化旅游体育与传媒	Cultural tourism, Sports and Media	164713	116683	20128	27902
社会保障和就业	Social Security and Employment	1620655	960470	370331	289854
住房保障	Housing security	859390	592745	175640	91005
卫生健康	Sanitation and Health	1213888	862472	185616	165800
节能环保	Energy Conservation and Environment Protection	406192	274148	60292	71752
城乡社区事务	Urban and Rural Community Affairs	2637210	1961907	500593	174710
交通运输	Transportation	425601	254465	105180	65956
农林水事务	Agriculture, Forestry and Water Supplies	508383	231634	105754	170995
上划中央收入	To Central Financial Revenue	8613777	5874474	1820621	918682
政府性基金收入	Revenue from Government-controlled Funds	10758307	8288033	1339912	1130362

14－4 金融机构存贷款及外汇收支情况（1991－2023年）

Statistics on Deposits and Loans of Financial Institution and Foreign Exchange Receipts and Payments (1991－2023)

单位：亿元 （10^8yuan）

年 份 Year	金融机构人民币存款余额 RMB Deposit Balance of Financial Institutions	金融机构人民币贷款余额 RMB Loans Balance of Financial Institutions	金融机构本外币存款余额 Deposit Balance of Financial Institutions	金融机构本外币贷款余额 Loans Balance of Financial Institutions	外币存款（万美元） Foreign currency deposits (10^4USD)	外币贷款（万美元） Foreign currency Loans (10^4USD)
1991	126.20	126.07	126.20	126.07		
1992	167.72	159.26	167.72	159.26		
1993	202.61	196.00	202.61	196.00		
1994	278.18	251.14	278.18	251.44		
1995	406.41	331.44	406.41	331.44		
1996	553.26	401.51	553.26	401.51		
1997	694.15	523.14	730.48	586.72	43872	65915
1998	848.71	616.00	901.14	691.16	63330	90789
1999	962.62	663.48	1027.58	725.35	78554	74816
2000	1078.35	712.39	1165.73	754.85	105554	51297
2001	1269.12	809.28	1361.85	850.49	112041	49792
2002	1626.83	1046.99	1737.15	1098.64	133277	62397
2003	2156.85	1435.82	2271.55	1515.07	138580	95730
2004	2585.16	1802.45	2710.54	1880.18	151511	93936
2005	3222.39	2183.41	3343.62	2264.04	150220	99883
2006	3772.04	2632.72	3906.04	2733.20	171596	128694
2007	4276.55	3097.44	4411.83	3246.06	185179	203422
2008	5321.84	3725.08	5483.85	3842.86	237015	172335
2009	7216.69	5263.42	7405.68	5474.94	276772	309774
2010	8545.05	6160.60	8827.20	6487.13	426031	493047
2011	9372.69	6883.44	9722.44	7279.81	555067	629064
2012	10293.40	7467.03	10740.38	8024.00	711120	886126
2013	11205.78	8108.14	11641.96	8565.39	715412	749963
2014	11849.03	8669.62	12315.01	9029.65	761537	588389
2015	12710.45	9332.27	13181.25	9525.99	725034	298318
2016	14101.40	10382.93	14612.00	10517.75	736063	194353
2017	14606.93	11098.51	15141.30	11232.63	817797	205254
2018	15568.68	11971.55	16056.79	12102.76	711202	191183
2019	17165.33	13387.19	17605.46	13556.67	630891	242945
2020	18867.71	15114.05	19400.95	15303.43	817233	290250
2021	20705.29	17189.42	21345.48	17459.50	1004106	423611
2022	23613.48	19562.10	24438.57	19879.67	1184696	455981
2023	26391.61	22288.90	27237.18	22581.68	1193859	413382

14－5 金融机构人民币存贷款年末余额

Year-End Balance of RMB Deposits and Loans of Financial Institutions

单位：亿元　　（2023年）　　（10^8yuan）

指　标	Items	全市 Total	其中 of Which 市区 Urban Districts	江阴市 Jiangyin City	宜兴市 Yixing City
金融机构人民币存款余额	**RMB Deposit Balance in Financial Institutions**	**26391.61**	**16635.28**	**5824.63**	**3931.69**
#住户存款	Household Deposits	11743.94	7146.60	2471.18	2126.16
非金融企业存款	Non-financial Corporate Deposits	10436.29	6495.10	2558.62	1382.56
金融机构人民币贷款余额	**RMB Loan in Financial Institutions**	**22288.90**	**14398.70**	**4823.62**	**3066.58**
#住户贷款	Household Loan	5819.82	4284.59	878.99	656.24
#短期贷款	Short-term Loan	1112.79	782.91	154.51	175.37
#消费贷款	Consumer Loan	514.71	434.47	44.56	35.67
经营贷款	Business Loan	598.08	348.44	109.95	139.70
中长期贷款	Middle and Long Term	4707.03	3501.68	724.48	480.87
#消费贷款	Consumer Loan	3804.95	2890.25	553.41	361.29
经营贷款	Business Loan	902.08	611.43	171.07	119.58
非金融企业及机关团体贷款	Non-financial Enterprise and Government Loan	16458.60	10108.09	3943.93	2406.59
#短期贷款	Short-term Loan	5990.01	3341.11	1610.82	1038.08
中长期贷款	Middle and Long-term Loan	8952.69	5862.95	1992.20	1097.53
票据融资	Notes Financing	1514.41	903.92	339.52	270.97

14－6 保险业务发展情况（2022－2023年）

Development of Insurance Business (2022－2023)

单位：亿元 （10^8yuan）

指　标	Items	2022	2023
保费总收入	**Total Premium Income**	**492.75**	**542.43**
财产险	**Property Insurance**	**126.29**	**133.96**
企业财产险	Enterprise Property Insurance	7.12	7.32
家庭财产险	Family Property Insurance	2.12	3.00
机动车辆险	Motor vehicle Insurance	69.21	74.08
交强险	Traffic Compulsory Insurance	20.18	21.57
工程险	Engineering Insurance	1.16	1.48
责任险	Liability Insurance	8.86	11.13
保证险	Guarantee Insurance	3.02	1.21
船舶险	Marine Insurance	0.69	0.85
运输险	Transportation Insurance	1.40	1.54
信用险	Credit Insurance	0.23	0.39
农业险	Agricultural Insurance	1.14	1.31
意外伤害险	Accidental Injury Insurance	4.61	3.67
健康险	Health Insurance	6.42	6.33
其他险	Others Insurance	0.12	0.08
人寿险	**Life Insurance**	**366.46**	**408.47**
健康险	Health Insurance	14.59	13.94
意外险	Accidents Insurance	4.77	4.36
寿　险	Life Insurance	347.10	390.17
赔款和给付金额	**Compensation and Payment**	**128.51**	**148.27**
财产险	Property Insurance	64.27	75.80
人寿险	Life Insurance	64.25	72.47
赔款	Compensation	80.41	93.22
给付	Payment	48.11	55.05

14－7 上市公司、典当、担保市场基本情况（2022－2023年）

Basic Statistics on Listed Companies, Pawn and Guarantee Markets (2022-2023)

指 标		Items		2022	2023
上市情况		**The Listed Conditions**			
上市公司数	（家）	Number of Listed Companies	（unit）	188	202
境内A股		A shares		112	122
境外上市		B shares		76	80
新三板情况		**New OTC Market**			
新三板企业数	（家）	Number of New OTC Market Enterprises	（unit）	281	281
典当情况		**Pawn Market**			
典当企业	（个）	Pawn Enterprises	（unit）	40	40
典当分支机构		Pawn Divisions		23	21
典当实收资本	（万元）	Paid in Capital	（10000yuan）	139105	137105
业务笔数	（笔）	Number of Pawn Trans cations	（deal）	59260	58579
典当余额	（万元）	Pawn Balance	（10000yuan）	120517	114562
典当总额		Total Volume of Pawn		252033	296703
融资担保情况		**Guarantees**			
担保机构	（个）	Number of Guarantee Agencies	（unit）	16	15
担保户数	（户）	Number of Guaranteed Enterprises	（account）	2545	2916
担保总额	（万元）	Total Volume of Guarantee	（10000yuan）	1713174	1796676
担保余额		Guarantee Balance		1641695	1754190

无锡统计年鉴 2024

第15篇 CHAPTER

能源　电力

ENERGY AND ELECTRICITY

2024 WUXI STATISTICAL YEARBOOK

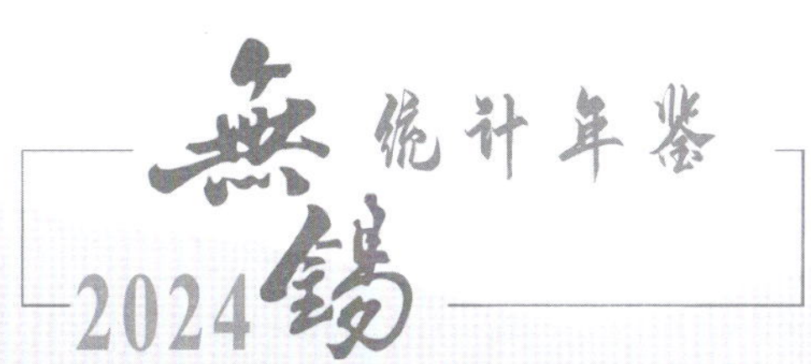

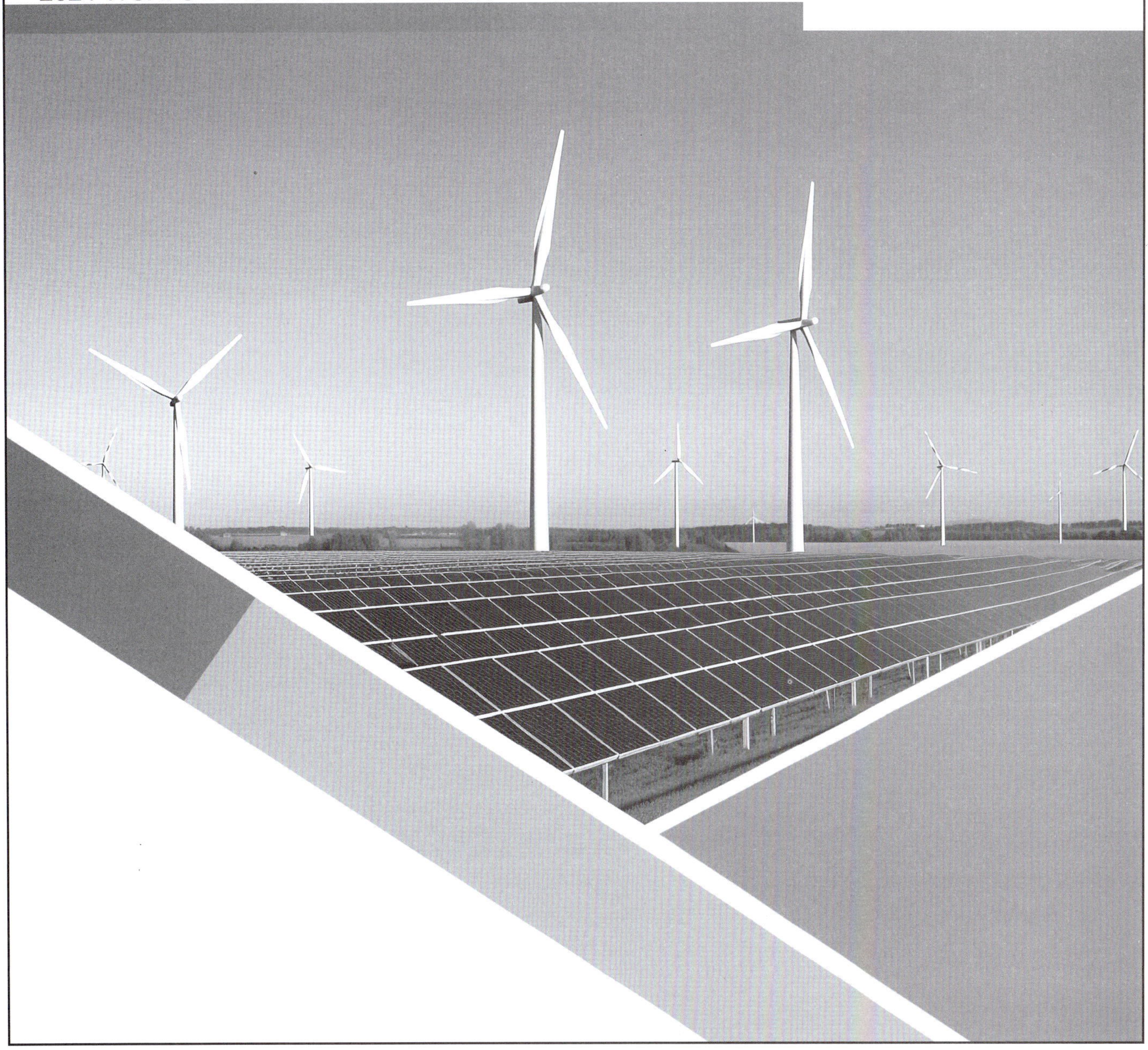

第十五篇　能源 电力

CHAPTER X V　ENERGY AND ELECTRICITY

●	原煤消费量 Coal Consumption	2354.21万吨	(10^4 tons)
●	原油消费量 Crude Oil Consumption	1.63万吨	(10^4 tons)
●	燃料油消费量 Fuel Oil Consumption	0.35万吨	(10^4 tons)
●	全社会用电量 Total Electricity Consumption	864.07亿千瓦时	(10^8 kWh)
	比上年增长 Over the Previous Year	3.7%	
●	工业用电量 Industrial Electricity Consumption	615.03亿千瓦时	(10^8 kWh)
	比上年增长 Over the Previous Year	3.9%	
●	城乡居民用电量 Urban and Rural Residents' Electricity Consumption	97.09亿千瓦时	(10^8 kWh)
	比上年增长 Over the Previous Year	-5.5%	

15－1 全市规模以上工业企业能源购进、消费及库存量

Purchasing,Consumption and Storage of Energy in Industrial Enterprises above Designed Size

单位：吨　　（2023年）　　（ton）

名称		Name		购进量 Purchase	工业生产消费量 Production Consumption	其中 of Which #原材料 raw and Processed Materials	年末库存量 Storage (year-end)
原煤		Raw Coal		23686756	23542054	1509680	1345535
其他洗煤		Other Coal		1117856	1108048		67984
焦炭		Coke		4203230	4209287		67724
其他焦化产品		Other Coking Products		31706	28005	28005	4228
高炉煤气	（万立方米）	Blast-furnace Gas	(10000 cu.m)	69495	1394418		
转炉煤气	（万立方米）	Converter Gas	(10000 cu.m)		103561		
天然气	（万立方米）	Natural Gas	(10000 cu.m)	420851	420851		
液化天然气		Liquefied Natural Gas		49233	49422	512	169
氢气	（万立方米）	Hydrogen	(10000 cu.m)	612	946		
原油		Crude Oil			16283		4879
汽油		Gasoline		21299	21281	6	68
煤油		Kerosene		203	206		5
柴油		Diesel Oil		54275	54364	5	1465
燃料油		Fuel Oil		3491	3508		28
液化石油气		Liquefied Petroleum Gas		2064	2064		0.3
润滑油		Lubricating Oil		8822	6979	4516	101
石蜡		Ceresin Wax		2	2		
溶剂油		Solvent Naphtha		77	79		0.3
其他石油制品		Other Petroleum Products		459075	431887		27197
热力	（百万千焦）	Heat	(million Kilo-joule)	47649046	79458760		
电力	（万千瓦时）	Electricity	(10000 kWh)	4415261	4996860		
城市生活垃圾（用于燃料）		City Garbage (for Fuel)		2316827	2804748		33348
生物燃料	（吨标准煤）	Waste Biomass for Fuel	(tce)	39970	39997		198
余热余压	（百万千焦）	Residual neat and Pressure	(million Kilo-joule)		8485236		
能源合计	（吨标准煤）	Total Consumption of Energy	(tce)		38083880	1308203	

15－2 分地区规模以上工业企业能源消费量

Consumption of Energy in Industrial Enterprises above Designed Size by Districts

单位：吨 （2023年） (ton)

名称		Name		全市 Total	其中 of Which 市区 Urban Districts	江阴市 Jiangyin City	宜兴市 Yixing City
原煤		Raw Coal		23542054	1617578	17297743	4626734
其他洗煤		Other Coal		1108048		1108048	
焦炭		Coke		4209287	615293	3593648	346
其它焦化产品		Other Coking Products		28005			28005
高炉煤气	（万立方米）	Blast-furnace Gas	(10000 cu.m)	1394418	131547	1262871	
转炉煤气	（万立方米）	Converter Gas	(10000 cu.m)	103561	14614	88947	
天然气	（万立方米）	Natural Gas	(10000 cu.m)	420851	150535	173062	97254
液化天然气		Liquefied Natural Gas		49422	9072	40340	9
氢气	（万立方米）	Hydrogen	(10000 cu.m)	946	295	314	336
原油		Crude Oil		16283		16283	
汽油		Gasoline		21281	12374	7286	1620
煤油		Kerosene		206	197	8	1
柴油		Diesel Oil		54364	26650	21031	6683
燃料油		Fuel Oil		3508	26	1604	1878
液化石油气		Liquefied Petroleum Gas		2064	954	583	527
润滑油		Lubricating Oil		6979	4952	1860	167
石蜡		Ceresin Wax		2		2	
溶剂油		Solvent Naphtha		79	33	46	
其他石油制品		Other Petroleum Products		431887	65	431815	6
热力	（百万千焦）	Heat	(million Kilo-joule)	79458760	19512421	32630549	27315790
电力	（万千瓦时）	Electricity	(10000 kWh)	4996860	2293852	2009168	693840
城市生活垃圾（用于燃料）		City Garbage (for Fuel)		2804748	1708997	636058	459693
生物燃料	（吨标准煤）	Waste Biomass for Fuel	(tce)	39997	5889	30593	3515
余热余压	（百万千焦）	Residual neat and Pressure	(million Kilo-joule)	8485236	300588	5717242	2467405
能源合计	（吨标准煤）	Total Consumption Energy	(tce)	38083880	7715947	23728644	6639289

15－3 全市规模以上工业企业分行业能源消费量

（2023年）

行业	Sector	能源消费合计（吨标准煤）Total Consumption of Energy (tons of SCE)	原煤（吨）Raw Coal (ton)	其他洗煤（吨）Others Coal (ton)
总计	**Total**	38083880	23542054	1108048
农副食品加工业	Processing of Food from Agricultural Products	25957		
食品制造业	Manufacture of Foods	94149		
酒、饮料和精制茶制造业	Manufacture of Wine, Beverage and Refined Tea Manufacturing	46320		
纺织业	Textile Industry	1027513	40107	
纺织服装、服饰业	Manufacture of Textile Wearing Apparel, Clothing	62712		
皮革、毛皮、羽毛及其制品和制鞋业	Manufacture of Leather, Fur, Feather, Related and Footwear Products	1632		
木材加工和木、竹、藤、棕、草制品业	Processing of Timber, Manufacture of Wood,Bamboo, Rattan, Palm and Straw Products	5248		
家具制造业	Manufacture of Furniture	19509		
造纸和纸制品业	Manufacture of Paper and Paper Products	425699	253702	
印刷和记录媒介的复制业	Printing, Reproduction of Recording Media	89178		
文教、工美、体育和娱乐用品制造业	Manufacture of Culture, Art, Sports and Entertainment Products	37358		
石油、煤炭及其他燃料加工业	Petroleum, Coal and Other Fuel Processing Industry	644067		
化学原料和化学制品制造业	Manufacture of Raw Chemical Materials and Chemical Products	3530953	2588685	
医药制造业	Pharmaceutical Manufacturing Industry	107138		
化学纤维制造业	Manufacture of Chemical Fibers	827958	149977	
橡胶和塑料制品业	Manufacture of Rubber,Plastics	768541		
非金属矿物制品业	Manufacture of Non-metallic Mineral Products	891215	477282	
黑色金属冶炼和压延加工业	Smelting and Pressing of Ferrous Metals	9122131	1299953	463094
有色金属冶炼和压延加工业	Smelting and Pressing of Non-ferrous Metals	410483		
金属制品业	Manufacture of Metal Products	791774		
通用设备制造业	Manufacture of General Equipment	357598		
专用设备制造业	Manufacture of Special Equipment	191430		
汽车制造业	Manufacture of Automotive	404716		
铁路、船舶、航空航天和其他运输设备制造业	Manufacture of Railroads, Ships, Aerospace and Other Transportation Equipment	74631		
电气机械和器材制造业	Manufacture of Electrical Machinery and Equipment	615128		
计算机、通信和其他电子设备制造业	Manufacture of Communication Equipment, Computers and Other Electronic Equipment	1531410		
仪器仪表制造业	Manufacture of Measuring Instruments	22300		
其他制造业	Other Manufacturing	10654		
废弃资源综合利用业	Comprehensive Utilization of Waste Resources	8107		
金属制品、机械和设备修理业	Manufacture of Metal Products, Machinery and Equipment Repair	1344		
电力、热力生产和供应业	Production and Supply of Electricity and Heat	15865256	18732349	644954
燃气生产和供应业	Production and Supply of Gas	2622		
水的生产和供应业	Production and Supply of Water	69146		

Consumption of Major Energy in Industrial Enterprises above Designed Size by Sector

焦炭 (吨) Coke (ton)	天然气 (万立方米) Natural Gas (10000 cu·m)	液化天然气 (吨) Liquefied Natural Gas (ton)	原油 (吨) Crude Oil (ton)	汽油 (吨) Gasoline (ton)	煤油 (吨) Kerosene (ton)	柴油 (吨) Diesel Oil (ton)	燃料油 (吨) Fuel Oil (ton)	液化石油气 (吨) LPG (ton)	热力 (百万千焦) Heat (million Kilo-joule)	电力 (万千瓦时) Electricity (10000 kWh)
4209287	420851	49422	16283	21281	206	54364	3508	2064	79458760	4996860
	39			5		20			418459	9122
	685	3114		30		18			1386633	27071
	64			13		57			912404	11644
	18469	1687		1328	1	1464		78	12255513	279291
	680	111		680		186			814814	19831
				20		4			20912	719
	45			108		225			6140	3266
	40	58		113		9			10503	14918
	353			35		1342			4565324	52379
	1473			416		1052			355859	45187
	770	589		42		86			29159	18553
	734		16283	22		208			70201	3085
	13083	4180		631		1949		538	28377804	202011
	790			104		6			1359183	41441
	17586			145		211			7361432	202922
	26301	646		1421		1568		8	2876972	278707
	17054	1038		391	1	12590	3466	1	767642	171635
4208852	37017	32290		620	6	6102		233	1449857	713323
346	17629	323		449		1122		98	210060	146357
	28043	1609		2213	1	4201	5	464	482093	336084
	4307	365		3533	181	4483		177	391980	222081
	1709	260		2920	4	1312		133	116576	128463
89	7211	642		1115	0.2	8652		232	532749	229759
	573	70		1006	12	1903		79	811	51299
	6356	138		2028		1904		21	1411398	394991
	8524	2301		734		380			5892293	992784
	93			727	0.3	197	26	3		15999
	119			11		31			33082	6414
	66			14		506			93147	2724
				20		16				1051
	210899			83		2533	10		7085169	321999
	76			176		20				1076
	64			129		5			170591	50673

15－4 规模以上工业企业工业取水量

（2023年）

行 业	Sector	工业取水总量（万立方米）Total (10000 cu.m)
总 计	**Total**	135589.94
农副食品加工业	Processing of Food from Agricultural Products	45.39
食品制造业	Manufacture of Foods	266.38
酒、饮料和精制茶制造业	Manufacture of Wine, Beverage and Refined Tea Manufacturing	364.05
纺织业	Textile Industry	4765.88
纺织服装、服饰业	Manufacture of Textile Wearing Apparel, Clothing	383.12
皮革、毛皮、羽毛及其制品和制鞋业	Manufacture of Leather, Fur, Feather, Related and Footwear Products	4.03
木材加工和木、竹、藤、棕、草制品业	Processing of Timber, Manufacture of Wood,Bamboo, Rattan, Palm and Straw Products	18.04
家具制造业	Manufacture of Furniture	94.43
造纸和纸制品业	Manufacture of Paper and Paper Products	821.59
印刷和记录媒介的复制业	Printing, Reproduction of Recording Media	141.05
文教、工美、体育和娱乐用品制造业	Manufacture of Culture, Art, Sports and Entertainment Products	98.51
石油、煤炭及其他燃料加工业	Petroleum, Coal and Other Fuel Processing Industry	27.69
化学原料和化学制品制造业	Manufacture of Raw Chemical Materials and Chemical Products	3063.00
医药制造业	Pharmaceutical Manufacturing Industry	508.97
化学纤维制造业	Manufacture of Chemical Fibers	512.45
橡胶和塑料制品业	Manufacture of Rubber,Plastics	960.98
非金属矿物制品业	Manufacture of Non-metallic Mineral Products	685.55
黑色金属冶炼和压延加工业	Smelting and Pressing of Ferrous Metals	2865.47
有色金属冶炼和压延加工业	Smelting and Pressing of Non-ferrous Metals	544.61
金属制品业	Manufacture of Metal Products	1067.65
通用设备制造业	Manufacture of General Equipment	981.18
专用设备制造业	Manufacture of Special Equipment	668.07
汽车制造业	Manufacture of Automotive	839.45
铁路、船舶、航空航天和其他运输设备制造业	Manufacture of Railroads, Ships, Aerospace and Other Transportation Equipment	425.51
电气机械和器材制造业	Manufacture of Electrical Machinery and Equipment	1850.84
计算机、通信和其他电子设备制造业	Manufacture of Communication Equipment, Computers and Other Electronic Equipment	10617.12
仪器仪表制造业	Manufacture of Measuring Instruments	94.58
其他制造业	Other Manufacturing	30.37
废弃资源综合利用业	Comprehensive Utilization of Waste Resources	13.66
金属制品、机械和设备修理业	Manufacture of Metal products, machinery and equipment repair	2.17
电力、热力生产和供应业	Production and Supply of Electricity and Heat	6272.08
燃气生产和供应业	Production and Supply of Gas	11.26
水的生产和供应业	Production and Supply of Water	96544.82

Water Consumption in Industrial Enterprises above Designed Size by Sector

其中 of Which			
1. 自来水 (万立方米) Tap Water (10000 cu.m)	2. 陆地地表水 (万立方米) Surface Water (10000 cu.m)	3. 地下水 (万立方米) Ground Water (10000 cu.m)	重复用水量 (万立方米) Reused Water (10000 cu.m)
22711.69	109676.89	77.52	340416.58
45.34		0.04	0.09
266.38			1667.13
198.49	161.22		13.74
2186.39	2369.48	23.17	7107.22
306.21	60.06	16.32	5.08
4.03			
17.09	0.95		
94.43			2.00
61.92	757.81		10821.22
140.33	0.46	0.17	7.50
85.83	11.73	0.95	20.89
24.32	3.37		16.47
850.96	1960.40	5.06	153551.57
464.44	11.00	12.00	994.00
388.45	101.47	0.23	398.73
735.37	154.61	0.66	260.76
406.05	260.14	5.11	403.33
613.32	2243.56	0.23	69450.75
518.41	23.67	2.51	31.00
1054.62	10.25	1.25	697.69
970.60	3.69	4.07	4497.90
662.16	4.49	1.40	720.10
837.60	1.83		1459.67
210.72	213.64	1.10	20.53
1650.74	7.96	2.49	351.39
8405.11	39.75	0.76	16749.06
93.92	0.65	…	10.11
27.84	2.54		
8.68	0.71		0.75
2.17			0.94
976.61	5118.51		71156.94
11.26		0.01	
391.90	96152.92		

15－5 市区规模以上工业企业能源购进、消费及库存量

Purchasing,Consumption and Storage of Energy in Industrial Enterprises above Designed Size of Urban Districts

单位：吨 （2023年） （ton）

名称		Name		购进量 Purchase	工业生产消费量 Production Consumption	其中 of Which 原材料 raw and Processed Materials	年末库存量 Storage (year-end)
原煤		Raw Coal		1635299	1617578		94093
焦炭		Coke		612939	615293		13867
高炉煤气	（万立方米）	Blast-furnace Gas	(10000 cu.m)		131547		
转炉煤气	（万立方米）	Converter Gas	(10000 cu.m)		14614		
天然气	（万立方米）	Natural Gas	(10000 cu.m)	150535	150535		
液化天然气		Liquefied Natural Gas	(10000 cu.m)	8984	9072	512	…
汽油		Gasoline		12390	12374		53
煤油		Kerosene		194	197		5
柴油		Diesel Oil		26723	26650		487
燃料油		Fuel Oil		26	26		
液化石油气		Liquefied Petroleum Gas		954	954		…
氢气	（万立方米）	Hydrogen	(10000 cu.m)	298	295		
润滑油		Lubricating Oil		4914	4952	2643	44
溶剂油		Solvent Naphtha		31	33		…
其他石油制品		Other Petroleum Products		62	65		3
热力	（百万千焦）	Thermo power	(million Kilo-joule)	15988075	19512421		
电力	（万千瓦时）	Electricity	(10000 kWh)	2224101	2293852		
城市生活垃圾	（用于燃料）	City Garbage（ for Fuel）		1857134	1708997		33348
生物燃料	（吨标准煤）	Waste Biomass for Fuel	(tce)	5872	5889		11
余热余压	（百万千焦）	Residual neat and Pressure	(million Kilo-joule)		300588		
能源合计	（吨标准煤）	Total Consumption Energy	(tce)		7715947	4638	

15－6 全社会用电情况

Consumption of Electricity

单位：万千瓦时 (2023年) （10000 kWh)

指　　标	Items	全市 Total	其中 of which 市 区 Urban Districts	江阴市 Jiangyin City	宜兴市 Yixing City
全社会用电量合计	**Total Electricity Consumed**	**8640720**	**4457009**	**2854447**	**1329264**
农林牧渔业	Agriculture,Forestry,Animal Husbandry and Fishery	33928	7694	9565	16669
工业	Industry	6150278	2832402	2351745	966131
其中：	In Which				
采矿业	Mining and Quarrying	855	221	64	570
农副食品加工业	Agricultural and Sideline Food Processing Industry	21584	8611	6814	6159
食品制造业	Food Manufacturing Industry	23830	16800	5568	1462
酒、饮料及精制茶制造业	Manufacturing of Wine, Beverage and Refined Tea	7257	5192	114	1951
纺织业	Textile Industry	573380	96030	421628	55722
造纸及纸制品业	Papermaking and Paper Products	54587	43439	9603	1545
石油、煤炭及其他燃料加工业	Petroleum, Coal and Other Fuel Processing Industry	3221	1039	1600	582
化学原料及化学制品制造业	Manufacture of Raw Chemical Materials and Chemical Products	199284	74442	45770	79072
医药制造业	Pharmaceutical Manufacturing Industry	48911	32019	8793	8099
化学纤维制造业	Manufacture of Chemical Fibers	142796	13483	96252	33061
橡胶及塑料制品业	Rubber and Plastic Products	390774	138678	203245	48851
非金属矿物制品业	Manufacture of Non-metallic Mineral Products	230873	50677	32407	147789
黑色金属冶炼及压延加工业	Smelting and Pressing of Ferrous Metals	523277	63870	453819	5588
有色金属冶炼及压延加工业	Smelting and Pressing of Nonferrous Metals	93942	35310	46525	12107
金属制品业	Metal Products	668914	303595	285540	79779
通用设备制造业	General Equipment Manufacturing Industry	509394	342975	129924	36495
电气机械和器材制造业	Electrical Machinery and Equipment Manufacturing Industry	361043	184894	47802	128347
计算机、通信和其他电子设备制造业	Manufacturing of Computers, Communications and Other Electronic Equipment	1056844	830704	158482	67658
其他制造业	Others	39002	16543	2889	19570
建筑业	Construction	39614	19403	11819	8392
交通运输、仓储和邮政业	Transportation , Storage and Post	150311	106563	27427	16321
批发和零售业	Wholesale and Retail Industries	269451	163864	61391	44196
住宿和餐饮业	Accommodation and Catering Industries	91019	48021	18936	24062
其他行业	Others	935240	704777	145249	85214
城乡居民生活用电	Electricity Consumption by Urban and Rural Residents	970879	574285	228315	168279
#城镇居民生活用电	Electricity Consumption by Urban Residents	399737	288328	50813	60596

15－7 全社会用电分月情况

Consumption of Electricity by Month

单位：万千瓦时 （2023年） (10000 kWh)

月份	Month	用电量 Electricity Consumed	其中 of Which #工业 Industry	#城市居民 Urban Residents	#农村居民 Rural Residents
合计	**Total**	**8640720**	**6150278**	**399737**	**571142**
第一季度	**First Quarter**	**1891803**	**1319295**	**99459**	**143022**
1月	January	527381	322703	38191	59351
2月	February	657538	459384	35928	48104
3月	March	706884	537208	25340	35567
第二季度	**Second Quarter**	**2050515**	**1534397**	**72192**	**100230**
4月	April	652450	502847	20334	29706
5月	May	678220	513916	22778	29535
6月	June	719845	517634	29080	40989
第三季度	**Third Quarter**	**2498885**	**1678530**	**140173**	**203547**
7月	July	872526	567689	55653	80002
8月	August	877295	574034	54240	80888
9月	September	749064	536807	30280	42657
第四季度	**Fourth Quarter**	**2199517**	**1618056**	**87913**	**124343**
10月	October	680475	518864	20038	29824
11月	November	686146	515391	23623	33973
12月	December	832896	583801	44252	60546

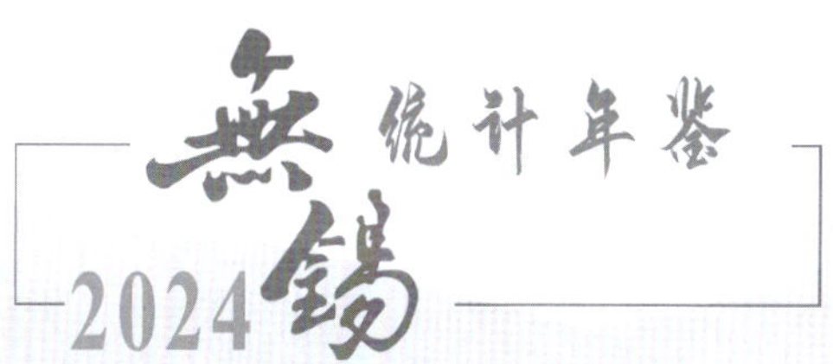

科学　技术

SCIENCE AND TECHNOLOGY

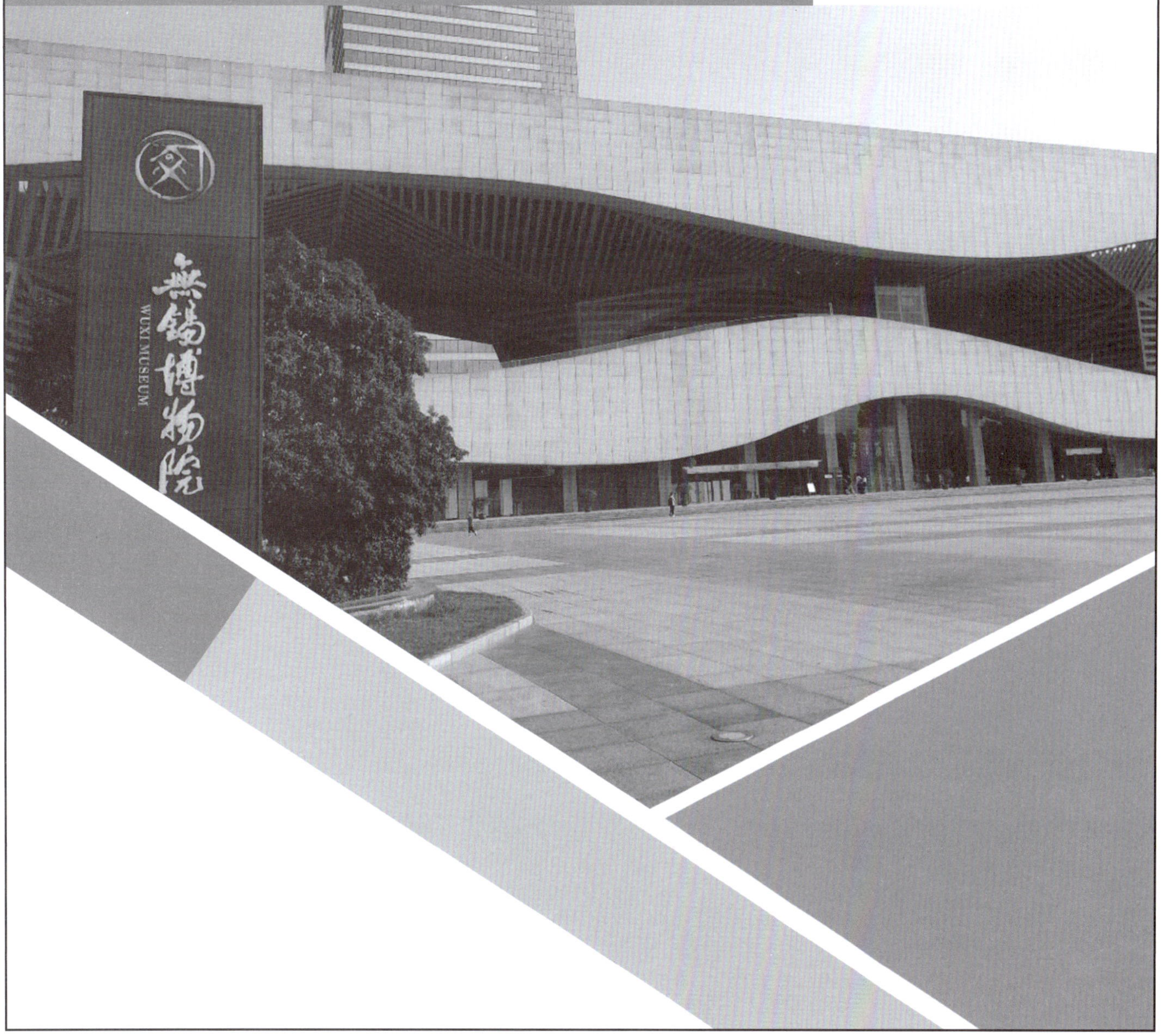

第十六篇　　科学　技术

CHAPTER XVI　SCIENCE AND TECHNOLOGY

● 新增各类取得专业技术等级人员数 Newly Added Personnel with Various Professional Technical Levels	11.70万人	(10^4 persons)
比上年增长 Over the Previous Year	-2.4%	
● 新增中级职称以上专业技术人员 Newly Added Personnel with Senior and Intermediate Qualification	1.94万人	(10^4 persons)
比上年增长 Over the Previous Year	9.6%	
● 专利批准数总计 Number of Patent Application Approvals	55953件	(item)
比上年增长 Over the Previous Year	-18.8%	
● 规模以上高新技术产业产值 Output Value in High-tech Industry	13318.31亿元	(10^8 yuan)
比上年增长 Over the Previous Year	8.7%	

16－1 各类专业技术人员基本情况（2022－2023年）

Basic Statistics on Professional Personnel by Category（2022－2023）

单位：万人 (10[4] persons)

指 标	Items	2022	2023
新增各类取得专业技术等级人员数	**Newly Added Personnel with Various Professional Technical Levels**	**11.99**	**11.70**
按职称分：	**by Professional Titles**		
#高级职称	Senior	0.39	0.42
中级职称	Intermediate	1.38	1.52
初级职称	Junior	1.66	1.71

16－2 专利申请批准数（2020－2023年）

Number of Patent Application Approval (2020－2023)

单位：件 (piece)

指 标	Items	2020	2021	2022	2023
专利批准数总计	**Number of Patent Approvals**	**60702**	**79738**	**68950**	**55953**
发明专利	Invention	4362	5764	8439	11750
实用新型专利	Applied Type	51011	67532	55308	39829
外观设计专利	Design	5329	6442	5203	4374

16－3 规模以上工业企业高新技术产业基本情况

Basic Statistics on High-tech Industry of Industrial Enterprises above Designated Size

单位：亿元 （2023年） (10^8 yuan)

指标	Items	工业总产值 Gross Industrial Output Value	营业收入 Operating Revenue	营业利润 Operating Profits	出口交货值 Delivery Value for Export
合计	**Total**	**13331.83**	**12201.22**	**986.80**	**2534.77**
1.航天航空制造业	Aerospace and Aviation Manufacturing	26.93	26.28	3.64	11.64
2.计算机及办公室设备制造业	Computers and Office Equipments Industry	187.80	208.91	4.35	155.14
3.电子及通信设备制造业	Electronic and Communication Equipments	3631.37	3257.81	168.04	1377.71
4.医药制造业	Pharmaceutical Manufacturing	612.43	560.49	92.25	122.42
5.仪器仪表制造业	Instrument Manufacturing Industry	337.19	286.72	36.10	19.70
6.智能装备制造业	Intelligent Equipment Manufacturing Industry	5062.76	4725.73	472.84	499.90
7.新材料产业	New Material	2293.90	2085.64	170.66	213.90
8.新能源	New Energy	1179.44	1049.65	38.90	134.37

注：按《江苏省高新技术产业统计分类目录》（2018年修订）汇总。

Note: According to the statistical classification catalogue of Jiangsu's new and high technology industry (revised in 2018).

16－4 技术合同成交情况

Statistics on Technology Contracts Closed

（2023年）

指标	Items	合同数（项） Number of Contracts (unit)	技术合同金额（万元） Contract Value (10000 yuan)
合计	**Total**	**8132**	**4974840**
技术开发	Technology Development	2497	1744892
技术转让	Technology Transfer	469	2120028
技术咨询	Technical Consulting	101	4082
技术服务	Technical Services	5065	1105839

16－5 产品质量监督检查情况

Results of Sampling Check on the Quality of Products

单位：批次、% （2023年） (batch，percent)

产品名称	Items	监督检查批次数 Batches of Supervision and Inspection	监督检查合格批次数 Qualified Batches	批次合格率 Qualified Rate
合　计	**Total**	**540**	**521**	**96.5**
食品相关产品	**Food Related Products**	**70**	**70**	**100.0**
食品用塑料包装容器工具产品	Plastic Packaging Containers for Food Products	70	70	100.0
日用消费品	**Consumer Goods**	**230**	**222**	**96.5**
电动自行车	Electric Bicycle	50	44	88.0
服装	Clothes	160	158	98.8
配装眼镜	Assembled Spectacles	10	10	100.0
妇女用品	Women's Products	10	10	100.0
建筑装饰装修材料	**Building and Decoration Raw Materials**	**50**	**47**	**94.0**
木家具	Wood Furniture	20	17	85.0
地板	Floor	10	10	100.0
水泥	Cement	20	20	100.0
工业生产资料	**Industrial Production**	**170**	**162**	**95.3**
电力电缆	Power Cable	90	84	93.3
小功率电机	Low-power Motor	30	29	96.7
危险化学品	Hazardous Chemicals	20	20	100.0
危险化学品包装物、容器	Dangerous Chemical Packaging, Container	30	29	96.7
农业生产资料	**Means of Agricultural Production**	**20**	**20**	**100.0**
肥料	Fertilizer	20	20	100.0

16－6 商标注册情况（2022－2023年）

Statistics on Registered Trademarks (2022－2023)

单位：件 (piece)

指　标	Items	2022	2023
新申请注册商标	New Application for Registered Trademarks	36543	26951
有效注册商标总量累计	Valid Registered Trademark	260472	281571

16－7 规模以上工业企业科技活动情况（2022－2023年）

Technological Development Activities of Industrial Enterprise above Designated Size(2022－2023)

单位：万元 (10000 yuan)

指标	Items		2022	2023
企业数	（个）**Number of Enterprises**	**(unit)**	**8089**	**8502**
#有研发活动企业数	Enterprises with Research and Development Activities		4333	4033
有研发机构单位数	Enterprises with Research and Development Institutions		2724	2560
从事研发活动人员	（人）Personnel Engaged in Research and Development Activities	(person)	133281	140718
研发经费内部支出	Internal Expenditure		4177787	4397033
#经常费用支出	Recurrent Cost		3728937	3932603
#人员劳务费	Labor Cost		1216431	1582719
资产性支出	Capital Expenditure		448850	464430
研发经费外部支出	External Expenditure		94373	157766
技术改造经费支出	Expenditures of Technical Transformation		258643	249627
技术引进经费支出	Expenditures of Technical Introduction		24960	31376
用于消化吸收经费支出	Expenditures of Technical Digesting and Absorbing		45	1977
购买国内技术经费支出	Expenditures of Purchasing Domestic Technology		26491	17760
新产品销售收入	Revenue of New Products Sales		77780910	77170480
#新产品出口	New Products Exported		12120343	12097289

16－8 规模以上工业企业技术开发支出情况

单位：万元　　（2023年）

行业	Sectors	技术开发经费支出总额 Expenditures
总计	**Total**	**300741**
农副食品加工业	Farm and Sideline Food Processing Industry	599
食品制造业	Food Manufacturing Industry	1321
纺织业	Textile Industry	3932
纺织服装、服饰业	Textile and Garment Industry, and Costume Industry	806
家具制造业	Manufacturing of Furniture	9801
造纸和纸制品业	Manufacturing of Paper and Paper Products	115
印刷和记录媒介复制业	Printing, Reproduction of Recording Media Industry	757
化学原料和化学制品制造业	Manufacturing of Raw Chemical Materials and Chemical Products	8231
医药制造业	Pharmaceutical Industry	1990
化学纤维制造业	Chemical Fibers Manufacturing	444
橡胶和塑料制品业	Rubber and Plastic Products Industry	10824
非金属矿物制品业	Manufacture of Non-metallic Mineral Products	2111
黑色金属冶炼和压延加工业	Smelting and Pressing of Ferrous Metals	59598
有色金属冶炼和压延加工业	Smelting and Pressing of Non-ferrous Metals	3112
金属制品业	Metal Product Industry	20564
通用设备制造业	General Equipment Manufacturing	36354
专用设备制造业	Special Equipment Manufacturing	20714
汽车制造业	Automobile Industry	12817
铁路、船舶、航空航天和其他运输设备制造业	Manufacturing of Railroads, Ships, Aerospace and Other Transportation Equipment	2285
电气机械和器材制造业	Manufacturing of Electrical Machinery and Equipment	24979
计算机、通信和其他电子设备制造业	Manufacturing of Communication Equipment, Computers and Other Electronic Equipment	69501
仪器仪表制造业	Manufacturing of Measuring Instruments	495
废弃资源综合利用业	Comprehensive Utilization of Waste Resources	508
电力、热力生产和供应业	Production and Supply of Electric Power and Heat Power	8885

Expenditures on Technological Development of Industrial Enterprise above Designated Size

(10000 yuan)

技术改造支出总额 Expenditures for Updating Technology	引进境外技术经费支出 Expenditures for Introducing Foreign Technology	消化吸收经费支出 Expenditures for Digesting and Absorbing Introduced Technology	购买国内技术经费支出 Expenditures for Purchasing Domestic Technology
249627	**31376**	**1977**	**17760**
599			
1321			
3526	323		83
806			
9801			
115			
757			
5488	648	1976	120
718			1272
444			
9801			1024
2029			82
59598			
3112			
20538			26
33695	1620		1040
9735	5006		5973
7958	4660		199
1995	286		4
23929	1002	2	46
44119	17833		7549
485			10
508			
8552			333

16－9 规模以上工业企业办技术开发机构情况

Technological Institution Development of Industrial Enterprise above Designated Size

（2023年）

分　　类	Items	人员（人）Personnel (person)	经费支出（万元）Expenditures (10000 yuan)
合 计	**Total**	**85594**	**3408845**
农副食品加工业	Farm and Sideline Food Processing Industry	135	3650
食品制造业	Food Manufacturing Industry	165	4621
酒、饮料和精制茶制造业	Wine, Beverage and Refined Tea Manufacturing	42	1385
纺织业	Textile Industry	2165	55345
纺织服装、服饰业	Textile and Garment Industry, and Costume Industry	372	7103
木材加工和木、竹、藤、棕、草制品业	Processing of Wood and Bamboo, Vine, Palm and Straw Manufacturing	105	2180
家具制造业	Manufacturing of Furniture	621	13771
造纸和纸制品业	Manufacturing of Paper and Paper Products	225	11678
印刷和记录媒介复制业	Printing, Reproduction of Recording Media Industry	823	18712
文教、工美、体育和娱乐用品制品业	Manufacturing of Culture, Art, Sports and Entertainment Products	367	7867
石油、煤炭及其他燃料加工业	Petroleum, Coal and Other Fuel Processing Industry	338	14532
化学原料和化学制品制造业	Manufacturing of Raw Chemical Materials and Chemical Products	2579	118565
医药制造业	Pharmaceutical Industry	757	32666
化学纤维制造业	Chemical Fibers Manufacturing	696	33094
橡胶和塑料制品业	Rubber and Plastic Products Industry	2681	90571
非金属矿物制品业	Manufacture of Non-metallic Mineral Products	2128	70526
黑色金属冶炼和压延加工业	Smelting and Pressing of Ferrous Metals	1663	151388
有色金属冶炼和压延加工业	Smelting and Pressing of Non-ferrous Metals	1090	60300
金属制品业	Metal Product Industry	5419	178977
通用设备制造业	General Equipment Manufacturing	12079	368100
专用设备制造业	Special Equipment Manufacturing	14001	431837
汽车制造业	Automobile Industry	6333	241878
铁路、船舶、航空航天和其他运输设备制造业	Manufacture of Railroads, Ships, Aerospace and Other Transportation Equipment	2950	105685
电气机械和器材制造业	Manufacturing of Electrical Machinery and Equipment	12627	632444
计算机、通信和其他电子设备制造业	Manufacturing of Communication Equipment, Computers and Other Electronic Equipment	12432	663373
仪器仪表制造业	Manufacturing of Measuring Instruments	2360	70559
其他制造业	Other Manufacturing	117	1999
废弃资源综合利用业	Comprehensive Utilization of Waste Resources	37	1823
电力、热力生产和供应业	Production and Supply of Electric Power and Heat Power	129	5991
燃气生产和供应业	Production and Supply of Gas	52	391
水的生产和供应业	Production and Supply of Water	106	7836

无锡统计年鉴 2024

第17篇 CHAPTER

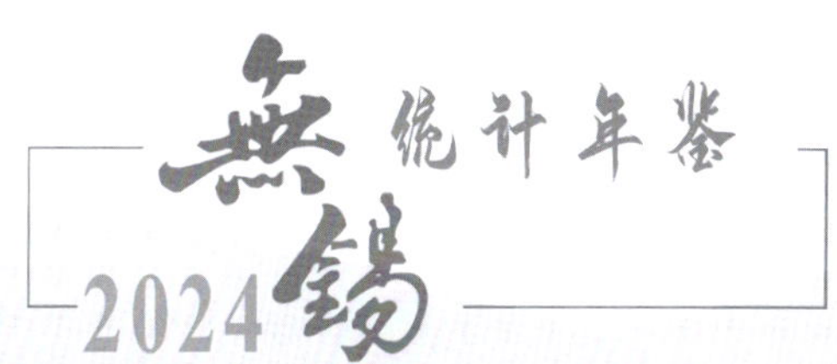

教育 文化

EDUCATION AND CULTURE

2024 WUXI STATISTICAL YEARBOOK

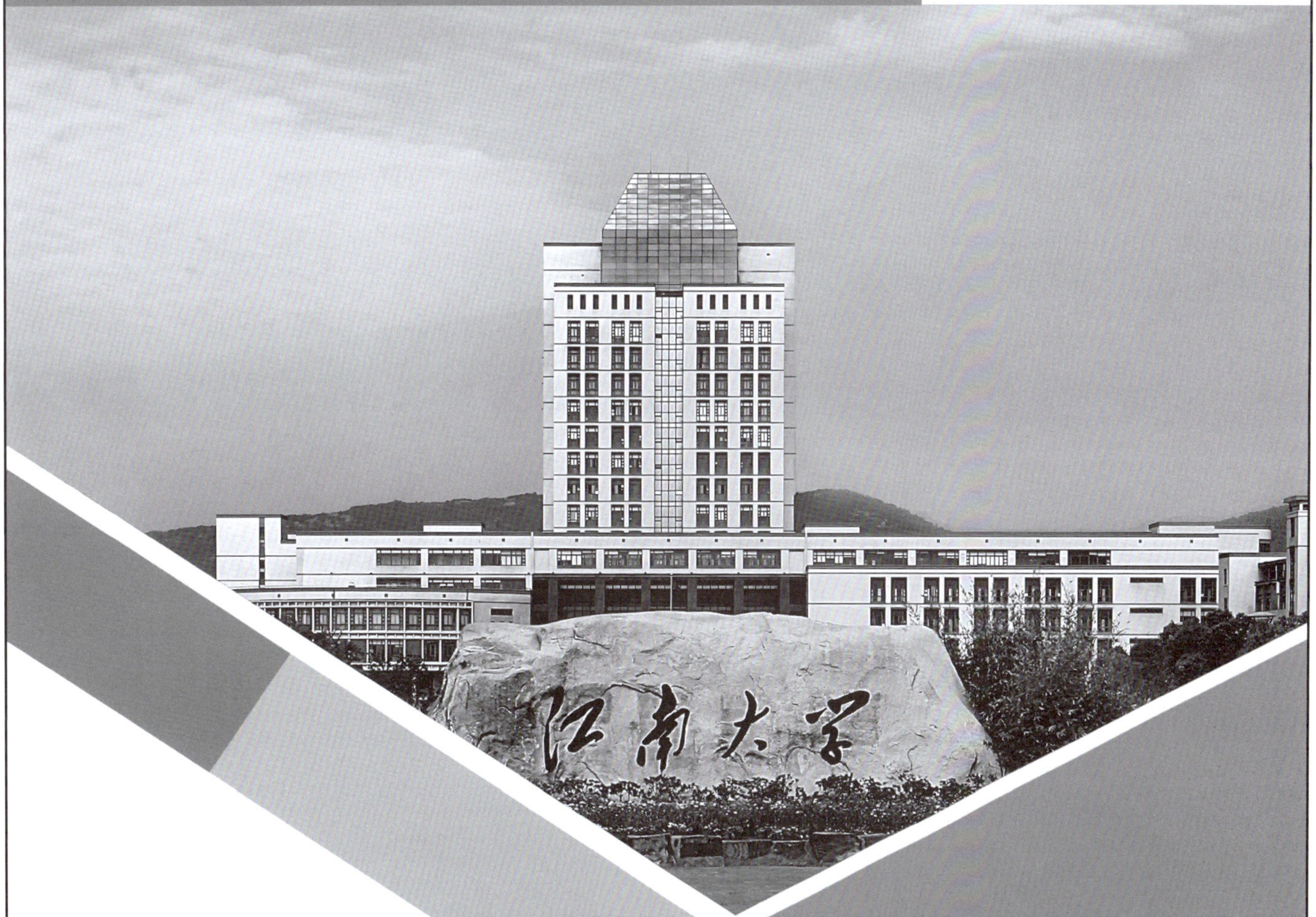

第十七篇 教育 文化
CHAPTER X VII EDUCATION AND CULTURE

● 各类学校 Schools	501所	(unit)
● 各类学校在校学生 Student Enrollment	1031757人	(person)
● 普通高等学校数 Institutions of Higher Education	13所	(unit)
● 普通高等学校在校学生 Student Enrollment of Institutions Higher Education	173438人	(person)
● 普通中学数 Regular Secondary Schools	213所	(unit)
● 普通中学在校学生 Student Enrollment of Regular Secondary Schools	291800人	(person)
● 小学学校数 Primary Schools	235所	(unit)
● 小学学校在校学生数 Student Enrollment of Primary Schools	488059人	(person)
● 各类学校毕业生数 Graduates	227396人	(person)
● 各类学校专任教师数 Full-time Teachers	69829人	(person)
● 公共图书馆 Public Libraries	8个	(number)
● 电视台 Television Stations	2座	(number)
● 广播电台 Broadcasting Stations	2座	(number)

17－1 历年学校数

Yearly Number of Schools

单位：所 (unit)

年份 Year	总计 Total	其中 of Which						
		普通高等院校 Institutions of Higher Education	中专 Technical Secondary Schools	技工学校 Technical Schools	普通中学 Regular Secondary Schools	职业中学 Vocational Schools	小学 Primary Schools	特殊教育 Special Education Schools
1978	2644	1	8	6	459	2	2166	2
1980	2604	1	9	16	384	2	2190	2
1981	2561	2	9	16	333	4	2195	2
1982	2533	2	9	16	363	6	2135	2
1983	2515	2	10	18	364	8	2111	2
1984	2455	2	11	19	355	9	2056	3
1985	2420	2	17	21	342	11	2023	4
1986	2387	2	19	22	341	18	1981	4
1987	2336	2	20	22	329	18	1941	4
1988	2286	2	20	22	324	20	1895	3
1989	2235	2	20	24	310	19	1857	3
1990	2118	2	20	24	300	16	1749	7
1991	2038	2	20	24	282	14	1688	8
1992	1972	2	20	25	267	15	1635	8
1993	1968	2	20	26	261	20	1630	9
1994	1955	2	20	25	256	24	1619	9
1995	1878	2	20	28	253	25	1540	10
1996	1796	2	20	28	243	25	1468	10
1997	1655	2	20	29	227	24	1343	10
1998	1573	2	21	29	218	32	1261	10
1999	1416	2	20	29	215	25	1113	11
2000	1282	4	19	30	211	20	986	11
2001	1118	5	18	30	213	19	821	11
2002	980	7	14	30	212	26	680	10
2003	771	9	15	23	204	21	488	10
2004	687	11	14	22	198	20	411	10
2005	644	11	19	22	194	16	371	10
2006	580	12	20	23	193	18	303	10
2007	515	12	17	26	185	7	258	9
2008	482	12	19	20	184	7	229	10
2009	473	12	19	18	184	7	223	10
2010	452	12	18	18	180	7	207	10
2011	443	12	16	18	174	6	207	10
2012	424	12	20	16	169	6	192	9
2013	432	12	20	15	176	6	194	9
2014	424	12	21	15	180	2	185	9
2015	434	12	21	14	179	2	197	9
2016	435	12	20	14	183	2	197	7
2017	445	12	21	15	186	2	202	7
2018	443	12	18	15	188		203	7
2019	455	12	18	15	192		210	8
2020	465	12	16	15	195		219	8
2021	478	13	16	15	198		228	8
2022	494	13	16	15	206		235	9
2023	501	13	16	15	213		235	9

17－2 历年在校学生数

Yearly Number of Students

单位：人 (person)

年 份 Year	总 计 Total	其中 of Which						
		普通高等院校 Institutions of Higher Education	中 专 Technical Secondary Schools	技工学校 Technical Schools	普通中学 Regular Secondary Schools	职业中学 Vocational Schools	小 学 Primary Schools	特殊教育 Special Education Schools
1978	695213	1223	2121	982	259320	53	431309	205
1980	632869	1749	2706	2410	200832	206	424707	259
1981	609553	2372	2730	2008	189193	3372	409612	266
1982	593158	2202	3048	1867	187955	5100	392721	265
1983	588052	2773	4896	2515	196055	6213	375325	275
1984	606804	3588	5945	3445	198541	7547	387440	298
1985	617495	4644	9141	4447	189809	8258	400826	370
1986	620596	5209	11148	5939	180949	10426	406427	498
1987	618993	5632	12805	6363	186536	11323	395732	602
1988	624232	6105	14002	6486	191130	11644	394356	509
1989	622542	6285	14031	6659	198288	11339	385422	518
1990	609668	6309	13759	7425	208248	11300	361793	834
1991	597700	6242	14530	8171	217067	12527	338228	935
1992	597929	6501	16255	8825	220682	15497	328138	2031
1993	613457	7515	21995	9285	217308	16952	337253	3149
1994	633151	8066	29196	7988	219411	17407	348395	2688
1995	658837	8319	36384	10180	218970	16436	365176	3372
1996	688009	8808	43735	12102	209344	15596	395129	3295
1997	698312	10591	44234	13204	194429	16167	416462	3225
1998	701136	12473	41245	13873	194147	16173	419833	3392
1999	713477	16104	41784	13557	216848	14921	407327	2835
2000	730997	25768	37397	13002	248583	12183	391426	2518
2001	747762	34813	35388	13535	278685	11216	371083	2902
2002	759906	35477	41111	17297	301841	13502	347831	2679
2003	772554	48366	44959	22595	309570	14838	329776	2285
2004	800170	61279	63774	31882	300225	19143	322657	1042
2005	821007	77980	79344	38424	286777	19604	317691	1037
2006	822024	88143	84372	40365	271853	21534	314705	960
2007	822561	102561	83998	44016	260339	18694	311993	877
2008	803678	109553	76896	43051	248646	15751	308819	870
2009	782471	112715	64420	50810	237676	12784	303190	876
2010	748866	109629	58421	33592	227605	12555	306163	901
2011	743600	108347	53512	33959	217565	11966	317400	851
2012	722854	109461	48508	23243	210528	10912	319363	839
2013	721880	111391	43765	21706	208221	10580	325348	869
2014	731305	114240	42356	20045	209383	8184	336197	900
2015	742556	115341	42039	18814	210940	6079	348394	949
2016	757661	113732	44284	17958	215413	3874	361282	1118
2017	778789	112689	44950	18470	223101	3509	374871	1199
2018	813122	113879	44028	19685	232861	2931	398408	1330
2019	851460	119976	42360	21350	245926	2900	417499	1449
2020	901201	133163	44086	22821	257856	2761	439140	1374
2021	956327	153216	49612	25140	269354		457552	1453
2022	996209	166341	52196	25712	279441		470935	1584
2023	1031757	173438	51386	25404	291800		488059	1670

17－3 历年毕业生数
Yearly Number of Graduates

单位：人 (person)

年份 Year	总计 Total	其中 of Which						
		普通高等院校 Institutions of Higher Education	中专 Technical Secondary Schools	技工学校 Technical Schools	普通中学 Regular Secondary Schools	职业中学 Vocational Schools	小学 Primary Schools	特殊教育 Special Education Schools
1978	194231	755	260		118254		74962	
1980	150984	376	628	140	85163		64677	
1981	128999	376	1200	878	60180	103	66211	51
1982	123647	820	1109	1091	51826	787	67972	42
1983	120039	962	522	499	46038	1208	70763	47
1984	107248	586	1312	663	51719	1512	51414	42
1985	106407	825	1427	834	53180	2237	47870	34
1986	118260	1064	1923	1000	59489	2038	52728	18
1987	126680	1358	2699	1325	53348	2953	64973	24
1988	124254	1716	3038	1812	50230	3536	63898	24
1989	129869	1702	3702	2222	52150	4404	65649	40
1990	133484	1741	4479	2044	55737	3851	65603	29
1991	133010	1920	4116	2203	56806	3638	64276	51
1992	137603	1974	4083	2464	62114	3498	63387	83
1993	139562	1708	4287	2273	65454	4238	61515	87
1994	145185	2009	4635	2711	67451	4936	63291	152
1995	146250	2384	5909	3720	69101	5803	59081	252
1996	133207	2635	10688	2745	66465	5283	45131	260
1997	137004	2188	12096	3200	72495	4992	41766	267
1998	149039	2462	14129	3720	70380	4932	53094	322
1999	147083	2570	9094	4230	58742	4342	67692	326
2000	158605	3549	12387	4856	58892	5685	72823	329
2001	172185	3875	12382	4364	69413	4875	76718	478
2002	178962	4629	9387	3895	81262	3347	75778	517
2003	180581	6431	8608	4184	90737	2782	67319	403
2004	188350	10650	8709	4736	99966	3446	60562	154
2005	200774	13256	11858	7296	104556	5106	58490	92
2006	201247	16328	14452	10305	97481	4994	57422	159
2007	207005	23265	19024	11381	89578	6812	56726	81
2008	209762	26834	20896	12863	87321	7064	54505	159
2009	204945	30382	20573	12213	83183	6468	52037	89
2010	196611	36070	14534	12859	78658	3971	50380	139
2011	184657	32459	12081	11369	75033	4787	48801	127
2012	178882	32286	12298	10342	70836	2971	50011	138
2013	181329	32782	17813	8788	68396	3639	49791	120
2014	175391	31270	15173	7746	66640	3630	50813	119
2015	173564	33304	13764	6614	66933	3277	49507	165
2016	177994	34009	12436	5688	69000	3198	53583	80
2017	177856	33893	13564	4725	67957	1332	56251	134
2018	179630	33871	14021	5678	68265	1845	55808	142
2019	185696	32865	14772	5490	71350	1007	60047	165
2020	192071	34387	14580	5300	75264	1336	60979	225
2021	194384	35539	13720	5229	76630		63001	265
2022	212458	40739	14640	5188	84864		66792	235
2023	227396	47046	16583	6237	87776		69464	290

17－4 历年专任教师数

Yearly Number of Full-Time Teachers

单位：人 (person)

年 份 Year	总 计 Total	其中 of Which						
		普通高等院校 Institutions of Higher Education	中 专 Technical Secondary Schools	技工学校 Technical Schools	普通中学 Regular Secondary Schools	职业中学 Vocational Schools	小 学 Primary Schools	特殊教育 Special Education Schools
1978	28470	412	346		11635		16049	28
1980	27692	451	452	190	10992	3	15570	34
1981	27168	459	482	196	10706	174	15118	33
1982	27371	744	527	287	10514	258	15004	37
1983	27341	754	638	345	10446	329	14790	39
1984	27879	768	580	445	10496	404	15149	37
1985	29099	882	737	532	10740	518	15637	53
1986	31133	901	1647	616	11002	748	16153	66
1987	31071	1070	1095	704	11233	804	16111	90
1988	32859	1059	1117	699	12010	914	16936	88
1989	33236	1034	1105	750	12448	817	17000	82
1990	34756	1363	1151	783	13219	865	17229	146
1991	34926	1018	1173	763	13678	927	17209	158
1992	35277	979	1230	860	13880	1044	17085	199
1993	36354	974	1256	820	14474	1180	17393	257
1994	36821	997	1267	775	14756	1313	17510	203
1995	37969	1035	1301	861	14994	1579	17980	219
1996	39280	1079	1328	824	15078	1769	18966	236
1997	40537	1257	1397	776	15019	1919	19957	212
1998	37993	1324	1362	780	14867	1946	17516	198
1999	39018	1537	1274	809	15609	1810	17756	207
2000	40509	1755	1364	858	16468	1805	18041	205
2001	41425	1912	1203	897	17621	1639	17934	203
2002	42990	2542	1188	959	18707	1851	17519	208
2003	44177	2887	1347	892	19892	1618	17318	206
2004	45815	3719	1561	1019	20321	1661	17298	217
2005	47469	4509	2007	1199	20440	1530	17546	212
2006	49304	5268	2386	1650	20375	1727	17666	214
2007	50700	5572	2837	2081	20268	1822	17882	220
2008	50171	5736	3437	1584	20061	1186	17938	213
2009	50510	5751	3869	1613	19915	1178	17930	254
2010	50332	5665	3420	2220	19839	1206	17731	251
2011	49967	5772	3501	1778	19868	1006	17797	245
2012	49579	5774	3862	1550	19394	542	18214	243
2013	50430	5918	3783	1600	19247	537	19108	237
2014	51032	6053	3889	1791	19415	144	19483	257
2015	51886	6213	3919	2144	19893	144	19312	261
2016	53178	6144	4001	2518	19991	144	20119	261
2017	54109	6189	4097	2060	20370	158	20941	294
2018	55737	6283	4507	2083	20905		21652	307
2019	59784	7251	4618	2083	21897		23618	317
2020	60939	7020	4595	1142	22836		25007	339
2021	64850	7219	4892	1229	23815		27340	355
2022	67590	7903	4933	1347	24707		28311	389
2023	69829	8359	5004	1348	25435		29280	403

17－5 各级各类学校教育情况

Basic Statistics of Various Schools

（2023年）

指标	Items		全市 Total	其中 of Which 市区 Urban Districts	江阴市 Jiangyin City	宜兴市 Yixing City
学校总计（所）	**Total Schools**	**(unit)**	**501**	**280**	**113**	**108**
普通高等学校	Institutions of Higher Education		13	11	1	1
中等专业学校	Technical Secondary Schools		16	12	2	2
普通中学	Regular Secondary Schools		213	116	52	45
高中	Senior		51	30	12	9
初中	Junior		162	86	40	36
技工学校	Technical Schools		15	12	2	1
小学	Primary Schools		235	122	55	58
特殊教育学校	Special Education Schools		9	7	1	1
在校学生总计（人）	**Total student Enrollment**	**(person)**	**1031757**	**689523**	**200977**	**141257**
普通高等学校	Institutions of Higher Education		173438	157313	5878	10247
中等专业学校	Technical Secondary Schools		51386	36568	7742	7076
普通中学	Regular Secondary Schools		291800	174896	69982	46922
高中	Senior		92753	54231	23036	15486
初中	Junior		199047	120665	46946	31436
技工学校	Technical Schools		25404	20800	4131	473
小学	Primary Schools		488059	298769	112957	76333
特殊教育学校	Special Education Schools		1670	1177	287	206
招生总计（人）	**Total New Students Enrollment**	**(person)**	**270323**	**185017**	**49697**	**35609**
普通高等学校	Institutions of Higher Education		56641	50116	2317	4208
中等专业学校	Technical Secondary Schools		16555	11912	2506	2137
普通中学	Regular Secondary Schools		103391	62659	24395	16337
高中	Senior		33674	19927	8323	5424
初中	Junior		69717	42732	16072	10913
技工学校	Technical Schools		7775	6308	1050	417
小学	Primary Schools		85581	53720	19381	12480
特殊教育学校	Special Education Schools		380	302	48	30

续表 continued

指 标	Items		全 市 Total	其中 of Which 市 区 Urban Districts	江阴市 Jiangyin City	宜兴市 Yixing City
毕业生总计 （人）	**Total Graduates**	**(person)**	**227396**	**154024**	**43200**	**30172**
普通高等学校	Institutions of Higher Education		47046	42106	2329	2611
中等专业学校	Technical Secondary Schools		16583	12199	2210	2174
普通中学	Regular Secondary Schools		87776	51931	21616	14229
高中	Senior		29118	16662	7363	5093
初中	Junior		58658	35269	14253	9136
技工学校	Technical Schools		6237	5171	950	116
小学	Primary Schools		69464	42397	16048	11019
特殊教育学校	Special Education Schools		290	220	47	23
教职员工总计 （人）	**Total Staff and workers**	**(person)**	**78749**	**52519**	**15472**	**10758**
普通高等学校	Institutions of Higher Education		11247	10207	480	560
中等专业学校	Technical Secondary Schools		5917	3762	1126	1029
普通中学	Regular Secondary Schools		28406	17189	6579	4638
技工学校	Technical Schools		1651	1386	195	70
小学	Primary Schools		31030	19597	7025	4408
特殊教育学校	Special Education Schools		498	378	67	53
专任教师总计 （人）	**Total Full-time Teachers**	**(person)**	**69829**	**45318**	**14463**	**10048**
普通高等学校	Institutions of Higher Education		8359	7609	341	409
中等专业学校	Technical Secondary Schools		5004	3106	948	950
普通中学	Regular Secondary Schools		25435	14953	6115	4367
高中	Senior		8545	4781	2136	1628
初中	Junior		16890	10172	3979	2739
技工学校	Technical Schools		1348	1103	180	65
小学	Primary Schools		29280	18260	6813	4207
特殊教育学校	Special Education Schools		403	287	66	50

17－6 幼儿教育基本情况

Basic Statistics of Preschool Education

单位：人　　（2023年）　　(person)

指　标	Items	幼儿园（个）Kinder-gartens	在园儿童 Children Enrollment	教职员工 Teaching Staff and Workers	其中 of Which #教师 Teachers
全　市	**Total**	**603**	**186587**	**28622**	**15398**
市　区	Urban Districts	358	118789	19132	10141
江阴市	Jiangyin City	135	39716	5443	3117
宜兴市	Yixing City	110	28082	4047	2140

17－7 入学率和升学率

Percentage of School-Age Children Enrolled and Graduates

单位：%　　（2023年）　　(percent)

地　区	District	学龄儿童入学率 Enrollment Rate of School Age Children	小学毕业生升学率 Proportion of Primary Graduates Entering Secondary Schools
全　市	**Total**	**100.0**	**100.0**
市　区	Urban Districts	100.0	100.0
江阴市	Jiangyin City	100.0	100.0
宜兴市	Yixing City	100.0	100.0

17－8 文化事业机构数

Number of Cultural Institutions

单位：个　　（2023年）　　(unit)

指　标	Items	全 市 Total	其中 of Which 市 区 Urban Districts	江阴市 Jiangyin City	宜兴市 Yixing City
总 计	**Total**	**180**	**109**	**37**	**34**
文化事业	**Cultural**	**111**	**62**	**21**	**28**
艺术表演团体(事业性)	Group of Art Performance (non-profit-making)	7	5	1	1
公共图书馆	Public Library	8	6	1	1
文化馆	Cultural Centers	8	6	1	1
文化站	Cultural Stations	75	40	17	18
艺术展览创作机构	Art Exhibition and Creation Organizatior	8	2	1	5
其他文化机构	Others	5	3	0	2
文物保护机构	**Protection Institutions**	**5**	**3**	**1**	**1**
文物保护管理机构	Protection Management Institutions	5	3	1	1
博物（纪念）馆	**Museums(memorial halls)**	**64**	**44**	**15**	**5**

17—9 艺术企业、事业基本情况

Basic Statistics on Arts

（2023年）

指标		Items		全市 Total	其中 of Which 市区 Urban Districts	江阴市 Jiangyin City	宜兴市 Yixing City
剧团数	（个）	**Troupe**	**(unit)**	**7**	**5**	**1**	**1**
锡剧团		Wuxi-Opera Troupe		4	2	1	1
演职员工数	（人）	**Staff and Workers**	**(person)**	**458**	**330**	**74**	**54**
演出场次	（场次）	**Times of Performance**	**(time)**	**1129**	**577**	**450**	**102**

17—10 公共图书馆、博物（纪念）馆基本情况

Basic Statistics on Public Libraries and Museums (Memorial Halls)

（2023年）

指标		Items		全市 Total	其中 of Which 市区 Urban Districts	江阴市 Jiangyin City	宜兴市 Yixing City
公共图书馆机构数	（个）	**Public Libraries**	**(number)**	**8**	**6**	**1**	**1**
藏书册数	（册、件）	Collection	(copy)	10640419	6594249	3144148	902022
#古籍		Ancient Books		321070	307083	176	13811
图书		Books		8870992	4958219	3040514	872259
图书流通人次	（千人次）	Persons of Books Circulation	(1000 person-times)	15147	7366	4688	3093
阅览座席数	（张）	Seats in Reading Room	(seat)	6821	4159	1462	1200
博物（纪念）馆数	（个）	**Museums (Memorial Halls)**	**(unit)**	**64**	**44**	**15**	**5**
文物藏品	（件）	Cultural Relics	(piece)	83658	39399	9402	34857
#一级品		First-grade Goods		308	244	35	29
参观人数	（千人次）	Visitors	(1000 person-times)	12055	9843	834	1378

注：文物藏品、一级品、参观人数统计口径改变,均指博物（纪念）馆数据。
Note:The statistical caliber of cultural relics , first-grade goods and the number of visitors are refer to the data of museums

17－11 文化馆基本情况

Basic Statistics on Cultural Centers

（2023年）

指标		Items		全市 Total	其中 of Which 市区 Urban Districts	江阴市 Jiangyin City	宜兴市 Yixing City
机构数	（个）	Number of Institutions	(unit)	8	6	1	1
从业人员	（人）	Employed Persons	(person)	156	94	28	34
举办展览个数	（个）	Number of Exhibitions	(unit)	319	227	49	43
组织文艺活动次数	（次）	Number of Cultural Activities	(time)	6020	2095	250	3675
举办训练班班次	（次）	Number of Training Courses	(time)	3800	3295	229	276
举办训练班培训人次	（人次）	Number of People Trained in Training Courses	(person-time)	229338	134889	85432	9017
公用房屋建筑面积	（平方米）	Floor Space of Public Buildings	(sq.m)	80685	58096	18420	4169
#业务用房		Space for Business		47330	38195	4966	4169
馆办文艺团体演出场次	（场次）	Number of Performances Given by Arts Groups under Cultural Centers	(show-time)	500	284	121	95
群众业余文艺团队	（个）	Masses' Amateur Arts Teams	(unit)	441	400		41

17－12 文化站基本情况

Basic Statistics on Cultural Stations

（2023年）

指标		Items		全市 Total	其中 of Which 市区 Urban Districts	江阴市 Jiangyin City	宜兴市 Yixing City
机构数	（个）	Number of Institutions	(unit)	75	40	17	18
从业人员	（人）	Employed Persons	(person)	428	260	87	81
举办展览个数	（个）	Number of Exhibitions	(unit)	3151	1806	673	672
组织文艺活动次数	（次）	Number of Cultural Activities	(time)	23173	14086	6978	2109
藏书	（册）	Collection of Books	(volume)	4800745	2274107	1417295	1109343
举办训练班班次	（次）	Number of Training Courses	(time)	10507	6121	2887	1499
举办训练班培训人次	（人次）	Number of People Trained in Training Courses	(person-time)	1849360	887995	824220	137145
公用房屋建筑面积	（平方米）	Floor Space of Public Buildings	(sq.m)	768737	403041	219730	145966
#文化活动用房		Space for Cultural Activities		613489	287682	200224	125583
村（社区）文化室个数	（个）	Number of Cultural Centers and Clubs in the Village (Community)	(unit)	1103	567	244	292

17－13 广播、电视事业发展情况（2022－2023年）

Basic Statistics on Radio and Television Industry (2022-2023)

指 标		Items		2022	2023
广播电台	（座）	Number of Broadcasting Stations	(set)	3	2
中短波发射台及转播台		Power of Transmitters of Medium and Short Ware Broadcast		2	2
广播人口覆盖率	（%）	Radio Coverage of Population	(percent)	100	100
电视台	（座）	Number of Television Stations	(set)	3	2
电视发射及转播台		Television Transmission Stations and Relay Stations		2	3
电视人口覆盖率	（%）	TV Coverage of Population	(percent)	100	100
有线电视用户数	（万户）	Users of Cable TV	(10000 households)	129	118
数字电视用户数		Users of Digital TV		124	113
有线电视入户率	（%）	Cable TV Coverage of Households	(percent)	91.1	90.2

17－14 广播、电视节目制作时间（2022－2023年）

Length of Radio and Television Programs Produced (2022－2023)

单位：小时 (hour)

指 标	Items	2022	2023
广播节目制作	Production of Broadcasting Programs	41810	52803
#新闻	News Programs	7219	9729
专题	Special Reports	9432	12579
文艺（综艺）	General Entertainment Programs	6617	7819
广告	Advertisements	6226	12085
电视节目制作	Production of TV Programs	2517	3842
#新闻	News Programs	1273	1723
专题	Special Reports	522	755
文艺（综艺）	General Entertainment Programs	182	182
广告	Advertisements	400	997

17－15 档案事业基本情况

Basic Statistics on Archives

（2023年）

指 标		Items		全 市 Total	其中 of Which 市 区 Urban Districts	江阴市 Jiangyin City	宜兴市 Yixing City
档案馆机构数	（个）	Number of Archives	(unit)	9	7	1	1
档案专职人员数	（人）	Professionals of Archives	(person)	155	88	30	37
馆藏纸质档案数	（卷）	Collection of Paper Archives	(roll)	3096857	1961768	460450	674639
馆藏纸质档案数	（件）	Collection of Paper Archives	(piece)	5063926	2720528	1325616	1017782
馆藏电子档案数	（GB）	Collection of Electronic Archives	(GB)	8893	1491	720	6682
当年接受纸质档案数	（卷）	Received Paper Archives this year	(roll)	61518	55827	1520	4171
当年接受纸质档案数	（件）	Received Paper Archives this year	(piece)	473120	245668	16744	210708
当年接受电子档案数	（GB）	Received Electronic Archives this year	(GB)	562	102	110	351
利用档案人次	（人次）	Users of Materials in Archives	(person-time)	36763	17825	8796	10142
档案馆库面积	（平方米）	Areas of Archives' Storehouses	(sq.m)	79397	49371	12538	17489
档案网站点击数	（次）	Click Times of Archive Websites	(time)	192584	102896	22546	67142
档案文件机读目录		View items of Archive Document Machine					
#案卷级	（万条）	Archive Level	(10000 units)	301.50	183.96	46.04	71.50
文件级	（万条）	File Level	(10000 units)	3334.31	1997.18	734.83	602.30

17－16 宗教场所、人员基本情况

Basic Statistics on Religious Sites and Clergy

（2023年）

指 标		Items		全 市 Total	其中 of Which 市 区 Urban Districts	江阴市 Jiangyin City	宜兴市 Yixing City
宗教活动场所	（处）	Religious	(unit)	280	112	105	63
佛教		Buddhism		183	74	75	34
道教		Taoist		24	9	8	7
基督教		Christian		58	21	17	20
天主教		Catholicism		14	7	5	2
伊斯兰		Islam		1	1		
教职人员	（人）	Clergy	(person)	605	326	162	117

无锡统计年鉴 2024

第 18 篇

CHAPTER

卫生 体育

HEALTH AND SPORTS

2024 WUXI STATISTICAL YEARBOOK

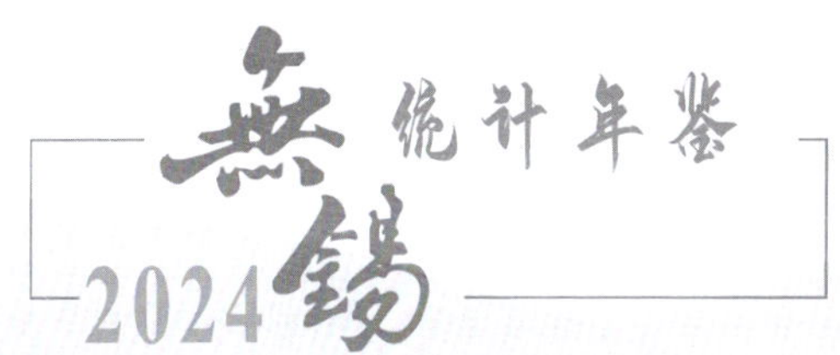

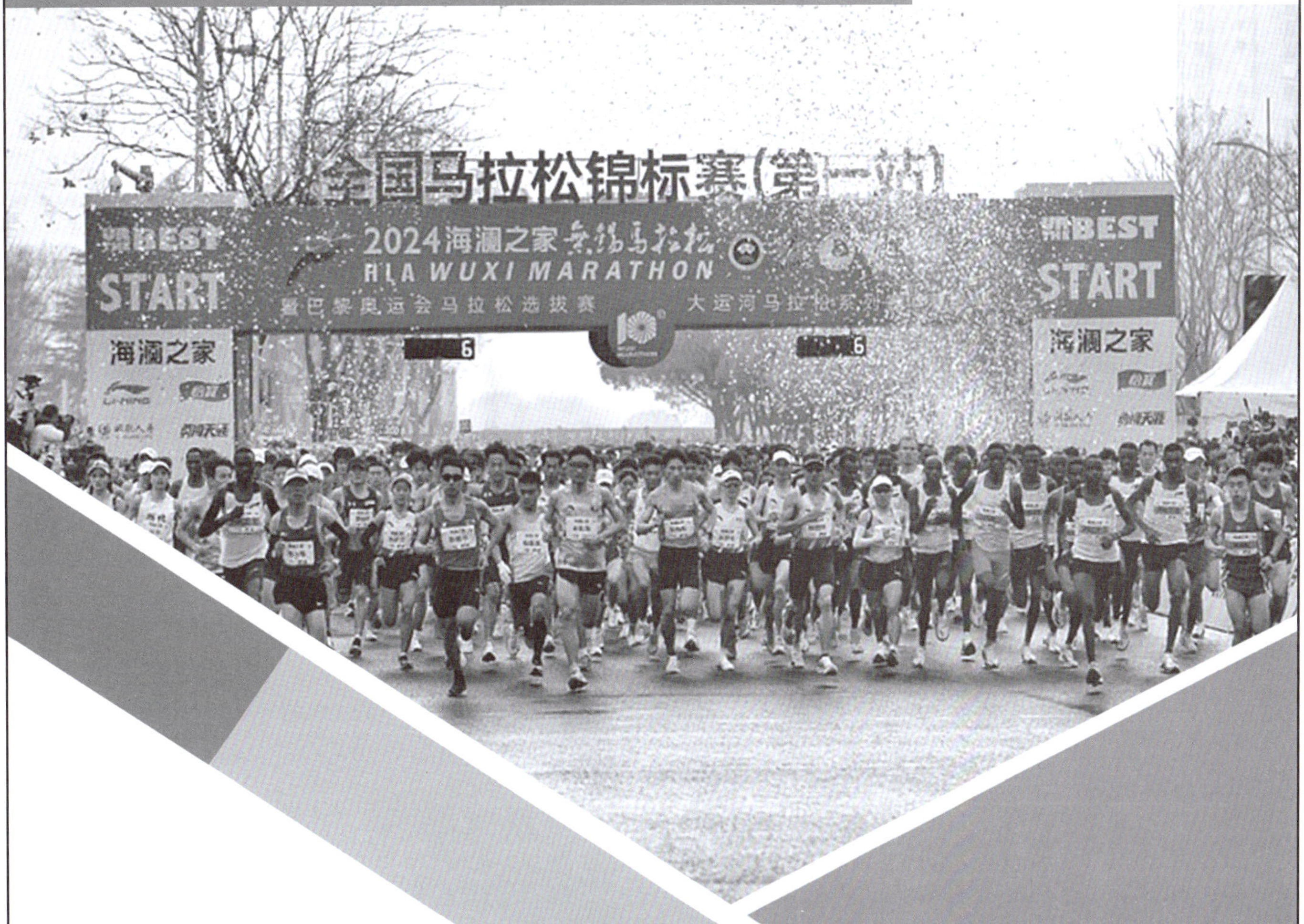

第十八篇　卫生　体育
CHAPTER XVIII HEALTH AND SPORTS

- 卫生事业机构数　3437个　(unit)
  Health Care Institutions
- 医院（社区卫生服务中心、卫生院）数　324个　(unit)
  Hospitals（Community Health Service Centers, Health Centers）
- 卫生机构床位数　55125张　(bed)
  Beds of Health Care Institutions
- 医院（社区卫生服务中心、卫生院）床位数　53375张　(bed)
  Beds for Hospitals（Community Health Service Centers, Health Centers）
- 卫生技术人员　69927人　(person)
  Medical Personnel
- 执业（助理）医师数　27000人　(person)
  Licensed Physicians & Physician Assistants
- 注册护士数　31496人　(person)
  Registered Nurses
- 每千人拥有卫生机构床位数　7.35张　(bed)
  Beds of Health Care Institutions Per 1000 Persons
- 每千人拥有医院（社区卫生服务中心、卫生院）床位数　7.12张　(bed)
  Beds for the Sick Per 1000 Persons
- 每千人拥有卫生技术人员数　9.33人　(person)
  Number of Medical Technical Professionals Per 1000 Persons
- 每千人拥有执业（助理）医师数　3.6人　(person)
  Doctors Per 1000 Persons
- 每千人拥有注册护士数　4.2人　(person)
  Senior and Junior Nurses Per 1000 Persons
- 二级以上等级运动员发展人数　283人　(person)
  Certified Athletes Reaching Second Class
  this year Grade and Upwards in this year

18－1 卫生机构数（2005－2023年）

Number of Health Care Institutions (2005-2023)

单位：个 (unit)

年 份 Year	总计 Total	其中 of Which				
		#医院(社区卫生服务中心、卫生院）Hospitals (Community Health Service Centers, Health Centers)	其中 of Which			#门诊部、所 Clinics
			#综合医院 Comprehensive Hospitals	#专科医院 Specialized Hospitals	#疗养院、所 Sanatoriums	
2005	1815	173	34	19	5	1596
2006	2176	188	35	19	5	1944
2007	2110	189	35	20	5	1879
2008	2255	197	36	22	5	2017
2009	1981	197	38	23	5	1743
2010	1997	199	56	24	5	1756
2011	1938	197	71	27	5	1306
2012	1951	201	75	24	5	1316
2013	2027	220	84	27	6	1048
2014	2155	228	85	29	6	1140
2015	2243	239	84	39	7	1215
2016	2308	248	82	43	7	1272
2017	2350	268	80	41	7	1314
2018	2480	291	81	47	7	1427
2019	2770	316	78	54	6	1672
2020	2952	324	74	53	6	1852
2021	3107	325	68	50	6	2007
2022	3185	318	63	49	6	2095
2023	3437	324	62	52	6	2329

续表 continued

年 份 Year	其中 of Which				
	#专科疾病防治院（所、站）Specialized Stations of Anti-diseases	#疾病预防控制中心 Disease Prevented and Controlled Centers	#妇幼保健院（所、站）Maternity and Child Care Centers	#医学科学研究机构 Institutions of Medical Sciences	#其他未列明卫生机构 Other Unlisted Health Care Institutions
2005	3	11	5	2	2
2006	3	11	5	2	1
2007	3	10	5	2	
2008	2	10	5	2	
2009	2	10	5	2	
2010	3	9	5	2	6
2011	3	9	5	2	6
2012	3	9	6	2	7
2013	4	9	6	2	7
2014	5	9	6	2	8
2015	6	9	6	2	8
2016	6	7	7	3	9
2017	6	7	6	3	10
2018	6	8	7	3	14
2019	6	8	7	3	22
2020	6	8	7	3	30
2021	5	8	8	3	28
2022	2	8	8	3	28
2023	2	8	8	3	32

18－2 历年卫生技术人员数

Yearly Number of Medical Technical Personnel

单位：人 (person)

年 份 Year	全 市 Total	其中 of Which 市 区 Urban Districts	江阴市 Jiangyin City	宜兴市 Yixing City	锡山市 Xishan City
1978	10681	5484	1666	1770	1761
1980	11410	6146	1733	1915	1616
1981	12603	7017	1783	1974	1829
1982	13103	7287	1849	2043	1924
1983	13644	7596	1951	2108	1989
1984	14315	8001	1954	2200	2160
1985	15485	8492	2172	2475	2346
1986	16062	8790	2333	2627	2312
1987	16275	8805	2448	2667	2355
1988	17199	9051	2680	2956	2512
1989	17555	9157	2816	2979	2603
1990	18029	9245	2972	3056	2756
1991	18540	9362	3133	3119	2926
1992	18789	9378	3152	3175	3084
1993	18830	9122	3247	3214	3247
1994	19450	9330	3332	3329	3459
1995	19817	9645	3475	3335	3362
1996	20365	9802	3672	3424	3467
1997	20785	9861	3847	3600	3477
1998	20955	9848	3944	3641	3522
1999	21223	9902	4019	3749	3553
2000	21261	9906	4093	3729	3533
2001	21274	13477	4066	3731	
2002	19373	12009	3930	3434	
2003	20381	12651	4201	3529	
2004	22288	14424	4425	3439	
2005	23188	15096	4660	3432	
2006	25783	15703	5646	4434	
2007	24826	15340	5279	4207	
2008	27856	16802	6319	4735	
2009	28571	17349	6502	4720	
2010	29233	18807	6138	4288	
2011	31735	20362	6521	4852	
2012	35105	22098	7210	5797	
2013	38940	24532	7852	6556	
2014	41563	25902	8435	7226	
2015	44707	28177	8975	7555	
2016	47549	30257	9405	7887	
2017	51015	32909	9945	8161	
2018	54733	35354	10851	8528	
2019	59303	38083	11476	9744	
2020	62967	40559	12121	10287	
2021	65493	42491	12433	10569	
2022	66311	42886	12301	11124	
2023	69927	45170	13039	11718	

18－3 历年医院（社区卫生服务中心、卫生院）床位数

Yearly Number of Beds in Hospitals（Community Health Service Centers,Health Centers）

单位：张 (bed)

年 份 Year	全 市 Total	其中 of Which 市 区 Urban Districts	江阴市 Jiangyin City	宜兴市 Yixing City	锡山市 Xishan City
1978	9060	3469	1737	1885	1969
1980	9258	3841	1672	1877	1868
1981	9728	4040	1670	1863	2155
1982	9733	4078	1693	1775	2187
1983	10142	4292	1805	1703	2342
1984	10714	4592	1868	1708	2546
1985	10841	4752	1919	1803	2367
1986	11073	4881	2004	1782	2406
1987	12067	5420	2294	1891	2462
1988	12348	5593	2299	1928	2528
1989	12787	6001	2270	1972	2544
1990	12767	5989	2166	2035	2577
1991	13303	6306	2236	2065	2696
1992	13546	6407	2406	2117	2616
1993	13618	6540	2406	2045	2627
1994	13913	6554	2506	2177	2676
1995	14047	6559	2731	2177	2580
1996	14034	6458	2801	2195	2580
1997	14059	6391	2846	2222	2600
1998	14179	6490	2846	2257	2586
1999	14528	6606	2916	2418	2588
2000	14855	7003	2846	2418	2588
2001	14847	9611	2746	2490	
2002	17693	11700	3055	2938	
2003	18708	12189	3547	2972	
2004	19101	12173	3834	3094	
2005	18910	11875	4107	2928	
2006	20102	12739	4383	2980	
2007	21137	13434	4703	3000	
2008	22593	14798	4717	3078	
2009	23237	15180	5000	3057	
2010	24825	16078	5346	3401	
2011	27334	17813	6220	3301	
2012	29073	18315	6851	3907	
2013	31716	19862	7382	4472	
2014	33527	21186	7585	4756	
2015	36191	23152	7809	5230	
2016	38474	25194	8060	5220	
2017	41956	27982	8199	5775	
2018	45803	30572	8930	6301	
2019	49411	32633	9571	7207	
2020	50486	33423	9769	7294	
2021	49588	32875	9483	7230	
2022	50532	33667	9317	7548	
2023	53375	36078	9490	7807	

注：医院床位数包含医院、社区卫生服务中心、卫生院。

Note:The caliber of this page data is hospitals、community health service centers and health centers.

18－4 历年医生数

Yearly Number of Doctors

单位：人 (person)

年 份 Year	全 市 Total	其中 of Which 市 区 Urban Districts	江阴市 Jiangyin City	宜兴市 Yixing City	锡山市 Xishan City
1978	3860	1824	806	660	570
1980	4463	2446	790	605	622
1981	4924	2937	785	551	651
1982	5483	3289	850	653	691
1983	5731	3519	842	651	719
1984	6003	3725	816	689	773
1985	6585	3928	937	787	933
1986	6815	4057	983	828	947
1987	6757	4042	1004	868	843
1988	7621	4304	1188	1158	971
1989	8482	4623	1388	1246	1225
1990	8786	4648	1444	1420	1274
1991	8970	4651	1520	1418	1381
1992	9604	5158	1524	1472	1450
1993	8917	4336	1536	1506	1539
1994	9125	4483	1601	1483	1558
1995	9227	4624	1692	1484	1427
1996	9289	4612	1673	1507	1497
1997	9610	4620	1835	1662	1493
1998	9648	4557	1873	1691	1527
1999	9778	4561	1928	1708	1581
2000	9903	4586	1995	1693	1629
2001	9970	6217	2011	1742	
2002	8373	5014	1740	1619	
2003	9023	5393	1930	1700	
2004	9722	6131	1944	1647	
2005	10168	6384	2099	1685	
2006	10723	6728	2263	1732	
2007	10995	6683	2367	1945	
2008	11465	7126	2430	1909	
2009	11360	7122	2337	1901	
2010	11751	7351	2397	2003	
2011	12265	7687	2480	2098	
2012	13092	8187	2712	2193	
2013	14767	9327	2999	2441	
2014	15562	9655	3199	2708	
2015	16632	10393	3399	2840	
2016	18107	11409	3702	2996	
2017	19610	12439	3960	3211	
2018	21004	13324	4402	3278	
2019	23166	14312	4940	3914	
2020	25031	15467	5232	4152	
2021	25595	16145	5251	4199	
2022	25859	16402	5140	4317	
2023	27000	17109	5315	4576	

18－5 卫生机构、床位、人员数

Number of Health Care Institutions, Beds and Personnel

（2023年）

指标	Items	机构数（个）Health Care Institutions (unit)	床位数（张）Beds (bed)	卫生工作人员数（人）Personnel (person)	其中 of Which #卫生技术人员数 Medical Professionals	其中 of Which #执业（助理）医师 Licensed Physicians & Physician Assistants
总　计	**Total**	**3437**	**55125**	**86556**	**69927**	**27000**
市　区	Urban Districts	2074	37638	56398	45170	17109
江阴市	Jiangyin City	710	9520	16046	13039	5315
宜兴市	Yixing City	653	7967	14112	11718	4576
一、医院合计	**Total Number of Hospitals**	**218**	**44183**	**47008**	**37714**	**13366**
综合医院	Comprehensive Hospitals	62	17878	24906	21804	7923
中医医院	Hospitals of Traditional Chinese Medicine	24	3702	5791	4881	1989
专科医院	Specialized Hospitals	52	8920	10667	8169	2733
二、基层医疗卫生机构	**Primary Health Care Institutions**	**3145**	**9228**	**34337**	**28499**	**12228**
#社区卫生服务中心	Urban Health Service Centers	61	3340	9390	8323	3384
卫生院	Public Health Centers	45	5852	8886	7790	3065
村卫生室	Village Health Station	403		946	235	173
门诊部	Clinics	470	36	7103	5453	2502
诊所、卫生所、医务室	Infirmary	1859		8012	6698	3104

续表 Continued

指 标	Items	机构数（个）Health Care Institutions (unit)	床位数（张）Beds (bed)	卫生工作人员数（人）Personnel (person)	其中 of Which: #卫生技术人员数 Medical Professionals	其中 of Which: #执业（助理）医师 Licensed Physicians & Physician Assistants
三、专业公共卫生机构	**Professional Public Health Agencies**	**33**	**783**	**3686**	**2857**	**1136**
疾病预防控制中心（防疫站）	Center for Disease Control and Prevention (Epidemic Prevention Stations)	8		950	695	448
专科疾病防治院（所、站）	Specialized Prevention and Treatment Centers or Stations	2	75	34	30	14
健康教育所（站、中心）	Health Education Stations	1		53	15	3
妇幼保健院（所、站）	Maternity and Child Care Centers	8	708	1642	1446	567
急救中心（站）	First-aid Centres	3		406	145	95
采供血机构	Institutions of Blood Taking and Supplying	3		270	203	9
卫生监督所（中心）	Health Control Stations	8		331	323	
四、其他卫生机构	**Other Health Agencies**	**41**	**931**	**1525**	**857**	**270**
#疗养院	Nursing Homes	6	921	491	398	166
医学科学研究机构	Research Institutes of Medical Science	3		233	52	35
临床检验中心（所、站）	Clinical Laboratory Center	9		322	126	17

18－6 各类卫生技术人员数

Number of Medical Technical Personnel in Health Care Institutions

单位：人　　（2023年）　　(person)

指标	Items	全市 Total	其中 of Which 市区 Urban Districts	江阴市 Jiangyin City	宜兴市 Yixing City
卫生技术人员总计	**Total Number of Medical Professionals**	**69927**	**45170**	**13039**	**11718**
执业医师	Licensed Physicians	24965	16150	4782	4033
执业助理医师	Physician Assistants	2035	959	533	543
注册护士	Registered Nurse	31496	20828	5670	4998
药师（士）	Pharmacist	3792	2266	716	810
技师（士）	Technician	4884	3325	867	692
其他	Others	2445	1428	418	599

18－7 医疗卫生水平

Medical and Health Level

单位：张、人　　（2023年）　　(bed, person)

指标	Items	全市 Total	其中 of Which 市区 Urban Districts	江阴市 Jiangyin City	宜兴市 Yixing City
每千人拥有卫生机构床位数	Number of Health Care Institutions Beds Per 1000 Persons	7.35	8.51	5.33	6.20
每千人拥有医院（社区卫生服务中心、卫生院）床位数	Number of Hospital Beds Per 1000 Persons	7.12	8.15	5.32	6.08
每千人拥有卫生技术人员数	Number of Medical Technical Professionals Per 1000 Persons	9.33	10.21	7.30	9.12
每千人拥有执业（助理）医师数	Number of Licensed Physicians & Physician Assistants Per 1000 Persons	3.60	3.87	2.98	3.56
每千人拥有注册护士数	Number of Registered Nurses Per 1000 Persons	4.20	4.71	3.18	3.89

18－8 医院工作情况（2019－2023年）

Basic Statistics on Hospitals (2019-2023)

指标		Items		2019	2020	2021	2022	2023
医院数	（个）	Number of Hospitals	（unit）	205	210	208	203	218
诊疗人次	（万人次）	Total Patients Treated	（10000 persons-times）	2802	2330	2394	2465	2778
#门诊人次		Outpatients		2444	2056	2104	2135	2386
急诊人次		Emergency Patients		329	249	269	294	363
健康检查	（万人）	Health Examination	（10000 persons）	149.6	150.4	207.1	187.2	186.3
入院人数	（万人）	In-Patients	（10000 persons）	105.37	90.40	93.53	94.61	106.92
出院人数	（万人）	Out-Patients	（10000 persons）	105.19	90.87	93.34	94.57	106.50
#死亡人数		Death Toll		0.18	0.20	0.21	0.26	0.30
病死率	（%）	Death Rate of Illness	(percent)	0.17	0.22	0.23	0.28	0.28
年底实有医院床位数	（张）	Year-end Hospital Beds	(bed)	41916	42878	40632	41745	44183
平均开放病床数	（张）	Average Open Beds	(bed)	38548	40040	38534	38954	40383
病床周转次数	（次/年）	Turnover of Beds	(time/year)	27.3	22.7	24.2	24.3	26.4
病床工作日	（日）	Beds in Use	(day)	289.9	260.5	269.8	263.3	275.5
病床使用率	（%）	Utilization Rate of Beds	(percent)	79.4	71.4	73.9	72.1	75.5
出院者平均住院日	（日）	Average Hospitalization Period	(day)	10.0	10.6	10.4	10.2	9.9

18－9 体育事业基本情况

Basic Statistics on Sports

（2023年）

指标		Items		全市 Total	其中 of Which 市区 Urban Districts	江阴市 Jiangyin City	宜兴市 Yixing City
一、体育设施	（个）	**Sports Facility**	**(unit)**	**571**	**387**	**110**	**74**
体育场		Stadiums		201	139	40	22
体育馆		Gymnasiums		54	27	18	9
游泳馆		Indoor Swimming Pool		316	221	52	43
二、少年儿童业余学校	（所）	**Children's Sparetime Sports Schools**	**(unit)**	**4**	**2**	**1**	**1**
体育中学		Sports Middle Schools					
普通业余体校		Ordinary Sparetime Sports Schools		4	2	1	1
在校学生	（人）	Student Enrollment	(person)	2020	1444	310	266
专职教练员		Full-time Coaches		143	104	19	20
三、举办运动会	（次）	**Sports Meeting**	**(time)**	**4**	**3**		**1**
市级以上运动会		Over Municipal Level					
县区级运动会		County and District Level					
全民健身运动会		Fitness Games		4	3		1
参加运动会的人数	（人次）	Persons	(person-time)	60000	50000		10000
四、等级运动员发展人数	（人）	**Certified Athletes**	**(person)**	**287**	**258**	**22**	**7**
二级		Second Grade		283	254	22	7
三级		Third Grade		4	4		
五、社会体育指导员人数	（人）	**Social Sports Instructor**	**(person)**	**2382**	**1639**	**432**	**311**
二级		Second Grade		636	510	112	14
三级		Third Grade		1746	1129	320	297

注：2021年起体育场馆认定范围扩大，统计口径发生变化。

Note: The scope of certification of stadiums and gymnasiums has been expanded since 2021, and the statistical caliber has changed.

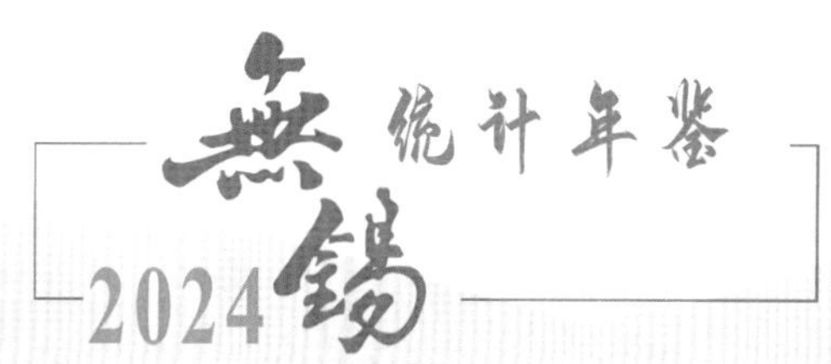

第 19 篇
CHAPTER

民政 司法 社会组织

CIVIL ADMINISTRATION, JUDICATURE AND SOCIAL ORGANIZATION

2024 WUXI STATISTICAL YEARBOOK

第十九篇　民政　司法　社会组织

CHAPTER ⅩⅨ　CIVIL ADMINISTRATION JUDICATURE AND SOCIAL ORGANIZATION

- 各类福利院数 Various Welfare Institutions — 8个 (home)
- 儿童福利院数 Children Welfare Homes — 2个 (home)
- 养老机构数 Number of Pension Agency — 172个 (home)
- 社会福利院床位数 Beds of Social Welfare Institutions — 4132张 (bed)
- 儿童福利院床位数 Beds of Children Welfare Homes — 600张 (bed)
- 养老机构床位数 Beds of Pension Agency — 44339张 (bed)
- 人民调解委员会数 People's Mediation Committees — 1406个 (unit)
- 调解纠纷总数 Civil Disputes Mediated — 117964件 (case)
- 律师事务所 Law Firms — 243所 (unit)
- 专职律师数 Full-time Lawyers — 3806人 (people)
- 公证处数 Notarial Offices — 5个 (unit)
- 办理公证件数 Notarized Documents — 66403件 (case)

19－1 社会福利事业基本情况（2019－2023年）

Basic Statistics on Social Welfare Institutions (2019-2023)

单位：个、人、张 (unit, person, bed)

指标	Items	2019	2020	2021	2022	2023
各类福利院	**Various Welfare Institutions**					
院数	Homes	3	3	4	8	8
职工人数	Staff and Workers	473	750	633	1072	1090
年末床位数	Beds(year-end)	3230	2956	2880	4732	4372
年末在院人员	Persons Housed (year-end)	1426	1190	1097	2231	2186
#老人	Elders	1143	925	691	1921	1603
养老机构	**Pension Agency**					
机构数	Number of Institutions	163	145	168	169	172
职工人数	Staff and Workers	7793	7142	7456	7075	7167
年末床位数	Beds(year-end)	38684	36947	45487	44948	44339
收养人数	Persons Housed (year-end)	17489	15333	18137	17564	17555

续表 Continued （2023年）

指标	Items	全市 Total	其中 of Which 市区 Urban Districts	江阴市 Jiangyin City	宜兴市 Yixing City
社会福利院	**Social Welfare Institutions**				
院数	Homes	6	4	1	1
职工人数	Staff and Workers	1008	847	66	95
年末床位数	Beds(year-end)	4132	2980	500	652
年末在院人员	Persons Housed (year-end)	2014	1495	143	376
#老人	Elders	1603	1204	117	282
儿童福利院	**Children Welfare Homes**				
院数	Homes	2	1	1	
职工人数	Staff and Workers	82	53	29	
年末床位数	Beds(year-end)	600	450	150	
年末在院人员	Persons Housed (year-end)	172	145	27	
#儿童	Children	172	145	27	
养老机构	**Pension Agency**				
机构数	Number of Institutions	172	112	23	37
职工人数	Staff and Workers	7167	5062	957	1148
年末床位数	Beds(year-end)	44339	26861	6956	10522
收养人数	Persons Housed (year-end)	17555	11549	2650	3356
#老人	Elders	16848	11047	2547	3254

19－2 社会救济和城乡居民最低生活保障情况

Social Relief and Urban and Rural Residents Under Basic Provision Protection

单位：人、万元　　（2023年）　　(person, 10000 yuan)

指标	Items	全市 Total	其中 of Which 市区 Urban Districts	江阴市 Jiangyin City	宜兴市 Yixing City
社会救济情况	**Social Relief Situations**				
社会救济总人数	**Total Number of Persons Receiving Social Relief**	**11026**	**5694**	**2388**	**2944**
#城镇居民最低生活保障人数	Number of Persons Receiving Lowest Cost-of-living in Urban Area	5604	4602	665	337
在职人员	Employed Persons	23	15	7	1
老年人	Elders	1814	1492	190	132
灵活就业人员	Flexible Employment	123	74	16	33
失业人员	Unemployed Persons	1966	1919	20	27
农村居民最低生活保障人数	Number of Persons Receiving Lowest Cost-of-living in Rural Area	5422	1092	1723	2607
农村特困人员数	The Number of Poor People in Rural Area	3466	622	762	2082
集中供养的农村特困人员救助供养人数	Provide for Rural Residents Living in Extreme Poverty in a Concentrated Way	984	249	241	494
分散供养的农村特困人员救助供养人数	Provide for Rural Residents Living in Extreme Poverty in a Decentralized Way	2482	373	521	1588
城乡居民最低生活保障情况	Statistics on Persons Receiving Lowest Cost-of-Living in Urban Area and Rural Area	11489	6220	2236	3033
城镇保障资金	Urban Relief Funds	6327	5299	638	390
农村保障资金	Rural Relief Funds	5162	921	1598	2642

19－3 公证、司法鉴定工作情况（2022－2023年）

Basic Statistics on Notarizations and Forensics (2022-2023)

指 标		Items		2022	2023
公证工作		**Notarizations**			
公证处	（个）	Notarial Offices	(unit)	5	5
公证员	（人）	Notaries	(person)	62	64
公证员助理		Assistant Notaries		45	44
其他人员		Others		48	45
办理公证件数	（件）	Notarized Documents	(case)	60094	66403
国内		Domestic		46707	45726
涉外		Foreign		12565	19549
涉港澳台		Hong Kong SAR, Macao SAR and Taiwan		822	1128
司法鉴定		**Forensics**			
鉴定所	（个）	Appraisal Offices	(unit)	8	8
鉴定员	（人）	Appraiser	(person)	99	102
鉴定件数	（件）	Appraisal Documents	(case)	18545	20619

19—4 律师、调解工作情况（2022—2023年）

Basic Statistics on Lawyers and Mediation (2022-2023)

指 标		Items		2022	2023
人民调解工作		**People's Mediation**			
人民调解委员会	（个）	People's Mediation Committees	(unit)	1340	1406
人民调解员	（人）	Mediators	(person)	6519	6862
调解纠纷	（件）	Civil Disputes Mediated	(case)	116069	117964
律师工作		**Lawyers**			
律师事务所	（所）	Law Firms	(unit)	227	243
专职工作人员	（人）	Full-time Staff	(person)	4085	4565
#专职律师		Full-time Lawyers		3449	3806
兼职律师		Part-time Lawyers		36	59
公职律师		Public lawyer		496	544
公司律师		Company lawyer		104	156
每万人拥有律师数	（人）	Number of Lawyers Per 10000 Persons	(person)	5.50	6.09
聘请常年法律顾问单位	（个）	Units with Permanent Legal Advisors	(unit)	21616	21882
民事案件代理	（件）	Civil Case Lawsuit	(case)	65504	75044
刑事辩护及代理	（件）	Defending of Criminal Cases	(case)	7436	8159
行政案件代理	（件）	Administrative Case Lawsuit	(case)	1165	1180
非诉讼事务	（件）	Non-Litigation Action	(case)	8816	9520
法律咨询和代写法律事务文书	（件）	Legal Advisory Services and Legal Documents Written on Behalf of Clients	(case)	11853	9112

19－5 残疾人事业基本情况（2022－2023年）

Basic Statistics on Disabled People (2022-2023)

单位：人 (person)

指　　标	Items	2022	2023
康复	**Rehabilitation**		
视力残疾康复	Rehabilitation of Persons with Sight Disability	6401	7400
听力残疾康复	Rehabilitation with Hearing Disability	286	677
肢体残疾康复	Rehabilitation of Persons with Physical Disability	4017	2833
智力残疾康复	Rehabilitation of Persons with Intellectual Disability	727	684
精神残疾康复	Rehabilitation of Persons with Psychiatric Disability	3321	5575
教育	**Education**		
普通高等院校录取残疾考生	Admission of Disabled Students to Institutions of Higher Learning	53	83
就业	**Employment**		
按比例就业	Employed in Proportion	10679	11399
集中就业	Centralized Employment	7549	7451
自主创业	Self-employment	1095	1086
辅助性就业	Supportive Employment	2268	2735
社会保障	**Social Security**		
60周岁以下参保残疾居民	Insured Disabled Residents below 60 years old	17966	18039
#重度残疾人	Severely Disabled	6972	7069
非重度残疾人	Non-severe Disabled	10994	10970
扶贫	**Poverty Alleviation**		
残疾人实用技术培训(人次)	Practical Technical Training for Disabled People (person-times)	1613	1862

19－6 工会基本情况（2022－2023年）

Basic Statistics of Labour Unions (2022－2023)

单位：个 (unit)

指标		Items		2022	2023
工会基本情况		**Basic Condition of Labour Union**			
基层工会组织数		Number of Grassroot Labour Unions		14174	14069
职工人数	（人）	Number of Staff and Workers	(person)	2744877	2694220
#女职工人数		Women Workers		1223813	1195716
会员人数	（人）	Number of Members	(person)	2661086	2628018
#女会员人数		Women Members		1200445	1168221
女职工工作委员会		Number of Women Workers Working Committees		14122	13938
建立工会经费审查组织		Number of Units Established with Funds Examing by Labour Union		13671	13499
建立职工代表大会制度的单位		Number of Units with Workers Congress System		54536	53564
实行厂务公开的单位		Number of Units Making Factory Business Public		38593	38062
建立工会劳动保护监督检查委员会		Number of Units with Labour Protection, Supervising and Examing Committees		9392	9249
建立工会劳动法律监督组织		Number of Organizations Established with Law of Labour Supervising Committees by Labour Union		8099	7977
建立劳动争议调解委员会的单位		Number of Units Established with Mediating Committee of Labour Disputes		3279	3296
职工董事人数	（人）	Number of Staff Directors	(person)	92	103
#女性		Female		35	41
职工监事人数	（人）	Number of Staff Supervisors	(person)	121	114
#女性		Female		51	50

无锡统计年鉴 2024

第20篇

CHAPTER

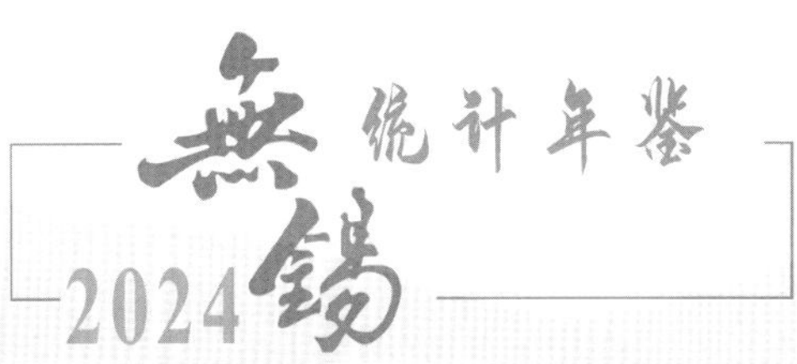

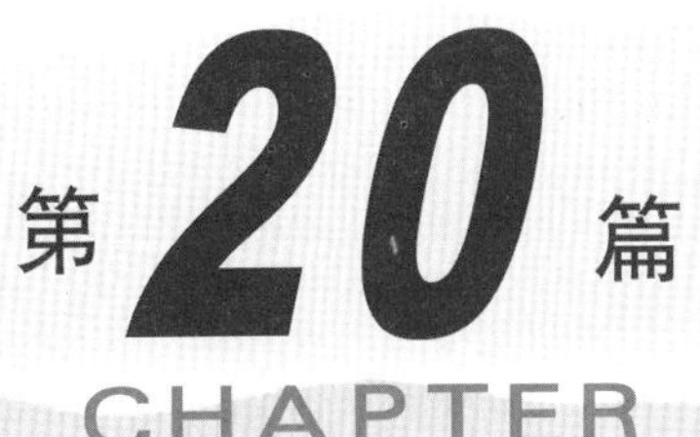

城市资料

STATISTICS ON MAJOR CITIES

2024 WUXI STATISTICAL YEARBOOK

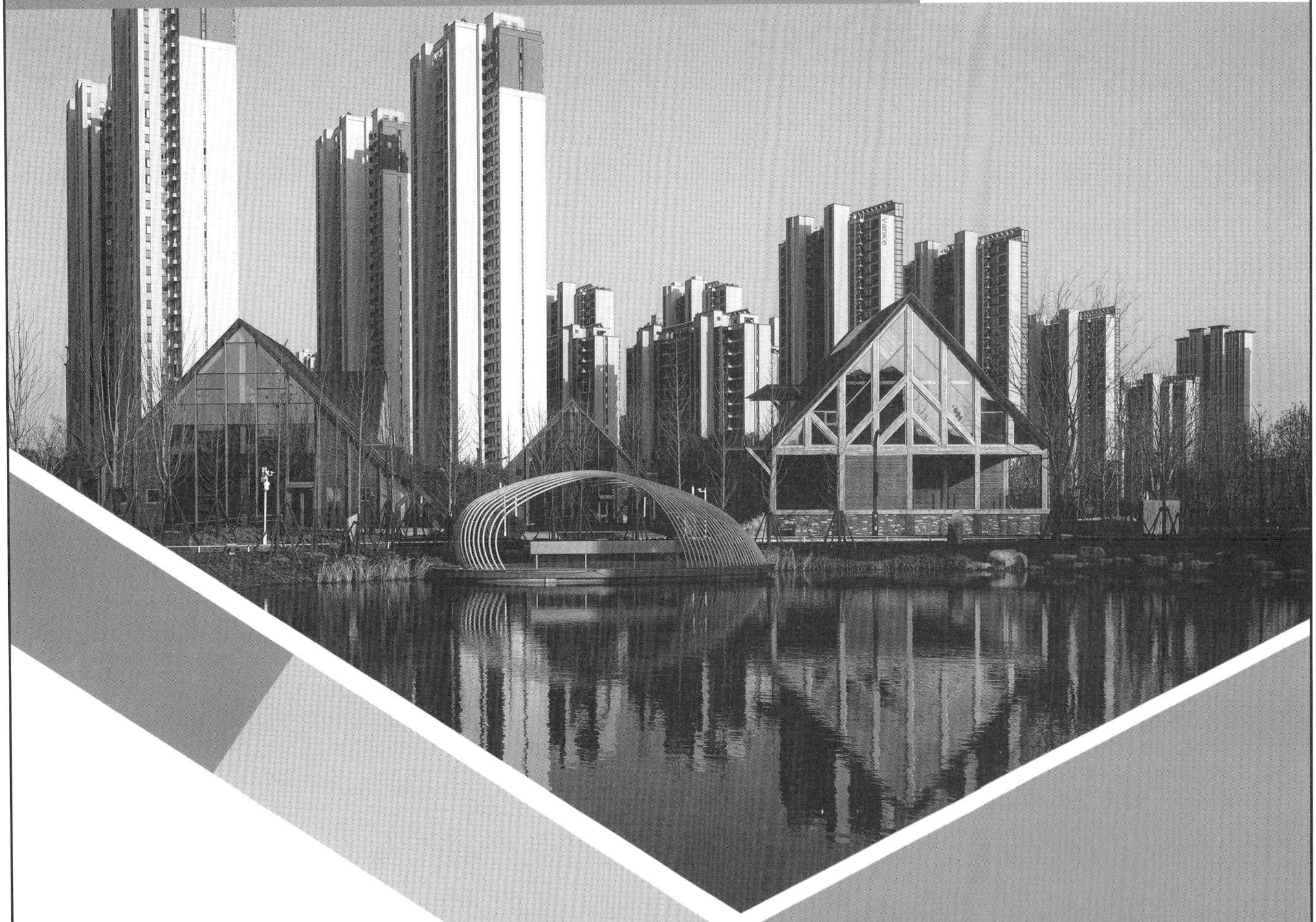

第二十篇　城市资料
CHAPTER XX　STATISTICS ON MAJOR CITIES

- 全国15个副省级城市

  15 Sub-Provincial Cities in China

沈阳	大连	哈尔滨	宁波	厦门	青岛	武汉	广州
Shenyang	Dalian	Haerbin	Ningbo	Xiamen	Qingdao	Wuhan	Guangzhou
西安	南京	深圳	长春	成都	杭州	济南	
Xi'an	Nanjing	Shenzhen	Changchun	Chengdu	Hangzhou	Jinan	

- 全国14个沿海开放城市

  14 Costal Open Cities in China

大连	天津	秦皇岛	青岛	烟台	南通	连云港
Dalian	Tianjin	Qinhuangdao	Qingdao	Yantai	Nantong	Lianyungang
上海	宁波	温州	福州	广州	湛江	北海
Shanghai	Ningbo	Wenzhou	Fuzhou	Guangzhou	Zhanjiang	Beihai

- 全国15个经济中心城市

  15 Central Economic Cities in China

北京	天津	沈阳	大连	长春	哈尔滨	上海	无锡
Beijing	Tianjin	Shenyang	Dalian	Changchun	Haerbin	Shanghai	Wuxi
杭州	青岛	武汉	广州	重庆	西安	兰州	
Hangzhou	Qingdao	Wuhan	Guangzhou	Chongqing	Xi'an	Lanzhou	

20－1 江苏省各城市、县主要经济指标

Main Economic Indicators of Major Cities and Counties in Jiangsu

（2023年）

市（县）名称	Name of City (County)	土地面积（平方公里）Land Area (sq·km)	年末户籍总人口（万人）Year-end Population (10000 persons)	地区生产总值（亿元）Gross Domestic Product (10^8 yuan)	第三产业增加值（亿元）Tertiary Industry (10^8 yuan)
南京市	**Nanjing Municipality**	**6587**	**741.81**	**17421.40**	**11174.65**
无锡市	**Wuxi Municipality**	**4627**	**520.95**	**15456.19**	**7942.84**
江阴市	Jiangyin City	987	126.70	4960.51	2351.97
宜兴市	Yixing City	1997	105.93	2337.53	1071.72
徐州市	**Xuzhou Municipality**	**11765**	**1029.36**	**8900.44**	**4507.13**
丰　县	Fengxian County	1450	118.32	554.28	242.64
沛　县	Peixian County	1806	125.65	1051.74	470.63
睢宁县	Suining County	1769	137.75	707.89	315.13
新沂市	Xinyi City	1592	109.18	905.24	464.50
邳州市	Pizhou City	2085	189.52	1277.39	626.93
常州市	**Changzhou Municipality**	**4372**	**389.34**	**10116.36**	**5080.01**
溧阳市	Liyang City	1535	77.69	1557.22	651.28
苏州市	**Suzhou Municipality**	**8657**	**786.22**	**24653.37**	**12916.77**
常熟市	Changshu City	1276	105.10	2800.16	1378.44
张家港市	Zhangjiagang City	987	92.43	3365.80	1653.36
昆山市	Kunshan City	932	125.65	5140.60	2475.84
太仓市	Taicang City	810	54.25	1734.94	896.64

注：数据为初步统计数。

Note: Data are preliminary statistics.

续表 1 continued 1

市（县）名称	Name of City (County)	土地面积（平方公里）Land Area (sq·km)	年末户籍总人口（万人）Year-end Population (10000 persons)	地区生产总值（亿元）Gross Domestic Product (10^8 yuan)	第三产业增加值（亿元）Tertiary Industry (10^8 yuan)
南通市	**Nantong Municipality**	**10507**	**740.13**	**11813.27**	**5565.47**
如东县	Rudong County	2791	97.02	1381.13	628.87
启东市	Qidong City	1715	106.56	1447.28	645.68
如皋市	Rugao City	1576	137.57	1534.39	714.26
海安市	Haian City	1184	89.24	1436.27	561.97
连云港市	**Lianyungang Municipality**	**7626**	**528.67**	**4363.61**	**1916.39**
东海县	Donghai County	2037	123.47	750.63	311.66
灌云县	Guanyun County	1538	100.25	455.54	217.29
灌南县	Guannan County	1028	79.65	491.94	193.67
淮安市	**Huaian Municipality**	**10030**	**547.31**	**5015.06**	**2528.90**
涟水县	Lianshui County	1679	107.06	735.96	327.20
盱眙县	Xuyi County	2497	77.06	551.11	268.20
金湖县	Jinhu County	1378	33.21	434.48	203.07
盐城市	**Yancheng Municipality**	**17718**	**789.09**	**7403.87**	**3603.82**
响水县	Xiangshui County	1474	60.23	500.61	206.55
滨海县	Binhai County	1950	116.98	639.52	300.58

续表2 continued 2

市（县）名称	Name of City (County)	土地面积（平方公里）Land Area (sq·km)	年末户籍总人口（万人）Year-end Population (10000 persons)	地区生产总值（亿元）Gross Domestic Product (10^8 yuan)	第三产业增加值（亿元）Tertiary Industry (10^8 yuan)
阜宁县	Funing County	1439	105.90	738.56	351.92
射阳县	Sheyang County	2606	90.52	740.04	355.53
建湖县	Jianhu County	1157	72.98	742.96	373.12
东台市	Dongtai City	3176	102.78	1118.48	561.59
扬州市	**Yangzhou Municipality**	**6591**	**445.04**	**7423.26**	**3576.57**
宝应县	Baoying County	1462	83.93	941.60	390.41
仪征市	Yizheng City	902	56.82	1042.91	486.17
高邮市	Gaoyou City	1922	77.30	1056.64	433.16
镇江市	**Zhenjiang Municipality**	**3840**	**264.91**	**5264.07**	**2589.19**
丹阳市	Danyang City	1047	78.39	1500.68	658.07
扬中市	Yangzhong City	327	27.64	630.45	272.17
句容市	Jurong City	1378	57.70	791.67	384.75
泰州市	**Taizhou Municipality**	**5788**	**484.13**	**6731.66**	**3128.33**
兴化市	Xinghua City	2395	147.01	1154.93	555.26
靖江市	Jingjiang City	656	63.16	1298.79	557.45
泰兴市	Taixing City	1170	112.71	1434.99	643.21
宿迁市	**Suqian Municipality**	**8524**	**585.41**	**4398.07**	**2066.62**
沭阳县	Shuyang County	2299	196.63	1411.67	669.16
泗阳县	Siyang County	1378	104.04	724.80	321.14
泗洪县	Sihong County	2694	107.23	701.45	322.38

续表 3 continued 3

市（县）名称	Name of City (County)	规模以上工业增加值增长（%） Growth Rate of Added Value of Industries above Designated Size over the Previous Year (percent)	实际使用外资（亿美元） Actual Use of Foreign Capital (10^8 USD)	一般公共预算收入（亿元） Public Budget Revenue (10^8 yuan)	社会消费品零售总额（亿元） Total Retail Sales of Consuming Goods (10^8 yuan)
南京市	**Nanjing Municipality**	**3.6**	**49.40**	**1619.98**	**8201.07**
无锡市	**Wuxi Municipality**	**7.8**	**41.20**	**1195.42**	**3567.55**
江阴市	Jiangyin City	8.0	11.00	248.29	711.70
宜兴市	Yixing City	7.8	3.87	140.80	590.90
徐州市	**Xuzhou Municipality**	**8.0**	**3.50**	**545.96**	**4445.12**
丰　县	Fengxian County	13.9	0.002	35.61	323.65
沛　县	Peixian County	17.8	0.06	54.59	649.72
睢宁县	Suining County	20.5	0.22	44.25	499.94
新沂市	Xinyi City	19.5	0.32	48.97	424.21
邳州市	Pizhou City	19.2	0.23	46.39	487.18
常州市	**Changzhou Municipality**	**8.8**	**20.64**	**680.30**	**3050.13**
溧阳市	Liyang City	16.3	3.45	105.03	402.75
苏州市	**Suzhou Municipality**	**3.6**	**69.05**	**2456.81**	**9582.92**
常熟市	Changshu City	1.2	3.49	237.39	1290.28
张家港市	Zhangjiagang City	3.5	5.81	237.07	836.31
昆山市	Kunshan City	5.7	16.57	456.59	1717.66
太仓市	Taicang City	3.0	5.34	189.42	548.83

续表4 continued 4

市（县）名称 Name of City (County)		规模以上工业增加值增长（%）Growth Rate of Added Value of Industries above Designated Size over the Previous Year (percent)	实际使用外资（亿美元）Actual Use of Foreign Capital (10^8 USD)	一般公共预算收入（亿元）Public Budget Revenue (10^8 yuan)	社会消费品零售总额（亿元）Total Retail Sales of Consuming Goods (10^8 yuan)
南通市	**Nantong Municipality**	**8.8**	**19.90**	**680.16**	**4215.14**
如东县	Rudong County	10.6	2.82	71.03	524.09
启东市	Qidong City	9.7	1.03	75.01	519.97
如皋市	Rugao City	7.2	1.67	77.01	560.60
海安市	Haian City	10.5	1.49	71.01	444.83
连云港市	**Lianyungang Municipality**	**25.2**	**4.36**	**256.02**	**1277.25**
东海县	Donghai County	22.6	0.06	37.08	281.64
灌云县	Guanyun County	-0.2	0.08	25.07	84.67
灌南县	Guannan County	-1.0	0.92	25.11	100.18
淮安市	**Huaian Municipality**	**6.2**	**5.49**	**316.61**	**1896.32**
涟水县	Lianshui County	12.3	0.71	33.02	237.38
盱眙县	Xuyi County	7.6	0.61	22.54	191.04
金湖县	Jinhu County	9.4	0.60	30.01	134.82
盐城市	**Yancheng Municipality**	**8.1**	**9.38**	**482.73**	**2872.53**
响水县	Xiangshui County	10.1	0.03	27.26	137.00
滨海县	Binhai County	11.1	0.62	31.86	280.66

续表 5 continued 5

市（县）名称 Name of City (County)		规模以上工业增加值增长（%） Growth Rate of Added Value of Industries above Designated Size over the Previous Year (percent)	实际使用外资（亿美元） Actual Use of Foreign Capital (10^8 USD)	一般公共预算收入（亿元） Public Budget Revenue (10^8 yuan)	社会消费品零售总额（亿元） Total Retail Sales of Consuming Goods (10^8 yuan)
阜宁县	Funing County	9.4	0.13	32.51	311.12
射阳县	Sheyang County	10.4	0.15	32.92	295.08
建湖县	Jianhu County	10.8	0.26	41.56	247.35
东台市	Dongtai City	10.6	0.60	65.01	339.88
扬州市	**Yangzhou Municipality**	**7.2**	**12.20**	**347.57**	**1660.64**
宝应县	Baoying County	7.5	1.65	30.05	191.46
仪征市	Yizheng City	4.0	2.53	50.33	140.55
高邮市	Gaoyou City	9.2	1.65	43.56	206.93
镇江市	**Zhenjiang Municipality**	**7.0**	**4.26**	**320.71**	**1481.74**
丹阳市	Danyang City	7.3	1.75	80.05	391.84
扬中市	Yangzhong City	14.9	0.38	40.03	173.95
句容市	Jurong City	6.9	0.38	50.05	193.96
泰州市	**Taizhou Municipality**	**7.1**	**9.29**	**439.70**	**1709.71**
兴化市	Xinghua City	7.3	0.68	50.91	352.43
靖江市	Jingjiang City	7.7	1.39	73.46	273.95
泰兴市	Taixing City	7.2	3.02	97.21	344.30
宿迁市	**Suqian Municipality**	**11.4**	**4.73**	**302.00**	**1587.39**
沭阳县	Shuyang County	15.7	1.42	67.10	386.55
泗阳县	Siyang County	15.9	0.53	33.50	193.85
泗洪县	Sihong County	14.6	0.49	33.34	198.94

续表6 continued 6

市（县）名称	Name of City (County)	固定资产投资增长（%） Growth Rate of Investment In Fixed Assets over the Previous Year (percent)	居民人均可支配收入（元） Disposable Income of Residents (yuan)	城镇常住居民人均可支配收入（元） Disposable Income of Urban Residents (yuan)	农村常住居民人均可支配收入（元） Disposable Income of Rural Residents (yuan)
南京市	**Nanjing Municipality**	**-1.9**	**72112**	**79858**	**36789**
无锡市	**Wuxi Municipality**	**8.3**	**69016**	**76644**	**44617**
江阴市	Jiangyin City	4.8	73861	84952	47846
宜兴市	Yixing City	9.6	61349	72399	40633
徐州市	**Xuzhou Municipality**	**7.4**	**38089**	**44796**	**27065**
丰　县	Fengxian County	6.8	30726	36614	24714
沛　县	Peixian County	7.3	36152	43554	27971
睢宁县	Suining County	5.4	30741	36914	24407
新沂市	Xinyi City	7.0	33414	40096	25891
邳州市	Pizhou City	7.6	36792	45262	27363
常州市	**Changzhou Municipality**	**2.5**	**62592**	**71744**	**40401**
溧阳市	Liyang City	7.1	54743	66183	37742
苏州市	**Suzhou Municipality**	**5.0**	**74076**	**82989**	**46385**
常熟市	Changshu City	-14.0	71555	83384	46816
张家港市	Zhangjiagang City	0.4	71883	83812	47032
昆山市	Kunshan City	6.2	73750	83921	47115
太仓市	Taicang City	15.6	70607	82639	46462

续表 7 continued 7

市（县）名称	Name of City (County)	固定资产投资增长（%）Growth Rate of Investment In Fixed Assets over the Previous Year (percent)	居民人均可支配收入（元）Disposable Income of Residents (yuan)	城镇常住居民人均可支配收入（元）Disposable Income of Urban Residents (yuan)	农村常住居民人均可支配收入（元）Disposable Income of Rural Residents (yuan)
南通市	**Nantong Municipality**	**2.6**	**51853**	**62512**	**32977**
如东县	Rudong County	0.8	46190	59191	29914
启东市	Qidong City	2.0	49085	60041	34743
如皋市	Rugao City	1.3	46205	58803	29806
海安市	Haian City	11.9	47842	60012	31944
连云港市	**Lianyungang Municipality**	**0.1**	**35983**	**43769**	**24411**
东海县	Donghai County	-2.0	34636	43513	25448
灌云县	Guanyun County	13.9	29466	36520	22878
灌南县	Guannan County	1.1	30036	38834	21835
淮安市	**Huaian Municipality**	**10.4**	**39058**	**48498**	**25287**
涟水县	Lianshui County	11.4	32166	40394	23565
盱眙县	Xuyi County	10.4	37484	48630	25441
金湖县	Jinhu County	13.6	38944	49006	27948
盐城市	**Yancheng Municipality**	**9.2**	**41252**	**48526**	**29744**
响水县	Xiangshui County	8.4	33373	40064	25519
滨海县	Binhai County	20.7	34601	42209	25865

续表 8 continued 8

市（县）名称	Name of City (County)	固定资产投资增长（%）Growth Rate of Investment In Fixed Assets over the Previous Year (percent)	居民人均可支配收入（元）Disposable Income of Residents (yuan)	城镇常住居民人均可支配收入（元）Disposable Income of Urban Residents (yuan)	农村常住居民人均可支配收入（元）Disposable Income of Rural Residents (yuan)
阜宁县	Funing County	14.1	34335	40684	26691
射阳县	Sheyang County	10.5	36605	42684	28678
建湖县	Jianhu County	15.5	39574	47112	29401
东台市	Dongtai City	12.9	44579	51859	34012
扬州市	**Yangzhou Municipality**	**10.5**	**47717**	**56781**	**31488**
宝应县	Baoying County	12.2	36701	43178	29779
仪征市	Yizheng City	10.6	45718	58348	30340
高邮市	Gaoyou City	7.4	40289	50254	29560
镇江市	**Zhenjiang Municipality**	**3.0**	**55565**	**64602**	**35466**
丹阳市	Danyang City	9.4	53382	64718	36759
扬中市	Yangzhong City	14.8	59618	71302	40743
句容市	Jurong City	-0.4	49210	62269	32081
泰州市	**Taizhou Municipality**	**9.4**	**49255**	**59604**	**31810**
兴化市	Xinghua City	13.0	42733	53875	29940
靖江市	Jingjiang City	11.8	53389	64093	34814
泰兴市	Taixing City	7.3	48043	59297	32153
宿迁市	**Suqian Municipality**	**7.7**	**32693**	**38756**	**24679**
沭阳县	Shuyang County	8.4	32208	38191	24946
泗阳县	Siyang County	8.2	31989	38049	24687
泗洪县	Sihong County	7.2	31151	36914	24230

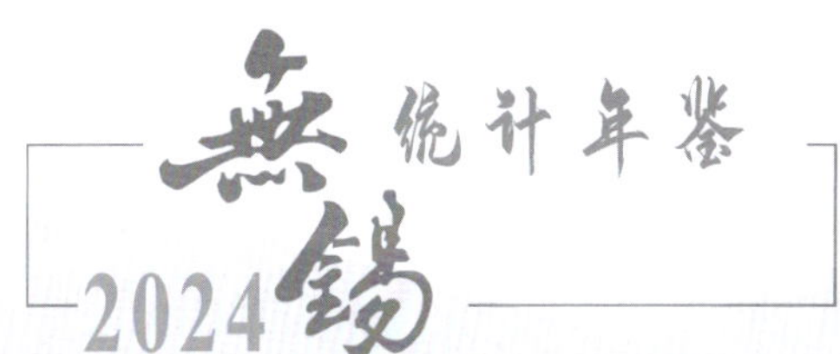

统计公报

STATISTICAL COMMUNIQUE

2024 WUXI STATISTICAL YEARBOOK

2023年无锡市国民经济和社会发展统计公报

无 锡 市 统 计 局
国家统计局无锡调查队
2024年3月5日

2023年，全市上下坚持以习近平新时代中国特色社会主义思想为指导，深入学习贯彻习近平总书记对江苏工作重要讲话重要指示精神，全面落实党中央、国务院和省委、省政府部署要求，坚持稳中求进工作总基调，完整准确全面贯彻新发展理念，全力以赴稳经济、促发展、惠民生，经济运行稳定向好，高质量发展扎实推进，推动中国式现代化无锡新实践实现良好开局。

一、综合

经济总量再创新高，综合实力持续增强，初步核算，全年实现地区生产总值15456.19亿元，按可比价格计算，比上年增长6.0%。按常住人口计算人均地区生产总值达到20.63万元。

分产业看，全市第一产业实现增加值136.50亿元，比上年增长2.4%；第二产业实现增加值7376.85亿元，比上年增长6.9%；第三产业实现增加值7942.84亿元，比上年增长5.3%；三次产业比例调整为0.9∶47.7∶51.4。

全年城镇新增就业16.37万人，其中：各类城镇下岗失业人员实现就业再就业6.54万人，援助就业困难人员再就业2.4万人。

全年民营经济实现增加值10255.08亿元，比上年增长6.2%，占经济总量的比重为66.3%，比上年提高 0.1个百分点。民营规上工业实现产值15769.16亿元，比上年增长6.7%。

年末全市各级登记机关登记的各类企业45.17万户，其中国有及集体控股公司4.11万户，外商投资企业0.71万户，私营企业40.35万户，当年新登记各类企业5.46万户。年末个体工商户68.55万户，当年新登记9.37万户。

全年市区居民消费价格比上年上涨0.6%，涨幅比上年降低1.5个百分点。其中，服务项目价格上涨1.8%，消费品价格下降0.4%。全年工业生产者出厂价格、工业生产者购进价格均下降2.8%。

表1　　2023年居民消费价格指数情况

指　　标	市　　区
居民消费价格指数	100.6
# 食品烟酒	100.2
衣着	100.5
居住	100.7
生活用品及服务	101.5
交通通信	97.0
教育文化娱乐	102.5
医疗保健	103.6
其他用品及服务	103.9

二、农业

全年粮食总产量56.41万吨，比上年增长1.4%。油料总产量9432吨，比上年增长23.4%，其中油菜籽8544吨，比上年增长24.1%。茶叶总产量4192吨，比上年增长1.8%；园林水果总产量18.54万吨，比上年增长1.9%。

全年粮食种植面积为81.87千公顷，比上年增加0.74千公顷；油料种植面积为3.88千公顷，比上年增加0.80 千公顷；蔬菜种植面积38.68千公顷，比上年增加0.34千公顷；果园面积10.19 千公顷，比上年减少0.23千公顷。

主要畜产品中，肉类总产量1.05 万吨，比上年增长30.8%，其中猪牛羊肉0.81万吨，比上年增长53.9%。禽蛋总产量1.02万吨，比上年下降2.9%。生牛奶产量4812吨，比上年增长29.7%。全年水产品产量10.33万吨，比上年增长0.9%。

表2　　2023年主要农产品产量及其增长速度

单位：吨

产　品　名　称	产　　量	比上年增长（%）
粮食	564113	1.4
油料	9432	23.4
# 油菜籽	8544	24.1
茶叶	4192	1.8
园林水果	185441	1.9
水产品	103333	0.9

三、工业和建筑业

全市规模以上工业企业实现增加值6005.31亿元，比上年增长7.8%。从经济类型看，内资企业增加值增长9.9%，外商及港澳台商投资企业增加值增长4.1%。全市规模以上工业企业实现营业收入24096.93亿元，比上年增长1.7%。

全年建筑业实现增加值760.87亿元，比上年增长11.3%；完成建筑业总产值1555.80亿元，比上年增长8.5%。房屋建筑施工面积5153.82万平方米，比上年增长1.7%。2023年度，预计30个建设工程项目获得江苏省优质工程奖“扬子杯”（房屋建筑工程），2022—2023年度1个建设工程项目获得鲁班奖。

四、固定资产投资

全年固定资产投资4412.10亿元，比上年增长8.3%。其中：第一产业投资4.09亿元，比上年增长76.4%；第二产业投资1714.43亿元，比上年增长9.5%；第三产业投资2693.58亿元，比上年增长7.5%。分重点行业看，高新技术产业投资1138.25亿元，比上年增长18.6%；先进制造业投资1510.93亿元，比上年增长15.5%；战略性新兴产业投资2072.88亿元，比上年增长11.8%。

全年房地产开发投资1263.91亿元，比上年下降8.9%。商品房施工面积为5003.29万平方米，比上年下降11.4%；竣工面积838.08万平方米，比上年下降13.2%。

五、国内贸易

全年实现社会消费品零售总额3567.55亿元，比上年增长6.9%。限额以上社会消费品零售额中通过公共网络实现的商品零售额247.93亿元，比上年增长2.2%。

在限额以上批发和零售业零售额中，汽车类比上年增长6.8%，石油及制品类比上年增长0.6%，粮油、食品类比上年增长12.2%，通讯器材类比上年增长20.8%，服装、鞋帽、针纺织品类比上年增长12.5%，家具类比上年下降0.3%，中西药品类比上年增长11.0%，化妆品类比上年增长6.6%，金银珠宝类比上年增长11.7%。

六、开放型经济

全年实现进出口总值7065.32亿元，比上年下降4.1%。其中，出口总值4658.10亿元，比上年下降3.9%；进口总值2407.22亿元，比上年下降4.5%。一般贸易实现出口总值2894.14亿元，占全市出口总值的62.1%。按美元计，全年实现进出口总值1004.17亿美元，比上年下降9.2%。其中，出口总值662.19亿美元，比上年下降8.9%；进口总值341.98亿美元，比上年下降9.7%。

表3　　2023年对主要国家和地区进口、出口总值及其增长速度

单位：万元

出口国家和地区	2023年	增长（%）	进口国家和地区	2023年	增长（%）
韩国	6073753	-15.3	韩国	4829517	18.1
美国	4569676	-4.8	日本	3574832	-17.8
中国香港	3620173	-2.3	中国台湾	1834242	-26.9
日本	2582498	-6.7	美国	1785050	-1.2
印度	1817377	8.1	澳大利亚	629841	25.2

全年批准外资项目498个，新增协议注册外资64亿美元，比上年下降27.1%。实际使用外资41.2亿美元，比上年增长7.7 %。高技术产业实际使用外资占比46.9%，全年完成协议注册外资超 3000 万美元的重大外资项目60个。至2023年底全球财富500 强企业中有117 家在无锡投资兴办了247家外资企业。

全市服务外包产业接包合同总额284.8亿美元，比上年增长53.7%，执行金额139.4亿美元，比上年增长9.1 %；离岸合同总额212.7亿美元，比上年增长68.1%，离岸执行金额87.55亿美元，比上年增长6.1 %。

七、交通运输、邮政电信和旅游业

年末公路总里程 7321.20公里，其中高速公路 325.70公里。年末全社会拥有机动车辆271.75万辆，比上年增长5.0%。其中汽车255.36万辆，比上年增长4.5%。私人汽车拥有量年末达到209.11万辆，比上年增长4.6%。城市轨道交通运营线路总长110.77公里，全年运营总里程1082.23万列公里，线网客流总量18456.04万人次。年末市区营运公交线路317条，线路总长5866.6公里，全年公交运客总量1.46亿人次。年末市区营运巡游出租汽车4040辆。

全年完成客运量9575.07万人次，比上年增长47.0%；完成货物运输量25219.86万吨，比上年增长18.8%。完成港口货物吞吐量45979.60万吨，比上年增长8.2%；集装箱货物吞吐量66.50万标箱，比上年增长12.0%。完成航空旅客吞吐量879.87万人次，比上年增长133.4%；航空货邮吞吐量12.56万吨，比上年增长28.1%。

全年邮电业务总量257.83亿元，比上年增长1.7%。发送函件750.37万件，比上年增长7.3%。全年快递服务企业业务量累计完成8.18亿件，比上年下降14.9%，实现快递业务收入103.67亿元，比上年下降4.1%。年末，光纤宽带覆盖用户超436万户，城域网出口带宽近16T。累计建成5G基站25216个。年末移动电话用户1038.67万户，其中4G手机用户达到444.07万户，5G移动电话在网用户达到495.30万户。固定互联网宽带接入用户450.02万户，移动互联网宽

带接入用户910.21万户。

全年共接待国内游客12711.97万人次，比上年增长64.7%；接待旅游、参观、访问及从事各项活动的入境过夜旅游者19.01万人次，比上年增长284%。全市拥有等级旅游景区46个，其中国家5A级景区4家，国家4A级景区26家，3A级景区11家，2A级景区5家。省级及以上乡村旅游重点村19个。年末全市星级宾馆22家，其中五星级宾馆10家，四星级宾馆7家。全市拥有旅行社312家，其中出境游组团社35家。

八、财政和金融业

全市一般公共预算收入1195.42亿元，比上年增长5.5%，其中，税收收入982.80亿元，比上年增长15.3%。全年一般公共预算支出1390.19亿元，比上年增长1.8%，其中，教育支出219.83亿元，社会保障和就业支出162.07亿元，卫生健康支出121.39亿元，分别占一般公共预算支出的15.8%、11.7%、8.7%。

年末金融机构各项本外币存款余额达27237.18亿元，比上年增长11.5%；各项本外币贷款余额22581.68亿元，比上年增长13.6%。存款中，非金融企业存款余额11132.38亿元，比上年增长7.6%；住户存款余额11845.00亿元，比上年增长18.2%。贷款中，非金融企业及机关团体贷款16722.92亿元，比上年增长17.5%；住户贷款5820.32亿元，比上年增长3.6%。全年现金净投放201.07亿元，比上年下降11.3%。

全年实现保费收入542.43亿元，比上年增长10.1%。其中财产险收入133.96亿元，比上年增长6.1%；人寿险收入408.47亿元，比上年增长11.5%。保险赔款支出93.22亿元，比上年增长15.9%。保险给付支出55.05亿元，比上年增长14.4%。

全年证券市场完成交易额93295.39亿元，比上年增长2.8%。本年新增上市公司14家，累计202家。全市共有证券公司2家，证券分支机构163家。

九、科学技术和教育

全市共有国家级工程技术研究中心6家，省级以上重点实验室5家，省级以上企业重点实验室7家，省级国际技术转移中心3家，国家级国际合作基地8家。

全市实现高新技术产业产值13318.31亿元，同比增长8.7%，占规模以上工业总产值比重达52.3%。发明专利授权量11750件，比上年增长39.2%。万人有效发明专利拥有量达74.72件。全市获国家、省科技计划到位经费5.50亿元，其中获国家科技经费1.62亿元。

全市共有国家级产品质量检验检测中心15个，国家级检测重点实验室6个，国家级型式评价实验室1个，国家级产业计量测试中心1个。全年省级监督抽查无锡产品1511批次，强制性产品认证获证企业859家，法定计量技术机构3家，强制检定计量器具111.77万台（件）。全年新增主导和参与制修订国际、国家、行业和省级地方标准175项。

全市共有普通高校13所。普通高等教育本专科招生5.21万人，在校生16.02万人，毕业生4.38万人；研究生教育招生0.45万人，在校生1.33万人，毕业生0.33万人。全市中等职业教育在校生5.14万人。九年义务教育巩固率100%，高中阶段教育毛入学率100.8%，普及高中阶段教育。特殊教育招生380人，在校生1670人。全市共有幼儿园603所，比上年增加7所，在园幼儿18.66万人。

表4　　2023年各类教育招生和在校生情况

单位：个、人

指　　标	学校个数	招生数	在校生数	毕业生数
普通高等学校	13	56641	173438	47046
普通中等专业学校	16	16555	51386	16583
普通中学	213	103391	291800	87776
小学	235	85581	488059	69464

十、文化、卫生、体育和民族宗教

年末共有艺术表演团体7个，文化馆8个，公共图书馆8个，文化站75个，博物（纪念）馆64个。全市人民广播电台节目13套，电视台节目25套，无锡有线电视总用户165万户。电视人口总覆盖率和广播人口覆盖率均达100%。全市共有档案馆8个，已向社会开放档案450万件。

年末全市拥有卫生医疗机构3437个，其中综合医院62家，社区卫生服务中心（卫生院）106家，社区卫生服务站（村卫生室）710家，护理院78家，疗养院6家。全市共有卫生技术人员6.99万人，其中执业（助理）医师 2.70万人；拥有医疗卫生机构床位 5.51万张，其中医院、社区卫生服务中心（卫生院）5.34万张。全市各级医疗机构全年完成诊疗6096.99万人次，比上年增长16.1%。

年末全市人均体育场地面积为4.49平方米，每万人拥有社会体育指导员49人，全市国民体质合格率达93.5%。各类体育运动场所新增设置直饮水点11个，更新公共室外健身器材2000余件，新建社区百姓健身房7个。新创省体旅融合发展示范基地1家，中国体育旅游十佳项目1个、精品项目2个，省级体育服务综合体1家。全年无锡籍运动员在全国以上各级各类比赛中共取得43个冠军。杭州亚运会无锡健儿斩获6金2银1铜，帮助中国队实现马术、围棋项目亚运会金牌零的突破。全市体育彩票销售达到42.53亿元，增长35.9%。成功举办无锡马拉松、世界跆拳道大满贯冠军系列赛、环太湖国际公路自行车赛、亚洲击剑锦标赛、亚洲体育舞蹈节、中国三人篮球联赛、中国铁人三项联赛等一系列国际国内大赛。

年末有宗教活动场所280处，教职人员605名（不含散居道士）。

十一、人口、人民生活和社会保障

年末全市户籍人口520.95万人，年人口增长率3.73‰。户籍人口城镇化率87.56%。年末全市常住人口749.50万人，比上年增长0.06%，其中城镇常住人口624.39万人，比上年增长0.32%。常住人口城镇化率83.31%，比上年末提高0.22个百分点。

全体居民人均可支配收入69016元，比上年增长4.9%；城镇常住居民人均可支配收入76644元，比上年增长4.5%；农村常住居民人均可支配收入44617元，比上年增长6.4%。城乡居民收入差距进一步缩小，城乡居民收入比由上年的1.75:1缩小为1.72:1。全体居民人均生活消费支出44450元，比上年增长7.4%；城镇常住居民人均生活消费支出48409元，比上年增长6.9%；农村常住居民人均生活消费支出31785元，比上年增长9.9%。

全市企业职工基本养老保险人数（含退休人员）410.19万人，全市参加城镇职工基本医疗保险人数437.46万人，扩面9.71万人。参加生育保险人数269.78万人，扩面1.6万人。参加失业保险职工人数263万人，扩面0.33万人。参加工伤保险人数280.87万人，扩面4.57万人。市区月人均低保标准提高至1095元。年末在领失业保险金人数为3.69万人。

城乡居民最低生活保障对象11026人，全年共发放低保金1.15亿元。实施城乡医疗救助47.9万人次，支付救助金10485万元；实施临时救助1613人次，发放救助金323.52万元。年末全市享受国家抚恤补助的重点优抚对象15415人。全市新开工保障性住房33437套（间），基本建成20190套（间）。

全年累计抽检各类食品7.18万批次，每千人抽检率达9.58批次，食品评价性抽检合格率为99.76%。

十二、资源、环境和安全生产

全年全市建设用地供应总量2566.75公顷，比上年下降24.7%，其中，工矿仓储用地712.47公顷，经营性用地574.57公顷，基础设施等其他用地1279.71公顷。

全年全社会用电量864.07亿千瓦时，比上年增长3.7%。其中工业用电量615.03亿千瓦时，比上年增长3.9%；城乡居民生活用电97.09亿千瓦时，比上年下降5.5%。

年末全市水资源总量26.99亿立方米。初步统计，全年总用水量26.51亿立方米，比上年下降0.3%。其中生活用水下降0.6%，工业用水（开式火电用水以耗水计）下降0.3%，农业用水与上年基本持平，生态补水增长1.3%。

全市$PM_{2.5}$年均浓度28微克／立方米，与上年持平；环境空气质量优良天数比率为82.5%，为全省PM2.5年均浓度和空气质量优良天数唯一“双达标”城市。集中式饮用水源地水质达标率100%，全市功能区昼间和夜间噪声达标率分别为96.9%和90.6%。

年内市区新增绿地面积306公顷，人均公园绿地面积15.28平方米，建成区绿化覆盖率达到44.52%。

全年发生各类安全生产事故76起，死亡51人，同比分别下降5.0%、5.6%。亿元GDP生产安全事故死亡率0.0033人／亿元。

注：

1．公报中地区生产总值和各产业增加值绝对值按现行价格计算，增长速度按可比价格计算。

2．本文为初步统计数。部分数据因四舍五入的原因，存在着与分项合计不等的情况。

3．资料来源：本公报中就业、社会保障数据来自人力资源和社会保障局；企业登记、质检、食品安全、专利数据来自市场监督管理局；茶叶、水果、水产品数据来自农业农村局；对外贸易数据来自海关；利用外资、外包、外经数据来自商务局；车辆、户籍人口数据来自公安局；公路、水路交通运输数据来自交通运输局；铁路运输数据来自火车站；民航运输数据来自苏南机场集团；轨道交通数据来自地铁集团；邮政、电信业务数据来自邮政管理局、通信管理办公室；城市信息化数据来自工业和信息化局；文化、旅游数据来自文化广电和旅游局；财政数据来自财政局；金融数据来自人民银行；保险数据来自保险协会；证券数据来自地方金融监督管理局；科技数据来自科技局；教育数据来自教育局；档案数据来自档案史志馆；卫生数据来自卫生健康委员会；体育数据来自体育局；宗教数据来自民宗局；社会福利数据来自民政局；医疗救助、医疗保险、生育保险数据来自医疗保障局；国家优抚补助数据来自退役军人事务局；保障性住房数据来自住建局；用地数据来自自然资源和规划局；水资源数据来自水利局；电力消耗数据来自供电公司；环保数据来自生态环境局；绿化数据来自市政和园林局；安全生产数据来自应急管理局；粮食产量、价格、城乡居民收支等数据来自国家统计局无锡调查队；其他数据均来自无锡市统计局。

2023 Statistical Communiqué of National Economy and Social Development in Wuxi

Wuxi Municipal Bureau of Statistics
Survey Office of the National Bureau of Statistics in Wuxi
March 5, 2024

In 2023, Wuxi adhered to the guidance of Xi Jinping Thought on Socialism with Chinese Characteristics for a New Era, thoroughly studying and implementing the important speeches and directives of General Secretary Xi Jinping regarding Jiangsu's work. Fully executing the directives of the Central Committee of the Communist Party of China, the State Council, and Jiangsu Provincial Party Committee and government, Wuxi upheld the general principle of pursuing progress while maintaining stability. It comprehensively and accurately implemented the new development concept, making every effort to stabilize the economy, promote development, and improve people's livelihoods. As a result, the economy showed stable and positive performance, high-quality development was solidly advanced, and Wuxi made a good start in practicing Chinese-style modernization.

Ⅰ. General

Continuous progress has been made in economic aggregate, and the overall strength of Wuxi reached a higher level. According to preliminary estimates, the total GDP of Wuxi reached 1.545619 trillion yuan, registering an increase of 6.0% over the previous year (calculated at comparable price). Per capita GDP of Wuxi reached 206,300 yuan, which is calculated in accordance with permanent residents.

From the perspective of industry, the added value of the primary industry in the city was 13.65 billion yuan, registering an increase of 2.4% over the previous year; the added value of the secondary industry was 737.685 billion yuan, registering an increase of 6.9% over the previous year; the added value of the tertiary industry was 794.284 billion yuan, registering an increase of 5.3% over the previous year; the proportion of three industries was adjusted to 0.9:47.7:51.4.

There were 163,700 newly employed individuals in urban areas throughout the year, of which 65,400 were laid-off and unemployed individuals and 24,000 were individuals experiencing employment difficulties.

The annual added value of the private economy was 1.025508 trillion yuan, registering an increase of 6.2% over the previous year; it accounted for 66.3% of the total economic output, registering an increase of 0.1 percentage points from the previous year. The private industries above the designated size had an economic output of 1.576916 trillion yuan, registering an increase of 6.7% over the previous year.

By the end of 2023, there were 451,170 enterprises of various types registered at registration authorities at all levels in Wuxi, including 41,100 state-owned and collectively-owned companies, 7,100 foreign-funded enterprises, and 403,500 private enterprises. The year of 2023 saw 54,600 newly-registered enterprises of various types. By the end of 2023, the individual industrial and commercial households in Wuxi reached 685,500, among which 93,700 were newly registered.

Throughout 2023, the consumer prices for urban residents increased by 0.6% compared to 2022, a decrease of 1.5 percentage points from the growth rate of 2022. Among them, the service item price index grew 1.8%, and the consumer goods price index fell by 0.4%. Throughout 2023, both the producer prices for industrial products and the purchase prices for industrial producers decreased by 2.8%.

Table 1 **Consumer Price Index in 2023**

Indicator	Urban area
The consumer price index	100.6
Food, tobacco and liquor	100.2
Clothing	100.5
Living	100.7
Supplies and services	101.5
Traffic and communications	97.0
Education, culture and entertainment	102.5
Health care	103.6
Other goods and services	103.9

Ⅱ. Agriculture

The total grain output of the year was 564,100 tons, registering an increase of 1.4% from the previous year. The total oil production was 9,432 tons, increased by 23.4% from the previous year, of which 8,544 tons were rapeseeds, increased by 24.1% over the previous year; total tea production was 4,192 tons, increased by 1.8% over the previous year; total fruit production was 185,400 tons, increased by 1.9% over the previous year.

The annual grain planting area was 81.87 thousand hectares, registering an increase of 0.74 thousand hectares over the previous year; the oilseed planting area was 3.88 thousand hectares, increased by 0.80 thousand hectares over the previous year; the vegetable planting area was 38.68 thousand hectares, increased by 0.34 thousand hectares over the previous year; the fruit planting area was 10.19 thousand hectares, decreased by 0.23 thousand hectares over the previous year.

Among the major livestock products, total meat production was 10,500 tons, up by 30.8% over the previous year, including 8,100 tons of pork, beef and mutton, up by 53.9% over the previous year; the total output of poultry eggs was 10,200 tons, decreased by 2.9% over the previous year. The production of raw milk was 4,812 tons, increased by 29.7% over the previous year. The annual output of aquatic products was 103,300 tons, registering an increase of 0.9% over the previous year.

Table 2 **Output and growth rates of major agricultural products in 2023**

Unit: ton

Product name	Production	Annual increase (%)
Grain	564,113	1.4
Oil	9,432	23.4
#Rapeseed	8,544	24.1
Tea	4,192	1.8
Garden fruit	185,441	1.9
Aquatic products	103,333	0.9

Ⅲ. Industry and Construction

The city's industrial enterprises above the designated size achieved an added value of 600.531 billion yuan, registering an increase of 7.8% over the previous year. In terms of economic types, the added value of domestic-funded enterprises increased by 9.9%, the added value of foreign-invested enterprises as well as Hong Kong, Macao and Taiwan invested companies increased by 4.1%. The city's industrial enterprises above the designated size achieved an operating revenue of 2.409693 trillion yuan, registering an increase of 1.7% over the previous year.

The added value of the construction industry was 76.087 billion yuan, registering an increase of 11.3% over the previous year; and the total output value of the construction industry was 155.580 billion yuan, registering an increase of 8.5% over the previous year. Housing area under construction was 51.5382 million square meters, an increase of 1.7% over the previous year. In 2023, it was anticipated that 30 construction projects would receive the Jiangsu Province " Yangzi Cup" Quality Engineering Award (for building construction projects), and one construction project would receive the China Construction Engineering Luban Prize for the 2022-2023 period.

Ⅳ. Investment in Fixed Assets

The annual fixed asset investment reached 441.210 billion yuan, registering an increase of 8.3% over the previous year. Investment in different industries was as follows: investment in the primary industry was 409 million yuan, up by 76.4% over the previous year, investment in the secondary industry was 171.443 billion yuan, grew by 9.5% over the previous year, and investment in the tertiary industry was 269.358 billion yuan, up by 7.5% over the previous year. From the perspective of key industries, investment in high-tech industries reached 113.825 billion yuan, rose by 18.6% over the previous year, investment in advanced manufacturing industry reached 151.093 yuan, grew by 15.5%, and investment in strategic emerging industry reached 207.288 billion yuan, increased by 11.8%.

Investment in real estate development in 2023 was 126.391 billion yuan, decreased by 8.9% over the previous year. The construction area of commercial housing was 50.0329 million square meters, decreased by 11.4% over the previous year, and the completed area was 8.3808 million square meters, decreased by 13.2% over the previous year.

Ⅴ. Domestic Trade

The total retail sales of consumer goods reached 356.755 billion yuan, registering an increase of 6.9% over the previous year. Among them, total retail sales of consumer goods through public network were 24.793 billion yuan, up by 2.2% over the previous year.

Among the retail sales in the wholesale and retail industries above the designated size, the automotive industry increased by 6.8%, the petroleum and products increased by 0.6%; the grain, oil and foodstuffs increased by 12.2%; the communication equipment increased by 20.8%, the costumes, shoes, hats and knitted and textile products increased by 12.5%, furniture products increased by 0.3%, traditional Chinese medicine and western medicines increased by 11.0%, cosmetics products increased by 6.6%, the gold, silver and jewelry increased by 11.7%.

Ⅵ. Open Economy

The total volume of import and export in 2023 reached 706.532 billion yuan, a decrease of 4.1% over the previous year. Among which export dropped by 3.9% over the previous year, reaching 465.810 billion yuan and import decreased by 4.5% over the previous year, reaching 240.722 billion yuan. The export value of general trade was 289.414 billion yuan, accounting for 62.1% of the city' total. In U.S. dollar terms, total volume of import and export in 2023 reached USD 100.417 billion, a decrease of 9.2% over the previous year. Among which, export dropped by 8.9% over the previous year, reaching 66.219 billion yuan and import decreased by 9.7% over the previous year, reaching 34.198 billion yuan.

Table 3 **Total Volume and Growth Rate of Import and Export to Major Countries and Regions in 2023**

Unit: 10,000 yuan

Countries and Regions of Export	2023	Growth Rate (%)	Countries and Regions of Import	2023	Growth Rate (%)
Republic of Korea	6,073,753	-15.3	Republic of Korea	4,829,517	18.1
U.S.	4,569,676	-4.8	Japan	3,574,832	-17.8
Hong Kong, China	3,620,173	-2.3	Taiwan, China	1,834,242	-26.9
Japan	2,582,498	-6.7	U.S.	1,785,050	-1.2
India	1,817,377	8.1	Australia	629,841	25.2

498 foreign-funded projects were approved all year round. Newly-registered foreign capital by agreement reached USD 6.4 billion, a year-on-year decrease of 27.1%. The foreign capital in actual use reached USD 4.12 billion, a year-on-year increase of 7.7%. The high-tech industry accounted for 46.9% of the actual use of foreign capital. Throughout the year, 60 major foreign-funded projects by agreement, with registered capital exceeding USD 30 million, were completed. Till the end of 2023, 117 enterprises out of Fortune Global 500 have established 247 foreign-funded companies in Wuxi.

The total contract amount of the city's service outsourcing industry was USD 28.48 billion, an increase of 53.7% over the previous year, and the execution amount was USD 13.94 billion, an increase of 9.1% over the previous year. Offshore contracts totaled USD 21.27 billion, an increase of 68.1% over the previous year, and offshore execution amounted to USD 8.755 billion, an increase of 6.1% over the previous year.

VII. Transportation, Post, Telecommunications and Tourism

By the end of 2023, the total road length reached 7321.20 kilometers, in which expressway covered a length of 325.70 kilometers. By the end of 2023, the number of vehicles reached 2.7175 million, increased by 5.0% compared with last year. The number of automobile ownership reached 2.5536 million, rose by 4.5% compared with last year. The number of private car ownership reached 2.0911 million, grew by 4.6% compared with last year. The length of urban rail transit line was 110.77 kilometers, the annual operation length was 10.8223 million kilometers per train, the total net and line passenger volume reached 184.5604 million person times. By the end of 2023, there were 317 operational bus routes with a total length of 5866.6 kilometers in Wuxi's urban areas. The total number of passengers transported by bus throughout the year was 146 million person times. By the end of 2023, the number of taxi in service in Wuxi's urban areas was 4040.

The annual passenger volume reached 95.7507 million person times, up by 47.0% compared with last year; the completed freight volume reached 252.1986 million tons, increased by 18.8% compared with last year. Port cargo throughput reached 459.796 million tons, increased by 8.2% compared with last year. Container throughout reached 665,000 TEU, up by 12.0% over the previous year. Airport passenger throughput reached 8.7987 million person times, up by 133.4% compared with last year. The total cargo throughout by air reached 125,600 tons, increased by 28.1% over the previous year.

In 2023, the business volume of post and telecommunications reached 25.783 billion yuan, increased by 1.7% over the previous year. 7.5037 million mails were sent out, up by 7.9% over the previous year. The business volume of express service enterprises reached 818 million pieces, a decrease of 14.9% compared to the previous year. The business income of express services reached 10.367 billion yuan, fell by 4.1% over the previous year. By the end of 2023, the number of users of fiber broadband reached over 4.36 million, and the urban area network outlet bandwidth almost reached 16T. 25,216 5G base stations were built. By the end of

2023, the number of mobile phone users reached 10.3867 million, where 4.4407 million were 4G mobile phone users and 4.9530 million were 5G mobile phone users. 4.5002 million users had fixed Internet broadband accesses. 9.1021 million users had mobile Internet broadband accesses.

Wuxi received 127.1197 million domestic tourists in 2023, an increase of 64.7% compared to the previous year. The city received 190,100 inbound overnight tourists for travelling, visiting, sightseeing and other activities, rose by 284% over the previous year. The city had 46 scenic spots with ratings, including 4 national 5A-level scenic areas, 26 national 4A level scenic areas, 11 3A-level scenic areas and 5 2A-level scenic areas. There were 19 key villages for rural tourism at provincial level or above in Wuxi. By the end of 2023, the number of star-level hotels reached 22, of which 10 were 5-star hotels, 7 were 4-star hotels. Wuxi had 312 travel agencies, 35 of them were qualified to organize overseas travels.

VIII. Finance and Financial Industry

General public budget revenue of Wuxi reached 119.542 billion yuan, an increase of 5.5% compared to the previous year. Wherein, the tax revenue was 98.28 billion yuan, an increase of 15.3% compared to the previous year. General public budget expenditure of Wuxi in 2023 was 139.019 billion yuan, an increase of 1.8% compared to the previous year. Wherein, education expenditure was 21.983 billion yuan, social security and employment expenditure was 16.207 billion yuan, and healthcare expenditure was 12.139 billion RMB, accounting for 15.8%, 11.7%, and 8.7% of the general public budget expenditure, respectively.

By the end of 2023, the CNY and foreign currency balance of deposits of all financial institutions reached 2.723718 trillion yuan, increased by 11.5% compared with last year. The CNY and foreign currency balance of loans reached 2.258168 trillion yuan, increased by 13.6% compared with last year. In deposits, the balance of non-financial enterprises reached 1.113238 trillion yuan, increased by 7.6% compared with last year. The balance of residents' deposit reached 1.1845 trillion yuan, increased by 18.2% compared with last year. In loans, the loan for non-financial enterprises and government bodies was 1.6722.92 trillion yuan, increased by 17.5% compared with last year. The loan for residents was 582.032 billion yuan, increased by 3.6% compared with last year. The annual net cash injection reached 20.107 billion yuan, decreased by 11.3% over the previous year.

In 2023, Wuxi realized insurance revenue of 54.243 billion yuan, up by 10.1% compared with last year, of which 13.396 billion yuan were from property insurance revenue, increased by 6.1% compared with last year; 40.847 billion yuan were from life insurance revenue, increased by 11.5% compared with last year. Insurance indemnity cost was 9.322 billion yuan, increased by 15.9% compared with last year. Insurance payment expenditure reached 5.505 billion yuan, up by 14.4% over the previous year.

All year round, the securities market completed a transaction volume of 9.329539 trillion yuan, up by 2.8% compared with last year. A total of 14 listed companies were added newly, making Wuxi home to 202 listed companies on the stock market. There were 2 securities companies and 163 branch institutions.

IX. Science& Technology and Education

There were altogether 6 national-level engineering technology research centers, 5 key labs at or above provincial level, 7 enterprise key labs at or above provincial level, 3 provincial-level international technology commercialization center and 8 national-level international cooperation bases.

High and new technology industry output value reached 1.331831 trillion yuan, grew by 8.7%, accounting for 52.3% of the total value of industrial enterprises above designated scale. 11750 patents were authorized, up by 39.2% over the previous year. The number of patents in force per 10,000 people was 74.72. Wuxi received 550 million yuan from the national and provincial science and technology plans, of which the national science and technology funding amounted to 162 million yuan.

Wuxi was home to a total of 15 national quality supervision and testing center, 6 national key testing labs, 1 national type evaluation lab, and 1 national industrial measurement and testing center. Over 1,511 batches of products were inspected and checked by provincial government. 859 enterprises received compulsory certificates. There were 3 legal measurement technical organizations and 1.1177 million compulsory verification measuring instruments in the city. Wuxi took the lead or participated in formulation and amendment of another 175 international, national, industry, provincial and local standards.

There were 13 general universities and colleges in Wuxi. The general tertiary education enrolled 52,100 students. The enrolled students on campus reached 160,200, while the graduates reached 43,800. The post-graduate education enrolled 4,500 students with 13,300 students on campus and 3,300 graduates. Secondary vocational schools (including technical schools) had 51,400 enrolled students. The number of students graduating from compulsory education reached 100% of the total enrollment and the gross enrollment rate in senior high schools reached 100.8%, indicating universal access to high school education. There were 380 students enrolled in special education schools, with 1670 students at school. There were 603 kindergartens in Wuxi, an increase of 7 over last year. Kindergartens accommodated 186,600 children.

Table 4 **School Recruitment and Enrollment in 2023**

Unit: number, person

Item	Number of schools	Entrants	Students	Graduates
General higher education	13	56,641	173,438	47,046
Secondary vocational education	16	16,555	51,386	16,583
General secondary education	213	103,391	291,800	87,776
Primary education	235	85,581	488,059	69,464

X. Culture, Public Health, Sports and Religion

By the end of 2023, there were 7 art-performance groups, 8 cultural centers, 8 public libraries, 75 cultural stations, and 64 museums (memorial halls). There were 13 radio broadcasting stations and 25 TV programs in Wuxi. Total amount of cable TV users amounted to 1.65 million. Radio broadcasting and television broadcasting coverage rates were 100%. There were totally 8 archives in Wuxi and 4.5 million documents (piece, volume) were made accessible to the public.

By the end of 2023, it was estimated that 3,437 medical and health institutions were in Wuxi, including 62 general hospitals, 106 community health service centers (health centers), 710 community health service stations (village clinics), 78 nursing homes and 6 sanatoria. There were 69,900 health workers in Wuxi, including 27,000 practicing (assistant) doctors. The medical and health institutions in Wuxi possessed 55,100 beds, of which, hospitals and community health service centers (health centers) had 53,400 beds. The total number of medical visits received by medical institutions at various levels in 2023 reached 60.9699 million, increased by 16.1% over the previous year.

By the end of 2023, per capita area of public sports areas were estimated to be 4.49 square meters. Every 10,000 citizens possessed 49 social sports instructors. The national fitness rate reached 93.5%. 11 new drinking water supply spots were established in all sports venues, over 2000 outdoor public fitness facilities were renewed. 7 community gyms were newly built. There was 1 provincial innovative sports and tourism integration demonstration base, 1 China's sports tourism excellent project, 2 boutique project and 1 provincial-level sports service complex. Throughout the year, athletes from Wuxi won a total of 43 championships in various competitions at national level and above. At the Hangzhou Asian Games, athletes from Wuxi won 6 gold, 2 silver, and 1 bronze medals, helping the Chinese team achieve their first-ever gold medals in equestrian and Go events at the Asian Games. Wuxi's sports lottery sales reached 4.253 billion yuan, up by 35.9%. The city successfully hosted a series of international and domestic competitions including the Wuxi Marathon, World Taekwondo Grand Slam Champions Series, International Road Cycling Race of Taihu Lake, Asian Fencing Championship, Asian Dance Sport Festival, Chinese 3x3 Basketball League, and Chinese Triathlon League.

By the end of 2023, there were 280 places of worships and 605 religious workers (excluding scattered Taoist priests).

XI. Population, People's Life and Social Security

By the end of 2023, population with household registration was 5.2095 million, up by 3.73‰ over the previous year. The urbanization rate of population with household registration was 87.56%. By the end of 2023, permanent residents numbered 7.495 million, up by 0.06% over the previous year. Of this total, urban permanent residents numbered 6.2439 million, 0.32% higher than that of last year. The urbanization rate of permanent residents was 83.31%, increased by 0.22 percentage points over the end of previous year.

The per-capita disposable income of Wuxi residents was 69,016 yuan, an increase of 4.9% over the previous year. The per-capita disposable income of urban households was 76,644 yuan, an increase of 4.5% over the previous year. The per-capita disposable income of rural households was 44,617 yuan, an increase of 6.4% over the previous year. The income gap between urban and rural residents was further narrowed, with the ratio of urban and rural residents' income narrowing from 1.75:1 in the previous year to 1.72:1. The per capita consumption expenditure of all residents was 44,450 yuan, an increase of 7.4% over the previous year. The per capita consumption expenditure of permanent urban residents was 48,409 yuan, an increase of 6.9% over the previous year. The per capita consumption expenditure of permanent rural residents was 31,785 yuan, an increase of 9.9% over the previous year.

A total of 4.1019 million people (including the number of retirees) participated in the basic pension program for enterprise staff and workers. A total of 4.3746 million people participated in the urban basic medical insurance program for staff and workers, an increase of 97,100 people. A total of 2.6978 million people participated in maternity insurance programs, an increase of 16,000 people. Some 2.63 million people participated in unemployment insurance programs, an increase of 3,300 people. A total of 2.8087 million people participated in work accident insurance programs, an increase of 45,700 people. Standard of minimum living allowances in downtown area was raised to 1,095 yuan per month. By the end of 2023, 36,900 people received unemployment insurance benefits.

11026 urban and rural residents received subsistence allowances and 115 million yuan of basic living allowance was issued. 479,000 urban and rural citizens received medical assistance. 104.85 million yuan of relief fund was paid. 1613 individuals received temporary assistance and 3.2352 million yuan of relief fund was issued. National subsidies and allowance were provided to 15415 entitled people. A total of 33,437 apartments under the municipal affordable housing projects were newly started, of which 20,190 were basically completed.

71,800 batches of food were inspected randomly in 2023. Inspection rate was 9.58 batches per thousand people, with qualified rate of food inspection reaching 99.76%.

XII. Resource, Environment and Safety Production

In 2023, the total supply of land for construction use was 2566.75 hectares, a decrease of 24.7% over the previous year. Wherein, the land for mining storage was 712.47 hectares. Profit-oriented land was 574.57 hectares, and land for infrastructure and other purposes was 1279.71 hectares.

Total electricity consumption in 2023 was 86.407 billion kilowatt hours, up by 3.7% over the previous year. Industrial electric consumption was 61.503 billion kilowatt hours, up by 3.9% over the previous year. Urban and rural household electricity consumption was 9.709 billion kilowatt hours, down by 5.5% compared to the previous year.

By the end of 2023, the total amount of water resource was 2.699 billion cubic meters. According to preliminary statistics, total water consumption was 2.651 billion cubic meters, down by 0.3% over the previous year, among which the domestic water consumption decreased by 0.6%, the industrial water consumption (water utilized for open-type thermal power is calculated by water consumed) decreased by 0.3%, agricultural water consumption remained almost the same as the previous year, ecological water supplement consumption increased by 1.3%.

The annual average concentration of fine particulate matter ($PM_{2.5}$) was 28 ug/m^3, which remained almost the same as the previous year. The ratio of fine air quality days in 2023 reached 82.5%, making Wuxi the only city in the province to meet both standards for the annual $PM_{2.5}$ concentration and the fine air quality days. Water quality in centralized drinking water sources reached the standard by 100%. In function area, noise rates that reached the standard were 96.9% and 90.6% in daytime and nighttime respectively.

306 hectares of green land was added in downtown area within the year. Park green area per capita was 15.28 square meters. Green coverage rate in built-up area reached 44.52%.

The total number of accidents in workplace was 76 with death toll amounting to 51, representing year-on-year decreases of 5.0% and 5.6%, respectively. The ratio of workplace accident death was 0.0033 person per 100 million yuan of GDP.

Notes:

1. GDP and value added as quoted in this Communiqué are calculated at current price whereas their growth rates are at comparable prices.

2. The statistics in this document remain preliminary. Some data may not be identical to the added number of all subentries due to rounding reasons.

3. Data Sources: In the Communiqué, data of employment and social security were collected from the Human Resources and Social Security Bureau; data of commercial registration, quality inspection, food safety and patent were collected from the Market Regulation Bureau; data of tea, fruits, aquatic products were collected from the Agriculture and Rural Affairs Bureau; data of foreign trade were collected from Customs; data of utilized foreign capital, outsourcing and foreign trade were collected from the Commerce Bureau; data of vehicles and registered population were collected from the Public Security Bureau; data of highways and waterways transport were collected from the Transport Bureau; data of train transport were collected from the Railway Station; data of civil aviation transport were collected from Sunan International Airport Group; data of rail traffic were collected from the Metro Group; data of post, telecommunication were collected from the Postal Administration, and Communications Administration Office; data of urban information technology were collected from the Industry and Information Technology Bureau; data of culture and tourism were collected from the Bureau of Culture, Radio, Film, Television and Tourism; data of public finance were collected from the Finance Bureau; financial data were collected from People's Bank of China; insurance data were collected from the Insurance Association; securities data were collected from the Local Financial Supervision Bureau; data of science and technology were collected from the Science and Technology Bureau; education data were collected from the Education Bureau; archive data were collected from Wuxi Archives; health data were collected from the Health Commission; sports data were collected from the Sports Bureau; data of religion were collected from the Ethnic and Religious Affairs Bureau; data of social welfare were collected from the Civil Affairs Bureau; data of medical assistance, medical insurance and maternity insurance were collected from Healthcare Security Bureau; data of national assistance for veterans were collected from Veterans Affairs Bureau; data of affordable housing were collected from the Housing and Urban-rural Development Bureau; data of utilized land were collected from the Natural Resources and Planning Bureau; data of water resource were collected from the Bureau of Water Resources; data of electricity consumption were collected from the power supply company; data of environmental protection were collected from the Bureau of Ecology and Environment; data of landscaping were collected from the Public Utilities and Landscaping Bureau; data of safety production were collected from the Bureau of Emergency Management. Data on grain production, prices, and income and expenditure of urban-rural residents were collected from the Wuxi Investigation Team of the National Bureau of Statistics. All other data are from Wuxi Municipal Statistics Bureau.

無錫统计年鉴 2024

第 22 篇

CHAPTER

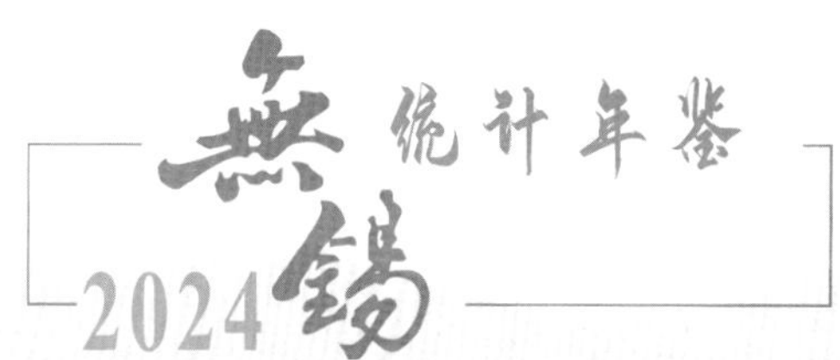

主要统计指标解释

EXPLANATORY NOTES ON MAJOR STATISTICAL INDICATORS

2024 WUXI STATISTICAL YEARBOOK

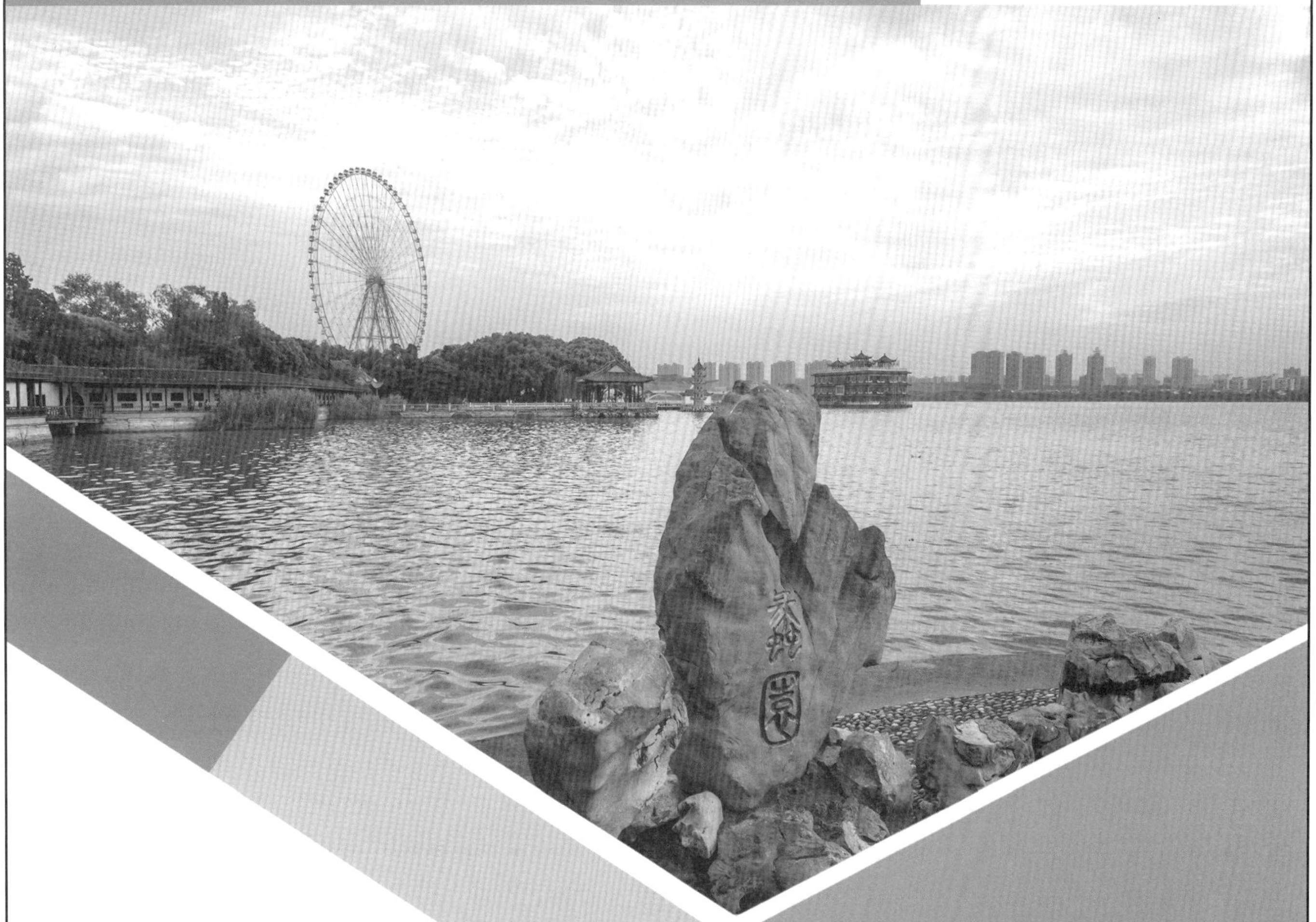

主要统计指标解释

平均气温 气温指空气的温度，我国一般以摄氏度为单位表示。气象观测的温度表是放在离地面约 1.5 米处通风良好的百叶箱里测量的，因此，通常说的气温指的是离地面 1.5 米处百叶箱中的温度。计算方法： 月平均气温是将全月各日的平均气温相加，除以该月的天数而得。年平均气温是将 12 个月的月平均气温累加后除以 12 而得。

降水量 指从天空降落到地面的液态或固态(经融化后)水，未经蒸发、渗透、流失而在地面上积聚的深度。计算方法：月降水量是将全月各日的降水量累加而得。年降水量是将 12 个月的月降水量累加而得。

全年日照时数 指太阳实际照射地面的时数，通常以小时为单位表示。其统计方法与降水量相同。

平均增长速度 平均增长速度表明社会经济现象在一个较长的时期内逐期平均增长变化的程度，它不能根据各个环比增长速度直接求得，但与平均发展速度之间存在着一定的数量关系：平均增长速度 = 平均发展速度 − 1。

平均发展速度是一种根据环比发展速度计算的序时平均数，由于各时期对比的基础不同，所以计算平均发展速度不能采用一般的序时平均数的计算方法，计算方法分为水平法和累计法。水平法，又称几何平均法，即将环比发展速度按连乘法用几何平均数公式计算。累计法，也称方程法，根据一段时期内各年发展水平总和与基期水平的关系，列出方程式计算平均发展速度。水平法着重考虑最后一年所达到的发展水平；累计法着重考虑整个时期累计发展水平的总量。

本《年鉴》内所列的平均增长速度，除固定资产投资用“累计法”计算外，其余均用“水平法”计算。从某年到某年平均增长速度的年份，均不包括基期年在内。如新中国成立四十三年以来的平均增长速度是以 1949 年为基期计算的，则写为 1950−1992 年平均增长速度，其余类推。

企业（单位）登记注册类型 是以在工商行政管理机关登记注册的各类企业为划分对象，以工商行政管理部门对企业登记注册的类型为依据，将企业登记注册类型分为内资企业、港澳台商投资企业和外商投资企业三大类。内资企业包括国有企业、集体企业、股份合作企业、联营企业、有限责任公司、股份有限公司、私营公司和其他企业；港澳台商投资企业和外商投资企业分别包括合资经营企业、合作经营企业、独资经营企业和股份有限公司等。对不在工商行政管理部门进行登记注册的行政机关、事业单位和社会团体，主要按其经费来源和管理方式进行划分。

国有企业 指企业全部资产归国家所有，并按《中华人民共和国企业法人登记管理条例》规定登记注册的非公司制的经济组织。不包括有限责任公司中的国有独资公司。

集体企业 指企业资产归集体所有，并按《中华人民共和国企业法人登记管理条例》规定登记注册的经济组织。

股份合作企业 指以合作制为基础，由企业职工共同出资入股，吸收一定比例的社会资产投资组建，实行自主经营，自负盈亏，共同劳动，民主管理，按劳分配与按股分红相结合的一种集体经济组织。

联营企业 指两个及两个以上相同或不同所有制性质的企业法人或事业单位法人，按自愿、平等、互利的原则，共同投资组成的经济组织。联营企业包括国有联营企业、集体联营企业、国有与集体联营企业和其他联营企业。

有限责任公司 指根据《中华人民共和国公司登记管理条例》规定登记注册，由两个以上、五十个以下的股东共同出资，每个股东以其所认缴的出资额对公司承担有限责任，公司以其全部资产对其债务承担责任的经济组织。有限责任公司包括国有独资公司以及其他有限责任公司。

股份有限公司 指根据《中华人民共和国公司登记管理条例》规定登记注册，其全部注册资本由等额股份构成并通过发行股票筹集资本，股东以其认购的股份对公司承担有限责任，公司以其全部资产对其债务承担责任的经济组织。

私营企业 指由自然人投资设立或由自然人控股，以雇佣劳动为基础的营利性经济组织。包括按照《公司法》、《合伙企业法》、《私营企业暂行条例》规定登记注册的私营有限责任公司、私营股份有限公司、私营合伙企业和私营独资企业。

其他企业 指上述企业之外的其他内资经济组织。

合资经营企业（港或澳、台资） 指港澳台地区投资者与内地企业依照《中华人民共和国中外合资经营企业法》及有关法律的规定，按合同规定的比例投资设立、分享利润和分担风险的企业。

合作经营企业（港或澳、台资） 指港澳台地区投资者与内地企业依照《中华人民共和国中外合作经营企业法》及有关法律的规定，依照合作合同的约定进行投资或提供条件设立、分配利润和分担风险的企业。

港澳台商独资经营企业 指依照《中华人民共和国外资企业法》及有关法律的规定，在内地由港澳台地区投资者全额投资设立的企业。

港澳台商投资股份有限公司 指根据国家有关规定，经原外经贸部依法批准设立，其中港、澳、台商的股本占公司注册资本的比例达25%以上的股份有限公司。凡其中港、澳、台商的股本占公司注册资本的比例小于25%的，属于内资企业中的股份有限公司。

其他港澳台商投资企业 指在中国境内参照《外国企业或个人在中国境内设立合伙企业管理办法》和《外商投资合伙企业登记管理规定》，依法设立的港、澳、台商投资合伙企业等。

中外合资经营企业 指外国企业或外国人与中国内地企业依照《中华人民共和国中外合资经营企业法》及有关法律的规定，按合同规定的比例投资设立、分享利润和分担风险的企业。

中外合作经营企业 指外国企业或外国人与中国内地企业依照《中华人民共和国中外合作经营企业法》及有关法律的规定，依照合作合同的约定进行投资或提供条件设立、分配利润和分担风险的企业。

外资企业 指依照《中华人民共和国外资企业法》及有关法律的规定，在中国内地由外国投资者全额投资设立的企业。

外商投资股份有限公司 指根据国家有关规定，经原外经贸部依法批准设立，其中外资的股本占公司注册资本的比例达25%以上的股份有限公司。凡其中外资股本占公司注册资本的比例小于25%的，属于内资企业中的股份有限公司。

其他外商投资企业 指在中国境内依照《外国企业或个人在中国境内设立合伙企业管理办法》和《外商投资合伙企业登记管理规定》，依法设立的外商投资合伙企业等。

国内生产总值(GDP) 指一个国家所有常住单位在一定时期内生产活动的最终成果。国内生产总值有三种表现形态，即价值形态、收入形态和产品形态。从价值形态看，它是所有常住单位在一定时期内生产的全部货物和服务价值与同期投入的全部非固定资产货物和服务价值的差额，即所有常住单位的增加值之和；从收入形态看，它是所有常住单位在一定时期内创造的各项收入之和，包括劳动者报酬、生产税净额、固定资产折旧和营业盈余；从产品形态看，它是所有常住单位在一定时期内最终使用的货物和服务价值与货物和服务净出口价值之和。在实际核算中，国内生产总值有三种计算方法，即生产法、收入法和支出法。三种方法分别从不同的方面反映国内生产总值及其构成。

对于一个地区来说，称为地区生产总值或地区GDP。

三次产业 三产业的划分是世界上较为常用的产业结构分类，但各国的划分不尽一致。根据《国民经济行业分类》(GB/T 4754—2011）和《三次产业划分规定》，我国的三次产业划分是：

第一产业是指农、林、牧、渔业（不含农、林、牧、渔服务业）。

第二产业是指采矿业（不含开采辅助活动），制造业（不含金属制品、机械和设备修理业），电力、热力、燃气及水生产和供应业，建筑业。

第三产业即服务业，是指除第一产业、第二产业以外的其他行业。

劳动者报酬 指劳动者从事生产活动应获得的全部报酬，既包括货币形式的报酬，也包括实物形式的报酬。主要包括工资、奖金、津贴和补贴，单位为其员工交纳的社会保险费、补充社会保险费和住房公积金、行政事业单位职工的离退休金、单位为其员工提供的其他各种形式的福利和报酬等。

生产税净额 指生产税减生产补贴后的差额。其中，生产税指政府对生产单位从事生产、销售和经营活动，以及因从事生产活动使用某些生产要素(如固定资产和土地等)所征收的各种税、附加费和规费。生产税分为产品税和其他生产税，产品税主要有：增值税、消费税、进口关税、出口税等；其他生产税主要有：房产税、车船使用税、城镇土地使用税等。生产补贴则相反，它是政府为影响生产单位的生产、销售及定价等生产活动而对其提供的无偿支付，包括农业生产补贴、政策亏损补贴、进口补贴等。生产补贴作为负生产税处理。

固定资产折旧 指由于自然退化、正常淘汰或损耗而导致的固定资产价值下降，用以代表固定资产通过生产过程被转移到其产出中的价值。原则上，固定资产折旧应按照固定资产的重置价值计算。

营业盈余 指常住单位创造的增加值扣除劳动者报酬、生产税净额和固定资产折旧后的余额。

支出法国内生产总值 是从最终使用的角度反映一个国家(或地区)一定时期内生产活动最终成果的一种方法，包括最终消费支出、资本形成总额及货物和服务净出口三部分。计算公式为：

支出法国内生产总值 = 最终消费支出 + 资本形成总额 + 货物和服务净出口

最终消费支出 指常住单位为满足物质、文化和精神生活的需要，从本国经济领土和国外购买的货物和服务的支出。它不包括非常住单位在本国经济领土内的消费支出。最终消费支出分为居民消费支出和政府消费支出。

居民消费支出 指常住住户在一定时期内对于货物和服务的全部最终消费支出。居民消费支出除了直接以货币形式购买的货物和服务的消费支出外，还包括以其他方式获得的货物和服务的消费支出，后者称为虚拟消费支出。居民虚拟消费支出主要包括：单位以实物报酬及实物转移的形式提供给劳动者的货物和服务；住户生产用于自身消费的货物（如自产自用的农产品），以及纳入生产核算范围并用于自身消费的服务（如住户的自有住房服务）；银行和保险机构提供的间接计算的金融服务。

政府消费支出 指政府部门为全社会提供的公共服务的消费支出和免费或以较低的价格向居民住户提供的货物和服务的净支出，前者等于政府服务的产出价值减去政府单位所获得的经营收入的价值，后者等于政府部门免费或以较低价格向居民住户提供的货物和服务的市场价值减去向住户收取的价值。

资本形成总额 指常住单位在一定时期内获得减去处置的固定资产和存货的净额，包括固定资本形成总额和存货变动两部分。

固定资本形成总额 指常住单位在一定时期内获得的固定资产减处置的固定资产的价值总额。固定资产是通过生产活动生产出来的，且其使用年限在一年以上、单位价值在规定标准以上的资产，不包括自然资产 、耐用消费品、小型工器具。固定资本形成总额包括住宅、其他建筑和构筑物、机器和设备、培育性生物资源、知识产权产品（研发支出、矿藏的勘探、计算机软件）的价值获得减处置。

存货变动 指常住单位在一定时期内存货实物量变动的市场价值，即期末价值减期初价值的差额，再扣除当期由于价格变动而产生的持有收益。存货变动可以是正值，也可以是负值，正值表示存货上升，负值表示存货下降。存货包括生产单位购进的原材料、燃料和储备物资等存货，以及生产单位生产的产成品、在制品和半成品等存货。

货物和服务净出口 指货物和服务出口减货物和服务进口的差额。出口包括常住单位向非常住单位出售或无偿转让的各种货物和服务的价值；进口包括常住单位从非常住单位购买或无偿得到的各种货物和服务的价值。货物的出口和进口都按离岸价格计算。

可比价格 指在不同时期的价值指标对比时，扣除了价格变动的因素，以确切反映物量的变化。按可比价格计算有两种方法：一种是直接用产品产量乘每一年的不变价格计算；另一种使用价格指数换算。

不变价格 指用同类产品的年平均价格作为固定价格，来计算各年产品价值。按不变价格计算的产品价值消除了价格变动因素，不同时期对比可反映出生产的发展速度。新中国成立后，随着工农业产品价格的变化，国家统计局先后五次制定了全国统一的工业产品不变价格和农业产品不变价格，从 1949 年到 1957 年使用 1952 年工(农)业产品不变价格，从 1957 年到 1971 年使用 1957 年不变价格，从 1981 年到 1990 年使用 1980 年不变价格，从 1990 年开始使用 1990 年不变价格。

人口数 指一定时点、一定地区范围内有生命的个人总和。

年度统计的年末人口数指每年 12 月 31 日 24 时的人口数。年度统计的全国人口总数内未包括香港、澳门特别行政区和台湾省以及海外华侨人数。

出生率（又称粗出生率） 指在一定时期内(通常为一年)一定地区的出生人数与同期内平均人数(或期中人数)之比，用千分率表示。本资料中的出生率指年出生率，其计算公式为：

$$出生率 = \frac{年出生人数}{年平均人数} \times 1000‰$$

式中：出生人数指活产婴儿，即胎儿脱离母体时（不管怀孕月数），有过呼吸或其他生命现象。年平均人数指年初、年底人口数的平均数，也可用年中人口数代替。

死亡率（又称粗死亡率） 指在一定时期内（通常为一年）一定地区的死亡人数与同期内平均人数（或期中人数）之比，用千分率表示。本资料中的死亡率指年死亡率，其计算公式为：

$$死亡率 = \frac{年死亡人数}{年平均人数} \times 1000‰$$

人口自然增长率 指在一定时期内（通常为一年）人口自然增加数（出生人数减死亡人数）与该时期内平均人数（或期中人数）之比，用千分率表示。计算公式为：

$$人口自然增长率 = \frac{本年出生人口数—本年死亡人口数}{年平均人数} \times 1000‰$$

$$= 人口出生率 - 人口死亡率$$

人口预期寿命 指在一定年龄组死亡率水平下，对某一确定的年龄日后平均还能继续生存的年数(或该年龄组未来的平均寿命)。

单位就业人员 指报告期末最后一日在本单位中工作，并取得工资或其他形式劳动报酬的人员数。该指标为时点指标，不包括最后一日当天及以前已经与单位解除劳动合同关系的人员，是在岗职工、劳务派遣人员及其他就业人员之和。从业人员不包括：

(1)离开本单位仍保留劳动关系，并定期领取生活费的人员；

(2)在本单位实习的各类在校学生；

(3)本单位以劳务外包形式使用的人员，如：建筑业整建制使用的人员。

在岗职工 指在本单位工作且与本单位签订劳动合同，并由单位支付各项工资和社会保险、住房公积金的人员，以及上述人员中由于学习、病伤、产假等原因暂未工作仍由单位支付工资的人员。在岗职工还包括：

(1)应订立劳动合同而未订立劳动合同人员(如使用的农村户籍人员)；

(2)处于试用期人员；

(3)编制外招用的人员；

(4)派往外单位工作，但工资仍由本单位发放的人员(如挂职锻炼、外派工作等情况)。

工资总额 指根据《关于工资总额组成的规定》(1990年1月1日国家统计局发布的一号令)进行修订，本单位在报告期内(季度或年度)直接支付给本单位全部就业人员的劳动报酬总额。包括计时工资、计件工资、奖金、津贴和补贴、加班加点工资、特殊情况下支付的工资，是在岗职工工资总额、劳务派遣人员工资总额和其他就业人员工资总额之和。

工资总额是税前工资，包括单位从个人工资中直接为其代扣或代缴的房费、水费、电费、住房公积金和社会保险基金个人缴纳部分等。

工资总额不论是计入成本的还是不计入成本的，不论是以货币形式支付的还是以实物形式支付的，均应列入工资总额的计算范围。

平均工资 指单位就业人员在一定时期内平均每人所得的工资额。它表明一定时期工资收入的高低程度，是反映就业人员工资水平的主要指标。计算公式为：

$$平均工资 = \frac{报告期就业人员工资总额}{报告期就业人员平均人数}$$

城镇家庭人口 指居住在一起，经济上合在一起共同生活的家庭成员。凡计算为家庭人口的成员其全部收支都包括在本家庭中。

城镇就业面 指就业人口占家庭人口的百分比。

城镇就业者负担人数 指家庭人口与就业人口之比。

居民可支配收入 指居民可用于最终消费支出和储蓄的总和，即居民可用于自由支配的收入。既包括现金收入，也包括实物收入。按照收入的来源，可支配收入包含四项，分别为：工资性收入、经营净收入、财产净收入和转移净收入。

居民消费支出 指居民用于满足家庭日常生活消费需要的全部支出，既包括现金消费支出，也包括实物消费支出，消费支出可划分为食品烟酒、衣着、居住、生活用品及服务、交通通信、教育文化娱乐、医疗保健、其他用品及服务八大类。

恩格尔系数 指食物支出金额在消费性总支出金额中所占的比例。计算公式为：

$$恩格尔系数 = \frac{食品支出金额}{消费性总支出金额} \times 100\%$$

农村住户 指农村常住户。农村常住户指长期（一年以上）居住在乡镇（不包括城关镇）行政管理区域内的住户，以及长期居住在城关镇所辖行政村范围内的农村住户。户口不在本地而在本地居住一年及以上的住户也包括在本地农村常住户范围内；有本地户口，但举家外出谋生一年以上的住户，无论是否保留承包耕地都不包括在本地农村住户范围内。

整、半劳动力 整劳动力指男子18周岁到50周岁，女子18周岁到45周岁；半劳动力指男子16周岁到17周岁，51周岁到60周岁；女子16周岁到17周岁，46周岁到55周岁，同时具有劳动能力的人。虽然在劳动年龄之内，但已丧失劳动能力的人，不应算为劳动力；超过劳动年龄，但能经常参加劳动，计入半劳动力数内。常住人口中的职工，若这些职工为劳动力，就包括在本户的整半劳动力中。

城市居民消费价格指数 是反映一定时期内城市居民家庭所购买的生活消费品价格和服务项目价格变动趋势和程度的相对数。通过该指数可以观察和分析消费品的零售价格和服务项目价格变动对城镇居民收入和消费支出的影响。

商品零售价格指数 是反映一定时期内城乡商品零售价格变动趋势和程度的相对数。商品零售价格的变动与国家的财政收入、市场供需的平衡、消费与积累的比例关系有关。因此，该指数可以从一个侧面对上述经济活动进行观察和分析。

工业生产者出厂价格指数 是反映一定时期内全部工业产品第一次出售时出厂价格总水平的变动趋势和变动幅度的相对数。

工业生产者购进价格指数 是反映作为中间投入的原材料、燃料、动力购进价格总水平的变动趋势和变动幅度的相对数。

固定资产投资（不含农户） 是指城镇和农村各种登记注册类型的企业、事业、行政单位及城镇个体户进行的计划总投资500万元及500万元以上的建设项目投资和房地产开发投资，包括原口径的城镇固定资产投资加上农村企事业组织项目投资，该口径自2011年起开始使用。

房地产开发投资 指各种登记注册类型的房地产开发公司、商品房建设公司及其他房地产开发法人单位和附属于其他法人单位实际从事房地产开发或经营活动的单位统一开发的包括统代建、拆迁还建的住宅、厂房、仓库、饭店、宾馆、度假村、写字楼、办公楼等房屋建筑物和配套的服务设施，土地开发工程（如道路、给水、排水、供电、供热、通讯、平整场地等基础设施工程）的投资；不包括单纯的土地交易活动。

固定资产投资的实际到位资金 根据固定资产投资的资金来源不同，分为国家预算资金、国内贷款、利用外资、自筹资金和其他资金。

(1)国家预算资金

国家预算包括一般预算、政府性资金预算、国有资本经营预算和社保基金预算。各类预算中用于固定资产投资的资金全部作为国家预算资金填报，其中一般预算中用于固定资产投资的部分包括基建投资、车购税、灾后恢复重建基金和其他财政投资。各级政府债券也应归入国家预算资金。

(2)国内贷款 指报告期固定资产投资单位向银行及非银行金融机构借入的用于固定资产投资的各种国内借款，包括银行利用自有资金及吸收的存款发放的贷款、上级主管部门拨入的国内贷款、国家专项贷款(包括煤代油贷款、劳改煤矿专项贷款等)、地方财政专项资金安排的贷款、国内储备贷款、周转贷款等。

(3)利用外资

指报告期收到的境外（包括外国及港澳台地区）资金（包括设备、材料、技术在内）。包括对外借款（外国政府贷款、国际金融组织贷款、出口信贷、外国银行商业贷款、对外发行债券和股票）、外商直接投资、外商其他投资（包括利用外商投资收益在国内进行固定资产再投资活动的资金）。不包括我国自有外汇资金（国家外汇、地方外汇、留成外汇、调剂外汇和国内银行自有资金发放的外汇贷款等）。各类外资按报告期末的外汇牌价（中间价）折成人民币计算。

(4)自筹资金

指固定资产投资单位在报告期收到的，由各企、事业单位筹集用于固定资产投资的资金，包括各类企事业单位的自有资金和从其他单位筹集的用于固定资产投资的资金，但不包括各类财政性资金、从各类金融机构借入资金和国外资金。

(5)其他资金 指在报告期收到的除以上各种资金之外的用于固定资产投资的资金，包括社会集资、个人资金、无偿捐赠的资金及其他单位拨入的资金等。

固定资产投资按国民经济行业分 指根据其从事的社会经济活动性质对各类单位进行的分类。应根据建设项目建成投产后的主要产品种类或主要用途及社会经济活动种类来划分，不能根据项目单位本身的行业类别来划分。如果项目投产后有几种产品，应根据主要产品来确定行业类别。一般情况下，一个建设项目只能属于一种国民经济行业。

固定资产投资按建设性质分 按整个建设项目情况来确定。建设项目的性质一般分为新建、扩建、改建和技术改造、单纯建造生活设施、迁建、恢复、单纯购置。房地产开发单位、农户投资不划分建设性质。

(1)新建 指从无到有“平地起家”开始建设的项目。现有企业、事业、行政单位投资的项目一般不属于新建。但如有的单位原有基础很小，经过建设后新增的固定资产价值超过该企业、事业、行政单位原有固定资产价值(原值)三倍以上的，也应作为新建。

(2)扩建　指在厂内或其他地点，为扩大原有产品的生产能力(或效益)或增加新的产品生产能力，而增建的生产车间(或主要工程)、分厂、独立的生产线等项目。行政、事业单位在原单位增建业务性用房(如学校增建教学用房、医院增建门诊部、病房等)也作为扩建。

现有企、事业单位为扩大原有主要产品生产能力或增加新的产品生产能力，增建一个或几个主要生产车间(或主要工程)、分厂，同时进行一些更新改造工程的，也应作为扩建。

(3)改建和技术改造　指现有企业、事业单位对原有设施进行技术改造或更新(包括相应配套的辅助性生产、生活福利设施) 的建设项目。改建项目包括现有企业、事业单位为适应市场变化的需要，而改变企业的主要产品种类(如军工企业转民产品等) 的建设项目，原有产品生产作业线由于各工序(车间)之间能力不平衡，为填平补齐充分发挥原有生产能力而增建不增加本企业主要产品设计能力的车间的建设项目。技术改造是指企业、事业单位在现有基础上，用先进的技术代替落后的技术，用先进的工艺和装备代替落后的工艺和装备，以改变企业落后的技术经济面貌，实现以内涵为主的扩大再生产，达到提高产品质量、促进产品更新换代、节约能源、降低消耗、扩大生产规模、全面提高社会经济效益的目的。技术改造具体包括以下内容：机器设备和工具的更新改造；生产工艺改革、节约能源和原材料的改造；厂房建筑和公共设施的改造；保护环境进行的“三废”治理改造；劳动条件和生产环境的改造等。

固定资产投资按构成分

(1)建筑工程　指各种房屋、建筑物的建造工程，又称建筑工作量。这部分投资额必须兴工动料，通过施工活动才能实现，是固定资产投资额的重要组成部分。

(2)安装工程　指各种设备、装置的安装工程，又称安装工作量。

在安装工程中，不包括被安装设备本身价值。

(3)设备工具器具购置　指报告期内购置或自制的，达到固定资产标准的设备、工具、器具的价值。新建单位及扩建单位的新建车间，按照设计或计划要求购置或自制的全部设备、工具、器具，不论是否达到固定资产标准均计入“设备工具器具购置”中。

(4)其他费用　指在固定资产建造和购置过程中发生的，除建筑安装工程和设备、工器具购置投资完成额以外的应当分摊计入固定资产投资的费用，不指经营中财务上的其他费用。

施工项目个数　是指本年正式进行过建筑或安装施工活动的建设项目个数。包括本年新开工项目，以前年度开工跨入本年继续施工项目，本年全部建成投产项目、以前年度全部停缓建在本年恢复施工的项目，本年进行过施工又在本年内全部停缓建的项目。施工项目个数可以反映一定时期固定资产投资的实际规模，与同期全部建成投产项目个数相比，可以从建设速度的角度反映固定资产投资的效果。

本年投产项目个数　指报告期内按设计文件规定建成主体工程和相应配套的辅助设施，形成生产能力或工程效益，经过验收合格，并且已正式投入生产或交付使用的建设项目。

新增生产能力(或工程效益)　指通过固定资产投资活动而增加的设计能力（或工程效益)。主要指标包括建设规模、本年施工规模、自开始建设累计新增生产能力（或工程效益)、 本年新增生产能力（或工程效益）等。

建设规模　指建设项目或工程设计文件中规定的全部设计能力（或工程效益)。包括已经建成投产和尚未建成投产的工程的生产能力（或工程效益)。

本年施工规模　指报告期内施工的单项工程（或更新改造项目）的设计能力（或工程效益)，包括报告期以前已开工跨入本年继续施工的工程的设计能力和报告期新开工工程的设计能力。也包括报告期内建成投产或报告期施工后又停缓建的单项工程设计能力。不包括在报告期以前建成投产或已经停、缓建的工程，以及报告期内尚未正式开工的工程的设计能力。

自开始建设累计新增生产能力（或工程效益)　指自开始建设至本年底止建成投产的全部单项工程累计新增生产能力(或工程效益)。

本年新增生产能力（或工程效益)　指在本年度内按照新增生产能力（或工程效益）的计算条件和标准，实际建成投入生产或交付使用的生产能力（或工程效益)。

房屋施工面积　指报告期内施工的全部房屋建筑面积，包括本期新开工的房屋建筑面积、上期跨入本期继续施工的房屋建筑面积、上期停缓建在本期恢复施工的房屋建筑面积、本期竣工的房屋建筑面积以及本期施工后又停缓建的房屋建筑面积。

房屋竣工面积 指报告期内房屋建筑按照设计要求已全部完工，达到住人和使用条件，经验收鉴定合格或达到竣工验收标准，可正式移交使用的各栋房屋建筑面积的总和。

新增固定资产 是指已经完成建造和购置过程，并已交付生产或使用单位的固定资产的价值，包括已经建成投入生产或交付使用的工程投资和达到固定资产标准的设备、工具、器具的投资及有关应摊入的费用。该指标是表示固定资产投资成果的价值指标，也是反映建设进度，计算固定资产投资效果的重要指标。

项目建成投产率 指一定时期内全部建成投产项目个数与同期施工项目个数的比率。该指标从建设单位建设速度的角度反映投资效果。

固定资产交付使用率 指一定时期新增固定资产与同期完成投资额的比率。该指标是反映固定资产动用速度，衡量建设过程中宏观投资效果的综合指标。由于新增固定资产是较长时期内形成的结果，而投资额则是当年完成的，因此，该指标一般适宜于反映较长时期内固定资产的动用情况。

商品房销售面积 指房地产开发企业本年出售商品房屋的合同总面积(即双方签署的正式买卖合同中所确定的建筑面积)。

商品房销售额 指房地产开发企业本年出售商品房屋的合同总价款(即双方签署的正式买卖合同中所确定的合同总价)。该指标与商品房销售面积同口径。

供水综合生产能力 指按供水设施取水、净化、送水、出厂输水干管等环节设计能力计算的综合生产能力。包括在原设计能力的基础上，经挖、革、改增加的生产能力。计算时，以四个环节中最薄弱的环节为主确定能力。

供水管道长度 指从送水泵至用户水表之间所有管道的长度。不包括新安装尚未使用、水厂内以及用户建筑物内的管道。

城市供水总量 指报告期供水企业(单位)供出的全部水量。包括有效供水量和漏损水量。

生活用水 包括公共服务用水和居民家庭用水。公共服务用水指为城区社会公共生活服务的用水。包括行政事业单位、部队营区和公共设施服务、批发零售业、住宿餐饮业以及社会服务业等单位的用水。居民家庭用水指城市范围内所有居民家庭的日常生活用水。包括城市居民、农民家庭、公共供水站用水。

用水普及率 指报告期末城区用水人口数与城市人口总数的比率。计算公式：

$$\text{用水普及率}=\frac{\text{城市用水人口（含暂住人口）}}{\text{城市人口}+\text{城区暂住人口}}\times 100\%$$

城市供气总量 指全年燃气企业（单位）向用户供应的燃气数量。包括销售量和损失量。

燃气普及率 指报告期末城区使用燃气的城市人口数与城市人口总数的比率。其中燃气包括人工煤气、天然气、液化石油气三种。计算公式为：

$$\text{燃气普及率}=\frac{\text{城市用气人口（含暂住人口）}}{\text{城市人口}+\text{城区暂住人口}}\times 100\%$$

年末道路长度 指年末道路长度和与道路相通的广场、桥梁、隧道的长度，按车行道中心线计算。在统计时只统计路面宽度在3.5米（含3.5米）以上的各种铺装道路，包括开放型工业区和住宅区道路在内。

城市排水管道长度 指所有排水总管、干管、支管、检查井及连接井进出口等长度之和。

城市污水日处理能力 指污水处理厂(或污水处理装置)每昼夜处理污水量的设计能力。

年末公共交通车辆运营车数 指年末城市用于公共交通运营业务的全部车辆数。新购、新制和调入的运营车辆，自投入之日起开始计算；调出、报废和调作他用的运营车辆，自上级主管机关批准之日起不再计入。

城市绿地面积 指报告期末用作园林和绿化的各种绿地面积。包括公园绿地、生产绿地、防护绿地、附属绿地和其他绿地面积。

公园绿地 城市中向公众开放的、以游憩为主要功能，有一定的游憩设施和服务设施，同时兼有健全生态、美化景观、防灾减灾等综合作用的绿化用地。包括综合公园、社区公园、专类公园、带状公园和街旁绿地。其中综合公园、专类公园和带状公园面积之和为公园面积。

工业废水排放量 指经过企业厂区所有排放口排到企业外部的工业废水量。包括生产废水、外排的直接冷却水、超标排放的矿井地下水和与工业废水混排的厂区生活污水，不包括外排的间接冷却水（清污不分流的间接冷却水应计算在内）。

工业废水排放达标量　指报告期内废水中各项污染物指标都达到国家或地方排放标准的外排工业废水量，包括未经处理外排达标的，经废水处理设施处理后达标排放的，以及经污水处理厂处理后达标排放的。

工业废水排放达标率　指工业废水排放达标量占工业废水排放量的百分率，计算公式为：

$$工业废水排放达标率 = \frac{工业废水排放达标量}{工业废水排放量} \times 100\%$$

化学需氧量(COD)　测量有机和无机物质化学分解所消耗氧的质量浓度的水污染指数。

工业废气排放量　指报告期内企业厂区内燃料燃烧和生产工艺过程中产生的各种排入大气的含有污染物的气体的总量，以标准状态（273K，101325Pa）计算。测算公式为：

工业废气排放量 ＝ 燃料燃烧过程中废气排放量 ＋ 生产工艺过程中废气排放量

工业 SO_2 排放量　指报告期内企业在燃料燃烧和生产工艺过程中排入大气的 SO_2 总量，计算公式为：

工业 SO_2 排放量 ＝ 燃料燃烧过程中 SO_2 排放量 ＋ 生产工艺过程中 SO_2 排放量

工业烟尘排放量　指企业厂区内燃料燃烧过程中产生的烟气中夹带的颗粒物排放量。

工业粉尘排放量　指企业在生产工艺过程中排放的能在空气中悬浮一定时间的固体颗粒物排放量。如钢铁企业的耐火材料粉尘、焦化企业的筛焦系统粉尘、烧结机的粉尘、石灰窑的粉尘、建材企业的水泥粉尘等。不包括电厂排入大气的烟尘。

一般工业固体废物产生量　指未被列入《国家危险废物名录》或者根据国家规定的危险废物鉴别标准（GB5085）、固体废物浸出毒性浸出方法（GB5086）及固体废物浸出毒性测定方法（GB ／ T　15555）鉴别方法判定不具有危险特性的工业固体废物。计算公式是：

一般工业固体废物产生量＝（一般工业固体废物综合利用量－其中：综合利用往年贮存量）＋一般工业固体废物贮存量＋（一般工业固体废物处置量－其中：处置往年贮存量）＋一般工业固体废物倾倒丢弃量

一般工业固体废物综合利用量　指报告期内企业通过回收、加工、循环、交换等方式，从固体废物中提取或者使其转化为可以利用的资源、能源和其他原材料的固体废物量（包括当年利用的往年工业固体废物累计贮存量）。如用作农业肥料、生产建筑材料、筑路等。综合利用量由原产生固体废物的单位统计。

一般工业固体废物处置量　指报告期内企业将工业固体废物焚烧和用其他改变工业固体废物的物理、化学、生物特性的方法，达到减少或者消除其危险成分的活动，或者将工业固体废物最终置于符合环境保护规定要求的填埋场的活动中，所消纳固体废物的量。

一般工业固体废物贮存量　指报告期内企业以综合利用或处置为目的，将固体废物暂时贮存或堆存在专设的贮存设施或专设的集中堆存场所内的量。专设的固体废物贮存场所或贮存设施必须有防扩散、防流失、防渗漏、防止污染大气、水体的措施。

一般工业固体废物倾倒丢弃量　指报告期内企业将所产生的固体废物倾倒或者丢弃到固体废物污染防治设施、场所以外的量。

生活垃圾无害化处理率　指报告期生活垃圾无害化处理量与生活垃圾产生量的比率。在统计上，由于生活垃圾产生量不易取得，可用清运量代替。计算公式为：

$$生活垃圾无害化处理率 = \frac{生活垃圾无害化处理量}{生活垃圾产生量} \times 100\%$$

农林牧渔业总产值　指以货币表现的农、林、牧、渔业全部产品和对农林牧渔业生产活动进行的各种支持性服务活动的价值总量，它反映一定时期内农林牧渔业生产总规模和总成果。1957年以前的农林牧渔业总产值中包括了厩肥和农民自给性手工业（如农民自制衣服、鞋、袜，自己从事粮食初步加工等）。1958年及以后，林业中增加了村及村以下竹木采伐产值；牧业中取消了厩肥产值；副业中取消了农民自给性手工业产值，增加了村及村以下办的工业产值；渔业中增加了海洋捕捞水产品产值。1980年及以后，在副业中增加了农民家庭兼营工业商品部分的产值。从1984年起村及村以下工业产值划归工业。从1993年起取消副业，将野生动物的捕猎划入牧业，野生植物采集和农民家庭兼营商品性工业划归农业。从2003

年起，执行新的国民经济行业分类标准，农林牧渔业总产值中包括了农林牧渔服务业产值。林业中增加了森林采运业产值。农业中取消了家庭兼营商品性工业产值，将野生林产品的采集划归林业。第一次农业普查以后，由于畜牧业产品年报数据与普查数据之间存在一定的差距，根据农业普查结果，对畜牧业年报数据和畜牧业产值进行了修正。2010 年执行《统计用产品分类目录》，对 2009 年的农业、林业产值做了相应调整。

农林牧渔业总产值的计算方法通常是按农、林、牧、渔业产品及其副产品的产量分别乘以各自单位产品价格求得；少数生产周期较长，当年没有产品或产品产量不易统计的，则采用间接方法匡算其产值；然后将四业产品产值及农林牧渔服务业产值相加即为农林牧渔业总产值。

粮食产量 指农业生产经营者日历年度内生产的全部粮食数量。按收获季节包括夏收粮食、早稻和秋收粮食，按作物品种包括谷物、薯类和豆类。其产量计算方法：谷物按脱粒后的原粮计算，豆类按去豆荚后的干豆计算；薯类（包括甘薯和马铃薯，不包括芋头和木薯）1963 年以前按每 4 公斤鲜薯折 1 公斤粮食计算，从 1964 年开始改为按 5 公斤鲜薯 1 公斤粮食计算，2014 年开始按鲜薯计算；城市郊区作为蔬菜的薯类（如马铃薯等）按鲜品计算，并且不作粮食统计。1989 年以前全国粮食产量数据主要靠全面报表取得，1989 年开始使用抽样调查数据。

油料产量 指全部油料作物的生产量。包括花生、油菜籽、芝麻、向日葵籽、胡麻籽（亚麻籽）和其他油料。不包括大豆、木本油料和野生油料。花生以带壳干花生计算。

水产品产量 指渔业（捕捞和养殖）生产活动的最终有效成果，包括全部海水和淡水鱼类、甲壳类（虾、蟹）、贝类、头足类、藻类和其他类渔业产品的最终产量。水产品产量是通过各级水产部门逐级上报取得数据。1995 年及以前，贝类中牡蛎按鲜肉计算；蚶、蛤、蛏按 5 公斤折 1 公斤计算。1996 年以后则统一按鲜品计算。

猪、牛、羊肉产量 指当年出栏并已屠宰、除去头蹄下水后带骨肉(即胴体重)的重量。包括全社会范围内的产量。1996 年以前为全面统计并逐级上报数据。1996 年第一次农业普查以后，根据普查结果，对畜牧业主要年报数据进行了修正。1999 年以后，国家统计局在部分地区开展了猪、牛、羊、禽等主要畜禽品种的抽样调查，并用抽样数据作为国家定案数据使用。未开展抽样调查的地区和品种，仍使用各级统计部门逐级上报数据。2007 年，根据第二次农业普查结果，对 2000−2006 年畜牧业主要年报数据进行了修正。2008 年，建立了主要畜禽监测调查制度，猪、牛、羊、禽等主要畜禽数据均以抽样调查数为法定数据。

期初(末)畜禽存栏头(只)数 指报告期初(末)农村各种合作经济组织和国营农场、农民个人、机关、团体、学校、工矿企业、部队等单位以及城镇居民饲养的大牲畜、猪、羊、家禽等畜禽的数量。数据上报方式及数据调整情况同猪、牛、羊肉产量。

农作物播种面积 指农业生产经营者应在日历年度内收获农作物在全部土地（耕地或非耕地）上的播种或移植面积，凡是本年内收获的农作物，无论是本年还是上年播种，都算为播种面积，但不包括本年播种，下年收获的农作物面积。

耕地灌溉面积 指具有一定的水源，地块比较平整，灌溉工程或设备已经配套，在一般年景下能够进行正常灌溉的耕地面积。在一般情况下，耕地灌溉面积应等于灌溉工程或设备已经配备，能够进行正常灌溉的水田和水浇地面积之和。它是反映我国农田水利建设的重要指标。

农用化肥施用量 指本年内实际用于农业生产的化肥数量，包括氮肥、磷肥、钾肥和复合肥。化肥施用量要求按折纯量计算数量。折纯量是指把氮肥、磷肥、钾肥分别按含氮、含五氧化二磷、含氧化钾的百分之百成份进行折算后的数量。复合肥按其所含主要成分折算。公式为：

折纯量 = 实物量 × 某种化肥有效成份含量的百分比

农业机械总动力 指全部农业机械动力的额定功率之和。农业机械是指用于种植业、畜牧业、渔业、农产品初加工、农用运输和农田基本建设等活动的机械及设备。农机总动力按使用能源不同分为以下四部分：

柴油发动机动力：指全部柴油发动机额定功率之和；

汽油发动机动力：指全部汽油发动机额定功率之和；

电动机动力：指全部电动机（含潜水电泵的电动机）额定功率之和；

其他机械动力：指采用柴油、汽油、电力之外的其他能源，如水力、风力、煤炭、太阳能等动力机械功率之和。

这个指标的统计数据主要来源于农机部门。

乡村从业人员 指乡村人口中劳动年龄在 16 周岁以上实际参加生产经营活动并取得实物或货币收入的人员，包括劳动年龄内经常参加劳动的人员，也包括超过劳动年龄但经常参加劳动的人员，但不包括户口在家的在外学生、现役军人和丧失劳动能力的人，也不包括待业人员和家务劳动者。从业人员按从事主业时间最长（时间相同按收入）分为农林牧渔业从业人员、工业从业人员、建筑业从业人员、交通运输业、仓储及邮电通信业从业人员、批零贸易业、餐饮业从业人员、其他非农行业从业人员。

工业 指从事自然资源的开采，对采掘品和农产品进行加工和再加工的物质生产部门。具体包括：(1)对自然资源的开采，如采矿、晒盐等(但不包括禽兽捕猎和水产捕捞)；(2)对农副产品的加工、再加工，如粮油加工、食品加工、缫丝、纺织、制革等；(3)对采掘品的加工、再加工，如炼铁、炼钢、化工生产、石油加工、机器制造、木材加工等，以及电力、煤气及水的生产和供应等；(4)对工业品的修理、翻新，如机器设备的修理等。

工业统计调查单位为工业法人单位。

工业法人单位指从事工业生产经营活动的法人单位。工业法人单位应同时具备以下条件：①依法成立，有自己的名称、组织机构和场所，能够独立承担民事责任；②独立拥有（或授权）使用资产，承担负债，有权与其他单位签订合同；③具有包括资产负债表在内的账户，或者能够根据需要编制账户。

轻工业 指主要提供生活消费品和制作手工工具的工业。按其所使用的原料不同，可分为两大类：（1）以农产品为原料的轻工业，是指直接或间接以农产品为基本原料的轻工业。主要包括食品制造、饮料制造、烟草加工、纺织、缝纫、皮革和毛皮制作、造纸以及印刷等工业；（2）以非农产品为原料的轻工业，是指以工业品为原料的轻工业。主要包括文教体育用品、化学药品制造、合成纤维制造、日用化学制品、日用玻璃制品、日用金属制品、手工工具制造、医疗器械制造、文化和办公用机械制造等工业。

重工业 指为国民经济各部门提供物质技术基础的主要生产资料的工业。按其生产性质和产品用途，可以分为下列三类：（1）采掘（伐）工业，是指对自然资源的开采，包括石油开采、煤炭开采、金属矿开采、非金属矿开采等工业；（2）原材料工业，指向国民经济各部门提供基本材料、动力和燃料的工业。包括金属冶炼及加工、炼焦及焦炭、化学、化工原料、水泥、人造板以及电力、石油和煤炭加工等工业；（3）加工工业，是指对工业原材料进行再加工制造的工业。包括装备国民经济各部门的机械设备制造工业、金属结构、水泥制品等工业，以及为农业提供的生产资料如化肥、农药等工业。

根据上述划分原则，修理业中以重工业产品为修理作业对象的划为重工业，反之划为轻工业。

工业总产值 是以货币形式表现的，工业企业在一定时期内生产的工业最终产品或提供工业性劳务活动的总价值量。它反映一定时间内工业生产的总规模和总水平。工业总产值包括三项内容：即本期生产成品价值、对外加工费收入、在制品半成品期末期初差额价值三部分。

本期生产成品价值：指企业本期生产，并在报告期内不再进行加工，经检验、包装入库的全部工业成品（半成品）价值合计，包括企业生产的自制设备及提供给本企业在建工程、其他非工业部门和福利部门等单位使用的成品价值。本期生产成品价值为按自备原材料生产的产品的数量乘以本期不含增值税（销项税额）的产品实际销售平均单价计算；会计核算中按成本价格转帐的自制设备和自产自用的成品，按成本价格计算生产成品价值。生产成品价值中不包括用定货者来料加工的成品（半成品）价值。

对外加工费收入：指企业在报告期内完成的对外承接的工业品加工（包括用定货者来料加工产品）的加工费收入和对外工业修理作业所取得的加工费收入。对外加工费收入按不含增值税（销项税额）的价格计算，可根据会计“产品销售收入”科目的有关资料取得。

对于本企业对内非工业部门提供的加工修理、设备安装的劳务收入，如果企业会计核算基础较好，能取得这部分资料，而且这部分价值所占比重较大，应包括在对外加工费收入中。

自制半成品在制品期末期初差额价值：指企业报告期在制品期末减期初的差额价值，本指标一般可以从会计核算资料中取得。如果会计产品成本核算中不计算半成品、在制品的成本，则总产值中也不包括这部分价值，反之则包括。

资产总计 指企业过去的交易或者事项形成的、由企业拥有或者控制的、预期会给企业带来经济利益的资源。资产一般按流动性分为流动资产和非流动资产。其中流动资产可分为货币资金、交易性金融资产、应收票据、应收账款、预付款项、其他应收款、存货等；非流动资产可分为长期股权投资、固定资产、无形资产及其他非流动资产等。来源于会计“资产负债表”中“资产总计”项目的期末余额数。

流动资产合计 资产满足以下条件之一应归为流动资产：（1）预计在一个正常营业周期中变现、出售或耗用，主要包括存货、应收账款等；（2）主要为交易目的而持有；（3）预计在资产负债表日起一年内（含一年）变现；（4）自资产负债日起一年内，交换其他资产或清偿负债的能力不受限制的现金或现金等价物。包括货币资金、应收票据、应收账款、存货等项目。来源于会计“资产负债表”中“流动资产合计”项目的期末余额数。

固定资产原价 指固定资产的成本，包括企业在购置、自行建造、安装、改建、扩建、技术改造某项固定资产时所发生的全部支出总额。根据会计“固定资产”科目的期末借方余额填报。

累计折旧 指企业在报告期末提取的历年固定资产折旧累计数。根据会计“累计折旧”科目的期末贷方余额填报。

负债合计 指企业过去的交易或者事项形成的，预期会导致经济利益流出企业的现时义务。负债一般按偿还期长短分为流动负债和非流动负债。来源于会计“资产负债表”中“负债合计”项目的期末余额数。

流动负债合计 负债满足下列条件之一的应归为流动负债：(1) 预计在一个正常营业周期中清偿；(2) 主要为交易目的而持有；(3) 自资产负债表日起一年内到期应予清偿；(4) 企业无权自主地将清偿推迟至资产负债表日后一年以上。包括短期借款、应付票据、应付账款、应付职工薪酬、应交税费等项目。根据会计“资产负债表”中“流动负债合计”项目的期末余额数填报。

所有者权益合计 指企业资产扣除负债后由所有者享有的剩余权益。公司的所有者权益又称股东权益。包括实收资本、资本公积、盈余公积、未分配利润等。根据会计“资产负债表”中“所有者权益合计”项目的期末余额数填报。

主营业务收入 指企业确认的销售商品、提供劳务等主营业务的收入。来源于会计“主营业务收入”科目的期末贷方余额。

主营业务成本 指企业经营主要业务所发生的成本总额。来源于会计“主营业务成本”科目的期末借方余额。

主营业务税金及附加 指企业经营主要业务应负担的营业税、消费税、城市维护建设税、教育费附加等。根据会计“主营业务税金及附加”科目的期末借方余额填报。

利润总额 指企业在一定会计期间的经营成果，是生产经营过程中各种收入扣除各种耗费后的盈余，反映企业在报告期内实现的盈亏总额。来源于会计“利润表”中“利润总额”项目的本期金额数。

应交增值税 指企业按税法规定，从事货物销售或提供加工、修理修配劳务等增加货物价值的活动本期应交纳的税金。计算公式为：

应交增值税 = 销项税额 −（进项税额 − 进项税额转出）− 出口抵减内销产品应纳税额 − 减免税款 + 出口退税

进项税额指工业企业在报告期内购入货物或接受应税劳务而支付的、准予从销项税额中抵扣的增值税额。

销项税额指工业企业在报告期内销售货物或提供应税劳务应收取的增值税额。

建筑业统计单位 指从事房屋、构筑物建造和设备安装活动的法人企业。建筑业法人企业应具有建筑业资质并能够独立核算，同时还应具备以下条件：①依法成立，有自己的名称、组织机构和场所，能够承担民事责任；②独立拥有和使用资产，承担负债，有权与其他单位签订合同；③独立核算盈亏，能够编制资产负债表。

建筑业总产值 是以货币形式表现的建筑业企业在一定时期内生产的建筑业产品和提供服务的总和。建筑业总产值包括：

⑴建筑工程产值：指列入建筑工程预算内的各种工程价值。

⑵安装工程产值：指设备安装工程价值，不包括被安装设备本身的价值。

⑶其他产值：建筑业总产值中除建筑工程、安装工程以外的产值。包括房屋构筑物修理产值、非标准设备制造产值、总包企业向分包企业收取的管理费以及不能明确划分的施工活动所完成的产值。

a.房屋构筑物修理产值：指房屋和构筑物修理所完成的产值，但不包括被修理房屋、构筑物本身价值和生产设备的修理产值。

b.非标准设备制造产值：指加工制造没有定型的非标准生产设备的加工费和原材料价值（如化工厂、炼油厂用的各种罐、槽，矿井生产统一使用的各种漏斗、三角槽、阀门等）以及附属加工厂为本企业承建工程制作的非标准设备的价值。

建筑业增加值 指建筑业企业在报告期内以货币形式表现的建筑业生产经营活动的最终成果。

房屋施工面积 指报告期内施工的全部房屋建筑面积，包括本期新开工的房屋建筑面积、上期跨入本期继续施工的房屋建筑面积、上期停缓建在本期恢复施工的房屋建筑面积、本期竣工的房屋建筑面积及本期施工后又停缓建的房屋建筑面积。

房屋竣工面积 指报告期内房屋建筑按照设计要求已全部完工，达到住人和使用条件，经验收鉴定合格或达到竣工验收标准，可正式移交使用的各栋房屋建筑面积的总和。

铁路营业里程 又称营业长度，指投入客货运输营业或临时营业的线路长度。

公路里程 指报告期末公路的实际长度。统计范围：包括城间、城乡间、乡（村）间能行驶汽车的公共道路，公路通过城镇街道的里程，公路桥梁长度、隧道长度、渡口宽度。不包括城市街道里程，断头路里程，农（林）业生产用道路里程，工（矿）企业等内部道路里程。统计原则：按已竣工验收或交付使用的实际里程计算；两条或多条公路共同经由同一路段的重复里程，只计算一次。

内河航道里程 指在一定时期内，能通航运输船舶及排筏的天然河流、湖泊水库、运河及通航渠道的长度。包括全年季节性通航累计三个月以上的航道，不包括仅供零散流放竹、木排的河道。两省以河为界的航道里程，双方均按一半计算，以免重复。

货(客)运量 指在一定时期内，各种运输工具实际运送的货物重量(旅客数量)。货运按吨计算，客运按人计算。货物不论运输距离长短、货物类别，均按实际重量统计。旅客不论行程远近或票价多少，均按一人一次客运量统计；半价票、儿童票也按一人统计。

货物(旅客)周转量 指在一定时期内，由各种运输工具运送的货物（旅客）数量与其相应运输距离的乘积之总和。该指标可以反映运输业生产的总成果，也是编制和检查运输生产计划，计算运输效率、劳动生产率以及核算运输单位成本的主要基础资料。计算货物周转量通常按发出站与到达站之间的最短距离，也就是计费距离计算。计算公式为：

货物（旅客）周转量 = Σ（货物（旅客）运输量×运输距离）

港口货物吞吐量 指经由水路进、出港区范围，并经过装卸的货物数量。按货物流向分为进港吞吐量和出港吞吐量，按货物的贸易性质分为内贸和外贸吞吐量。货物类别根据现行的交通行业《运输货物分类和代码》标准分类。

民用运输船舶拥有量 指报告期末在水路运输管理部门注册登记的从事水上客、货运输活动的我国企业或私人拥有的营业性运输船舶（含我国企业或私人拥有的悬挂外国旗的船舶）数量。不包括非运输船舶及农业、渔业生产船舶。

民用汽车拥有量 指报告期末，在公安交通管理部门按照《机动车注册登记工作规范》，已注册登记领有民用车辆牌照的全部汽车数量。汽车拥有量统计的主要分类：根据汽车结构分为载客汽车、载货汽车及其他汽车；根据汽车所有者不同分为个人（私人）汽车、单位汽车；根据汽车的使用性质分为营运汽车、非营运汽车；根据汽车大小规格不同，载客汽车分为大型、中型、小型和微型，载货汽车分为重型、中型、轻型和微型。

邮政、电信业务总量 指以货币形式表现的邮政、电信通信企业为社会提供各类邮政、电信通信服务的总数量。计算方式为各类业务的实物量分别乘以相应的不变单价，求出各类业务的货币量加总求得。没有不变单价的业务按其业务收入直接相加。

移动电话用户 指在电信运营企业营业网点办理开户登记手续，通过移动电话交换机进入移动电话网，占用移动电话号码的各类电话用户。包括各类签约用户、智能网预付费用户、无线上网卡用户。

固定电话用户 指在电信企业营业网点办理开户登记手续并已接入固定电话网上的全部电话用户。包括普通电话用户、无线市话用户、公用电话用户、窄带综合业务数字网（N—ISDN）用户、智能网专用接入终端用户等。

城市电话用户 指按行政区划属于中央直辖市、省辖市、地级市、县级市的市区、市郊区及县城区范围内的电话用户数。包括分布在农村地区但以县团级以上建制的独立工矿区、林区、驻军的电话用户。

农村电话用户 指按行政区划属于城市范围以外的乡（镇）、村电话用户。

住宅电话用户 指私人付费或安装在居民住宅并按照私人或住宅电话用户登记注册和收费的各类电话用户。

长途电话交换机容量 指电信企业用于接入长途电话网的电话交换机的设备额定容量。

互联网宽带接入端口 指用于接入互联网用户的各类实际安装运行的接入端口的数量，包括xDSL用户接入端口、LAN接入端口、其他类型接入端口等，不包括窄带拨号接入端口。

批发业 指向其他批发或零售单位（含个体经营者）及其他企事业单位、机关团体等批量销售生活用品、生产资料的活动，以及从事进出口贸易和贸易经纪与代理的活动，包括拥有货物所有权，并以本单位(公司)的名义进行交易活动，也包括不拥有货物的所有权，收取佣金的商品代理、商品代售活动；还包括各类商品批发市场中固定摊位的批发活动，以及以销售为目的的收购活动。

零售业 指百货商店、超级市场、专门零售商店、品牌专卖店、售货摊等主要面向最终消费者（如居民等）的销售活动，以互联网、邮政、电话、售货机等方式的销售活动，还包括在同一地点，后面加工生产，前面销售的店铺（如面包房）；谷物、种子、饲料、牲畜、矿产品、生产用原料、化工原料、农用化工产品、机械设备（乘用车、计算机及通信设备除外）等生产资料的销售不作为零售活动；多数零售商对其销售的货物拥有所有权，但有些则是充当委托人的代理人，进行委托销售或以收取佣金的方式进行销售。

批发和零售业商品购进、销售、库存额 指各种登记注册类型的批发和零售业企业(单位)以本企业(单位)为总体的，从国内、国外市场购进的商品总量，销售和出口的商品总量，库存的商品总量等情况。该指标可以反映商品流转过程中商品的购进、销售、库存之间的比例关系和存在的问题。

商品购进额 指从本企业以外的单位和个人购进（包括从国外直接进口）作为转卖或加工后转卖的商品金额（含增值税)。商品购进包括：(1）从工农业生产者、批发和零售业企业、住宿和餐饮业企业、出版社或报社的出版发行部门和其他服务业企业购进的商品；(2）从机关、社会团体购进的商品；(3）从海关、市场管理部门购进的缉私和没收的商品；(4）从居民收购的废旧商品等。不包括：(1）企业为本单位自身经营用，不是作为转卖而购进的商品，如材料物资、包装物、低值易耗品、办公用品等；(2）未通过买卖行为而收入的商品，如接受其他部门移交的商品、借入的商品、收入代其他单位保管的商品、其他单位赠送的样品、加工回收的成品等；(3）经本单位介绍，由买卖双方直接结算，本单位只收取手续费的业务；(4）销售退回和买方拒付货款的商品；(5）商品溢余；(6）期货交易商品。

商品销售额 指对本单位以外的单位和个人出售的商品金额（包括售给本单位消费用的商品，含增值税)。商品销售包括（1）售给城乡居民和社会集团消费用的商品；(2）售给农业、工业、建筑业、服务业等国民经济各行业用于生产、经营用的商品，包括售予批发和零售业作为转卖或加工后转卖的商品；(3）对国（境）外直接出口的商品。不包括：(1）未通过买卖行为付出的商品，如随机变动移交给其他企业单位的商品、借出的商品、归还受其他单位委托代为保管的商品、付出的加工原料和赠送给其他单位的样品等；(2）经本单位介绍，由买卖双方直接结算，本单位只收取手续费的业务；(3）购货退回的商品；(4）商品损耗和损失；(5）出售本单位自用的废旧物资。

商品库存额 对于批发和零售业法人单位和个体经营户，是指报告期末取得所有权的全部商品金额（含增值税)；对于批发和零售业产业活动单位，是指报告期末实际在库且归属法人具有所有权的全部商品金额（含增值税)。库存商品包括：(1)存放在本单位(如门市部、批发站、采购站、经营处)的仓库、货场、货柜和货架中的商品；(2)挑选、整理、包装中的商品；(3)已记入购进而尚未运到本单位的商品，即发货单或银行承兑凭证已到而货未到的商品；(4)寄放他处的商品，如因购货方拒绝付款而暂时存在购货方的商品；(5)委托其他单位代销(未作销售或调出)尚未售出的商品；(6)代其他单位购进尚未交付的商品。不包括：所有权不属于本单位的商品；委托外单位加工的商品；外贸企业代理其他单位从国外进口，尚未付给订货单位的商品；代国家储备部门保管的商品。

连锁总店（总部） 指负责连锁企业资源（商号、商誉、经营模式、服务标准、管理模式等等）的开发、配置、控制或使用等功能的企业核心管理机构。连锁经营是指经营同类商品或服务，使用统一商号的若干店铺，在同一总店（总部）的管理下，采取统一采购或特许经营等方式，实现规模效益的组织形式，包括直营连锁、特许连锁和自愿连锁三种形式。其中，直营连锁是指连锁店铺由连锁公司全资或控股开设，在总部的直接控制下，开展统一经营的连锁经营形式；特许连锁是指拥有注册商标、企业标志、专利、专有技术等经营资源的企业（特许人），以合同形式将其拥有的经营资源许可其他经营者（被特许人）使用，被特许人按合同约定在统一的经营模式下开展经营，并向特许人支付特许经营费用的连锁经营形式；自愿连锁是指若干个店铺或企业自愿组合起来，在不改变各自资产所有权关系的情况下，以同一个品牌形象面对消费者，以共同进货为纽带开展的连锁经营形式。

亿元以上商品交易市场 指年成交额在亿元及以上的商品交易市场。商品交易市场是指经有关部门和组织批准设立，有固定场所、设施，有经营管理部门和监管人员，若干市场经营者入内，常年或实际开业三个月以上，集中、公开、独立地进行生活消费品、生产资料等现货商品交易以及提供相关服务的交易场所，包括各类消费品市场、生产资料市场等。

社会消费品零售总额 指企业（单位、个体户）通过交易直接售给个人、社会集团非生产、非经营用的实物商品金额，以及提供餐饮服务所取得的收入金额。个人包括城乡居民和入境人员，社会集团包括机关、社会团体、部队、学校、企事业单位、居委会或村委会等。

住宿业 指为旅行者提供短期留宿场所的活动，有些单位只提供住宿，也有些单位提供住宿、饮食、商务、娱乐一体的服务，不包括主要按月或按年长期出租房屋住所的活动。

餐饮业 指通过即时制作加工、商业销售和服务性劳动等，向消费者提供食品和消费场所及设施的服务。

营业额 指住宿和餐饮业单位在经营活动中因提供服务或销售商品等取得的收入（含增值税)，收入只要来源于提供客房、餐费服务、商品销售和其他服务，如商务服务。不包括多产业法人企业附营的其他行业产业活动单位的餐饮收入、商品销售收入等各项收入。其中，客房收入指住宿和餐饮业单位在经营活动中因提供住宿服务取得的收入（含增值税)。餐费收入指本单位为顾客提供就餐服务取得的收入（含增值税），包括：经烹饪、调制加工后出售的各种食品，如主食、炒菜、凉拌菜等的收入。不包括多产业法人企业附营的其他行业产业活动单位的餐费收入。

货物进出口总额　指实际进出我国关境的货物总金额。包括对外贸易实际进出口货物，来料加工装配进出口货物，国家间、联合国及国际组织无偿援助物资和赠送品，华侨、港澳台同胞和外籍华人捐赠品，租赁期满归承租人所有的租赁货物，进料加工进出口货物，边境地方贸易及边境地区小额贸易进出口货物，中外合资企业、中外合作经营企业、外商独资经营企业进出口货物和公用物品，到、离岸价格在规定限额以上的进出口货样和广告品(无商业价值、无使用价值和免费提供出口的除外)，从保税仓库提取在中国境内销售的进口货物，以及其他进出口货物。该指标可以观察一个国家在对外贸易方面的总规模。我国规定出口货物按离岸价格统计，进口货物按到岸价格统计。

商品收发货人所在地进、出口额　指所在地海关注册登记的有进出口经营权的企业实际进、出口额。

商品目的地进口额和商品货源地出口额　目的地进口额指进口货物的消费、使用或最终抵运地的实际进口额；货源地出口额指出口货物的产地或原始发货地的实际出口额。

外商直接投资　是指外国投资者在我国境内通过设立外商投资企业、合伙企业、与中方投资者共同进行石油资源的合作勘探开发以及设立外国公司分支机构等方式进行投资。外国投资者可以用现金、实物、无形资产、股权等投资，还可以用从外商投资企业获得的利润进行再投资。

外商其他投资　指除对外借款和外商直接投资以外的各种利用外资的形式。包括企业在境内外股票市场公开发行的以外币计价的股票发行价总额，国际租赁进口设备的应付款，补偿贸易中外商提供的进口设备、技术、物料的价款，加工装配贸易中外商提供的进口设备、物料的价款。

对外直接投资　指我国企业、团体等(简称境内投资主体）在国外及港澳台地区以现金、实物、无形资产等方式投资，并以控制国(境)外企业的经营管理权为核心的经济活动。对外直接投资的内涵主要体现在一经济体通过投资于另一经济体而实现其持久利益的目标。

对外承包工程　根据《对外承包工程管理条例》，对外承包工程是指中国的企业或者其他单位承包境外建设工程项目的活动。

对外劳务合作　指组织劳务人员赴其他国家或地区为国外的企业或机构工作的经营性活动。

入境游客　指报告期内来中国（大陆）观光、度假、探亲访友、就医疗养、购物、参加会议或从事经济、文化、体育、宗教活动的外国人、港澳台同胞等游客（即入境旅游人数）。统计时，入境游客按每入境一次统计1人次。入境旅游人数包括入境过夜游客和入境一日游游客。

出境人数（出境游客）　指中国（大陆）居民因公或因私出境前往其他国家、中国香港特别行政区、澳门特别行政区和台湾省观光、度假、探亲访友、就医疗养、购物、参加会议或从事经济、文化、体育、宗教活动的人数（即出境游客）。统计时，出境游客按每出境一次统计1人次。

国内游客　指报告期内在中国（大陆）观光游览、度假、探亲访友、就医疗养、购物、参加会议或从事经济、文化、体育、宗教活动的中国（大陆）居民人数，其出游的目的不是通过所从事的活动谋取报酬。统计时，国内游客按每出游一次统计1人次。

国际旅游收入　指入境游客在中国（大陆）境内旅行、游览过程中用于交通、参观游览、住宿、餐饮、购物、娱乐等全部花费。

国内旅游收入（旅游总花费）　指国内游客在国内旅行、游览过程中用于交通、参观游览、住宿、餐饮、购物、娱乐等全部花费。

星级饭店　指设备、设施、服务符合《旅游饭店星级的划分与评定》(GB/T14308-2003)，通过相关旅游管理部门评定，并取得星级饭店称号的饭店（含预备星级饭店)。

一般公共预算收入　指国家财政参与社会产品分配所取得的收入，是实现国家职能的财力保证。主要包括：(1）各项税收：包括国内增值税、国内消费税、进口货物增值税和消费税、出口货物退增值税和消费税、营业税、企业所得税、个人所得税、资源税、城市维护建设税、房产税、印花税、城镇土地使用税、土地增值税、车船税、船舶吨税、车辆购置税、关税、耕地占用税、契税、烟叶税等。(2）非税收入：包括专项收入、行政事业性收费、罚没收入和其他收入。财政收入按现行分税制财政体制划分为中央本级收入和地方本级收入。

一般公共预算支出　指国家财政将筹集起来的资金进行分配使用，以满足经济建设和各项事业的需要。主要包括：

一般公共服务、外交、国防、公共安全、教育、科学技术、文化体育与传媒、社会保障和就业、医疗卫生、环境保护、城乡社区事务、农林水事务、交通运输、资源勘探电力信息等事务、商业服务等事务、金融监管支出、国土气象等事务、住房保障支出、粮油物资储备管理等事务、国债付息支出等方面的支出。财政支出根据政府在经济和社会活动中的不同职权，划分为中央财政支出和地方财政支出。

存款　指企业、机关、团体或居民把货币资金存入银行或其他信贷机构保管，可随时或按约定时间支取款项，并取得一定利息的一种信用活动形式。根据存款对象或性质的不同可划分为住户存款、非金融企业存款、政府存款、非银行业金融机构存款等科目。它是银行信贷资金的主要来源。

贷款　指银行或其他信贷机构根据资金必须归还的原则，按一定利率，为企业、个人等提供资金的一种信用活动形式。我国银行贷款分为短期贷款、中长期贷款、融资租赁、票据融资、各项垫款、境外贷款等。

保险金额　指保险人承担赔偿或者给付保险金责任的最高限额。

保费　指投保人为取得保险人在约定范围内所承担赔偿责任而支付给保险人的费用。

赔款　指保险人根据保险合同的规定，向被保险人支付的赔偿保险责任损失的金额。

给付　包括死伤医疗给付和满期给付。死伤医疗给付是指保险人根据人寿保险及长期健康保险合同的规定，因被保险人在保险期内发生保险责任范围内的保险事故支付给被保险人（或受益人）的金额。满期给付是指被保险人生存期满，保险人按人寿保险合同规定支付给被保险人的满期保险金额。

普通高等学校　指通过全国普通高等教育招生考试，招收高中毕业生为主要培养对象，实施高等学历教育的全日制大学、独立设置的学院、独立学院和高等专科学校、高等职业学校和其他机构。

大学、独立设置的学院主要实施本科及本科层次以上的教育。独立学院主要实施本科层次的教育。高等专科学校、高等职业学校实施专科层次的教育。其他机构是指承担国家普通招生计划任务不计校数的机构，包括普通高等学校分校、大专班等。

成人高等学校　指通过国家成人高等教育招生考试，招收具有高中毕业或同等学历的人员为主要培养对象，利用函授、业余、脱产等多种形式，对其实施高等学历教育的学校。包括：职工高等学校、农民高等学校、管理干部学院、教育学院、独立函授学院、广播电视大学、其他机构。其他机构是指承担国家成人招生计划任务不计校数的机构。

小学学龄儿童净入学率　指调查范围内已入小学学习的学龄儿童占校内外学龄儿童总数的比重。计算公式为：

$$\text{小学学龄儿童净入学率} = \frac{\text{已入学的小学学龄儿童数}}{\text{校内外小学学龄儿童总数}} \times 100\%$$

研究与试验发展(R&D)　指在科学技术领域，为增加知识总量，以及运用这些知识去创造新的应用进行的系统的创造性的活动，包括基础研究、应用研究、试验发展三类活动。国际上通常采用R&D活动的规模和强度指标反映一国的科技实力和核心竞争力。

基础研究　指为了获得关于现象和可观察事实的基本原理的新知识（揭示客观事物的本质、运动规律，获得新发现、新学说）而进行的实验性或理论性研究，它不以任何专门或特定的应用或使用为目的。其成果以科学论文和科学著作为主要形式。用来反映知识的原始创新能力。

应用研究　指为获得新知识而进行的创造性研究，主要针对某一特定的目的或目标。应用研究是为了确定基础研究成果可能的用途，或是为达到预定的目标探索应采取的新方法（原理性）或新途径。其成果形式以科学论文、专著、原理性模型或发明专利为主。用来反映对基础研究成果应用途径的探索。

试验发展　指利用从基础研究、应用研究和实际经验所获得的现有知识，为产生新的产品、材料和装置，建立新的工艺、系统和服务，以及对已产生和建立的上述各项作实质性的改进而进行的系统性工作。其成果形式主要是专利、专有技术、具有新产品基本特征的产品原型或具有新装置基本特征的原始样机等。在社会科学领域，试验发展是指把通过基础研究、应用研究获得的知识转变成可以实施的计划（包括为进行检验和评估实施示范项目）的过程。人文科学领域没有对应的试验发展活动。主要反映将科研成果转化为技术和产品的能力，是科技推动经济社会发展的物化成果。

R&D人员　指参与研究与试验发展项目研究、管理和辅助工作的人员，包括项目（课题）组人员，企业科技行政管理人员和直接为项目（课题）活动提供服务的辅助人员。反映投入从事拥有自主知识产权的研究开发活动的人力规模。

R&D人员全时当量　指全时人员数加非全时人员按工作量折算为全时人员数的总和。例如：有两个全时人员和三个非全时人员（工作时间分别为20%、30%和70%），则全时当量为2+0.2+0.3+0.7=3.2人年。为国际上比较科技人力投入而制定的可比指标。

R&D经费支出合计 指调查单位用于内部开展R&D活动（基础研究、应用研究和试验发展）的实际支出。包括用于R&D项目（课题）活动的直接支出，以及间接用于R&D活动的管理费、服务费、与R&D有关的基本建设支出以及外协加工费等。不包括生产性活动支出、归还贷款支出以及与外单位合作或委托外单位进行R&D活动而转拨给对方的经费支出。

R&D经费支出中政府资金 指R&D经费内部支出中来自各级政府部门的各类资金，包括财政科学技术拨款、科学基金、教育等部门事业费以及政府部门预算外资金的实际支出。

R&D经费支出中企业资金 指R&D经费内部支出中来自本企业的自有资金和接受其他企业委托而获得的经费，以及科研院所、高校等事业单位从企业获得的资金的实际支出。

R&D项目（课题）数 指在当年立项并开展研究工作、以前年份立项仍继续进行研究的研发项目（课题）数，包括当年完成和年内研究工作已告失败的研发项目（课题），但不包括委托外单位进行的研发项目（课题）数。

R&D项目（课题）人员全时当量 指实际参加研发项目（课题）活动人员折合的全时当量。

R&D项目（课题）经费支出 指调查单位内部在报告年度进行研发项目（课题）研究和试制等的实际支出。包括劳务费、其他日常支出、固定资产购建费、外协加工费等，不包括委托或与外单位合作进行项目（课题）研究而拨付给对方使用的经费。

新产品产值 指报告期企业生产的新产品的产值。新产品是指采用新技术原理、新设计构思研制、生产的全新产品，或在结构、材质、工艺等某一方面比原有产品有明显改进，从而显著提高了产品性能或扩大了使用功能的产品。新产品产值、新产品销售收入既包括经政府有关部门认定并在有效期内的新产品，也包括企业自行研制开发，未经政府有关部门认定，从投产之日起一年之内的新产品。

新产品销售收入 指报告期企业销售新产品实现的销售收入。新产品是指采用新技术原理、新设计构思研制、生产的全新产品，或在结构、材质、工艺等某一方面比原有产品有明显改进，从而显著提高了产品性能或扩大了使用功能的产品。既包括经政府有关部门认定并在有效期内的新产品，也包括企业自行研制开发，未经政府有关部门认定，从投产之日起一年之内的新产品。

专利 是专利权的简称，是对发明人的发明创造经审查合格后，由专利局依据专利法授予发明人和设计人对该项发明创造享有的专有权。包括发明、实用新型和外观设计。反映拥有自主知识产权的科技和设计成果情况。

发明（专利） 指对产品、方法或者其改进所提出的新的技术方案。是国际通行的反映拥有自主知识产权技术的核心指标。

实用新型（专利） 指对产品的形状、构造或者其结合所提出的适于实用的新的技术方案。反映具有一定技术含量的技术成果情况。

外观设计（专利） 指对产品的形状、图案、色彩或者其结合所作出的富有美感并适于工业上应用的新设计。反映拥有自主知识产权的外观设计成果情况。

专业技术人员 指从事专业技术工作和专业技术管理工作的人员，即企事业单位中已经聘任专业技术职务从事专业技术工作和专业技术管理工作的人员，以及未聘任专业技术职务，现在专业技术岗位上工作的人员。包括工程技术人员，农业技术人员，科学研究人员，卫生技术人员，教学人员，经济人员，会计人员，统计人员，翻译人员，图书资料、档案、文博人员，新闻出版人员，律师、公证人员，广播电视播音人员，工艺美术人员，体育人员，艺术人员及企业政治思想工作人员，共十七个专业技术职务类别。用来反映科技人力资源情况。

艺术表演团体 指由文化部门主办或实行行业管理（经文化市场行政部门审批或已申报登记并领取相关许可证），专门从事表演艺术等活动的各类专业艺术表演团体，含民间职业剧团。不包括群众业余文艺表演团体。

艺术表演场馆 指由文化部门主办或实行行业管理（经文化市场行政部门审批或已申报登记并领取相关许可证），有观众席、舞台、灯光设备，公开售票、专供文艺团体演出的文化活动场所。

文化市场经营机构 指经文化市场行政部门审批或已申报登记并领取相关许可证的、从事文化经营和文化服务活动的机构。

广播／电视节目综合人口覆盖率 指根据国家广播电视总局制定的《广播电视人口覆盖率统计技术标准和方法》进行统计调查的，在对象区内能接收到由中央、省、地市或县通过无线、有线或卫星等各种技术方式转播的各级广播／电视节目的人口数占全国总人口数的百分比。

有线广播电视入户率 通过广播电视有线传输网收看电视节目的用户数占全国总户数的百分比。

等级运动员 是指经考核正式批准授予运动员称号的运动员，等级称号由高到低依次为国际级运动健将、运动健将、一级运动员、二级运动员、三级运动员。

等级教练员 是指经考核正式批准授予等级教练员职称的教练员，等级职称由高到低依次为国家级教练员、高级教练员、中级教练员、初级教练员。

医疗卫生机构 指从卫生（卫生计生）行政部门取得《医疗机构执业许可证》、《计划生育技术服务许可证》，或从民政、工商行政、机构编制管理部门取得法人单位登记证书，为社会提供医疗服务、公共卫生服务或从事医学科研和医学在职培训等工作的单位。医疗卫生机构包括医院、基层医疗卫生机构、专业公共卫生机构、其他医疗卫生机构。

医院 包括综合医院、中医医院、中西医结合医院、民族医院、各类专科医院和护理院，不包括专科疾病防治院、妇幼保健院和疗养院，包括医学院校附属医院。

基层医疗卫生机构 包括社区卫生服务中心、社区卫生服务站、街道卫生院、乡镇卫生院、村卫生室、门诊部、诊所(医务室)。

专业公共卫生机构 包括疾病预防控制中心、专科疾病防治机构、妇幼保健机构（含妇幼保健计划生育服务中心）、健康教育机构、急救中心(站)、采供血机构、卫生监督机构、取得《医疗机构职业许可证》或《计划生育技术服务许可证》的计划生育技术服务机构。

其他医疗卫生机构 包括疗养院、临床检验中心、医学科研机构、医学在职教育机构、医学考试中心、农村改水中心、人才交流中心、统计信息中心等卫生事业单位。

卫生人员 指在医院、基层医疗卫生机构、专业公共卫生机构及其他医疗卫生机构工作的职工，包括卫生技术人员、乡村医生和卫生员、其他技术人员、管理人员和工勤人员。一律按支付年底工资的在岗职工统计，包括各类聘任人员(含合同工)及返聘本单位半年以上人员，不包括临时工、离退休人员、退职人员、离开本单位仍保留劳动关系人员、本单位返聘和临聘不足半年人员。

卫生技术人员 包括执业医师、执业助理医师、注册护士、药师（士）、检验技师（士）、影像技师、卫生监督员和见习医（药、护、技）师（士）等卫生专业人员。不包括从事管理工作的卫生技术人员(如院长、副院长、党委书记等)。

执业医师 指《医师执业证》“级别”为“执业医师”且实际从事医疗、预防保健工作的人员，不包括实际从事管理工作的执业医师。执业医师类别分为临床、中医、口腔和公共卫生四类。

执业（助理）医师 指《医师执业证》“级别”为“执业助理医师”且实际从事医疗、预防保健工作的人员，不包括实际从事管理工作的执业助理医师。执业助理医师类别分为临床、中医、口腔和公共卫生四类。

社会福利企业 指以集中安置有一定劳动能力的残疾人员就业为目的（残疾职工占生产人员10%以上）、带有社会福利性质的企业总称。主要包括福利工厂、假肢厂和其他福利企业。

城市居民最低生活保障人数 指在报告期末家庭平均收入在当地规定的最低生活保障线以下的城镇居民数。包括“三无”对象，失业人员和在职、下岗、退休人员等。

农村居民最低生活保障人数 指报告期末在建立农村最低生活保障制度的地区，得到当地政府或集体给予最低生活保障的农业人口家庭人数。

五保户 指无法定抚养义务人，或者虽有法定抚养义务人，但是抚养人无抚养能力的；无劳动能力的；无生活来源的老年人、残疾人和未成年人。

传统救济人数 指国家规定有民政部门救济的特殊人员和60年代精简退职老职工救济人员。特殊人员包括麻风病人、原国民党起义、投诚人员、归侨、台胞台属、宽大释放人员、摘掉右派帽子人员、因公负伤的下乡知青、因计划生育手术事故造成死亡和丧失劳动能力人员等传统民政救济对象。

社区服务机构数 指报告期末设立的社区服务指导中心、社区服务中心、社区服务站、其他社区服务机构的总和数。具有面向老人及其家庭的商品递送、医疗保健、家庭保健、日间照料、陪伴服务等为社区居家养老服务的设施和突出综合服务的职能。包括党员活动室、就业保障网络、社区卫生服务站、文化活动室、图书室、“爱心超市”、社区捐助接收站点、警务站（室）、老年活动室、未成年人文化活动场所等具有综合服务功能的机构。

律师 指依法取得律师执业证书，担任法律顾问，民事(刑事、行政)案件代理人、刑事案件辩护人、办理非诉讼业务，解答法律询问，代写法律事务文书等，为社会提供法律服务的人员。

公证人员 指在公证处工作的人员总称，包括公证处主任、副主任、公证员、公证员助理(助理公证员)和其他从事辅助性工作的人员。

公证文书 指公证处根据当事人申请，依照事实和法律，按照法定程序制作的，具有法律效力的司法证明文书。

Explanatory Notes to Major Statistical Indicators

Average Temperature refers to the air temperature. China uses centigrade as the unit. The thermometry used for weather observation is put in a breezy shutter, which is 1.5 meters high from the ground. Therefore, the commonly used temperature refers to the temperature in the breezy shutter 1.5 meters away from the ground. The calculation method is as follows:

Monthly average temperature is the summation of average daily temperature of one month divided by the actual days of that particular month.

Annual average temperature is the summation of monthly average of a year divided by 12 months.

Volume of Precipitation refers to the deepness of liquid state or solid state (thawed) water falling from the sky to the ground that has not been evaporated, infiltrated or run off. The calculation method is as follows:

Monthly precipitation is the summation of daily precipitation of a month.

Annual precipitation is the summation of 12 months precipitation of a year.

Annual Sunshine Hours refer to the actual hours of sun irradiating the earth, usually expressed in hours. The calculation method is the same as that of the precipitation.

Average Annual Growth Rate shows the average growth rate of social and economic development during a longer period. It can not be directly calculated by chain based growth rate. The relation is:

Average Annual Growth Rate = Average Speed of Development - 1

Average speed of development is the time series average of speed which calculated by chain based. Because the reference bases during the different periods are not same, average speed of development can not be calculated by the general method. Level approach and accumulative approach for calculating average speed of development rate are applied. The level approach*f*, or the method of calculating the geometric average, is derived by the formula of geometric average of the chain-based speeds of development, or comparing the level of the last year of the interval with that of the beginning year; the other is called the accumulative approach*f* or the algebraic average*f*, equation*f* method, which is derived by the summation of the actual figure of each year in the interval divide by the figure in the base year. The level approach focuses on the level of the last year, while the accumulative approach emphasizes the aggregate development in the duration.

The average annual growth rates listed in Yearbook are calculated by the level approach except for the growth rate of investment in fixed assets. The base year is not listed in the duration for which average annual growth rates are computed. For instance, the average annual growth rate of the 43 years since 1949 is shown as the average annual growth rate of 1950-1992 without showing the base year 1949.

Registration Status of Enterprises (Units) Enterprises are classified into 3 categories, namely domestic-funded enterprises, enterprises with investment from Hong Kong, Macao and Taiwan, and enterprises with foreign investment, according to the registration status of an enterprise in industrial and commercial administration agencies. Domestic-funded enterprises include State-owned enterprises, collective-owned enterprises, cooperative enterprises, joint ownership enterprises, limited liability corporations, shareholding corporations Ltd., private enterprises and other enterprises. Included in the enterprises with investment from Hong Kong, Macao and Taiwan and enterprises with foreign investment are joint-venture enterprises, cooperative enterprises, sole investment enterprises and share-holding corporations Ltd. For government agencies, institutions and social organizations which are not registered in industrial and commercial administration agencies, they are classified mainly by their sources of funding and manner of management.

State-owned Enterprises refer to non-corporation economic units where the entire assets are owned by the state and which have been registered in accordance with the Regulation of the People s Republic of China on the Management of Registration of Corporate Enterprises. Not included from this category are solely State-funded corporations in the limited liability corporations.

Collective-owned Enterprises refer to economic units where the assets are owned collectively and which have been registered in accordance with the Regulation of the People s Republic of China on the Management of Registration of Corporate Enterprises.

Cooperative Enterprises refer to a form of collective economic units (enterprises) where capitals come mainly from employees as their shares, with certain proportion of capital from the outside, where production is organized on the basis of independent operation, independent accounting for profits and losses, joint work, democratic management, and a distribution system that integrates remuneration according to work with dividend according to capital share.

Joint Ownership Enterprises refer to economic units established by two or more corporate enterprises or corporate institutions of the same or different ownership, through joint investment on the basis of voluntary participation, equality, and mutual benefits. They include State joint ownership enterprises; collective joint ownership enterprises, joint State-collective enterprises; and other joint ownership enterprises.

Limited Liability Corporations refer to economic units established with investment from 2-50 investors and registered in accordance with the Regulation of the People s Republic of China on the Management of Registration of Corporations, each investor bearing limited liability to the corporation depending on its share of investment, and the corporation bearing liability to its debt to the maximum of its total assets. Limited liability corporations include solely State-funded limited liability corporations and other limited liability corporations.

Share-holding Corporations Ltd. refer to economic units registered in accordance with the Regulation of the People s Republic of China on the Management of Registration of Corporations, with total registered capitals divided into equal shares and raised through issuing stocks. Each investor bears limited liability to the corporation depending on the holding of shares, and the corporation bears liability to its debt to the maximum of its total assets.

Private Enterprises refer to profit-making economic units invested and established by natural persons, or controlled by natural persons using employed labour. Included in this category are private limited liability corporations, private share-holding corporations Ltd., private partnership enterprises and private-funded enterprises registered in accordance with the Corporation Law, the Law on Partnership Enterprises and Interim Regulations on Private Enterprises .

Other Domestic-funded Enterprises refer to domestic-funded economic units other than those mentioned above.

Joint Venture Enterprises(Funds are from Hong Kong, Macao or Taiwan.) are enterprises established by investors from Hong Kong, Macao and Taiwan with enterprises in the mainland of China in accordance with the Law of the People s Republic of China on Sino-foreign Equity Joint Ventures and other relevant laws, where the establishment of the investment and the sharing of profits and risks are stipulated under joint venture contracts.

Cooperative Enterprises(Funds are from Hong Kong, Macao or Taiwan.) established by investors from Hong Kong, Macao and Taiwan with enterprises in the mainland of China in accordance with the Law of the People s Republic of China on Sino-foreign Contractual Joint Venture and other relevant laws, where the investment or provision of facilities and the sharing of profits and risks are stipulated under cooperative contracts.

Enterprises with Sole (exclusive) Investment from Hong Kong, Macao and Taiwan refer to enterprises established in the mainland of China with exclusive investment from investors from Hong Kong, Macao and Taiwan in accordance with the Law of the People s Republic of China on Wholly Foreign-owned Enterprises and other relevant laws.

Share-holding Corporations Ltd. with Investment from Hong Kong, Macao and Taiwan refer to share-holding corporations Ltd. established with the approval from the former Ministry of Foreign Trade and Economic Relations in line with relevant State regulations, where the share of investment from Hong Kong, Macao or Taiwan businessmen exceeds 25% of the total registered capital of the corporation. In case the share of investment from Hong Kong, Macao or Taiwan is less than 25% of the total registered capital, the enterprise is to be classified as domestic-funded share-holding corporation Ltd.

Other Enterprises with Funds From Hong Kong, Macao and Taiwan refer to partnership enterprises with investments from Hong Kong, Macao and Taiwan established within the territory of China in accordance with Administrative Measures on the Establishment of Partnership Enterprises in China by Foreign Enterprises or Foreign Individuals and Regulations for the Administration of the Registration of Foreign-invested Partnership Enterprises.

Joint Venture Enterprises with Foreign Investment refer to enterprises jointly established by foreign enterprises or foreigners with enterprises in the mainland of China in accordance with the Law of the People s Republic of China on Sino-foreign Equity Joint Ventures and other relevant laws, where the sharing of investment, profits and risks is stipulated under contract.

Cooperative Enterprises with Foreign Investment refer to enterprises jointly established by foreign enterprises or foreigners with enterprises in the mainland of China in accordance with the Law of the People s Republic of China on Sino-foreign Contractual Joint Venture and other relevant laws, where the investment or provision of facilities and the sharing of profits and risks are stipulated under cooperative contracts.

Enterprises with Sole (exclusive) Foreign Investment refer to enterprises established in the mainland of China with exclusive investment from foreign investors in accordance with the Law of the People s Republic of China on Wholly Foreign-owned Enterprises and other relevant laws.

Share-holding Corporations Ltd. with Foreign Investment refer to share-holding corporations Ltd. established with the approval from the former Ministry of Foreign Trade and Economic Relations in line with relevant State regulations, where the share of investment from foreign investors exceeds 25% of the total registered capital of the corporation. In case the share of foreign investment is less than 25% of the total registered capital, the enterprise is to be classified as domestic-funded share-holding corporation Ltd.

Other Enterprises with Foreign Funds refer to partnership enterprises established within the territory of China in accordance with Administrative Measures on the Establishment of Partnership Enterprises in China by Foreign Enterprises or Foreign Individuals and Regulations for the Administration of the Registration of Foreign-invested Partnership Enterprises.

Gross Domestic Product (GDP) refers to the final products produced by all resident units in a country during a certain period of time. Gross domestic product is expressed in three different perspectives, namely value, income, and products respectively. GDP in its value perspective refers to the balance of total value of all goods and services produced by all resident units during a certain period of time, minus the total value of input of goods and services of the nature of non-fixed assets; in other term, it is the sum of the value-added of all resident units. GDP from the perspective of income refers to the sum of all kinds of revenue, including Compensation of Employees,Net Taxes on Production, Depreciation of Fixed Assets, and Operating Surplus. GDP from the perspective of products refers to the value of all goods and services for final demand by all resident units plus the net exports of goods and services during a given period of time. In the practice of national accounting, gross domestic product is calculated from three approaches, namely production approach, income approach and expenditure approach, which reflect gross domestic product and its composition from different angles.

For a region, it is called as Gross Regional Product(GRP) or regional GDP.

Three Strata of Industries Classification of economic activities into three strata of industries is a common practice in the world, although the grouping varies to some extent from country to country. In China, according to Industrial classification for National Economic Activities (GB/T4754-2011) and Dividing Basis of Three Industries, economic activities are categorized into following three strata of industry:

Primary industry refers to agriculture, forestry, animal husbandry and fishery industries(not including services in support of agriculture, forestry, animal husbandry and fishery industries).

Secondary industry refers to mining and quarrying(not including support activities for mining), manufacturing(not including repair service of metal products, machinery and equipment), production and supply of electricity, heat , gas and water, and construction.

Tertiary industry refers to all other economic activities not included in the primary or secondary industries.

Compensation of Employees refers to the total payment of various forms to employees for the productive activities they are engaged in. It includes the employees earn in cash or in kind. It mainly include: wages, bonuses and allowances, subsidies, social insurance paid by company or unit for its staff, supplementary social insurance, housing fund, the pension for the employees of the administrative institution, other forms of welfare and remuneration provide by the units for its employees.

Net Taxes on Production refers to taxes on production less subsidies on production. The taxes on production refers to the various taxes, extra charges and fees levied on the production units on their production, sale and business activities as well as on the use of some factors of production, such as fixed assets, land etc. in the production activities they are engaged in. Taxes on production are divided into product tax and other kinds of taxes on production ,product tax mainly includes: value-added tax, consumption tax, import duty, export duty; other taxes on production mainly include: House Property Tax, Tax on Vehicles and Boat Operation, Urban Land Use Tax,etc. In contrast to taxes on production, subsidies on production refer to the payment by the government for free to the production units to influence production activities of production units such as production, sales and pricing, which include agricultural production subsidies, subsidies for policy losses, import subsidies, etc. Subsidies on production are therefore regarded as negative taxes on production.

Depreciation of Fixed Assets refers to the decline of the value of fixed assets due to natural deterioration, normal elimination or loss, it reflects the value of transfer of the fixed assets in the production of the current period. In principle, the depreciation of fixed assets should be calculated on the basis of the re-purchased value of the fixed assets.

Operating Surplus refers to the balance of the value added created by the resident units after deducting the labourers remuneration, net taxes on production and the depreciation of fixed assets.

GDP by Expenditure Approach refers to the method of measuring the final results of production activities of a country (region) during a given period from the perspective of final use. It includes final consumption expenditure, gross capital formation and net export of goods and services.The formula for computation is:

GDP by expenditure approach = final consumption expenditure + gross capital formation + net export of goods and services

Final Consumption Expenditure refers to the total expenditure of resident units for purchases of goods and services from both the domestic economic territory and abroad to meet the needs of material, cultural and spiritual life. It does not include the expenditure of non-resident units on consumption in the economic territory of the country. The final consumption expenditure is broken down into household consumption expenditure and government consumption expenditure.

Households Consumption Expenditure refers to the total expenditure of resident households on the final consumption of goods and services. In addition to the consumption of goods and services bought by the households directly with money, the household consumption expenditure also includes expenditure on goods and services obtained by the households in other ways, i.e. the latter so-called imputed consumption expenditure, which mainly includes: (a) the goods and services provided to households by the employers in the form of payment in kind and transfer in kind; (b) goods and services produced and consumed by the households themselves(such as self produced agricultural products); (c) financial intermediate services provided by banking and insurance institutions.

Government Consumption Expenditure refers to the consumption expenditure spent for the provision of public services provided by the government to the whole country and the net expenditure on the goods and services provided by the government to the households free of charge or at reduced prices. The former equals to the output value of the government services minus the value of operating income obtained by the government departments. The latter equals to the market value of the goods and services provided by the government free of charge or at reduced prices to the households minus the value received by the government from the households.

Gross Capital Formation refers to the fixed assets acquired less disposals and the net value of inventory, thus including gross fixed capital formation and changes in inventories.

Gross Fixed Capital Formation refers to the value of acquisition less those disposals of fixed assets during a given period. Fixed assets are the assets produced through production activities with unit value above a specified amount and which could be used for over one year. Natural assets, consumer durables, small instruments are not included Gross Fixed Capital Formation includes the value of housing, other buildings and structure, equipment and machinery, breeding biological resources, intellectual property right product(expenditure for R&D, the prospecting of minerals and acquisition of computer software) minus the disposal of them.

Changes in Inventory refers to the market value of the change in the physical volume of inventory of resident units during a given period, i.e. the difference between the values at the beginning and at the end of the period minus the gains due to the change in prices. The changes in inventories can have a positive or a negative value. A positive value indicates an increase in inventory while a negative value indicates a decrease in inventory. The inventory includes raw materials, fuels and reserve materials purchased by the production units as well as the inventory of finished products, semi-finished products, work-in-progress.

Net Export of Goods and Services refers to the exports of goods and services subtracting the imports of goods and services. Exports include the value of various goods and services sold or gratuitously transferred by the resident units to non-resident units. Imports include the value of various goods and services purchased or gratuitously acquired resident units from non-resident units. The exports and imports of goods are calculated at FOB.

Comparable Price is applied when comparing value indicators of different periods to reflect accurately the changes in physical value. The price is not considered here. Two methods are used for calculating comparable prices: 1.Multiplying the output of products by their constant price of a certain year; 2.Conversion of the data in current prices by relevant price index.

Constant Prices refer to the average price of a given product in a certain year , which is used to calculate the output value over time. As the output value at constant prices removes the factor of price changes, it reflects the trend of production development over time. Since 1949, with the changes in general price level, the State Statistical Bureau has issued nationally unified constant prices for five times: the 1952 constant prices for 1949-1957; the 1957 constant prices for 1958-1970; the 1970 constant prices for 1971-1981; the 1980 constant prices for 1981-1990; the 1990 constant prices have been used since 1991.

Total Population refers to the total number of people alive at a certain point of time within a given area.

The annual statistics on total population is taken at midnight, the 31st of December, not including residents in Taiwan province, Hong Kong SAR and Macao SAR and Chinese national residing abroad.

Birth Rate (or Crude Birth Rate) refers to the ratio of the number of births to the average population (or mid-period population) during a certain period of time (usually a year), expressed in ‰. Birth rate in the chapter refers to annual birth rate.

Number of births in the formula refers to live births, i.e. when a baby has breathed or showed any vital phenomena regardless of the length of pregnancy.Annual average population is the average of the number of population at the beginning of the year and that at the end of the year. Sometimes it is substituted by the mid-year population.

Death Rate (or Crude Death Rate) refers to the ratio of the number of deaths to the average population (or mid-period population) during a certain period of time (usually a year), expressed in ‰. Death rate in the chapter refers to annual death rate.

Natural Growth Rate of Population refers to the ratio of natural increase in population (number of births minus number of deaths) in a certain period of time (usually a year) to the average population (or mid-period population) of the same period, expressed in ‰.

Natural Growth Rate of Population = Birth Rate-Death Rate

Life Expectancy refers to the average number of years a person of a certain age will live (or the average life-span of an age group if the pattern of morality for this age group remains as it is).

Persons Employed in Various Units refer to the total number of employees who work at his units and obtain wages or other forms of payment at the end of the reporting period. This indicator is a kind of time point index and it equals to the sum of the number of employed staff and workers, labor dispatch personnel and other employed persons. Employed persons do not include:

1) persons who have left their working units while keeping their labour contract (employment relation) unchanged and receiving regular alimony;

2) all kinds of enrolled students who do internship in various units;

3)persons employed due to labor outsourcing, for example, person employed in the organizational system of construction industry.

Employed Staff and Workers refer to persons who signed labor contracts with working units and working units would pay wages, social insurance and housing funds for them. Persons who have their work posts but are temporarily absent from work for reasons of study or on sick, injury or maternal leave and still receive wages from their working units are also included. Employed staff and workers also include:

1)Persons who should have signed the labor contracts but not (like people with rural household registration);

2)Employees on probation;

3)Employees beyond the staffing quota, for example, temporary employees;

4)Employees who are sent to other working units but still obtain wages from their original units (situations like on-the-job placement, expatriated assignment, etc.)

Total Wage Bill It is revised according to the Provision of Composition of Total Wages*f* (Order No.1 by National Bureau of Statistics on January, 1st, 1990), total wage bill refers to the total remuneration payment to all employed persons in various units during the reporting period (by quarter or by year), including hourly-paid wages, piece-rate wages, bonuses, allowance and subsidies, overtime wages and wages paid under special circumstances. It equals to the sum of total wages of employed staff and workers, dispatch labors and other employed persons.

Total wage bill is pre-tax wages, including the room charges, utility bills, housing funds and social insurance paid or withheld by employee s units.

Total wage bill, whether or not included in cost, whether or not paid in money or in kind, shall be included in the calculation of total wage.

Average Wage refers to the average per capita wage during a certain period of time for employed persons. It shows the general level of wage income during a certain period of time, one major indicator to reflect the wage level.

Population of Urban Households refers to members of households living and sharing economically in the urban areas. All the income and expenditure of all the members of such households are included in the income and expenditure of the household.

Proportion of Urban Employment refers to the proportion of employed population to the population of urban households.

Number of Dependents per Urban Employee refers to the ratio between number of persons in urban households and the number of dependents.

Disposable Income of Households refers to the income of households for purpose of final expenditure and saving. It includes income both in cash and in kind. By sources of income, disposable income includes four categories: income from wages and salaries, net business income, net income from properties and net income from transfer.

Consumption Expenditure of Households refers to all expenditure of households for living expenditure to satisfy family daily living. It includes expenditure in cash and in kind. It includes eight categories: food, tobacco and liquor; clothing; residence; household facilities. Articles and services; transport and communications; education, cultural and recreational activities; health care and medical services, and miscellaneous goods and services.

Engel's Coefficient refers to the percentage of expenditure on food to the total consumption in cash.

Rural Households refer to usual resident households in rural areas. Usual resident households in rural areas are households residing on a long term basis(for more than one year) in the areas under the administration of township governments (not including county towns), and in the areas under the administration of villages in county towns. Households residing in the current addresses for over one year with their household registration in other places are still considered as resident households of the locality. For households with their household registration in one place but all members of the households having moved away to make a living in another place for over one year, they will not be included in the rural households of the area where they are registered, irrespective of whether they still keep their contracted land.

Full/Semi Labour Force Full labour force refers to persons capable of work, aged 18-50 for males and 18-45 for females. Semi labour force refers to persons capable of work, aged 16-17 and 51-60 for males and 16-17 and 46-55 for females. Persons at their working ages but not capable of work are not to be included as labour force. Persons not at working ages but participating regularly in work are included in semi labour force. For staff and workers as resident population of the household, they are included as full or semi labour force of the household if they are in the labour force.

Consumer Price Indices of Urban Household reflect the trend and degree of changes in prices of consumer goods and services purchased by urban households during a given period. It can be used to observe and analyze the impact of price changes in consumer goods and services on urban household income and consumption expenditure.

Retail Price Indices reflect the trend and degree of change in retail prices of commodities during a given period. The change in retail prices of commodities is related to government revenue, the equilibrium of market supply and demand, and the ratio of consumption to accumulation. Therefore, the retail price indices are useful from an oblique perspective for observing and analyzing the changes of the above economic activities.

Producer Price Indices for Industrial Products reflect the trend and degree of changes in general ex-factory prices of all manufactured goods for first sale during a given period.

Purchasing Price Indices for Industrial Producers reflect changes in the level and degree of purchasing prices such as intermediate input such as raw materials, fuels and power.

Investment in Fixed Assets (Excluding Rural Households) refers to the investment in construction projects with a total planned investment of 5 million yuan and over by enterprises of various ownerships, institutions administrative units and urban self-employed individuals, and the investment in real estate development in both urban and rural areas. Since 2011, it covers the urban investment in fixed assets under the previous statistical coverage plus project investments by rural enterprises and institutions.

Investment in Real Estate Development refers to the investment made by real estate development companies in the construction of housing, development of land, nonprofit buildings and value of land purchased.

Actual Funds in Place for Investment in Fixed Assets are categorized as funds from the State budget, domestic loans, foreign investment, self-raised funds, and others, depending on the source of investment.

(1) Fund from the State budget: State budget consists of general budget, government fund budget, operation budget of state-owned assets and social security fund budget. Funds for investment in fixed assets from various budgets are reported as fund from the state budget, of which, the general budget utilized on fixed assets investment includes investment on infrastructure construction, vehicle purchase tax, post-disaster restoration and reconstruction funds and other financial investment. Government bonds at all levels should also be included.

(2) Domestic loans refer to loans of various forms borrowed by investing units from banks and non-bank financial institutions during the reference period for the purpose of investment in fixed assets, including loans issued by banks from their self-owned funds and deposit, loans appropriated by higher responsible authorities, special loans by government (including loan for substituting petroleum with coal, special loan for reform-through-labour coal mines), loans arranged by local government from special funds, domestic reserve loan, and revolving loan, etc..

(3) Foreign Investment refers to overseas (including foreign countries, Hongkong, Macao and Taiwan) funds received during the reference period (covering equipment, materials and technology), including foreign borrowings (loans from foreign governments and international financial institutions, export credit, commercial loans from foreign banks, issue of bonds and stocks overseas), foreign direct investment and other foreign investment(including funds from foreign direct investment income that are reinvested in fixed assets domestically). Excluded from this category is capital in foreign exchanges owned by China (foreign exchanges owned by the

central and local governments, foreign exchanges retained by enterprises, foreign exchanges by enterprises through the regulating mechanism, loans in foreign exchanges issued by the Bank of China with its own fund, etc.). In calculating the utilization of foreign capital, foreign currencies are converted into Chinese Renminbi applying the exchange rate (central parity rate) at the end of the reference period.

(4) Self-raised funds refer to funds for investment in fixed assets received during the reference period by investing units, including investment in fixed assets using own funds of various enterprises and institutions or funds raised from other units other than financial funds, funds borrowed from financial institutions and overseas funds.

(5) Others refer to funds for investment in fixed assets received the sources other than those listed above, including funds raised from individuals and through donations, and funds transferred from other units.

Investment in Fixed Assets by Sector refers to the classification of investment by the nature of social economic activities the investing units are engaged in. The classification of construction projects by sector is determined by the major products or the purpose of the projects when they are put into production or use, and by the nature of their social economic activities, instead of being determined by industrial classification of the project enterprises. The project will be classified according to major product if there are several kinds of products yielded. In general, one project can only be classified into one sector.

Investment in Fixed Assets by Type of Construction Construction projects in general can be classified, by the type of construction, into new construction, expansion, reconstruction and technical transformation, purely construction of living facilities, moving, restoration and purely purchasing. However, investment by type of construction is not applied to investment by real-estate development units and investment by rural households.

(1) New construction in general refers to construction projects, which start from scratch. The existing projects invested by enterprises, institutions and administrative agencies cannot be classified as new construction. In case the size of the existing unit is quite small, and the value of newly added fixed assets is more than three times of the original value, the expansion will be considered as new construction.

(2) Expansion refers to projects of construction of new production workshop, branch factory or independent production line within a factory or in other locations, for the purpose of increasing the production capacity (or improving efficiency) of or adding new production capacity. Newly constructed houses for the operation of institutions and administrative organizations (such as newly constructed buildings for teaching in schools, buildings for clinics or wards in hospitals, etc.) are also classified as expansion.

Also included in expansion are investments by existing enterprises or institutions in building major production line(s) or branch factory(ies) along with some work on innovation, for the purpose of expending the production capacity of original products or producing new products.

(3) Reconstruction and technical transformation refers to construction projects by existing enterprises or institutions in innovation or technical transformation of the old facilities (including auxiliary production equipment and welfare facilities). Also considered as reconstruction is the construction of new workshops by the existing enterprises or institutions to change the variety of products to meet the market demand (such as the production of civil products by defence industries), or to bring the designed production capacity into full play through a more balanced production process on production lines. Technical transformation refers to replacement of old technology or equipment by new technology or equipment, in order to expand the reproduction through improvement of technology contents in production, to improve product quality, to promote new products, to save energy, to reduce consumption, to expand the production scale and to improve overall social-economic efficiency. Contents of technical transformation include: updating of machinery, equipment and tools; reforming production process by using energy or materials saving technology; construction of factory workshops and transformation of public facilities; treatment transformation of three wastes*f* (waste gas, waste water and industrial residue) aiming at environmental protection; improvement of working conditions and environment, etc.

Investment in Fixed Assets by Structure

(1) Construction refers to the construction of houses and buildings, also known as work volume of construction. This part of investment can only be achieved through construction activities, it is the major component of the total investment in fixed assets.

(2) Installation refers to the installation of various kinds of equipment and instruments, also known as work volume of installation. The value of equipment installed itself is not included in the value of installation projects.

(3) Purchase of equipment and instruments refers to the total value of equipment, tools, and instruments purchased or self-produced which come up to the cut-off point for fixed assets during the reference period. Equipment, tools and instruments purchased or self-produced for new workshops by newly established or expanded units are categorized as purchase of equipment and instru-

ments no matter whether they come up to the cut-off point for fixed assets.

(4) Other expenses refer to expenses arising during the construction or purchase of fixed assets other than those expenses on construction, installation and purchase of equipment and instruments. Other financial expenses arising in operation are not included.

Number of Projects under Construction refers to number of all projects with actual construction or installation activities in current year, including newly started projects, projects started previously and extended into the current year, projects completed and put into operation in current year, projects suspended previously and resumed in current year, and projects started this year but suspended or postponed in current year. The number of projects under construction can reflect the actual size of investment in fixed assets during a given period, and when compared with the number of projects completed and put into use during the same period, it demonstrates the results of investment in fixed assets from the angle of the speed of the construction.

Number of Projects Put into Use This Year refers to projects have completed the main construction and correspondent auxiliary facilities in accordance with the design documents, resulting in forming production capacity (efficiency) and have been checked and accepted after relevant tests, and have been formally delivered for use.

Newly Increased Production Capacity (or Project Efficiency) refers to the increase in design capacity (or project efficiency) through investment in fixed assets. The main indicators include: construction scale, scale of projects under construction in current year, the accumulated newly increased production capacity (project efficiency) since the start of the projects and the newly increased production capacity (project efficiency) of current year.

Construction Scale refers to the total designed production capacity (project efficiency) of the construction projects in accordance with the design document, including those have been put into operation and those that have not been completed

Scale of Projects under Construction in Current Year refers to the designed production capacity (project efficiency) of a single project (or renovation project) under construction in the reference period, including the designed production capacity of projects that have been started previously and still under construction in the current year, the newly started projects, and projects that have been completed and put into operation in the reference period or those have been started but suspended or postponed in the reference period. Projects that have been completed and put into operation, suspended or postponed before the reference period, and projects that have not been officially started in the reference period are not included.

The Accumulated Newly Increased Production Capacity (project efficiency) since the Start of the Projects refers to the accumulated newly increased production capacity of all the single projects which have been put into use from the beginning of the projects till the end of current year.

The Newly Increased Production Capacity (project efficiency) of Current Year refers to the production capacity (project efficiency) that has been completed and put into operation in current year according to the calculation conditions and standards on newly increased production capacity (project efficiency).

Floor Space of Buildings refers to floor space of buildings under construction in the reference period, including the space of buildings for which construction has newly started; buildings for which construction has started earlier and is continuing during the reference period; and buildings for which construction has been suspended earlier but has restarted during the reference period; buildings completed during the reference period; and buildings under construction but construction has subsequently been during the reference period.

Floor Space of Buildings Completed refers to the total floor space of each building that has been completed in the reference period in accordance with the requirements of the design, up to the standard for being resided in and put into use, or has been checked and accepted by departments concerned as qualified ones or up to the standard of buildings completed and can be handed over for putting into use.

Newly Increased Fixed Assets refer to the value of fixed assets that has completed the construction and purchase, and has been delivered to the production or owner units, including investment in projects that have been completed and put into operation in current year and the investment in equipment, tools and appliance that meet the standard of fixed assets and fees that should be apportioned. This is an indicator that demonstrates the results of investment in fixed assets in monetary terms, and an important indicator to reflect the speed of construction and to calculate the efficiency of investment.

Rate of Construction Projects Completed and Put into Use refers to the ratio of the number of construction projects completed and put into use in a certain period of time to the number of projects under construction in the same period. This reflects the investment efficiency from the perspective of the speed of projects construction.

Rate of Projects of Fixed Assets Completed and Put into Operation refers to the ratio of the newly increased fixed assets to the total investment made in the same period. This is a comprehensive indicator reflecting the speed of the employment of fixed assets and the investment efficiency at the macro-level. As the newly increase fixed assets is the result of a long period while the investment is completed in the current year, this indicator is expected to be used to reflect the employment of fixed assets over a long period of time.

Area of Commercialized Housing Sold refers to total contracted area of commercialized housing (i.e. area of floor space as designated in the formal contracts signed by both sides) sold by real estate development companies during the reference time.

Value of Commercialized Housing Sold refers to the total contracted value (i.e. value of sales/purchase for selling/purchase of commercialized housing as designated in the contract signed by both sides) received from the sales of the buildings by real estate development companies during the reference time. This indicator has the same coverage as the area of commercialized housing sold.

Production Capacity of Water Supply refers to the designed overall production capacity of water facilities, covering the four segments of water collection, purification, conveyance, and outflow through trunk pipelines. Increased capacity through transformation and innovation projects is included as well. The capacity is determined mainly on the weakest of the above-mentioned four segments.

Length of Water Supply Pipelines refers to the total length of all the pipelines between the water pumps and the user water meters, excluding pipelines newly installed but not used yet, pipeline in the water factory, and pipeline in the user s buildings.

Total Volume of Urban Water Supply refers to the total volume of water supplied by water-works (units) during the reference period, including both the effective water supply and loss during the water supply.

Consumption of Water for Living Use It includes Consumption of Water for Public Service Use and Consumption of Water for Households Use. Consumption of Water for Public Service Use refers to water consumption for public service in the urban areas. It includes water consumption of administrative institutions, army camps, public facilities, wholesale and retail, accommodation and catering industry and social service industry, etc. Consumption of Water for Households Use refers to consumption of water for daily life of all households in cities, including households of urban residents and farmers, and public water supply stations.

Coverage Rate of Urban Population with Access to Tap Water refers to the ratio of the urban population with access to tap water to the total urban population at the end of reference period.

Volume of Gas Supply refers to the total volume of gas provided to users by gas-producing enterprises (units) during the reporting period, including the volume sold and the volume lost.

Coverage Rate of Urban Population with Access to Gas refers to the ratio of the urban population with access to gas to the total urban population at the end of the reference period. Gas here includes artificial coal gas, natural gas and liquefied petroleum gas.

Length of Paved Roads refers to the length of roads with paved surface including bridges and tunnels connected with roads. Length of the roads is measured by the central lines.

Length of Urban Sewage Pipes refers to the total length of general drainage, trunks, branch and inspection wells, connection wells, inlets and outlets, etc.

Daily Disposal Capacity of Urban Sewage refers to the designed 24-hour capacity of sewage disposal by the sewage treatment works or facilities.

Number of Vehicles under Operation at Year-end refers to the total number of vehicles under operation by public transport enterprises (units) at the end of the year, based on the records of operational vehicles by the enterprises (units).

Area of Urban Green Land refers to the total area occupied for green projects at the end of the reference period, including park green land, production green land, protection green land, green land attached to institutions, and other green areas.

Park Green Area refers to green areas open to the public for amusement and rest with the facilities of amusement, rest and services. Its function includes perfecting ecology, beautifying landscape, and preventing and reducing disaster. Park green areas include comprehensive park, community park, theme park, linear park and roadside green space. Total areas of comprehensive park, topic park and belt-shaped is the area of park.

Waste Water Discharged by Industry refers to the volume of waste water discharged by industrial enterprises through all their outlets, including waste water from production process, directly cooled water, groundwater from mining wells which does not meet discharge standards and sewage from households mixed with waste water produced by industrial activities, but excluding indirectly cooled water discharged (It should be included if the discharge is not separated with waste water).

Industrial Waste Water Meeting Discharge Standards refers to volume of industrial waste water discharge which, with or without treatment, reaches national or local standards with regard to all pollutants.

Ratio of Industrial Waste Water Meeting Discharge Standards refers to percentage of industrial waste water meeting discharge standards over total industrial waste water discharge. It is calculated as:

Ratio of industrial waste water meeting discharge standards = industrial waste water meeting discharge standards / total industrial waste water discharge × 100%

Chemical Oxygen Demand (COD) refers to index of water pollution measuring the mass concentration of oxygen consumed by the chemical breakdown of organic and inorganic matter.

Industrial Waste Air Emission refers to discharge into atmosphere of waste air containing pollutants generated from fuel burning and production process in enterprises within a given period of time. It is calculated at standard status (273K, 101325Pa) as:

Industrial waste air emission = emission through fuel burning + emission through production process

SO_2 Emission through Industrial Activities refers to volume of sulphur dioxide emission from fuel burning and production process by enterprises during a given period of time. It is calculated as:

SO_2 emission through industrial activities = SO_2 emission from fuel burning + SO_2 emission from production process

Industrial Soot Emission refers to volume of soot in smoke emitted in process of fuel burning in premises of enterprises.

Industrial Dust Emission refers to volume of dust emitted by production process of enterprises and suspended in the air for a given period of time, including dust from refractory material of iron and steel works, dust from coke-screening systems and sintering machines of coke plants, dust from lime kilns and dust from cement production in building material enterprises, but excluding soot and dust emitted from power plants.

Common Industrial Solid Wastes Produced refers to the industrial solid wastes that are not listed in the 《National Catalogue of Hazardous Wastes》, or not regarded as hazardous according to the national hazardous waste identification standards (GB5085), solid waste-Extraction procedure for leaching toxicity (GB5086) and solid waste-Extraction procedure for leaching toxicity (GB/T 15555). The calculation formula is as followed:

Common Industrial Solid Wastes Produced = (common industrial solid wastes utilized - the proportion of utilized stock of previous years) + common industrial solid waste stock + (common industrial solid wastes disposed - the proportion of disposed stock of previous years) + common industrial solid wastes discharged.

Common Industrial Solid Wastes Comprehensively Utilized refers to volume of solid wastes from which useful materials can be extracted or which can be converted into usable resources, energy or other materials by means of reclamation, processing, recycling and exchange (including utilizing in the year the stocks of industrial solid wastes of the previous year) during the report period, e.g. being used as agricultural fertilizers, building materials or as material for paving road. Examples of such utilizations include fertilizers, building materials and road materials. The information shall be collected by the producing units of the wastes.

Common Industrial Solid Wastes Disposed refers to the quantity of industrial solid wastes which are burnt or specially disposed using other methods to alter the physical, chemical and biological properties and thus to reduce or eliminate the hazard, or placed ultimately in the sites meeting the requirements for environmental protection during the report period.

Stock of Common Industrial Solid Wastes refers to the volume of solid wastes placed in special facilities or special sites by enterprises for purposes of utilization or disposal during the report period. The sites or facilities should take measures against dispersion, loss, seepage, and air and water contamination.

Common Industrial Solid Wastes Discharged refers to the volume of industrial solid wastes dumped or discharged by producing enterprises to disposal facilities or to other sites.

Ratio of Consumption Wastes Treated refers to consumption wastes treated over that produced. In practical statistics, as it is difficult to estimate, the volume of consumption wastes produced is replaced with that transported.

Gross Output Value of Agriculture, Forestry, Animal Husbandry and Fishery refers to the total value of products of agriculture, forestry, animal husbandry and fishery, and total value of services in support of agriculture, forestry, animal husbandry and fishery activities. It reflects the total scale and results of agricultural production during a given period. Prior to 1957, China s gross agricultural output value included barnyard manure and handicraft products for self-consumption (clothes, shoes, stockings, and initial grain processing undertaken by peasants). Since 1958, cutting and felling of bamboo and trees by villages and other cooperative organizations under villages have been included in forestry; value of barnyard manure has been excluded from animal husbandry; self consumed handicrafts have not been included from sideline occupations, while the output value of industries run by villages and cooperative organizations under village has been included in sideline occupations; and the output value of fish catches by motor fishing boats has been added to fishery. Since 1980, the value of handicraft products made for sale by individuals in households has been added to sideline occupations. Since 1984, industries run by villages and under villages have been included in the sector of industry. Since 1993, the subdivision of sideline occupations has been cancelled, and the hunting of wild animals has been classified into animal husbandry, and the gathering of wild plants and commodity industry run by rural household have been included in farming. A new industrial classification of economic activities was introduced in 2003. Under the new classification, value of services to agriculture, forestry, animal husbandry and fishery is included in the gross output value of agriculture, value of wood felling and transport is included in forestry, value of industrial output by rural households is not included in agriculture. The First Agriculture Census of China revealed some discrepancy between the production of animal products from the annual reports and that from the census. According to the result of the First Agriculture census, efforts were made to adjust the annual reports of animal husbandry output and the output value of animal husbandry to make the figures from the annual reports consistent with the census data. The Classification of Products for Statistical Purposes*f* implemented in 2010 made relevant revision on the output value of agriculture and forestry in 2009.

Gross output value of agriculture is obtained by multiplying the output of each product or by-product by its price, resulting in the output value of each single item. For a small number of products, annual output of which is not available or difficult to get due to the long production (growing) process involved, the output value is estimated through an indirect approach. The sum of output values of all products of agriculture, forestry, animal husbandry and fishery and services in support to those industries is then equal to the gross output value of agriculture.

Grain Output refers to the total output of grains produced by agricultural producers within a calendar year. It includes summer grain, early rice and autumn grain if classified by harvest seasons; it covers cereal, tubers and beans if classified by type of crops. Output of cereal should be limited to husked grain only. Output of beans refers to dry beans without pods. The output of tubers (sweet potatoes and potatoes, not including taros and cassava) are converted into that of grain at the ratio 4:1, i.e. 4 kilograms of fresh tubers were equivalent to 1 kilogram of grain up to 1963. Since 1964 the ratio for conversion has been 5:1, and starting from 2014, the ratio for conversion has been 1:1. Tubers supplied as vegetables (such as potatoes) in cities and suburbs are calculated as fresh vegetables and their output is not included in the output of grain. Data on grain production before 1989 were obtained through the Comprehensive Statistical Reporting System. Since 1989, data from sample surveys are used.

Output of Oil-bearing Crops refers to the total production of oil-bearing crops of various kinds, including peanuts (dry, in shell), rapeseeds, sesame, sunflower seeds, flax seeds, and other oil-bearing crops. Soybeans, oil-bearing woody plants, and wild oil-bearing crops are not included.

Output of Aquatic Products refers to final output actually yielded from fishing production (fishery and breeding), including all output of marine and freshwater fish, crustaceans (shrimps, crabs), shellfish, cephalopod, seaweed and other fishery products. Data on output of aquatic products are reported by aquatic product agencies level by level. Before 1995, among the shellfish, oyster was counted as fresh meat; 5 kilograms of ark shell, clams and frogs are equivalent to 1 kilogram of fresh aquatic products; they have all been counted as fresh aquatic products since 1996.

Output of Pork, Beef, and Mutton refers to the meat of slaughtered hogs, cattle, sheep and goats with head, feet, and offal taken away. Data refers to the production of the whole country. Before 1996, it was a comprehensive reporting from the lower level to the upper one. The First Agricultural Census of China in 1996 revealed some discrepancy between the production of animal products from the annual reports and that from the census. Efforts were made to adjust the output value of animal husbandry to make the figures from the annual reports consistent with the census data. Since 1999, the NBS conducted sample surveys for the major animal husbandry products, such as hogs, cattle, sheep and goats and fowls, and the data from sample surveys are used as national finalized data. Those products, which are not covered by the sample survey, are still reported by statistical agencies level by level. In 2007, the data on animal husbandry from 2000 to 2006 were revised according to the results of the Second Agriculture Census of China. In 2008, A Monitoring and Survey Program was set up on main livestock, the data on the main livestock such as hog, cattle, sheep and poultry became the official data based on the sampling survey.

Number of Livestock or Poultry in Stock at Beginning (or End) of Period refers to the total number of large animals, pigs, sheep, fowls, etc. raised by rural cooperative organizations, State farms, rural individuals, government agencies, schools, industrial and mining enterprises, army, and urban residents at the beginning (or end) of the reference period. Data reporting system and data adjustment are the same as that in the output of pork, beef and mutton.

Sown Area of Crops refers to area of all land (cultivated or non-cultivated area) sown or transplanted with crops that are harvested within the calendar year by agricultural producers. All crops harvested within the year are counted as sown area, regardless of being sown in this year or the previous year. Crops sown this year but will be harvested in the coming year are excluded.

Irrigated Area of Cultivated Land refers to area of land that are effectively irrigated, i.e. relatively level land, where there are water sources or complete sets of irrigation facilities to lift and move adequate water for irrigation purpose under normal conditions. Under normal situations, irrigated area of cultivated land is the sum of watered fields and irrigated fields where irrigation systems or equipment have been installed for regular irrigation purpose. It is an important indicator to reflect the farmland water conservancy construction in China.

Consumption of Chemical Fertilizers in Agriculture refers to the quantity of chemical fertilizers applied in agriculture in the year, including nitrogenous fertilizer, phosphate fertilizer, potash fertilizer, and compound fertilizer. The consumption of chemical fertilizers is calculated in terms of volume of effective components by means of converting the gross weight of the respective fertilizers into weight containing effective component (e.g. nitrogen content in nitrogenous fertilizer, phosphorous pentoxide contents in phosphate fertilizer, and potassium oxide contents in potash fertilizer). Compound fertilizer is converted in regard to its major components. The formula is:

Volume of effective component= physical quantity × effective component of certain chemical fertilizer (%)

Total Power of Agricultural Machinery refers to the total rated capacity of all agricultural machinery. Agricultural machinery refers to the machineries and equipments which are used for activities of planting, animal husbandry, fishery, primary processing of agricultural products, agricultural transport and infrastructure construction of farmland. Total power of agricultural machinery is grouped into four parts according to the energy used:

Diesel engine power refers to the total rated capacity of all diesel engines.

Gasoline engine power refers to the total rated capacity of all gasoline engines.

Motor power refers to the total rated capacity of all motors (include submersible pump motors).

Other mechanical powers refer to the total mechanical capacity of the sources of energy besides diesel, gasoline and motor power, such as hydro power, wind power, coal and solar energy.

Data are mainly from agricultural machinery agencies.

Rural Employed Persons refer to rural labor forces aged over 16 years old who are engaged in real production and management activities and receive payment in kind or wages, including those covered within the age frame and regularly participating in production activities, and those who are out of the range of age frame and also participating in production activities regularly. Excluding students studying in other places with their permanent residence registered in local areas, servicemen and persons incapable of working; also excluding those who are waiting for jobs and those engaged in household work. Persons employed are classified as persons engaged in agriculture, forestry, animal husbandry or fishery activities; persons engaged in industrial activities; persons engaged in construction activities; persons engaged in transport, storage and telecommunications activities; persons engaged in whole sales and retail sales trade and catering activities; and persons engaged in other non-agriculture activities, depending upon the longest period of employment in major activities (or using income indicator when period of employment is the same).

Industry refers to the material production sector which is engaged in the extraction of natural resources and processing and reprocessing of minerals and agricultural products, including (1) extraction of natural resources, such as mining, salt production (but not including hunting and fishing); (2) processing and reprocessing of farm and sideline produces, such as grain and oil processing, food processing, silk reeling, spinning and weaving and leather making; (3) processing and reprocessing of mineral products, such as steel making, iron smelting, chemicals manufacturing, petroleum processing, machine building, timber processing, and production and supply of electricity, gas and water; (4) repairing and renovating of industrial products such as the machinery.

In industrial surveys, the units of enquiry are industrial corporate units.

Industrial corporate units refer to corporate units engaging in industrial production and operation activities, which meet the following requirements: (1) They are established legally, having their own names, organizations, location, and are able to take civil liability independently; (2) They possess (or are authorized to use) assets independently, assume liabilities and are entitled to sign contracts with other units; (3) They have accounts including the balance sheets or can compile the accounts according to the need.

Light Industry refers to the industry that produces consumer goods and hand tools. It consists of two categories, depending on the materials used:

(1) Industries using farm products as raw materials. These are branches of light industry which directly or indirectly use farm products as basic raw materials, including the manufacture of food and beverages, tobacco processing, textile, clothing, fur and leather manufacturing, paper making, printing, etc.

(2) Industries using non farm products as raw materials. These are branches of light industry which use manufactured goods as raw materials, including the manufacture of cultural, educational articles and sports goods, chemicals, synthetic fiber, chemical products for daily use, glass products for daily use, metal products for daily use, hand tools, medical apparatus and instruments, and the manufacture of cultural and clerical machinery.

Heavy Industry refers to the industry which produces capital goods, and provides various sectors of the national economy with necessary material and technical basis. It consists of the following three branches according to the purpose of production or the use of products:

(1) Mining, quarrying and logging industry refers to the industry that extracts natural resources, including extraction of petroleum, coal, metal and non-metal ores.

(2) Raw materials industry refers to the industry that provides various sectors of the national economy with raw materials, fuels and power. It includes smelting and processing of metals, coking and coke chemistry, chemical materials and building materials such as cement, plywood, and power, petroleum refining and coal dressing.

(3) Manufacturing industry refers to the industry that processes raw materials. It includes machine-building industry which equips sectors of the national economy, industries of metal structure and cement products, industries producing means of agricultural production, such as chemical fertilizers and pesticides.

According to the above principle of classification, the repairing trades, which are engaged primarily in repairing products of heavy industry are classified into heavy industry while these engaged in repairing products of light industry are classified into light industry.

Gross Industrial Output Value Gross industrial output value is the total volume of final industrial products produced and industrial services provided during a given period. It reflects the total achievements and overall scale of industrial production during a given period. The revised (new) definition of gross industrial output value consists of 3 components: value of the finished products during the reference period, income from external processing, and value of change in semi-finished products at the end and at the beginning of the reference period.

Value of the finished products during the reference period: refers to the value of all finished (semi-finished) industrial products that are produced during the reference period without the need for further processing, checked for acceptance, packed and put into the warehouse of the enterprise, including the value of own-produced equipment and the value of products provided to the projects under construction of the enterprise, and to other non-industrial or welfare units. Value of finished products during the reference period is calculated by the quantity of products produced using own materials multiplied by the average unit prices at which products are sold (excluding value-added tax). Own-produced equipment and products produced for own use are value at cost prices as in the case of enterprise accounting. Value of finished products does not include the value of finished products (semi-finished products) that are produced using the materials from the clients who make the orders.

Income from external processing: refers to income from contracted external processing of industrial products (including processing of industrial products using materials from the clients), and the income from industrial repairing work provided to other units. Income from external processing is calculated using information from the item °products sales income Ø in the enterprise accounting at the prices excluding value-added tax.

For income from services such as processing, repairing and installation of equipment provided to non-industrial units within the enterprise, if the accounting work of the enterprise is good enough to separate it from other records, and the share of such services is significant, it should also be included in the income from external processing.

Value of change in semi-finished products at the end and at the beginning of the reference period: refers to the value of change in semi-finished products at the end and at the beginning of the reference period, which generally can be obtained from accounting records of enterprises. If the enterprise accounting excludes the cost of semi-finished products, then it should not be included in the gross industrial output value, and vice versa.

Total Assets refer to all resources that are owned or controlled by enterprises through previous trades or transactions with expectation of making economic profits. Classified by the degree of liquidity, total assets include current assets and non-current assets. Current assets can be classified into monetary capital, trading financial assets, notes receivable, accounts receivable, advanced payments, other receivables and inventories. Non-current assets can be divided into long-term equity investment, fixed assets, intangible assets and other non-current assets. Data on this indicator can be obtained from the year-end figures of total assets in the Balance Sheet of accounting records.

Total Current Assets refer to the assets that meet one of the following requirements: (1) expected to be cashed, sold or used in a normal operation cycle, mainly including inventory and accounts receivable; (2) be owned for trading purpose mainly; (3) expected to be cashed in one year (including one year) from the day of the Balance Sheet; (4) unlimited cash or cash equivalents that can be exchanged with other assets or being capable of settling debts during one year since the day of the Balance Sheet. Included are monetary capital, notes receivable, accounts receivable and inventories. Data on this indicator can be obtained from the year-end figures of total current assets in the Balance Sheet of accounting records.

Original Value of Fixed Assets refers to the cost of fixed assets, or the total expenditure of an enterprise spent on certain fixed assets, through purchase, construction, installation, transformation, expansion or technical upgrading. It is reported according to the year-end debit balance of fixed assets of accounting records.

Accumulated Depreciation refers to the accumulated figure of fixed assets depreciation over the past years that are extracted by the enterprise at the end of the reference period. It is reported according to the year-end credit balance of accumulated depreciation of accounting records.

Total Liabilities refer to payable liabilities of enterprises that accumulated from previous trades or transactions with expectation of economic profits leaking out. In terms of payment, it can be divided into liquid liabilities and long-term liabilities. Data on this indicator can be obtained from the year-end figures of total liabilities in the Balance Sheet of accounting records.

Total Liquid Liabilities refer to the liabilities that meet one of the following requirements: (1) expected to be repaid in a normal operation cycle; (2) be owned for trading purpose mainly; (3) expected to be repaid in one year from the day of the Assets and Liability Table; (4) enterprise has no right to postpone the settlement of which over a year from the day of the Assets and Liability Table. Included are short-term loans, notes payable, accounts payable, employee compensations, taxes and expenses due. Data on this indicator can be obtained by the year-end figures of total liquid liabilities in the Assets and Liability Table of the accounting records of enterprises.

Total Equity refers to the residual ownership of enterprise investors by deducting total liabilities from the total assets, including the paid-in capital, accumulation of capital, operating surplus and non-distributed profits. Data are obtained from the year-end figures on total equity*f* from the Assets and Liability Table of the accounting record of enterprise.

Revenue from Principal Business refers to the income confirmed of an enterprise from the principal business of selling products and providing labor services. Data on this indicator can be obtained from the year-end credit balance of revenue from principal business*f* in the accounting record of enterprise (before carryover).

Cost of Principal Business refers to the total cost occurred from the principal business of the enterprise. Data can be obtained from the year-end debit balance of cost of principal business*f* in the accounting record of enterprise (before carryover).

Tax and Extra Charges from Principal Business refer to the sales tax, consumption tax, urban maintenance and construction tax and education expenses shouldered by the enterprise from its principal business. Data are obtained from the year-end debit balance of tax and extra charges from principal business*f* in the accounting record of enterprise.

Total Profits refers to the operation results in a certain accounting period, and it is the balance of various incomes minus various spendings in the course of operation, reflecting the total profits and losses of enterprises in reference period. Data are obtained from the amount of total profits in the profit statement of the accounting record of enterprise.

Value-added Tax Payable refers to the payable tax of enterprises which engaged in selling of goods or providing services that bring added value to the goods, such as processing, repairing, fitting and other activities should be paid according to Tax Law. The formula is as follows:

Value-added Tax Payable = tax on sales-(tax on purchase-transferred tax on purchase)-exports deduct tax payable on domestic sales-tax relief+the export tax rebate.

Statistical Unit in the Construction Industry refers to a corporate enterprise engaged in the construction of buildings and structures and in the installation of equipment. A corporate construction enterprise should have qualification certificates with independent accounting system, and should meet the following 3 requirements: a) being set up in line with relevant legal basis, having its full name, organization and location, and capable of taking civil liabilities; b) independently possessing and using its assets and assuming its liabilities, and entitled to sign contracts with other institutions; and c) making independent accounts of its profits and losses, and capable of compiling its own balance sheet.

Gross Output Value of Construction refers to total of construction products and services, expressed in money terms, produced or rendered by construction and installation enterprises during a given period of time. It includes:

(1) Output value of construction projects: the value of projects covered by the project budgets;

(2) Output value of installation projects: the value of the installation of equipment, (excluding the value of the equipment to be installed);

(3) Other output values: the output value of construction industry apart from that of construction projects and installation projects. It includes: output value of repair of buildings and structures; output value of non-standard equipment manufacturing; overhead expenses received by contracted enterprises from the sub-contracted enterprises and the completed output value of construction activities for which there is no clear definition.

a. Output value of repair of buildings and structures: the value created through the repairs of buildings or structures. It does not include the value of buildings or structures being repaired and the value of the repair of production equipment;

b. Output value of manufactured non-standard equipment: the value of non-standard production equipment, including raw materials and manufacturing cost, made for the construction project (i.e., chemical plant; kettles or tanks used by refineries; various fillers, triangle tanks, valves used by mines). It also includes the output value of equipment manufactured by subsidiary workshops.

Value-added of Construction refers to the final result of the activities of production and operation of enterprises of the construction industry in monetary terms during the reference period.

Starting from the 2004 economic census, value-added of construction is calculated by both production approach and income approach, with the figures from the income approach as the final figures. Under the income approach, calculation starts from the perspective of income and is based on the share of income derived from the production process by the relevant factors of production. Specifically, value-added of construction for the Census years is calculated in accordance with the Programme of Compilation of GDP and National Accounts for the Year of Economic Census, and value-added of construction for other years is calculated in accordance with the Programme of Compilation of GDP and National Accounts for the Non Economic Census Years.

Floor Space of Buildings refers to floor space of buildings under construction in the reference period, including the space of buildings for which construction has newly started; buildings for which construction has started earlier and is continuing during the reference period; and buildings for which construction has been suspended earlier but has restarted during the reference period; buildings completed during the reference period; and buildings under construction but construction has subsequently been during the reference period.

Floor Space of Buildings Completed refers to the total floor space of each building that has been completed in the reference period in accordance with the requirements of the design, up to the standard for being resided in and put into use, or has been checked and accepted by departments concerned as qualified ones or up to the standard of buildings completed and can be handed over for putting into use.

Length of Railways in Operation refers to the total length of the trunk line for passenger and freight transportation in full operation or temporary operation.

Length of Highways refers to the actual length of highways at the end of reference period. It covers public roads running vehicles among cities, city and rural areas, township (villages), highways passing through streets at small cities and towns, length of bridges and tunnels, width of ferry piers. It does not include the length of streets in cities, dead end highways, the length of streets built for agricultural (forest) production and inside factories (mines). It can only be calculated with the actual mileage having been completed, checked and accepted or put into operation. If two or more highways go the same section of the way, the length of the section is only calculated for once.

Length of Navigable Inland Waterways refers to the length of natural rivers, lakes, reservoirs and canals that are open to navigation for ships and rafts during a given period. It includes the channels with annual seasonal navigation for more than three months other than the waterways only for scattered bamboo and wooden rafts. If two provinces share one river as the border, the length of waterways will be half divided for each province to avoid duplication.

Freight (Passenger) Traffic refers to the weight of freight (number of passenger) transported with various means within a specific period of time. Freight transport is calculated in tons and passenger traffic is calculated in terms of number of persons. Freight transport is calculated in terms of the actual weight of the goods and takes no account of the type of freight and distance of travel. Passenger traffic is calculated by the principle that one person can be counted only once in one trip and takes no account of the travelling distance and ticket price. The passengers who travel with a half price ticket or a child s ticket is also calculated as one person.

Freight Ton-kilometres (Passenger-kilometres) refers to the sum of the product of the volume of transported cargo (passengers) multiplied by the transport distance. It is an important indicator to reflect the achievement of the transportation industry. This is an important indicator to show the total results of the transport industry; to prepare and examine the transport plan; and to serve as the main basic data for calculating the efficiency, labour productivity and unit cost of transport. Normally, the shortest distance between the departure station and the destination station (i.e., the payable distance) is the basis in calculating the freight ton-kilometres.

Volume of Freight Handled in Coastal Ports refers to the volume of cargo passing in and out of the harbour area of the major coastal ports and having been loaded and unloaded. The volume of freight handled may be classified by direction of cargo flow as in-port freight and out-port freight, or by nature of cargo as freight for domestic trade and freight for foreign trade. It can also be classified by type of freight based on the existing standard classification for transportation industry Classification and Coding for Freight*f*.

Possession of Civil Transport Vessels refers to the total number at the end of reference period of operating transport vessels owned by Chinese enterprises or privately that are registered in the water transportation management institutions and permitted to perform cargo transport activities (including vessels with foreign flags but owned by Chinese enterprises or citizens). Non-transport vessels and vessels used for agriculture and fishery are not included.

Possession of Civil Motor Vehicles refer to the total numbers of vehicles that are registered and received vehicles license tags according to the Work Standard for Motor Vehicles Registrationformulated by the Transport Management Office under the department of public security at the end of the reference period. They are divided into categories. According to the structure of motor vehicles, they are divided into passenger vehicles, trucks and others; according to ownership into private vehicles and vehicles for the unit s use; according to kind of usage into working vehicles and non-working vehicles; and according to size of vehicles into large passenger vehicles, medium-sized passenger vehicles, small passenger vehicles and mini passenger vehicles, heavy trucks, light-heavy trucks, light trucks and mini-trucks.

Business Volume of Post and Telecommunications refers to the total amount of postal and telecommunication services, expressed in value terms, provided by the post and telecommunications departments for society. Business volume of post and telecommunications is the sum of each service in kind multiplying with its correspondent unit price (constant price). Business without constant price add their business revenue directly.

Mobile Telephone Subscribers refer to persons who have gone through registration procedures in the operation points of enterprises engaged in telecommunications and are hence connected with the mobile telephone communication network through the mobile telephone switchboards and occupy mobile phone numbers. Included are various types of subscriber, prepaid users for intelligent network and wireless network card users.

Local Telephone Subscribers refer to all subscribers who have gone through registration procedures in the operation points of enterprises engaged in telecommunications and are hence connected to the local telecommunications service provider through fixed line network. Included are general subscribers, wireless local telephone subscribers, public telephones subscribers, N-ISDN subscribers and intelligent network terminal subscribers.

Urban Telephone Subscribers refer to the number of telephone subscribers, located at the municipalities directly under the Central Government, cities under the jurisdiction of province, cities at prefecture level, downtown and suburb of city at county level town and county towns according to the administrative division, including subscribers in rural mineral area, forest area, military area that are at or above county level.

Rural Telephone Subscribers refer to telephone subscribers, located at the towns and villages outside the coverage of urban areas according to the administrative division.

Household Telephone Subscribers refer to all kinds of subscribers with telephone sets paid privately or installed in the dwelling units of residents, and registered as private subscribers or residence subscribers for payment.

Capacity of Long Distance Telephone Exchanges refers to the rated capacity of telephone exchanges to connect long distance telephone network by enterprises engaged in telecommunications.

Broadband Connection Terminals refer to the connection terminals to internet users actually installed and put into operation, including connection terminals for XDSL, connection terminals for LAN, and other types of connection terminals. N-ISDN connection terminals are not included.

Wholesale Trade refers to the activities of selling wholesale commodities for daily use and capital goods to enterprises of wholesale and retail trades (including self-employed individuals) and other enterprises, institutions and government organs and organizations, and the activities of engaging in import and export and acting as a trade agent. The wholesaler may have the ownership of the commodities for wholesale and trade in the name of its own (a company), and the wholesaler can act as commission agent or commodity broker without the ownership of commodities. Also included are the wholesale activities at the fixed stalls in wholesale market and the acquisition for sales purpose.

Retail Trade refers to the activities of department store, supermarket, franchised store, brand store, retail stall and on-the-spot-making-selling store selling commodities to the final consumers (residents) by any means including internet, post, telephone, sales machine. It also includes shops with sales and production located in the same places (such as bakeries). Retail trade excludes the activities of sales of capital goods such as grain, seed, feed, livestock, mineral products, raw material for production, industrial chemicals, chemical products for agricultural use, machine and equipment (excluding vehicles, computers and communication equipment). Most retailers have the ownership of commodities to sell, but some are acting as agents or brokers to make transactions for a commission.

Purchase, Sales and Stock of Commodities by Wholesale and Retail Trades refer to the total volume of commodities purchased, total volume of sales and exports, and the stock of commodities by wholesale and retail enterprises (establishments) of different status of registration from domestic and overseas markets. This indicator reflects the relationship among purchase, sales and stock of commodities in the circulation of goods and reveals the existing problems.

Total Purchases of Commodities refer to the total value of purchases of commodities by enterprises (establishments) from other establishments or individuals (including direct import from abroad) for the purpose of re-selling, either with or without further processing of the commodities purchased. The commodities include: (1) commodities purchased from agricultural and industrial producer, wholesaler, retailer, publishing house and other service business; (2) commodities purchased from institutions and government departments; (3) confiscated goods purchased from the customs authorities or market management agencies; (4) second-hand goods and wastes purchased from residents; The commodities exclude (1) commodities purchased by enterprises (establishments) for use in their own business operation, commodities obtained without buying or selling procedures such as materials, consumable goods of low value, office appliance, etc. (2) received goods without trading, such as goods handed over from others, borrowed goods, preserved goods for others, donated goods from others, processed and retrieved goods, etc. (3) goods of direct settlement between buyer and seller with handling fees introduced by others, (4) goods returned or refused to pay by the buyer, (5) excessive goods, (6) future traded commodity.

Total Sales of Commodities refer to value of commodities sold by the establishments to other establishments and individuals (including goods sold for self consumption, including the value-added tax). The commodities include: (1) commodities sold to urban and rural residents and social groups for their consumption; (2) commodities sold to establishments in all industries for their production and operation, including agriculture, industry, construction, and catering services including commodities sold to wholesale and retail establishments for re-selling, with or without further processing; and (3) commodities for direct export to abroad. Excluded are (1) extended commodities without trading, such as goods handed over to other enterprises and institutions because of the change of organizations, lent goods, returned goods preserved for others, extended processing materials and samples donated to others, (2) goods of direct settlement between buyer and seller with handling fees introduced by others, (3) goods returned after purchase, (4) damaged and spoiled goods, (5) waste and used goods of self use.

Total Stock of Commodities For the legal entities and self-employed individuals engaged in wholesale and retail trade, it refers to total value (including VAT) of commodities possessed at the end of the reference period; and for wholesale and retail establishments, it refers to the value (including VAT) of all commodities actually in stock and owned by their legal persons at the end of reference period. The commodities in stock includes: (1) commodities located in storage, garages, counters, and shelves of operating places of wholesale and retail trades (such as sale stores, wholesale centres, procurement stations and operating offices); (2) commodities in the process of being selected, sorted, and packed; (3) commodities not arrived but recorded as purchase in the account, i.e. commodities not arrived but payment receipts for the commodities from the sellers or the banks arrived; (4) commodities deposited in other places rather than places mentioned above, for instance: commodities in the hold of purchasers temporarily due to the refusal of payment; (5) commodities entrusted to other units to sell but not sold yet; (6) commodities purchased for other units but not delivered yet. Commodities not included as stock are those not owned by the enterprises (units), commodities on commission for processing, imported commodities of agency of foreign trade enterprise but not yet delivered to ordering units and finally those put in stock on behalf of the state reserves units.

Chain Head Stores (headquarter) refer to the core leading stores responsible for development, allocation, administration and utilization of resources (name of stores, brand of stores, operation model, service standard, management way, etc.) of chain stores. Chain stores refers to the stores engaged in providing homogeneous commodities or services, with the central leadership of head store (headquarters) and guided by common policies, conduct centralized purchase and distributed selling of commodities, in order to gain better efficiency through standardized operation. The chain stores include regular chain stores, franchise chain stores and voluntary chain stores.

Regular Chain store refers to chain stores that are invested or controlled by the headquarters. They operate under direct and unified management from the headquarters.

Franchise chain store refers to the chain stores (franchisees) which are franchised with operation resources such as trade marks, names, patent and operation know-how by the franchisors in form of contract and pay the operation fees to the franchisors.

Voluntary chain store refers to the stores operate jointly on the voluntary bases while maintaining their status of independent legal entities with full ownership of their assets. They sell goods of same brand from same channel of resource to the consumers.

Large Commodity Markets with Transaction Value over 100 Million Yuan refers to the commodity markets with an annual transaction at and above 100 million. The commodity market refers to the markets approved and managed by related departments, where there are fixed sites, facilities, managers and administration offices, where there are a certain number of traders to operate for three month and above or all the year, where the commodities including the articles for daily consumption and capital goods and services are traded in a centralized, independent and open way. Such market includes markets of daily goods and market of capital goods, etc.

Total Retail Sales of Consumer Goods refer to the amount obtained by enterprises (units, self-employed individuals) through direct sales of non-production and non-business physical commodity to individuals, social institutions, and revenue from providing catering services. Individuals include rural and urban households, population from abroad, social institutions include government agencies, social organizations, military units, schools, institutions, neighbourhood (village) committees.

Hotel Services refer to the accommodation services provided to visitors. Some units may provide only accommodation while others provide a combination of accommodation, meals, business services and/or recreational facilities. It excludes activities related to the provision of long-term primary residences in facilities such as apartments typically leased on a monthly or annual basis.

Catering Services refer to the activities of providing foods, serving locations and facilities to customers through instant processing, commercial sales and service-type labor.

Business Revenue refers to total revenue (including VAT) of hotels and catering services received from providing services or selling commodities through business activities, income comes mainly from providing hotels, catering services, selling of commodities and other services, such as commodity services. It does not include revenue such as meal fees, selling of commodities of other industrial units affiliated with multi industrial legal entities. Income from hotels refers to income (including VAT) of hotels and catering services by providing lodging services through business activities. Income from catering services refers to income (including VAT) from providing catering services, including selling of cooked or prepared foods, such as staple food, cooked dishes, or cold dishes. It does not include meal fees of other industrial units affiliated with multi industrial legal entities.

Total Import and Export of Goods refer to the real value of commodities imported and exported across the border of China. They include the actual imports and exports through foreign trade, imported and exported goods under the processing and assembling trades and materials, supplies and gifts as aid given gratis between governments and by the United Nations and other international organizations, and contributions donated by overseas Chinese, compatriots in Hong Kong and Macao and Chinese with foreign citizenship, leasing commodities owned by tenant at the expiration of leasing period, the imported and exported commodities processed with imported materials, commodities trading in border areas, the imported and exported commodities and articles for public use of the Sino-foreign joint ventures, cooperative enterprises and ventures with sole foreign investment. Also included is import or export of samples and advertising goods for which CIF or FOB value are beyond the permitted ceiling (excluding goods of no trading or use value and free commodities for export), imported goods sold in China from bonded warehouses and other imported or exported goods. The indicator of the total imports and exports at customs can be used to observe the total size of external trade in a country. In accordance with the stipulation of the Chinese government, imports are calculated at CIF, while exports are calculated at FOB.

Import or Export Value by Location of China s Foreign Trade Managing Units refers to actual value of imports and exports carried out by corporations which have been registered by the local Customs house and are vested with right to run import export business.

Import Value of Commodities by Place of Destination and Export Value of Commodities by Place of Origin in China The former indicator refers to the value of import commodities of the places of their consumption, utilization or the places of their final destination. The latter indicator refers to the value of export commodities of the places of their origin or the places of the commodities dispatched.

Foreign Direct Investment refers to foreign investment in China through the establishment of foreign invested enterprises, cooperative exploration and development of petroleum resources with domestic investors and the establishment of branch organizations of foreign enterprises. Foreign investment can be made in forms of cash, physical investment, intangible assets and equity, in addition with reinvestment of the foreign enterprises with the profits gained from the investment.

Other Foreign Investment refers to all forms of utilization of foreign capitals other than foreign borrowings and foreign direct investment. It includes the total value of stock shares in foreign currencies issued by enterprises at domestic or foreign stock exchanges, rent payable for the imported equipment through international leasing arrangement, cost of imported equipment, technology and materials provided by foreign counterparts in compensation trade and processing and assembly trade.

Overseas Direct Investment refers to investment made by domestic enterprises and organizations (referred to as domestic investors) in foreign countries and Hong Kong SAR, Macao SAR and Taiwan province in forms of cash, physical investment and intangible assets, and the economic activities centring on operation and management of those enterprises are under the control of domestic investors. The content of overseas direct investment mainly reflects one economic entity by investing in another economic entity to achieve its goal of lasting interest.

Overseas Contracted Projects refer to activities of contracting overseas construction projects by Chinese enterprises or any other units, which are stipulated in the Regulations on Administration of Foreign Contracted Project.

Overseas Labour Services refer to operational activities of organizing labour force to go abroad providing services to foreign enterprises or agencies.

Overseas Visitor Arrivals refer to the number of tourists of foreigners, Chinese compatriots from Hong Kong, Macao and Taiwan who come to China (mainland) within the reference period for sight-seeing, vacation, visiting relatives, medical treatment, shopping, attending conference, or to engage in economic, cultural, sports and religious activities (namely the number of overseas visitor arrivals). In compiling statistics, each arrival is counted as one person-time. The number of overseas visitor arrivals includes inbound overnight tourists and one-day tourists.

Number of Chinese Residents Going Abroad (Chinese Outbound Visitors) refers to the number of Chinese (mainland) residents going to other countries, Hong Kong Special Administrative region, Macao Special Administrative region and Taiwan for on official or private purposes, for sight-seeing, vacation, visiting relatives, medical treatment, shopping, attending conference, or to engage in economic, cultural, sports and religious activities (namely the Chinese outbound visitors). In compiling statistics, each time of leaving is counted as one person-time.

Number of Domestic Tourists refers to the number of Chinese (mainland) residents who travel within China (mainland) for sight-seeing, vacation, visiting relatives, medical treatment, shopping, attending conference, or to engage in economic, cultural, sports and religious activities. In compiling statistics, each time of travelling is counted as one person-time.

Foreign Exchange Earnings from International Tourism refer to the total expenditure of foreigners, overseas Chinese, Chinese compatriots from Hong Kong, Macao and Taiwan during their stay in the mainland of China on transportation, sighting, accommodation, food, shopping and entertainment.

Income from Domestic Tourism refer to expenditure of domestic tourists on transportation, sighting, accommodation, food, shopping and entertainment while they travel.

Star-rated Hotels refer to hotels rated with stars as assessed by the relevant tourism authorities according to GB/T14308-2003 standard with reference to their infrastructure, facilities and service levels.

General Public Budget Revenue refers to income for the government finance through participating in the distribution of social products. It is the financial guarantee to ensure government functioning. The government revenue includes the following main items: (1) Various tax revenues including domestic value added tax (VAT), domestic consumption tax, VAT and consumption tax from imports, VAT and consumption tax rebate for exports, corporate income tax, individual income tax, resource tax, city maintenance and construction tax, house property tax, stamp tax, urban land use tax, land appreciation tax, tax on vehicles and boat operation, ship tonnage tax, vehicle purchase tax, tariffs, farm land occupation tax, deed tax, and tobacco tax, etc. (2) Non-tax revenue, including special program receipts, charge of administrative and institutional units, penalty receipts and others non-tax receipts.

General Public Budget Expenditure refers to the distribution and use of the funds which the government finance has raised, so as to meet the needs of economic construction and various undertakings. It includes the following main items: expenditure for general public services, expenditure for foreign affairs, expenditure for national defence expenditure for public security, expenditure for education, expenditure for science and technology, expenditure for culture, sport and media, expenditure for social safety net and employment effort, expenditure for medical and health care and family planning, expenditure for energy conservation and environment protection, expenditure for urban and rural community affairs, expenditure for agriculture, forestry and water conservancy, expenditure for transportation, expenditure for resource exploration and information, expenditure for affairs of commerce and services, expenditure for finance, aid to other regions, expenditure for land, ocean and weather, expenditure for housing security, expenditure for grain & oil reserves, interest payment for public debts. General public budget expenditure is divided into general public budget expenditure of central government and general public budget expenditure of local government according to the different functions of the governments played in economic and social activities.

Deposit is a form of credit by which enterprises, institutions, organizations or households can put money into banks and other credit institutions for safekeeping and interest earning and can withdraw anytime or at appointed time. According to different depositors, deposits are divided into household deposits, non financial enterprise deposits, government deposits, non banking financial institutions deposits. Deposits are major sources of the credit funds of banks.

Loan is a form of credit by which banks and other credit institutions provide funds at certain interest rate to enterprises and individuals in the light of the principle of unconditional repayment. Loans from Chinese banks include short-term loan, medium-term and long-term loans, financial lease, bill financing, various money advanced, foreign loans.

Amount Insured refers to the maximum that the insurant will get for the claim of the case insured.

Premium is the fee paid by the insurant to the insurer to obtain the obligation of compensation from the insurance within the agreed terms.

Settled Claim is the compensation paid by the insurer to the insurant in accordance with the insurance contract.

Payment includes payment for death, injury or medical treatment and payment at maturity. Payment for death, injury or medical treatment refers to the money paid to the insurant (or the beneficiary) in accordance with the life or health insurance contract when the insurant encounters accidents within the insured period covered in the contract. Payment at maturity refers to the payment to the insurant in accordance with the life insurance contract at the end of the insured period.

Regular Institutions of Higher Education refer to educational establishments recruiting graduates from senior secondary schools as the main target through National Matriculation TEST. They include full-time universities, independently established colleges, colleges, and institutions of higher professional education, institutions of higher vocational education and others.

Universities and independently established colleges primarily provide undergraduate and above courses; colleges mainly impart undergraduate courses, institutions of higher professional education and institutions of higher vocational education primarily provide professional trainings; and others refer to educational establishments, which are responsible for enrolling higher education students under the State Plan but not enumerated in the total number of schools, including: branch schools of universities and colleges and junior colleges.

Institutions of Higher Education for Adults refer to educational establishments, enrolling personnel with senior secondary school or equivalent education through National Matriculation TEST for Adult, and providing higher education courses in forms of correspondence, spare time, or full time for adults. Institutions of higher learning for adults include schools of higher education for staff and workers, schools of higher education for peasants, colleges for management cadres, pedagogical colleges, independent correspondence colleges, radio and television universities and other educational establishments. Other educational establishments refer undertakings to enrol adult students but not enumerated in the number of schools under the State Plan.

Net Enrolment Ratio of Primary Schools refers to the proportion of school age children enrolled at schools to the total number of school age children both in and outside schools (including retarded children, but excluding blind, deaf and mute children).

Research and Development (R&D) refers to systematic and creative activities in the field of science and technology aiming at increasing the knowledge and using the knowledge for new application. R&D includes 3 categories of activities: basic research, applied research and experiments and development. The scale and intensity of R&D are widely used internationally to reflect the strength of S&T and the core competitiveness of a country in the world.

Basic Research refers to empirical or theoretical research aiming at obtaining new knowledge on the fundamental principles regarding phenomena or observable facts to reveal the intrinsic nature and underlying laws and to acquire new discoveries or new theories. Basic research takes no specific or designated application as the aim of the research. Results of basic research are mainly released or disseminated in the form of scientific papers or monographs. This indicator reflects the innovation capacity for original knowledge.

Applied Research refers to creative research aiming at obtaining new knowledge on a specific objective or target. Purpose of the applied research is to identify the possible uses of results from basic research, or to explore new (fundamental) methods or new approaches. Results of applied research are expressed in the form of scientific papers, monographs, fundamental models or invention patents. This indicator reflects the exploration of ways to apply the results of basic research.

Experiments and Development refer to systematic activities aiming at using the knowledge from basic and applied researches or from practical experience to develop new products, materials and equipment, to establish new production process, systems and services, or to make substantial improvement on the existing products, process or services. Results of experiment and development activities are embodied in patents, exclusive technology, and monotype of new products or equipment. In social sciences, experiment and development activities refer to the process of converting the knowledge from basic or applied researches into feasible programmes (including conduct of demonstration projects for assessment and evaluation). There are no experiment and development activities in the science of humanities. This indicator reflects the capability of transferring the results of S&T into technique and products, and measures the realization of S&T in spearheading the economic and social development.

R&D Personnel refer to persons engaged in research, management and supporting activities of R&D, including persons in the project teams, persons engaged in the management of S&T activities of enterprises and supporting staff providing direct service to the research projects. This indicator reflects the size of personnel engaged in R&D activities with independent intellectual property.

Full-time Equivalent of R&D Personnel refers to the sum of the full-time persons and the full-time equivalent of part-time persons converted by workload. For instance, if there are 2 full-time persons and 3 part-time workers (20%, 30% and 70% of working hours respectively on R&D activities), the full-time equivalent are 2+0.2+0.3+0.7=3.2 person-years. This is an internationally comparable indicator of S&T manpower input.

Total Expenditure of Funds on R&D refers to the real expenditure of surveyed units on their own R&D activities (basic research, applied research, experiments and development) including direct expenditure on R&D activities, indirect expenditure of management and services on R&D activities, expenditure on capital construction and material processing by others. Excluding the expenditure on production activities, return of loan, and fees transferred to cooperated or entrusted agencies on R&D activities.

Expenditure of Government Funds on R&D refers to the expenditure of funds on R&D activities from government agencies at different levels, including appropriate funds on science and technology from financial departments, scientific funds, operating expenses from education departments and the real expenditure of extra budgetary funds from government agencies.

Expenditure of Funds of Enterprises on R&D refers to the expenditure of funds on R&D activities from self-raised funds of enterprises and funds from other enterprises through entrustment, and the expenditure of funds of institutions, such as institution of scientific research and universities, from enterprises.

Number of R&D Projects (subjects) refers to the number of R&D projects (subjects) set up and implemented at the reference year, and the number of R&D projects (subjects) set up in former years and under implementation, including the projects (subjects) finished and failed at the reference year, excluding the projects (subjects) implemented by others through entrustment.

Full-time Equivalent of R&D Personnel refers to the full-time equivalent of persons actually engaged in R&D projects (subjects).

Expenditure of Funds on R&D Projects (subjects) refers to the real expenditure of internal funds of the surveyed units on research and test of R&D projects (subjects) at the reference year, including service fee, other daily expenditure, cost for fixed assets, cost of external process; excluding expenditure of funds transferred to other cooperated or entrusted units of the projects.

Output Value of New Products refers to the output value of new products during the reference period. The new products refer to brand new products produced with new technology and new design, or product that represent noticeable improvement in terms of structure, material, or production process for improving significantly the character of function of the older versions. The output value and sales income of the new products include those of new products certified by relevant government agencies within the period of certification, as well as new products designed and produced by enterprises within a year without certification by government agencies.

Sales Income of New Products refers to the sales income of new products of the enterprises at the reference period. New products refer to products developed and produced with new technologies and designs or improved in structure, material, process or other aspects so that their performance are improved or their functions expanded. New products include those affirmed by government authorities in their validity period and also those developed by enterprises without the affirmation of government authorities within one year after they are put into production.

Patent is an abbreviation for the patent right and refers to the exclusive right of ownership by the inventors or designers for the creation or inventions, given from the patent offices after due process of assessment and approval in accordance with the Patent Law. Patents are granted for inventions, utility models and designs. This indicator reflects the achievements of S&T and design with independent intellectual property.

Patented Inventions refer to new technical proposals to the products or methods or their modifications. This is universal core indicator reflecting the technologies with independent intellectual property.

Patented Utility Models refer to the practical and new technical proposals on the shape and structure of the product or the combination of both. This indicator reflects the condition of technological results with certain technical content.

Designs refer to the aesthetics and industrially applicable new designs for the shape, pattern and colour of the product, or their combinations. This indicator reflects the appearance design achievements with independent intellectual property.

Professional and Technical Personnel refer to persons engaged in professional and technical work or in the management of professional and technical activities, i.e., people with professional or technical positions who are engaged in professional and technical work or in the management of professional and technical activities, and people without professional or technical positions but are working on professional or technical posts. They include professionals and technicians working in 17 categories of technical occupations including engineering, agriculture, scientific researches, medical service, teaching, economic research and application, accounting, statistics, translation, libraries, archives, cultural and museum service, journalism and publication, lawyers, notarization service, radio and television broadcasting, handicraft and fine arts, sports, performing art, and political workers in enterprises. This indicator reflects the condition of human resources in S&T.

Arts Performance Troupes refer to the various professional performing arts groups, which sponsored by the cultural sectors or guided by the cultural society (approved by the cultural administration authority, or registered and permitted with the relative certificate), including non-governmental troupes. The mass amateur arts performance troupes are not included.

Arts Performance Places refer to the various sites for cultural activities, which sponsored by the cultural sectors or guided by the cultural society (approved by the cultural market administration, or registered and permitted with the relative certificate), with the facility of auditorium, stage and lighting, and selling tickets in public.

Cultural Market Operating Units refer to the units dealing in culture and cultural services, which registered and permitted with the relative certificate by cultural market administration.

The Population Coverage Rate of Radio/Television refers to the percentage of the whole country s population who can receive radio/television programmes transmitted by national, provincial, municipal or county stations through wireless, cable or satellite techniques, according to Statistical Standard and Method on Television and Radio Coverage of Population established by the State Administration of Radio and Television.

Cable Radio and Television Coverage of Households refers to the percentage of households, which can watch television by cable of radio and television network, to national total households.

Certified Grade Athletes refer to those who are awarded the title of athletes through assessment. The titles rank from high to low as: international level athletes, national level athletes, first grade athletes, second grade athletes and third grade athletes.

Certified Grade Coaches refer to those who are awarded the title of grade coaches through assessment. The titles rank from high to low as: national level coaches, senior grade coaches, medium grade coaches and junior grade coaches.

Medical and Health Care Institutions refer to the units which have been qualified the Certification of Health Care Institution, certification of family planning technical service by the administration of public health (family planning), or qualified the Certification of Corporate Unit by the civil affairs, administration for industry and commerce, commission office for public sector reform, and engaging in medical health care services, public health services, or medicine research and on-job training, etc., including: hospitals, health care institutions at grass-root level, specialized public health institutions, and other medical and health care institutions.

Hospitals include general hospitals, hospitals specialized in traditional Chinese medicine, hospitals of integrated traditional Chinese and western medicine, ethnic hospitals, specialized hospitals and nursing hospitals, excluding specialized disease prevention and treatment institutes, maternal and child health care hospitals and convalescent hospitals, including affiliated hospital of medical college.

Health Care Institutions at Grass-root Level include community health service centers, community health service stations, urban health centers, township health centers, village clinics, outpatient departments and clinics (health centers).

Specialized Public Health Institutions include centers for disease control and prevention, specialized disease prevention and treatment institutions, women and children care agencies(including women and children health care family planning service center), health education institutions, first aid centers, blood gathering and supplying institutions, health supervision and inspection agencies, and family planning technical service centers that obtained the Certification of Health Care Institution or certification of family planning technical service centers.

Other Medical and Health Care Institutions include sanatoriums, clinical laboratory centers, medicinal scientific research institutions, on-job training institutions, medical examination centers, rural water improvement centers, talent exchange centers, and statistical information centers, etc.

Health Care Employees refer to all employees engaged in the health care institutions, such as hospitals, health care institutions at grass-root level, specialized public health institutions, and other medical and health care institutions, including medical technical personnel, village doctors and assistants, other technical personnel, managerial and service staff. The data is based on the year end payroll, including personnel hired (including contract labor) and re-employed after retirement by the institution for over half a year and excluding temporary workers, retired personnel, resigned personnel, personnel who have left the institution but kept the contract relation and personnel who are re-employed after retirement or temporarily employed for less than half a year.

Medical Technical Personnel refer to the professional staff engaged in health care, including licensed doctors, licensed assistant doctors, registered nurses, pharmacists, laboratory technicians, imaging staff, health care supervisors and intern doctors, pharmacists, nurses, and technical personnel, excluding the medical technical personnel engaged in managerial job (e.g. president, vice president and secretary of the party committee etc).

Licensed Doctors refer to the medical workers who have obtained the licenses of qualified doctors and are employed in medical treatment, disease prevention or healthcare institutions, excluding the licensed doctors engaged in management job. The licensed doctors are divided into 4 categories: clinician, Chinese medicine physicians, dentist and public health physicians.

Licensed Assistant Doctors refer to the medical workers who have obtained the licenses of qualified assistant doctors and are employed in medical treatment, disease prevention or healthcare institutions, excluding the licensed assistant doctors engaged in management job. The classification of licensed assistant doctors is clinician, Chinese medicine, dentist and public health.

Social Welfare Enterprises refers to those welfare-oriented enterprises employing a significant number of handicapped people with certain labour ability (handicapped employees shall exceed 10% of the production staff), including welfare factories, artificial limb plants as well as other welfare enterprises.

Number of Urban Residents Entitled to Minimum Living Allowances refers to the number of those urban residents whose average family income is below a minimum local standard, and status of family property meets the relevant regulation, and has received subsidies by the end of the reporting period

Number of Rural Residents Entitled to Minimum Living Allowances refers to the number of those rural residents whose average family income is below a minimum local standard, and receiving the minimum living allowances from the local government by the end of the reporting period.

Households Enjoying Five Guarantees refers to those senior citizens, handicapped or under-aged who, without labour ability, can not make a living by themselves and whose statutory providers are unable to support them or who have no statutory providers at all.

Number of Recipients of Traditional Relief refers to special personnel receiving support from civil affair department according to national regulations and personnel who resigned because of the streamlining in the 1960s. Special personnel include traditional recipients of civil affair support, such as lepers, insurrectionists and surrenders of former KMT, returned overseas Chinese, Taiwan compatriots, personnel pardoned and released early from prisons, personnel removed of the label rightist*f*, educated youth suffered from work injuries in the Down to the Countryside Movement*f* and personnel who have lost their work capacity due to family planning surgeries.

Number of Service Institutions in Communities refers to the total number of community service guidance centers, community service centers, community service stations and other community service institutions at the end of the reporting period. These institutions offer home keeping and elderly care services for the elderly and other families, like commodity delivery, health care, cleaning, adult day care, companion and others. They include comprehensive service institutions, such as party member activity rooms, employment security network, community health care stations, entertainment rooms, libraries, Benevolence Supermarkets*f*, community donation stations, guard stations, senior activity rooms, cultural activity centers for juveniles and others.

Lawyers are certified legal workers according to law, and who are employed by legal counseling firms to act as legal advisers, agents in criminal or civil lawsuits, or defenders in criminal lawsuits, or to handle non-litigious legal affairs, to advise on matters of law or to write legal papers for others, and provide service to the public.

Notary Personnel refers to people working for notary offices including: directors, deputy director, notaries, assistant notaries, and other people providing assistance.

Notary Documents refer to legally binding judicial notary documents developed at the request of the interested party based on facts and the law following certain legal proceedings.